Cadeau de Noël 1993.
par Graziella
pour Danielle L Beaulieu

1. **Les œuvres ~ clés de la musique**
   Jean-Jacques Soleil et Guy Lelong
   Préface de Maurice Fleuret
2. **Les grandes découvertes de la science**
   Gerald Messadié
3. **Les stars du sport**
   Jean Boully
4. **Les films ~ clés du cinéma**
   Claude Beylie
5. **Les grandes affaires criminelles**
   Alain Monestier
6. **Les stars du football**
   Jean Boully
7. **Les grandes figures des mythologies**
   Fernand Comte
8. **Les acteurs français**
   André Sallée

Fernand Comte

Les grandes figures des mythologies

Bordas

Responsable d'édition : Olivier Juilliard
Édition : Gilbert Labrune
Préparation : Michel Margotin
Correction : Tewfik Allal
Mise en pages : Laurence Giaume
Iconographie : Monique Trémeau

Achevé d'imprimer en septembre 1990 par :
Imprimerie Jean Lamour à Maxéville

1er dépôt légal : 2e trimestre 1988
Dépôt légal : octobre 1990
© Bordas S.A., Paris, 1988
ISBN 2-04-16357-3
ISSN 0985-505X

Toute représentation ou reproduction, intégrale ou partielle, faite sans le consentement de l'auteur ou de ses ayants droit ou ayants cause, est illicite (loi du 11 mars 1957, alinéa premier de l'article 40). Cette représentation ou reproduction, par quelque procédé que ce soit, constituerait une contrefaçon sanctionnée par les articles 425 et suivants du Code pénal. La loi du 11 mars 1957 n'autorise, aux termes des alinéas 2 et 3 de l'article 41, que les copies ou reproductions strictement réservées à l'usage privé du copiste et non destinées à une utilisation collective, d'une part, et, d'autre part, que les analyses et les courtes citations dans un but d'exemple et d'illustration.

Sommaire

Les correspondances ou analogies entre les mythologies grecque et latine sont indiquées entre parenthèses. Les dieux, les héros ou les êtres surnaturels, qui font l'objet d'un court insert dans le développement d'une autre entrée, sont indiqués en italique.

INTRODUCTION 11

L'aventure mythologique

Les mythes de la création 14
Le déluge et la peur 18
L'au-delà : enfers et paradis .. 20
De l'usage des mythes 23
Les mythes modernes 25

Les Dieux et les Héros

Achille 28
Adapa 29
Aditi 30
Adonis 31
Agni 33
Ahura-Mazda 34
Amaterasu 35
Amazones 37
Amitabha 38
Amma 39
Amon-Rê 40
Anahit 223
Anahita 41
Ancêtres 42
Anges 44
Angra-Mainyu 46
Anna Perenna 46
Antigone 47
Anu 48
Anubis 48
Aphrodite (Vénus) 49
Apis 52
Apkallu 29
Apollon 53
Arès (Mars) 57
Artémis (Diane) 59
Arthur 61
Asclépios (Esculape) 62

Ases et Vanes 67
Astarté 119
Athéna (Minerve) 63
Aton 65

Baal 66
Bacchus *voir* Dionysos
Balder 67
Bouddha 68
Brahma 70

Castor et Pollux 71
Centaures 72
Cérès *voir* Déméter
Cernunnos 73
Chac 73
Chamans 204
Conchobar 74
Cronos 188
Cu Chulaim 74
Cupidon *voir* Éros
Cybèle 75

Dagda 135
Déméter (Cérès) 76
Démons 78
Diane *voir* Artémis
Dionysos (Bacchus) 81
Dragons 83
Durga 84

Ea 87
Énée 85
Enki 86
Enlil 88
Epona 89
Érinyes 89
Éros (Cupidon) 90
Esculape *voir* Asclépios
Ésus 206

Fafnir 141
Faunus 92

Finn Mc Cumaill 93	Minerve *voir* Athéna
Freyja 93	Minos 137
Freyr 94	Mithra 139
	Modimo 140
Ganesha 95	Moires (Parques) 140
Géants 96	Monstres 141
Génies 97	Muses 142
Gilgamesh 98	
Gorgones 99	Narcisse 142
	Nats 236
Hadad 100	Némésis 143
Hadès (Pluton) 100	Nephtys 143
Hanuman 101	Neptune *voir* Poséidon
Harpyes 102	Neq 236
Hathor 103	Nergal 144
Heimdallr 103	Ninourta 146
Hélène 104	Niobé 147
Héphaïstos (Vulcain) 106	Njordr 148
Héra (Junon) 107	Nornes 148
Héraclès (Hercule) 108	Nymphes 149
Hercule *voir* Héraclès	Odin 150
Hermès (Mercure) 111	Œdipe 152
Héros 113	Ogmios 154
Hestia 114	Orphée 155
Horus 114	Osiris 158
Houang-ti (Huangdi) 115	
	Pan 161
Inanna 116	Pandore 163
Indra 117	Parasurama 164
Ishtar 119	Parques *voir* Moires
Isis 120	*Pégase* 167
Itzamma 120	Pélops 165
	Persée 166
Janus 121	Perún 168
Jason 122	Phaethon 168
Jiu Zhong ba xian 238	Pluton *voir* Hadès
Junon *voir* Héra	Poséidon (Neptune) 169
Jupiter *voir* Zeus	Prajapati 171
	Priape 172
Kama 124	Prométhée 173
Kami 125	Ptah 175
Kannushi 125	Purushna 175
Krishna 126	Pwyll 176
Kumarbi 129	
	Qat 177
Lakhsmi 130	Quetzalcoatl 178
Lares 130	Quirinus 179
Léviathan 131	
Loki 132	Rama 180
Lugh 133	Rhiannon 182
	Rod 183
Maât 135	Rosmerta 183
Marduk 136	Rudra 184
Mars *voir* Arès	
Mercure *voir* Hermès	Sarasvati 186

Saturne 187
Sekhmet 188
Seth 189
Shamash 190
Shango 191
Shiva 192
Sin 195
Sirènes 195
Sita 196
Skanda 197
Soma 198
Sucellus 200
Svarog 200
Sventovit 201

Tane 202
Taranis 203
Tengri 204
Tesub 205
Teutatès 206
Tezcatlipoca 207
Thésée 208
Thétis 211
Thor 212
Thot 214
Tiamat 215
Tlaloc 216
Tlazolteotl 217
Tricksters 113
Triglav 217
Tristan et Yseult 218
Trolls 236
Tyr 220

Uitzilopochtli 220
Ulysse 221

Vahagn 223
Valkyries 224

Varuna 225
Vénus *voir* **Aphrodite**
Vesta 226
Viracocha 226
Vishnu 227
Visvamitra 230
Vulcain *voir* **Héphaïstos**

Wak 230

Xipe Totec 231
Xiuhtecuhtli 232

Yama 232
Yu 233

Zanahary 233
Zeus (Jupiter) 234
Zombis 43

Êtres intermédiaires
et fantastiques 236
Le mythe de l'immortalité
en Chine ancienne 238

Les Panthéons

Les dieux nordiques 239
Généalogie des Olympiens ...240
Les dieux du Moyen-Orient ...241
Les dieux d'Égypte 242
L'Ogdoade hermopolitaine 243
L'Énnéade héliopolitaine 243
Les dieux de l'Inde 244

Bibliographie 245
Index 246

Les civilisations : leurs dieux et héros

LA GRÈCE ET ROME

Achille 28
Adonis 31
Amazones 37
Anna Perenna 46
Antigone 47
Aphrodite (Vénus) 49
Apollon 53
Arès (Mars) 57
Artémis (Diane) 59
Asclépios (Esculape) 62
Athéna (Minerve) 63
Castor et Pollux 71
Centaures 72
Cronos 188
Cybèle 75
Déméter (Cérès) 76
Dionysos (Bacchus) 81
Énée 85
Érinyes 89
Éros (Cupidon) 90
Faunus 92
Gorgones 99
Hadès (Pluton) 100
Harpyes 102
Hélène 104
Héphaïstos (Vulcain) 106
Héra (Junon) 107
Héraclès (Hercule) 108
Hermès (Mercure) 111
Hestia 114
Janus 121
Jason 122
Lares 130
Minos 137
Moires (Parques) 140
Muses 142
Narcisse 142
Némésis 143
Niobé 147
Nymphes 149
Œdipe 152
Orphée 155
Pan 161
Pandore 163
Pégase 167
Pélops 165
Persée 166
Phaethon 168
Poséidon (Neptune) 169
Priape 172
Prométhée 173
Quirinus 179
Saturne 187
Sirènes 195
Thésée 208
Thétis 211
Ulysse 221
Vesta 226
Zeus (Jupiter) 234

LA MÉSOPOTAMIE
(Babylone, Sumer, Akkad...)

Adapa 29
Ahura Mazda 34
Anahita 41
Angra Mainyu 46
Anu 48
Apkallu 29
Astarté 119
Baal 66
Ea 87
Enki 86
Enlil 88
Gilgamesh 98
Hadad 100
Inanna 116
Ishtar 119
Kumarbi 129
Marduk 136
Mithra 139
Nergal 144
Ninourta 146
Shamash 190
Sin 195
Tesub 205
Tiamat 215

Cybèle (Phrygie) 75

L'ÉGYPTE

Amon-Rê 40
Anubis 48
Apis 52
Aton 65
Hathor 103
Horus 114
Isis 120
Maât 135
Nephtys 143
Osiris 158
Ptah 175
Sekhmet 188
Seth 189
Thot 214

L'INDE

Aditi 30
Agni 33
Amitabha 38
Bouddha 68
Brahma 70
Durga 84
Ganesha 95
Hanuman 101
Indra 117
Kama 124
Krishna 126
Lakhsmi 130
Parasurama 164
Prajapati 171
Purushna 175
Rama 180
Rudra 184
Sarasvati 186
Shiva 192
Sita 196
Skanda 197
Soma 198
Varuna 225
Vishnu 227
Visvamitra 230
Yama 232

LA GAULE

Epona 89
Ésus 206
Rosmerta 183
Sucellus 200
Taranis 203
Teutatès 206

LES CELTES

Arthur 61
Cernunnos 73
Conchobar 74
Cu Chulaim 74
Dagda 135
Fin Mac Cu 93
Lugh 133
Ogmios 154
Pwyll 176
Rhiannon 182
Tristan et Yseult 218

LES NORDIQUES

Ases et Vanes 67
Fafnir 141
Freyja 93
Freyr 94
Heimdallr 103
Loki 132
Njordr 148
Nornes 150
Odin 212
Thor 236
Trolls 236
Tyr 220
Valkyries 224

LES SLAVES

Anahit (Arménie) 223
Perun 168
Rod 183
Svarog 200
Sventovit 201
Vahagn (Arménie) 223

L'AMÉRIQUE PRÉ-COLOMBIENNE

Chac 73
Itzamma 120
Quetzalcoatl 178
Tezcatlipoca 207
Tlaloc 216
Tlazolteotl 217
Uitzilopochtli 220
Viracocha 226

Xipe Totec 231
Xiuhtecuhtli 232

Tricksters 113

LA CHINE

Houang-ti (Huangdi) 115
Jiu Zhong ba xian 238
Yu 233

Chamans (Mongolie) 204
Tengri (Mongolie) 204

LE JAPON

Amaterasu 35
Kami 125
Kannushi 125

L'OCÉANIE

Qat 177
Tane 202

L'AFRIQUE ET MADAGASCAR

Amma 39
Modimo 140
Shango 191

Wak (Éthiopie) 230
Zanahary 233

LES MONDES CHRÉTIEN ET ISLAMIQUE

Anges 44
Djinns 236
Léviathan (Phénicie) 131

ÊTRES MYTHIQUES DE DIVERSES CIVILISATIONS

Ancêtres 42
Démons 78
Dragons 83
Géants 96
Génies 97
Héros 113
Monstres 141
Nats (Birmanie) 236
Neq (Pakistan) 236
Zombis 43

ÊTRES FANTASTIQUES

Fantômes, Fées, Follets (lutins),
Incubes, Loups-garous, Succubes,
Vampires 236-237

Introduction

Les dieux, les héros et les démons sont innombrables. Ils sont présents dans la littérature, la peinture, la sculpture, mais aussi dans les pratiques cultuelles et les habitudes quotidiennes. Ils ont subrepticement leur part d'initiative dans les décisions que prennent les hommes, dans les actions qu'ils conduisent : les guerres menées par les Hébreux n'étaient que la partie visible d'un combat autrement plus décisif qui opposait Yahweh aux dieux des autres peuples et les Romains n'ont conquis le monde qu'en sachant apprivoiser les dieux des autres nations.

Histoire ancienne, certes, mais révélatrice d'une société. Il n'a rien compris aux peuples anciens, celui qui évacue toute mythologie. Les dieux ont représenté, cristallisé, manifesté ce qui était, pour ces peuples, le sacré, c'est-à-dire l'essentiel, l'intouchable. Ils étaient plus dans les cœurs que dans la réalité. Ils exprimaient, sans résistance aucune, les besoins, les désirs, les aspirations des hommes, tout autant que ce qui les constitue au-delà de la médiocrité de leurs conditions, des limites de leurs actions, des aléas de leurs entreprises.

Ainsi, les récits mythologiques font fi des conditions matérielles et des limites de temps et d'espace. Ils sont en tous points « merveilleux » et, pour les bien comprendre, il nous faut quitter notre logique rationnelle. Sans doute s'adressent-ils à une autre partie de nous-mêmes qui n'est pas sans lien avec notre expérience quotidienne, mais qui la survole avec beaucoup de liberté. Pourtant, ils ne sont pas nés par hasard et gratuitement.

Il n'est pas sans signification que les anciens Grecs aient fait des dieux de l'Amour (Éros), de la Guerre (Arès), de la Mesure (Némésis), et qu'ils n'aient pas fait un dieu de la parole, le *logos*, alors qu'une part importante du rayonnement de leur civilisation vient précisément du logos avec Socrate, Platon et leurs philosophes. En opposition, le christianisme a fait du Dieu unique le logos (Jean I, 1) et a effacé tous les autres. Cela pose sans doute bien des questions. Faut-il mettre dos à dos l'Antiquité grecque et l'Évangile ? Cet ouvrage n'a pas l'intention de se perdre en interprétations. Son ambition est plus modeste : qu'il nous suffise de marquer ainsi le lien étroit entre la mythologie et la civilisation qui la porte.

Il n'y aura pas ici, ou il y aura peu, d'interprétations : on en trouve ailleurs de nombreuses et souvent controversées. Notre intention se limite à rapporter les principales histoires mythologiques qui parcourent l'histoire de l'Humanité et veut ainsi laisser toutes les portes ouvertes au cheminement d'une pensée. N'est-ce pas d'ailleurs l'une des caractéristiques essentielles du mythe que de se laisser solliciter et d'être le vêtement de croyances multiformes, de permettre le rêve et de provoquer la réflexion, d'être témoin de l'histoire et de manifester les liens à travers les générations et peut-être à travers les régions du monde ?

La mythologie est en effet de tous les pays. Aucun peuple n'a pu s'empêcher d'adopter ces sortes de superstructures qui étayaient leurs origines, soudaient leurs communautés et, en définitive, affirmaient leur identité. Chacun utilise un merveilleux qui lui est particulier et qui revêt un caractère d'étrangeté quand il est présenté à un lecteur qui appartient à une civilisation éloignée. Aussi permet-il souvent à celui-ci d'échapper à son propre territoire mental.

Ce voyage à travers les mythes fait visiter les grandes civilisations et entrer en quelque sorte dans leur intimité. Nous ne nous sommes donc pas limités aux dieux grecs, qui nous sont plus proches, et nous avons fait d'importantes incursions dans les autres mythologies : égyptienne, mésopotamienne, nordique, slave, indienne, chinoise...

Pourtant, ce livre ne parle pas, ou parle peu, des personnages des grandes religions universelles. Mythes pour certains, réalités pour d'autres, celles-ci ont imprimé leurs marques aux civilisations d'aujourd'hui et sont plus ou moins inscrites dans l'esprit de chacun. C'est un choix imposé par les limites de l'ouvrage et par la volonté de ne pas entrer dans des débats à caractère plus précisément religieux. Il n'est pas question ici de croyances, mais seulement de merveilleux.

De même, nous n'avons pas souvent pris en compte les versions multiples des mythes ; leur importance est fonction de la situation qui les a vu naître et des circonstances qui les ont fait perdurer. Nous nous en sommes tenus à la narration la plus commune, celle qui s'est maintenue le plus longtemps et a parcouru le plus d'espace. Pour ces raisons, nous l'avons considérée comme porteuse de la plus grande signification.

Le caractère permanent des histoires mythologiques se remarque dans les traits des personnages : quand les circonstances changent et que les péripéties de l'aventure sont modifiées, les acteurs restent les mêmes. Les dieux, les démons, les héros possèdent, dès leur conception et à travers les vicissitudes qu'on leur attribue, un visage spécifique, des traits de caractère bien marqués, une valeur morale particulière.

Ce livre revêt donc la forme d'un dictionnaire des principaux personnages des mythes, pris dans toutes les époques et dans toutes les régions du monde. On y trouvera les récits de leurs aventures telles qu'elles nous sont parvenues à travers la littérature, les arts plastiques et les rites que l'histoire et l'archéologie nous permettent de connaître.

Nos remerciements vont particulièrement à Gilbert Giannoni qui a relu tout le manuscrit.

Des mythes universels

Les mythes de la Création

« Au commencement... », telle est l'introduction de bien des récits. Les mythes de la création veulent remonter au tout début, au moment où rien n'existait,... rien ou presque rien, car comment imaginer que de rien naisse quelque chose ? Nous trouvons à travers l'histoire et les pays un grand nombre de récits de la création : ils ont chacun leur originalité, propre aux peuples qui les ont conçus. Dans cette grande diversité, il y a cependant des traits qui se répètent sous des formes approchées comme s'ils révélaient un bien commun de l'humanité. Un voyage parmi ces mythes peut devenir une mystérieuse plongée dans les croyances de l'humanité.

Le créateur

> « Comment du Non-Être, l'Être pourrait-il naître ? L'Être seul, ô mon cher, existait au commencement, l'Être unique, sans second. »
> (Chândogya Upanishad, VI, 2).

Le créateur s'appelle *Yahweh* ou *Élohim* en Israël ; *Ptah, Rê* ou *Amon-Rê, Atoum, Khépri* en Égypte ; *Wele* chez les Bantous du Kenya ; *El* chez les Cananéens ; *Tunggal* ou « Celui qui maîtrise l'univers » chez les Javanais ; *Anou, Apsou* ou *Marduk* chez les Akkadiens ; *Amma* chez les Dogons ; *Mangala* chez les Malinké et les Bambara, etc.

Dieu suprême, il perd parfois, au cours des temps, sa suprématie. Il est toujours à l'origine de la création, mais n'est pas obligatoirement l'agent actif déterminant de la suite des événements.

Chez les Zoulous, l'esprit éternel donne l'ordre à la déesse-mère Ma de se créer elle-même, puis de créer les étoiles, le soleil et la terre.

Chez les Delaware d'Amérique du Nord, Tirawa, le créateur, délègue la plupart de ses pouvoirs aux étoiles et c'est de l'union des astres que sortiront les peuples qui habiteront la terre (R. Linton, « The Sacrifice of the Morning Star by the Skidi Pawnee », in *Field Museum of Natural History*, Chicago, 1922).

Le chaos primitif

> « Au commencement Dieu créa le Ciel et la Terre. Or la Terre était vague et vide, les ténèbres couvraient l'abîme, l'esprit de Dieu planait sur les eaux. » (Genèse, I, 1-5).

Le chaos primitif est ce qui existait avant que tout existe. Les anciens Égyptiens l'appelaient le *Noun* ; c'était pour eux une sorte de monde antérieur, une étendue d'eau qui contenait en germe toute la vie future.

« Le monde n'était qu'un grand amas confus, indéfini, qu'on appelle le Grand Commencement, dit le *Houai-nan tseu*, écrit chinois au IIe siècle avant J.-C. Au moment où le Ciel et la Terre n'existaient pas régnait une grande brume sans forme : quelles ténèbres ! quelle immensité immobile et silencieuse dont on ne saurait dire d'où elle provenait ! » (chap. 7).

« Il n'y avait pas d'espace intermédiaire entre Ciel et Terre, disent les Tibétains. Il n'y avait rien de tangible. Il n'y avait ni réalité, ni signe. Comme ce monde ne possédait ni caractère d'existence, ni caractère de non-existence, on l'appela monde en puissance et tout ce qui existe, tout ce qui est visible en est sorti » (M. Tucci, *Tibetan Painted Scrolls*, Rome, 1949).

La première création

> « Des eaux primitives ou Élivagor formèrent le Vide Béant ou Ginnungagap, d'où surgit par contact du froid et du chaud une vie qui prit forme humaine. » (Gylfaginning, 4, 6).

Le premier mouvement, la première création, sort sans cause. C'est une génération spontanée, comme un effort fait par le chaos sur lui-même : il s'enfle, il grossit, devient démesuré, s'échauffe par frottement et, dans cet effort, se diversifie, craquelle, se sépare, se disperse, se distingue en plusieurs unités, se multiplie à l'infini, s'organise, se hiérarchise. Ainsi naissent le feu, la lumière, la vie, l'esprit et tout ce qui fait l'univers de l'homme.

Le *Traibhumikatha* (« le Livre des trois mondes », 1345 de notre ère), du roi Lut'ai de Thaïlande, explique : « Ces quatre vents soufflent sur l'eau, en soulevant des vagues et la transforment en une surface qui est comme couverte de boursouflures boueuses. Puis cette surface se transforme en *Kalala*, telle l'eau qui sert à bouillir le riz. Puis les Kalala se métamorphosent en *Ambuda*, telle la bouillie de riz, puis les Ambuda se transforment en *Pesi*, les Pesi boueuses... se transforment en terre comme auparavant. »

Pour les Bambara d'Afrique de l'Ouest, le glan ou vide originel se met à s'enrouler en deux spirales tournant en sens inverse l'une de l'autre : il donne naissance ainsi à quatre mondes. Une masse lourde tombe et devient la Terre ; une partie légère s'élève et devient le Ciel, qui, en se répandant sur la Terre sous la forme de l'eau, permet l'éclosion de la vie : alors l'herbe et les animaux aquatiques apparaissent (André Akoun, *Mythes et croyances du monde entier*, Paris, 1985 ; t. III, p. 35).

L'œuf cosmogonique

> « De l'essence des cinq éléments primordiaux, un grand œuf est sorti. A l'extérieur, le blanc rocher des dieux s'est formé sur la coquille de l'œuf. A l'intérieur, un lac blanc comme une conque tourbillonna clairement dans le liquide de l'œuf. Au milieu, les êtres des six catégories ont fait leur apparition sur une partie de l'œuf, dix-huit œufs sont sortis du jaune de cet œuf. »
> (*Po ti bse ru*, écrit du Tibet).

Souvent le chaos ressemble à un œuf : le Ciel et la Terre (dans le mythe japonais on les appelle Izanagi et Izanami) n'y sont pas séparés ; ils y sont confondus comme sont confondus les principes mâle et femelle (Izanagi est un dieu mâle et Izanami une déesse). L'œuf est l'unité primordiale, la totalité parfaite sans distinction ni différence. Il se suffit à lui-même ; il est lisse et sans couleur ; il est amorphe.

Pour les Égyptiens, l'œuf est sorti du Noun. « Ptah en est le créateur. Il a versé sur lui sa semence et c'est en lui que les Huit (ancêtres des premiers temps antérieurs) sont venus à l'existence » (inscription d'époque ptolémaïque). En Inde, c'est l'œuf d'or qui se forme dans les eaux primordiales et flotte çà et là (*Catapatha-brahmana*, XI, 1-6) ; c'est un œuf d'or « revêtu de l'éclat du soleil aux mille rayons » (*Manavadharmaçâstras*, chap. I).

Dans certaines mythologies sibériennes, l'être suprême a pris la forme d'un oiseau pour venir déposer sur les eaux primordiales l'œuf d'où sortira le monde. L'œuf cosmogonique est la plénitude, encore non entamée. Le temps commence avec son éclosion. L'univers commence à exister lorsque *Chousor*, le dieu artisan, ouvre l'œuf, le divise en deux, soulève l'une des moitiés et en forme le Ciel, abaisse la seconde moitié et en forme la Terre (Damascius, *Problèmes et Solutions touchant les premiers principes*, chap. 125).

La séparation des deux parties de l'œuf est aussi la séparation du mâle et de la femelle. Le Grec Hésiode raconte comment Ouranos (le Ciel) et Gaïa (la Terre) étaient si étroitement unis qu'ils ne pouvaient laisser monter à la lumière leurs enfants. La rupture est faite par Cronos qui tranche le sexe de son père (*Théogonie*, 132-138).

Un grand nombre de mythologies connaissent l'œuf cosmogonique.

Naissance des dieux

> « De Chaos naquirent Érèbe et la noire Nuit. Et de Nuit, à son tour, sortirent Éther et Lumière. Gaïa, la Terre, elle, d'abord enfanta un être égal à elle-même, capable de la couvrir tout entière, Ouranos (le Ciel), qui devait offrir aux dieux bienheureux une assise sûre à jamais. Elle mit aussi au monde les hautes montagnes [...]. Elle enfanta aussi la mer inféconde aux furieux gonflements. »
> (Hésiode, *Théogonie*, 123-132).

Le premier dieu à apparaître devra sortir par ses propres forces d'une sorte de somnolence, d'un état latent, pour se constituer, prendre conscience de son existence et se mettre au travail. Ptah, le dieu créateur égyptien, est celui « qui donna l'existence au commencement, étant seul, sans nul autre que lui, né de lui-même, qui façonna au commencement, sans père ni mère qui ait créé son corps, seul et unique, qui fit les dieux et créa, mais sans avoir lui-même été créé » (*Titulature de Ptah*, tirée du temple d'Edfou, Ostracon du musée du Caire, IIIe-Ier s. av. J.-C.).

Chez les Akkadiens, les premiers dieux apparaissent comme miraculeusement : « Lorsqu'en haut les cieux n'étaient pas nommés, qu'en bas la terre n'avait pas de nom, que même l'Apsou primordial, procréateur des dieux, Moummou Tiamat qui les enfanta, tous mêlaient indistinctement leurs eaux, que les débris de roseaux ne s'étaient pas amassés, que les cannaies ne pouvaient se voir, lorsque nul dieu n'était encore apparu, n'avait reçu de nom ni subi de destin, alors naquirent les dieux du sein d'Apsou et de Tiamat, Lakhmou et Lakhamou surgirent, ils furent nommés. Les âges grandirent et s'allongèrent... » (*Enouma Elish*, tablette I, 1-10).

Aux îles Wallis, « Ta'aroa se développa lui-même dans sa solitude. Il était son propre parent, n'ayant ni père ni mère [...]. Innombrables étaient les formes de Ta'aroa, mais il n'y avait qu'un Ta'aroa en haut, en bas et dans la nuit » (Bonnefoy, *Dictionnaire des mythologies*, Paris, 1981).

Les procédés de création

> « Atoum-Khépri jette un crachat qui est Shou, le père des dieux, il lance un jet de salive qui est Tefnout, duquel naquirent Geb, la Terre, et Nout, le Ciel. » (*Textes des Pyramides*, § 1652).

Tous les procédés semblent avoir été utilisés pour réaliser la création : Rê « s'est uni à son propre corps de sorte qu'ils (les dieux) sortissent de moi-même après [...] que mon désir se fut réalisé de par ma main » (*Papyrus Bremmer Rhind*, XXVIII, 20 sqq.). Khnoum-Rê a fait les hommes sur le tour (de potier), il a modelé petit et gros bétail, il a formé toutes choses sur son tour (temple d'Esna, texte n° 319). Apsou, chez les Akkadiens, n'est qu'un procréateur ordinaire ; il engendre les autres dieux par union sexuelle avec Tiamat (*Enouma Elish*, tablette I, 1).

Chez les Bantous du Zaïre, le dieu Nzambi, après avoir ressenti de violentes douleurs d'estomac, vomit le soleil, la lune et les étoiles, puis les bancs de sable, les animaux et les plantes, les animaux et les hommes (André Akoun, *Mythes et Croyances du monde entier*, Paris, 1985).

Pour les Manuvu de Mindanao, aux Philippines, le premier homme, Manama, seul être existant dans le monde, crée la Terre en pétrissant la crasse qu'il retire de sous ses ongles. Cette crasse s'enfle toute seule et devient une terre minérale sans végétation.

Pour les Bantous du Rwanda, le dieu suprême, Imaana, crée à partir de rien, par la force de sa parole, son verbe, comme dans la bible Yahweh crée en formant un souhait qui aussitôt se réalise : « Que la lumière soit... et la lumière fut » (Genèse, I, 2). De la même façon *Io*, un dieu de Polynésie, modèle l'univers par ses seules paroles.

Pour les bouddhistes, confucianistes et taoïstes, la création n'a pas d'intérêt. Mais la mise en ordre de l'univers est l'œuvre de génies : « Le premier est celui qui dénombra le sable, le deuxième celui qui écopa la Terre, le troisième celui qui compta les étoiles, le quatrième celui qui creusa les fleuves, le cinquième celui qui planta les arbres, le sixième créa les forêts, le septième construisit le pilier du Ciel » (chanson populaire de la région de Nghê Tinh, au Viêt-nam).

Le géant démembré

> « De la chair d'Ymir, la Terre fut façonnée et de ses os les montagnes, le Ciel du crâne du Géant froid comme givre et de son sang la mer. » (*Vafthrudhrismal*, strophe 21).

De l'œuf primitif sort le premier être. Les Chinois racontent : « Au temps où le Ciel et la Terre étaient un chaos ressemblait à un œuf, P'an-kou naquit dans celui-ci et y vécut pendant dix-huit mille années. Et lorsque le Ciel et la Terre se constituèrent, les purs éléments *Yang* formèrent le Ciel, les grossiers éléments *Yin* formèrent la Terre. Et P'an-kou, qui était au milieu, chaque jour se transformait neuf fois, tantôt dieu dans le Ciel, tantôt saint sur la Terre » (cité dans *La Naissance du monde*, Paris, 1959).

Le récit continue en disant comment P'an-kou est devenu l'ancêtre des dix mille êtres de l'univers : « Lorsque P'an-kou mourut, sa tête devint un pic sacré, ses yeux devinrent le soleil et la lune, sa graisse les fleuves et les mers, ses cheveux et ses poils les arbres et les autres végétaux » (*Chou yi ki*, recueil du VIᵉ s.).

Le *Vishnu-purana* dit que Prajapati, le maître des créatures, « a tiré les vaches de son ventre et de ses flancs ; les chevaux, les éléphants [...] de ses deux pieds. De ses poils naquirent les plantes, les fruits et les racines » (I, 47-48).

L'univers n'est que les membres et le corps d'un être surnaturel sacrifié : Prajapati est l'inventeur du sacrifice, il est le sacrifice personnifié (*Rig Veda*, X, 90) ; le géant Ymir, chez les Germains, est démembré pour former toutes les parties de l'univers ; P'an-kou, chez les Chinois, extirpe de son corps les minéraux, les végétaux, les animaux et tout ce qui compose le monde.

Le plongeon dans les eaux

> « Dieu volait à l'entour. De plus un homme volait à l'entour [...]. Dieu dit : "Plonge au fond de la mer et apporte-moi de la glaise." L'homme le fit et Dieu jeta la glaise sur la surface de la mer en ordonnant : que ce soit la terre. Ainsi fit-il naître la terre. »
> (Radlov, *Proben der Volkslitteratur der türkischen Stämme Südsibiriens*, Saint-Pétersbourg, 1866).

Toute la création sort de l'eau : ainsi, chez les Toungouses de Sibérie, c'est Dieu lui-même, un dieu appelé *Ekséri*, qui plonge dans l'immensité de l'eau et y ramène la vase dont il formera la Terre.

Pour les Modoc de la côte nord-ouest d'Amérique du Nord, le créateur Qumoqums plonge et replonge dans les eaux du lac Tulé. La cinquième fois, il atteint le fond et prend entre ses mains une poignée de boue. Il la pose auprès du lac, l'étend jusqu'à ce que la totalité de la surface du lac soit recouverte. Alors, il forme les montagnes et les rivières, tire les arbres et les plantes de la terre (Claude Lévi-Strauss, *Les Mythologiques*, Paris, 1964-1971).

En Inde, c'est un sanglier qui plonge et, du fond des eaux, soulève la Terre. Pour les Birhor du Chota Nagpur, c'est d'abord la tortue qui reçoit l'ordre de plonger, puis le crabe, mais l'un et l'autre perdent le limon en remontant à la surface. C'est la sangsue qui, en ingurgitant la terre et en la recrachant à l'arrivée, réussira l'opération.

Les forces du mal

> « Un homme noir, grand comme une lance, a été créé. Parce que cet homme noir était le maître de la non-existence, de l'instable, du meurtre, de la destruction, on lui donna le nom d'Enfer noir. Il a fait mourir le soleil et la lune, il a assigné des démons aux planètes et il a fait du mal aux étoiles [...] ; il a fait tomber la pluie à contretemps. »
> (G. Tucci, *Tibetan Painted Scrolls*, Rome, 1949).

Souvent, il y a deux principes qui luttent l'un contre l'autre. Pour les Germains, par exemple, il y a au nord le monde des ténèbres et du froid, *Niflheimr*, et au sud le monde du feu, *Muspellsheimr*. De leur affrontement naît l'hybride *Ymir*, l'ancêtre des géants. C'est des diverses parties d'Ymir assassiné que sera fait le monde.

Cela explique que le monde ne soit pas parfait. Les montagnards géorgiens ont trouvé une autre solution : au commencement existait un couple ; Dieu avait une sœur. Celle-ci se fâche avec son frère et, lorsque celui-ci crée le ciel qui a la forme d'un immense filet, elle crée les rats et les souris pour manger les mailles. Lorsqu'il crée la vigne, le démon crée la chèvre pour la brouter, etc.

L'*Avesta* du mazdéisme fait allusion aussi à deux esprits primordiaux, « qui, jumeaux souverains, furent proclamés comme le meilleur et le méchant... Quand donc ces deux Esprits se rencontrèrent, ils créèrent tout d'abord la Vie et la Non-Vie » (*Yasna*, 30, 2-3).

Le déluge et la peur

> « D'abord le nuage neigera depuis les montagnes les plus hautes jusqu'aux vallées les plus profondes... L'eau coulera à grands flots et les endroits où se voient maintenant les traces des pieds des moutons seront infranchissables ! » (*Avesta, Videvdat,* 2).

« Je vais effacer de la surface du sol les hommes que j'ai créés, — et avec les hommes, les bestiaux, les bestioles et les oiseaux du ciel, — car je me repens de les avoir faits » (Genèse, VI, 7). Telles sont les paroles de Yahweh à la vue de la méchanceté des hommes. Et « il y eut le déluge pendant quarante jours sur la Terre... Les eaux montèrent de plus en plus et toutes les plus hautes montagnes qui sont sous tout le Ciel furent couvertes » (Genèse, VII, 17-19).

Le mythe du déluge est connu presque universellement : on le rencontre à Sumer dans l'*Épopée de Gilgamesh* (tablette XI) ; en Inde dans le *Satapatha-brahmana* (I ; VIII, 1) et le *Bhagavata-purana* (VIII ; XXIV, 7 sqq.) ; en Iran (*Avesta, Videvdat,* chap. 2) ; en Grèce (Apollodore, *Bibliotheca,* I ; VII, 2) ; en Asie du Sud-Est, Mélanésie et Polynésie, dans les tribus d'Amérique du Sud, en Amérique centrale et en Amérique du Nord.

Re-création

Le cataclysme qui advient est habituellement suivi d'une re-création du monde. Le *Noé* de la Bible, invité par Yahweh lui-même à construire un bateau pour flotter sur les eaux et survivre, s'appelle *Ziusudra* dans la version sumérienne, *Utnapishtim* dans la version akkadienne, *Manu* dans la version indienne. En Iran, Ahura Mazda lui-même prévient Yima, le premier homme, de la catastrophe à venir et Prométhée avertit son fils Deucalion de la décision de Zeus de détruire l'humanité.

A chaque fois, une petite partie est sauvée. Noé a emmené avec lui un couple d'animaux de chaque espèce ; Utnapishtim découvre avec surprise que le genre humain n'a pas été anéanti ; Manu est sauvé par le poisson identifié dans le *Mahabharata* (III, 187) à Brahma ; Deucalion s'échappe, dans une arche, avec sa famille.

Variations sur un même thème

> « Il y eut le déluge pendant quarante jours sur la Terre ; les eaux grossirent et soulevèrent l'arche qui fut élevée au-dessus de la Terre. Les eaux montèrent et grossirent beaucoup sur la Terre et l'arche s'en alla à la surface des eaux. Les eaux montèrent de plus en plus sur la Terre et toutes les plus hautes montagnes qui sont sous tout le Ciel furent couvertes. Les eaux montèrent quinze coudées plus haut, recouvrant les montagnes. Alors périt toute chair qui se meut sur la Terre. » (Genèse, VII, 17-21).

Il y aurait eu, en Australie, une grenouille géante : elle boit toutes les eaux et assèche la terre entière. Aussi les animaux altérés décident-ils de réagir : l'anguille exécute devant la grenouille des contorsions qui la font rire et l'empêchent de garder les eaux qu'elle recrache d'un seul coup, provoquant du même coup l'inondation. La grenouille est symbole de la lune dont on connaît les relations avec l'eau.

En Amérique du Sud, c'est un des jumeaux primordiaux qui, en frappant le sol de son talon, fait jaillir des sources dont l'eau envahit la terre.

Chez les Quichés, peuple maya du Guatemala, les deux créateurs, Tepeu et Gucumatz, après plusieurs essais, avaient réussi à former des êtres « capables de dire leurs noms » ; malheureusement, ils n'avaient ni mémoire ni raison. Aussi décidèrent-ils de les noyer dans un déluge. Certains d'entre eux se sont échappés et réfugiés dans les bois ; leurs descendants sont devenus des singes (A. Recinos, *Popol Vuh. Las antiguas historias del Quiché,* Fondo de Cultura Economica, Mexico, 1952).

Kabunian, le dieu suprême des Ifugao des Philippines, décide, lui aussi, de faire périr l'humanité parce qu'elle ne sacrifie pas aux dieux. Mais un frère et une sœur, les enfants de Kabigat, sont prévenus et ils se réfugient au sommet d'une haute montagne.

Pour les Sre d'Indochine, l'inondation est d'origine marine. Tout fut détruit sauf un jeune homme et sa sœur qui s'étaient réfugiés dans un tambour ; quand l'eau s'est mise à baisser, celui-ci s'est déposé sur le mont Yang-La.

En Thaïlande, seuls des génies, les trois khounes, survécurent au déluge en fabriquant à la hâte une embarcation qui, par la montée des eaux, les amena au ciel. Mais le roi du ciel les accueillit et les renvoya dans le monde des hommes en leur faisant cadeau d'un buffle.

Yu est en Chine le héros qui a réussi à maîtriser les eaux : « Des eaux énormes s'étaient élevées jusqu'au ciel ; l'immense nappe entourait les montagnes et submergeait les collines. » Kouen fut d'abord chargé de réprimer l'inondation : il entreprit de construire des digues en utilisant la « terre gonflante », mais il échoua. Yu, qui lui succéda, y réussit en évacuant les eaux par des exutoires ; il dut pour cela travailler treize années (*Chou king*, chap. « Yu Kong : le tribut de Yu »).

En Inde, le déluge dure cent ans et est précédé d'un incendie cosmique. Tout est détruit. C'est un retour au monde du chaos initial sur lequel est couché Vishnu endormi, le réceptacle de toutes les créatures (*Vishnu purana*, VI, 37-41).

Signification

> « Les hommes n'écoutèrent pas les thên (dieux). Malgré trois avertissements, les hommes désobéirent. Les thên alors provoquèrent une inondation qui submergea le monde d'en bas et détruisit tout ; le sable vola jusqu'au ciel, tous les hommes disparurent. Pu Lang S'oeung et Khun K'an comprirent que les thên étaient furieux après eux. » (*Manuscrit E 11*, bibliothèque de Prakéo, Vientiane, Laos).

Le souvenir d'une catastrophe naturelle est sans doute à l'origine du mythe du déluge. On explique que Babylone se trouve située entre deux fleuves d'une rare violence, le Tigre et l'Euphrate. L'un et l'autre connaissent des crues redoutables qui s'étendent sur de vastes régions. Au cours des temps, il est arrivé que l'inondation avance simultanément des deux côtés de la ville, ne laissant aucun refuge aux habitants. Comment ne pas penser alors à un cataclysme cosmique propre à détruire toute la terre ?

Cet héritage populaire s'est transformé en récit mythique chargé d'un enseignement religieux et/ou moral : l'artisan du déluge est la divinité ; la raison en est le péché des hommes ou la décrépitude du monde, c'est-à-dire l'échec de la création. Dieu se repent d'avoir créé et il provoque un retour aux eaux primordiales qui constituaient le chaos originel.

« Yahweh vit que la méchanceté de l'homme était grande sur la Terre et que son cœur ne formait que de mauvais desseins à longueur de journée. Yahweh se repentit d'avoir fait l'homme sur la Terre et s'affligea en son cœur » (Genèse, VI, 5).

Le déluge devient l'expression de la peur, la peur des hommes qui se trouvent avoir entre les mains des instruments fabuleux dont ils doivent inventer le fonctionnement, la peur de ne pas correspondre à ce pour quoi ils sont faits, la peur d'être entraînés malgré eux à l'échec et à la destruction.

Pourtant, jamais l'espoir n'est perdu ; il y a toujours en réserve un petit reste, un couple qui donne naissance à une nouvelle humanité. Le déluge illustre la faculté de reprendre tout à zéro, pour la divinité comme pour l'humanité. Le déluge peut devenir l'espoir, l'amorce de temps nouveaux, le début de l'âge d'or.

Le déluge est donc à la fois mort et vie, destruction et purification. Il marque le terme d'une étape, d'un âge du monde, et le début d'une autre. Les Hindous appellent *Kalpa* ces périodes cosmiques qui se succèdent et durent chacune quelque douze millions d'années.

Cette théorie cyclique de l'histoire de l'Univers apparaît dans bien des pays. Elle est chez Héraclite au Ve siècle avant J.-C. et chez les Stoïciens.

L'au-delà : enfers et paradis

« En vérité je te le dis : ce soir même, tu seras avec moi dans le paradis » (Luc, XXIII, 43). Telles sont les paroles de Jésus au larron qui s'est repenti de ses forfaits. Le paradis, l'enfer, l'au-delà, la vie après la mort ont été au cours de l'histoire l'objet de bien des mythes.

Mythe de l'espoir ou de la peur de l'inconnu, les hommes se sont plu à l'imaginer, même s'ils se doutent que l'au-delà est moins un lieu qu'un état. Cela n'empêche pas que les images que ce mythe véhicule, maladroites et grossières, parfois poétiques, toujours chargées affectivement, représentent une réalité vécue par-delà la mort.

L'histoire commence dès l'approche de l'inconnu : la mort est un long processus qui ne se termine pas à la fin de la vie terrestre, mais au contraire prend alors une dimension surréelle.

Un chemin escarpé

> « Vient alors une femme belle, forte, bien bâtie, florissante [...], douée et vertueuse. Elle rejette l'âme pécheresse des méchants dans les ténèbres. Elle fait traverser à l'âme des justes le pont Chinvat. »
> (*Avesta*, XIX, 26 sqq.)

Le séjour des morts n'est pas d'un accès facile. Les chamans de l'Asie du Nord savent les obstacles qu'ils doivent vaincre, pendant leurs extases, pour conduire l'âme des morts à leur nouvelle demeure.

Les Mésoaméricains décrivent ce chemin : c'est l'escalade de montagnes escarpées qui s'entrechoquent, la traversée de déserts inhospitaliers, l'affrontement avec des serpents venimeux, la résistance face aux vents d'« obsidienne » coupants comme des rasoirs, le franchissement des neuf fleuves de l'enfer.

Chez les Perses, le défunt doit traverser le pont *Chinvat*, ou « pont du Trieur », qui est large de neuf longueurs de lance pour les justes, et étroit comme la lame d'un rasoir pour les méchants.

L'enfer grec, ou *Hadès*, est séparé du monde des vivants par quatre fleuves : Océan, Achéron, Pyriphlégéthon et Cocyte (Platon, *Phédon*). Charon, sur son bateau, transporte les âmes sur l'autre rive de l'Achéron, mélange assez chaotique de feu et d'eau stygienne, glaciale *(L'Odyssée)*.

Deux chiens gardent l'entrée du domaine : « Tes deux chiens de garde, ô Yama, quatre yeux qui gardent le chemin, surveillant les hommes » (*Rig Veda*, X, 14, 11). Chez les Grecs, c'est Cerbère qui garde les portes des Enfers.

L'autre monde

> « ... Des coupables sans nombre : on les dépouille de leurs vêtements, que l'on suspend à un arbre. Grands sont les gémissements qu'émettent des voix nombreuses ! Les malheureux hésitent à passer, ils tournoient, s'agitent, et, accrochés les uns aux autres, ils se tiennent la tête et se lamentent. » (*Pien-wen*, découvert à Touen-houang, Chine).

Le Tartare est tout au bas de l'Univers « aussi loin sous l'Hadès que le Ciel est au-dessus de la Terre » (*L'Iliade*, VIII, 13-16). Il est le centre cosmique d'où viennent toutes les eaux (Platon, *Phédon*, 112-113), une caverne (Hésiode, *Théogonie*, 301), le domaine des ténèbres, de l'Érèbe (*L'Iliade*, XVI, 327), humide et moisi (*L'Odyssée*, X, 512), bourbier réservé aux non-initiés et aux damnés (Aristophane, *Les Grenouilles*).

Séparé du monde des vivants par un abîme (les *ba-Ila* du Zimbabwe), il est soit à l'est — les trépassés voyageant en sens inverse du soleil —, soit au sud, comme le pays de Yama, le roi des morts chez les Indiens. Mais il peut être aussi à l'Ouest, comme en Égypte, où les morts sont appelés « ceux de l'Ouest ». De leur côté, les Mexicains le désignaient par l'expression « le lieu où dort le soleil ».

Le séjour des morts est appelé *Tuonela* chez les Finno-Ougriens *(Kalevala)* et *Tamu/tamuk* chez les Turcs et les Mongols.

On a d'abord imaginé que cet au-delà

consistait en une existence assez semblable à celle que nous connaissons, une sorte de double : les morts continuent de vivre dans leurs paysages familiers, exerçant les mêmes activités. Cette croyance est assez commune en Afrique, chez les Indiens Hopi, en Birmanie et en Nouvelle-Guinée.

En Nouvelle-Calédonie, les habitants de l'autre monde mangent des lézards en guise de viande, des bambous au lieu de canne à sucre, des excréments au lieu de légumes.

Les peuples d'Asie du Nord voient le monde des morts comme un monde inversé par rapport au nôtre : leur jour correspond à notre nuit, leur été à notre hiver, et, lorsqu'il y a pénurie chez nous, c'est qu'il y a abondance chez eux ; ce qui est cassé chez nous est intact chez eux et inversement, notre droite est pour eux la gauche, notre haut est pour eux le bas, etc.

L'hadès est une vaste caverne qui se trouve à l'intérieur de la terre. Ici, aucune différence entre les bons et les méchants. Cependant, l'hadès est préférable à l'errance des morts sans sépulture. Les supplices de Tantale, Tityos et Sisyphe sont une image de ce que peut être cette errance.

Chez les Perses, à la rencontre du mort vient une jeune fille, son double, la *Daénâ* : si ses actions ont été bonnes, l'accompagnatrice sera jeune, jolie, élégante, couverte de bijoux et sentant bon le parfum ; si ses actions ont été mauvaises, elle ressemblera à une vieille sorcière, sinistre, puante, pleine de crasse et couverte de haillons. La jolie fille, gentille et bienfaisante, aide la *Fravarti* (l'âme du mort) à franchir le pont, tandis que la vieille sorcière, horrible et méchante, la précipite dans le ravin.

Le paradis

> « Là-bas où brille la lumière perpétuelle, en ce même monde où le soleil a eu sa place, ô Soma clarifié dans cet inépuisable séjour d'immortalité, installe-moi ! [...] Là-bas où se trouve l'enclos du Ciel, là-bas où sont les eaux éternellement jeunes, fais de moi en ce lieu-là un immortel, ô Soma ! »
> (*Rig Veda*, IX, 113).

D'une manière plus courante, les morts sont au ciel, mais celui-ci est réservé à certains privilégiés : seuls le pharaon et sa famille y avaient droit en Égypte, avant que cet avantage ne fût étendu à tous. On reproduisait dans le monde des morts la hiérarchie du monde des vivants. Il faudra attendre une certaine évolution pour que le privilège du paradis soit la récompense d'une vie vertueuse.

Le *Mahabharata*, le *Ramayana* et les *Puranas* décrivent les ciels des cinq grands dieux de l'Inde : le ciel d'Indra est peuplé de danseuses et de musiciens ; celui de Vishnu est tout en or et parsemé d'étangs couverts de lotus, et, dans le ciel de Brahma, les morts jouissent de la compagnie de nymphes célestes. Or, jardins, chants, danses et jolies filles forment l'essentiel de ces paradis.

Dans le « paradis occidental », la « terre pure » liée à Amitabha, « il n'y a ni peine physique, ni douleur mentale. Les sources de joie y sont innombrables. C'est pourquoi ce pays est appelé terre heureuse... Autour de lui se superposent sept voûtes emboîtées, sept rangées de rideaux précieux et sept rangées de bruyants villages. Il est orné de sept grandes terrasses, de sept rangées de palmiers avec sept lacs couverts de lotus de toutes couleurs, aussi larges que les roues de chariots... Des oiseaux de toutes nuances y chantent la louange de la loi. Partout y brillent les pierres précieuses et y retentit le son des cloches... Amitayus y vit entouré de ses fidèles dont le nombre n'est pas aisé à compter... » (*Ashtasakasrita*, XV).

« L'air même, dit l'*Apocalypse de Pierre*, apocryphe chrétien du Ier siècle, y est illuminé des rayons du soleil et la terre y abonde en épices et en plantes produisant de belles fleurs incorruptibles qui jamais ne se fanent et portent des fruits bénis... Les habitants de ces régions sont vêtus des mêmes vêtements qui rendent les anges brillants et leur pays ressemble à leurs vêtements. » « La cité est d'or, dit l'*Apocalypse de Paul*, et quatre fleuves y coulent : de lait, de miel, de vin et d'huile. Sur leurs rives croissent les arbres à dix mille branches portant dix mille grappes de fruits, et la lumière baignant le pays a un tel éclat qu'il brille sept fois plus que l'argent. »

Chez les Indiens mésoaméricains, le paradis du dieu Tlaloc s'appelle *Tlalocan*. Il est réservé surtout aux guerriers morts au combat. Là, ils font cortège au soleil. Chez les Indiens d'Amérique du Nord, le paradis, ce sont « les terres fortunées de la chasse » : on y passe son temps à traquer d'immenses troupeaux de bisons et le saumon abonde dans les filets des pêcheurs. Chez les Celtes, l'autre monde, le *Sid* ou *Tir na nOg* (Terre des jeunes), *Tir na mBéo* (Terre des vivants), *Tir ma mBan* (Terre des femmes) ou encore *Mag Meld* (Plaine de plaisir), est un monde où coulent le lait, le miel, la bière et le vin. On y organise perpétuellement des festins dans des palais d'or et d'argent, de bronze et de cristal. On y est entouré de jeunes femmes à la beauté inoubliable et à l'intelligence vive. On n'y connaît ni vieillesse, ni maladie. Le péché n'y existe pas.

Le pays des bienheureux est le pays du soleil nocturne pour Pindare (*Thrènes*, I), les îles fortunées où sont transportés les héros pour les Romains, le « sein d'Abraham », paradis des élus, pour les Hébreux.

L'enfer

> « Lorsque la troisième nuit s'est écoulée, à l'aube, l'âme du méchant se croit au milieu d'un désert et a la sensation de respirer des puanteurs. Elle sent un vent souffler du côté du Nord, des pays du Nord, très puant, plus puant que les autres vents. L'âme de l'homme méchant respire ce vent de ses narines. »
> (*Hadôkht*, II).

Il existe aussi un monde des morts, lugubre, froid et sombre, peuplé de fantômes : « La poussière est leur nourriture, la boue leur aliment... Ils sont comme des pourceaux qui se roulent dans la fange. Ils sont dans les ténèbres et ne reverront plus la lumière. » (*Épopée de Gilgamesh*).

C'est pour les Mésopotamiens le royaume du dieu Nergal et de la déesse Ereshkigal, lieu souterrain où s'entredétruisent éternellement les divinités infernales, les démons, des monstres hideux. « Ceux qui y entrent sont privés de lumière et leur pain est l'argile [...]. Sur la porte et le verrou de ce domaine s'étale la poussière. » (*La Descente aux enfers de la déesse Ishtar*).

« Si je te disais, dit Nergal à Gilgamesh, la loi du monde souterrain que je connais, je te verrais t'asseoir pour pleurer. » (*Épopée de Gilgamesh*, col. IV, 1-5).

En Inde, l'*Isha Upanishad* parle de « ces mondes que l'on nomme sans soleil, recouverts qu'ils sont d'aveugles ténèbres : y entrent après leur mort ceux qui ont tué leurs âmes ». Les Hindous ont imaginé vingt et un enfers : les pêcheurs y souffrent de la soif et de la faim, sont dévorés par des bêtes fauves ; ils sont grillés, sectionnés à la scie, bouillis dans l'huile, écrasés au pilon. Et Bouddha continue : « ils sont attelés à des chariots énormes, ils doivent marcher dans les flammes sur de longues distances ; d'autres sont obligés de se plonger la tête dans un chaudron d'eau bouillante ; d'autres encore sont jetés dans de grands feux. » L'enfer n'est que temporaire pour les bouddhistes, mais il peut durer 576 millions d'années (*Majjimanikaya*).

On compte huit enfers chauds et huit enfers froids, et chaque groupe est entouré de seize enfers moindres. Il en est où les damnés s'arrachent les uns aux autres la chair avec des griffes de métal, où des éléphants de fer écrasent les victimes, etc. (*Mahayana*).

Chez les chrétiens des premiers siècles, l'*Apocalypse de Paul* décrit aussi, à sa façon, les souffrances de l'enfer : il parle d'énormes vers à deux têtes, longs de trois pieds, qui rongent les entrailles des condamnés, de roues brûlantes qui font mille tours par jour, de rasoirs chauffés à blanc, d'un gouffre pestilentiel dans lequel pourrissent ceux qui n'ont pas reçu le baptême. C'est la géhenne de feu dont parle la Bible et qui sera le châtiment des méchants à la fin du monde.

Dans l'Europe du Nord, où le froid est le mal par excellence, l'enfer revêt cet aspect : on l'appelle *gwern* (marais), ou bien *oer, oerfel* ou *rhew* (froid, glacé).

De l'usage des mythes

Les mythes ne meurent pas, ils se transforment. Au cours de leur développement, ils reçoivent les coups de boutoir des croyances mouvantes de l'humanité, ils résistent, adaptant leurs images aux circonstances, réinterprétant leurs personnages, transformant tout leur appareil ; ils résistent et gardent leur autorité, même si les croyances qui les sous-tendent se sont diluées ; ils conservent leur prestige même si, des civilisations qui les ont vu naître, il ne reste que des vestiges. Parfois même les mythes se mélangent et s'accordent entre eux, comme si l'on ne pouvait jamais les combattre de front et qu'il valait mieux se référer à eux que vouloir les détruire.

Les dieux romains

> « C'est par la religion que nous avons vaincu l'Univers. » (Cicéron).

Les Romains ont une haute notion de la divinité. Ils ne consacrent un culte à un dieu que lorsque celui-ci s'est manifesté. Ainsi, la venue de l'Étrusque Junon à Rome est exemplaire. Les armées romaines mènent depuis dix ans le siège de Véies. A la suite de certains prodiges, comme la montée des eaux, sans raison apparente, dans le lac d'Albe, ils nomment un dictateur. Le nouveau chef ne donne pas seulement des directives militaires mais s'adresse à la divinité tutélaire de Véies en ces termes : « Reine Junon, qui demeures aujourd'hui à Véies, je te prie de nous suivre, après notre victoire, à Rome, qui bientôt sera ta ville ; nous t'y construirons un temple digne de ta grandeur. » (Tite-Live, V, 21, 3). Ainsi s'est fait le Panthéon romain.

Mais, dans les dieux étrangers, ils trouvent assez vite des ressemblances avec leurs propres divinités : le consul Lucius Junius reconnaît tout de suite dans l'Aphrodite du mont Éryx la Vénus que les Romains honorent depuis longtemps ; et, ainsi, par apports successifs, Zeus s'appelle chez eux Jupiter, Héra s'appelle Junon, Artémis s'appelle Diane, etc.

Quand César parcourt la Gaule, il donne aux cultes qu'il rencontre et aux dieux indigènes dont il entend parler des noms romains. Ainsi se réalise une sorte d'intercommunication des mythes entre les civilisations.

Brigit et sainte Brigitte

> « Brigit, c'est-à-dire la fille de Dagda, c'est Brigit la poétesse, ou, pour nous exprimer autrement, c'est Brigit la déesse qu'adoraient les *filis*, à cause de la très grande et très illustre protection qu'ils recevaient d'elle. Il y avait trois sœurs de même nom : outre Brigit la *file*, une seconde Brigit, qui pratiquait la médecine, et une troisième Brigit, qui forgeait le fer. Toutes trois étaient déesses, toutes trois filles de Dagda ; et chez les Irlandais le nom de déesse Brigit les désignait toutes trois ensemble. »
> (*Glossaire de Cormac*, 900).

Brigit est une grande déesse irlandaise. Son nom signifie « grandeur ». Elle est déesse du Feu, de la Fertilité et de la Poésie, et fille de Dagda. César l'appelle Minerve dans le *De bello gallico* (VI, 17, 2) et la considère comme la maîtresse des travaux et des arts. Les Brigantes, peuple du nord de l'Angleterre, en ont fait leur déesse nationale.

Sainte Brigitte, une mère de huit enfants, est la fondatrice et l'abbesse du monastère de Vadsténa, un ancien ermitage établi sur un sanctuaire de druides tenu par des femmes qui y entretenaient un feu perpétuel. Les Irlandais en ont fait, à l'égal de saint Patrick, leur patronne nationale.

Brigit a disparu ; elle n'est même plus un souvenir, tant sainte Brigitte a pris sa place. Mais il reste, à travers cette nouvelle figure, un symbole, une présence, une protection qui avait jadis pour nom Brigit. Mieux encore, les deux personnages se sont confondus et l'on ne sait plus très bien ce qui, de la légende, se rapporte à l'une ou à l'autre.

La parabole d'Ulysse

> « Si Ulysse a pu être retenu par les Lotophages grâce à la douceur de leurs fruits ; si les jardins d'Alcinous l'ont retardé ; si enfin les Sirènes, l'attirant par leurs chants, ont failli l'entraîner à ce fameux naufrage dans la volupté, et s'il dut lutter contre l'enchantement de leur voix mélodieuse, combien sied-il aux hommes religieux d'être captivés par l'émerveillement des actions célestes ! Et là il ne s'agit pas de s'assurer la douceur des baies, mais le pain qui est descendu du Ciel. » (Saint Ambroise de Milan, *Exposition de l'Évangile de saint Luc*, IV, 2-3).

Ainsi les mythes bougent, et parfois on les fait bouger. Dès le IIe siècle, les chrétiens ont fait usage des mythologies qui n'étaient pas nées dans le même milieu que leur foi : Ulysse séduit par les voix des sirènes devient le chrétien attiré par les plaisirs et la vie mondaine ; quand il bouche les oreilles de ses compagnons avec de la cire, il montre que les fidèles doivent rester sourds à la propagande trompeuse du paganisme ou des hérésies qui les mèneraient à leur perte ; lorsqu'il s'attache au mât de son bateau, il est l'image du Christ, et aussi du croyant, attaché à l'arbre de la Croix, attachement qui lui permet de retrouver sa vraie patrie.

Même si ces commentateurs savent dire et répéter que les mythes qu'ils prennent dans d'autres ères culturelles sont manifestement faux, même s'ils affirment que l'utilisation qu'ils en font n'est qu'à titre d'illustration, il reste que cette utilisation prouve qu'ils sont porteurs de vérités, qu'ils rendent vivantes des attitudes, qu'ils expliquent d'une certaine façon des comportements. On en est venu à leur trouver une origine naturelle et à découvrir, à travers leur merveilleux irréel, une réalité très ancienne qu'ils auraient transfigurée : c'est l'évhémérisme.

Évhémère, au IIIe siècle avant J.-C., a raconté comment étaient nés les dieux : rois illustres ayant accompli des hauts faits, ils auraient été divinisés après leur mort afin de sauvegarder leur mémoire.

Des mythes universels

> « Dès neuf ans, ils avaient jusqu'à neuf coudées de large et neuf orgyes de haut. Aussi menacèrent-ils les Immortels de porter dans l'Olympe le tumulte de la guerre fougueuse ; ils voulaient entasser l'Ossa sur l'Olympe et sur l'Ossa le Pélion aux feuillages agités, afin de monter à l'assaut du Ciel. »
> (*L'Odyssée*, XI, 305-320).

Il est des mythes qui se retrouvent dans un grand nombre de civilisations. En ce qui concerne la création et l'au-delà, le commencement et la fin, on le comprend aisément. Les multiples récits du déluge sont déjà plus difficiles à expliquer. Mais que l'épisode de la tour de Babel (Genèse, XI, 1-9) ait des ressemblances avec l'escalade du Ciel par les Aloades (*L'Iliade*, V, 385-391 ; *L'Odyssée*, XI, 305-320), l'incendie de Sodome et Gomorrhe (Genèse, XIX, 1-29) avec l'aventure de Phaéthon (Euripide, *Hippolyte*, 735 sqq.), que Niobé puisse être comparée, sinon assimilée, à la femme de Loth (Genèse, XIX, 26), le prophète Joseph à Bellérophon, saint Georges à Hercule et Samson à Héraclès, cela indique des coïncidences troublantes.

Il est un fait que, peu ou prou, les mythes sont interprétés à la lumière des croyances de chaque époque. Aussi peut-on penser qu'ils constituent, par leur inscription dans l'histoire, une sorte de base fondamentale de l'humanité ou bien qu'ils sont animés d'une telle force que chaque nouvelle foi, chaque nouvelle civilisation a dû composer avec eux et s'accommoder de leur imagerie sans toujours se l'avouer.

Cela n'est-il pas toujours vrai aujourd'hui ? Freud a largement utilisé les mythologies pour expliquer les mécanismes de la psychologie humaine, et l'on s'est aperçu que chaque individu vit à sa façon les aventures d'Œdipe ou le drame d'Antigone.

Transcendance ou histoire embellie, la mythologie ne saurait laisser indifférent l'*homo religiosus* : elle l'interroge, le bouscule, le fait trébucher, mais parfois l'éclaire, le met devant les choix, le pousse à la décision et à l'engagement. N'est-ce pas très exactement la fonction du mythe ?

Les mythes modernes

> « Le mythe se présente sous l'aspect extérieur d'une ardente conviction, il a les apparences de la grandeur. De près la conviction se révèle comme un parti pris qui ne contrôle ni ses sources, ni ses états, ni ses affirmations. » (Emmanuel Mounier, *Révolution personnaliste et communautaire*, Paris, 1935).

Qu'en est-il aujourd'hui des mythes ? Voici venu le règne de la raison et de la science. N'est considéré comme vrai que ce qui est légitimé rationnellement ou expérimenté scientifiquement. Tout le reste n'est que faribole, conte, exubérance artistique ou jouets pour enfants. Le mythe est facilement renvoyé dans le passé, il a perdu toute crédibilité, il n'est qu'un pieux souvenir.

Deux cas, pris parmi beaucoup d'autres, montrent que notre société d'aujourd'hui n'a pas évacué tout mythe. Bien au contraire, elle en sécrète, en fabrique, en manipule. Le mythe est un élément moteur de sa vie, comme il l'était dans les sociétés antiques.

Le mythe de la science

> Le scientisme « est tout aussi irrationnel et émotionnel dans ses motivations, et intolérant dans sa pratique journalière, que n'importe laquelle des religions traditionnelles qu'il a supplantées... Il ne se borne pas à prétendre que, seuls, ses propres mythes sont vrais, il est la seule religion qui ait poussé l'arrogance jusqu'à prétendre n'être basée sur aucun mythe quel qu'il soit, mais sur la Raison seule, et jusqu'à se présenter comme tolérance ce mélange particulier d'intolérance et d'amoralité qu'il promeut. »
> (*Survivre* n° 9, août-septembre 1971).

L'homme s'est construit un merveilleux instrument de découverte ; il a affiné son raisonnement, s'est exercé à la rigueur, s'est forgé les méthodes les plus sûres, a imaginé les théories les plus pratiques. Il a ainsi étendu son domaine, pris en main bien des leviers jusqu'ici cachés, manipulé le monde et transformé sa propre vie. La science s'est imposée à l'univers comme un nouveau *deus ex machina* possédant tout ce qui est à connaître du passé et tout ce qui est à construire de l'avenir.

Pourtant, dans cette progression phénoménale, des failles sont apparues : la rigueur la plus inflexible n'est jamais sans défaut. La raison est incapable d'éliminer toute contradiction ; elle n'a pas su obtenir le consensus qui était inscrit dans sa nature : la coexistence des différents systèmes philosophiques en fait foi. Mais, surtout, la science est parvenue à découvrir que le principe de non-contradiction qui est à la base de son développement se trouve être beaucoup plus une exigence de sa méthode qu'une caractéristique de la réalité. Elle se heurte souvent — surtout quand elle parvient à des extrêmes, l'infiniment petit et l'infiniment grand — à un irrationnel qui met en cause ses méthodes, ses expérimentations et fait douter de ses conclusions. Son discours logique n'est adapté qu'aux exigences d'actions à court terme et la maîtrise d'une certaine réalité.

La science et la technique que l'esprit humain a engendrées avancent inexorablement, elles repoussent toujours plus loin les limites de leurs domaines sans jamais aborder l'explication globale qui est en dehors de leurs compétences et même de leurs ambitions. Pourtant, elles mettent en question toutes les approches qui lui sont étrangères. C'est un duel terrible, la chasse tous ses rivaux et formule des exigences draconiennes. Il ne laisse espérer un paradis (et quel paradis ?) que dans un lointain très nébuleux.

La raison est, en effet, que la science et la technique sont loin de tout expliquer, de tout expérimenter : une très large marge reste hors de leur champ et leur ambition à légiférer sur tout est mise à rude épreuve ; elles ne savent ni ne peuvent sortir de leur domaine dont la limite est chaque jour plus évidente. Elles se heurtent à l'éthique, dont la mission est de sauvegarder ce qu'elles ne régissent pas, et ne savent donner à leur développement une orientation indiscutable.

Mise en forme d'un donné, moyen d'action d'une efficacité chaque jour plus surprenante, facteur d'une accélération prodigieuse de la civilisation matérielle, la science n'est aucunement une percée dans l'inconnu que s'efforçaient de démasquer les mythologies classiques. Elle ne révèle qu'une face des choses, qu'un aspect des problèmes ; la science ne traite de l'invisible qu'en le contraignant, en le faisant passer dans le mode d'être du visible. Pourtant, par une sorte d'exaspération de ses méthodes, elle part d'applications pratiques et... limitées et se dirige, sans apparemment s'en apercevoir, vers une revendication de vérité universelle : elle se présente comme la Vérité hors de laquelle il n'en est point d'autre ; elle nie tout ce qui ne peut entrer dans ses grilles. Le saut est d'importance. Cette exclusion ne possède aucune légitimité autre que subjective. Elle n'est pas fondée en raison, elle est irrationnelle ; elle est, en définitive, d'ordre mythologique.

Comme le mythe classique, le « scientisme » a ses images : la société idéale où tout est inventorié, compté, mesuré (Aldous Huxley, *Le Meilleur des mondes*) ; comme le mythe classique, il est séparé de l'homme d'aujourd'hui par le temps (passé ou à venir) ; comme le mythe classique, il sécrète des rites sociaux, une église et un clergé ; comme le mythe classique, il est nourri d'une foi, parfois même d'un fanatisme. Il a créé un nouveau mode mythique.

La star

> « La vedette, dit André Malraux, est une personne capable d'un minimum de talent dramatique dont le visage exprime, symbolise, incarne un instinct collectif. Marlène Dietrich n'est pas une actrice comme Sarah Bernhardt, elle est un mythe comme Phryné. » *(Esquisse d'une psychologie du cinéma).*

Le développement des moyens de communication a permis à la fois de rapprocher les hommes et de les classer en différentes catégories. Il y a ceux qui sont d'un côté de l'écran et ceux qui sont de l'autre. Les uns sont donnés en exemple aux autres : ils possèdent ou sont censés posséder richesses et prestige, ils sont beaux et heureux, ils sont connus à travers le monde ; ce sont des surhommes, des « dieux ».

Dans l'imaginaire du public, ils vivent dans un Olympe inaccessible, n'ont pas de contact avec le trivial qui est le quotidien des autres, ont une puissance de séduction hors du commun, disposent d'un immense pouvoir de persuasion, mobilisent des foules, provoquent une sorte de fanatisme. On organise des grand-messes dans des cathédrales construites pour eux dans le style artistique du moment. Les masses de leurs fidèles s'y pressent, qui, selon des rites imposés, tantôt observent un silence religieux, tantôt psalmodient en chœur des acclamations rythmées ou hurlent des prières. L'assemblée s'était réunie dans la joie, elle se disperse dans la gloire du héros : c'est « la Résurrection ».

Les plus croyants observent aussi un culte privé, collectionnant les amulettes ayant touché le « dieu » et les images qui le représentent, faisant des pèlerinages aux lieux qu'il a connus, imitant les actions qu'il a faites. Alors, ils ne calculent plus le prix de telles démarches : c'est un don, une offrande, un sacrifice. Toute leur vie est illuminée par cette dévotion, cette idolâtrie, et, si leur dieu vient à disparaître, plus rien ne tient plus, c'est la dépression, voire le suicide.

Toutes les stars ne sont pas semblables, loin s'en faut. On en fabrique de toutes sortes, car c'est une industrie, le « show-biz ». Il y a la vierge, la vamp et la divine ; il y a le play-boy, le clown et le sportif. Leur ascension semble être due à un miracle. Tous sont des modèles plus grands que nature et font rêver. Ils sont les images des espoirs et des attentes de leurs fidèles, les buts auxquels ils s'efforcent de parvenir.

On pourrait énumérer nombre de « religions » modernes qui, sous une forme ou une autre, ont donné naissance à une mythologie spécifique : de la politique à l'automobile en passant par la bande dessinée.

Les dieux et les héros

Achille
Héros grec

Un tempérament passionné
Combattant quasi invulnérable : s'il boude, c'est la défaite ; s'il combat, c'est la victoire.

Le Styx
C'est l'un des fleuves des Enfers ; ses eaux ont des propriétés magiques

Achille était le septième enfant du roi de Phthie, Pelée, et de la déesse Thétis. Celle-ci, pour enlever à ses enfants ce qui les rendait mortels, les enduisait d'ambroisie, le jour, et les plongeait dans le feu, la nuit. Achille seul en réchappa, grâce à son père qui l'arracha à temps aux mains de sa mère (Apollodore, III, 13, 6). Il n'eut que les lèvres brûlées ainsi que l'osselet du pied droit : le centaure Chiron le lui remplaça par celui du géant Damysos, particulièrement rapide à la course. Achille hérita ainsi de cette qualité, d'où son surnom : Achille au pied léger.

D'après d'autres sources, Thétis, pour rendre invulnérable son enfant, l'aurait trempé dans l'eau du Styx, le fleuve infernal. Seul le talon, par lequel elle le tenait, resta vulnérable — ce fameux talon qui devint ainsi son unique point faible (Fulgence, III, 7).

■ **La guerre de Troie**
Deux textes différents relatent son départ pour Troie. L'un fait état d'un oracle qui le prévient : s'il part, il aura une vie courte et glorieuse ; s'il reste, une vie longue et obscure. Le parti pris par Achille est évidemment le plus noble (*L'Iliade*, IX, 14). L'autre raconte que ses parents, prévenus qu'il devait mourir devant Troie, le cachèrent, déguisé, parmi les filles du roi de Scyros, Lycomède. Mais Ulysse, le rusé, le démasqua en faisant retentir la trompette : Achille, cédant alors à son instinct guerrier, s'empara des armes qui se trouvaient là... par hasard (Apollodore, III, 13, 6).

Le sujet de *L'Iliade* est tout entier contenu dans la colère d'Achille, auquel Agamemnon avait enlevé Briséis, une jeune fille reçue en butin. Notre héros ne voulait pas aller au combat tant qu'elle ne lui serait pas rendue. Et comme c'était lui, et lui seul, qui inspirait de la frayeur aux Troyens, les Grecs allaient de défaite en défaite. Des ambassades lui étaient envoyées, le suppliant de reprendre les armes. Un jour, pour donner le change, il accepta de prêter son armure à Patrocle, son ami, faisant croire ainsi aux Troyens qu'il était au combat, mais la ruse dura peu et Patrocle fut tué. Alors Achille entra dans une violente colère et courut venger son ami : il tua Hector et donna la victoire aux Grecs (*L'Iliade*, XVII, 855 sqq.).

Achille fut tué par Pâris — ou par Apollon lui-même — d'une flèche au talon, le seul endroit de son corps qui fût vulnérable (*L'Iliade*, XIX, 417 ; XXII, 278, 359). Thétis emporta sa dépouille dans l'île d'Achillea, sur le Danube : les marins y entendent le cliquetis des armes, le brouhaha d'un banquet (Pomponius Mela, II, 7, 208).

Achille eut un cénotaphe à Sparte, un autre à Olympie (Pausanias, III, 30, 8 ; VI, 23, 2) et un temple sur le promontoire de Sigée (Strabon, XII).

Supplications de Patrocle auprès d'Achille pour qu'il reprenne le combat : « Mais toi, Achille, tu restes inflexible. Ah ! puisse ne jamais me saisir une animosité pareille à celle que tu gardes, héros d'affreux courage !... Cœur impitoyable ! Non, ton père n'était pas le cavalier Pelée, ni ta mère, Thétis. C'est la glauque mer qui t'a mis au jour, ce sont d'inaccessibles rochers, puisque ta pensée reste aussi insensible » (*L'Iliade*, XVI).

Adapa
Héros akkadien

Le sage
Parangon d'intelligence, il est l'un des sept Apkallu, envoyés extraordinaires d'Ea/Enki, le dieu inventeur des hommes et civilisateur.

Si Adapa est sage, c'est que le dieu dont il est le serviteur est sage et qu'il lui a appris tout ce qu'il sait lui-même. Ainsi, il a été l'instrument du progrès et de la civilisation des hommes dans le pays des Akkadiens au IIIe millénaire avant J.-C. On retiendra surtout de lui sa soumission, pieds et poings liés, à son maître. Ne va-t-il pas jusqu'à délaisser l'immortalité par obéissance ?

Il était majordome d'Ea dans son temple d'Eridou et il avait plaisir à pêcher de temps à autre dans le fleuve Amer. Un jour qu'il s'était éloigné du rivage, Shutu, le vent du Sud, fonça sur son embarcation, la bouscula et la fit basculer dans l'eau. Adapa réchappa du naufrage. Mais, pris d'une grande fureur, il s'attaqua à Shutu et lui coupa les ailes — car Shutu a, comme tous les dieux du Vent, la forme d'un oiseau —, et, pendant une semaine, le vent du Sud ne se fit pas entendre.

Anu, le dieu du Ciel de cette époque, s'étonna du silence et en demanda les raisons. Une fois renseigné, il exigea la comparution du coupable devant son tribunal. Au moment où Adapa allait partir, Ea le mit en garde : « Concilie-toi les portiers du Ciel et, quand tu seras en présence d'Anu, on t'offrira de la nourriture, n'en mange pas, on t'offrira de la boisson, n'en bois pas. Ce sont nourriture et boisson de mort. On t'offrira des vêtements, mets-les. On t'offrira de l'huile, oins-t-en. »

Adapa fit comme on lui avait dit : il s'accorda si bien avec Tamuz et Gishzida, les deux portiers du Ciel, qu'il fut reçu, non devant un tribunal, mais à la table d'Anu. Celui-ci lui fit présenter nourriture et boisson d'éternité. Il refusa, passant ainsi à côté de l'immortalité. Alors le dieu du Ciel ordonna de chasser loin de ses yeux Adapa le rebelle. Adapa ne fut-il pas en définitive victime des dissentiments des dieux ?

Les Apkallu
On dit qu'ils sont sept, huit ou seize. Ce sont des êtres pleins d'éclat et de génie, intelligents et experts en tous domaines. Ils sont auprès des souverains, dieux ou hommes, des sortes de Premiers ministres, des vizirs entièrement soumis à leur maître : ils leur apportent le savoir et sont des instruments en leur pouvoir. Ea est leur patron ; il s'est servi d'eux pour introduire les commodités de la vie et de la culture chez les hommes. Il est lui-même l'Apkallu des dieux.

A l'époque séleucide (du IVe siècle au Ier siècle avant J.-C.), on les appelle *Ummânu*. L'un d'entre eux aurait écrit l'*Épopée d'Erra* et un autre, l'*Épopée de Gilgamesh*.

La vengeance d'Anu
Une autre version existe : Anu aurait dit : « Puisque Adapa, de race humaine, par ses propres moyens a brisé l'aile de Shutu, qu'il en soit ainsi : quelque maladie que Shutu aura mise dans le corps des hommes, avec lui, Ninkarak (déesse de la Santé et de la Guérison) pourra les apaiser, qu'alors parte la maladie ! Mais sans lui, que survienne la fièvre glacée et que le malade d'un doux sommeil ne puisse reposer ! »

Le « fleuve Amer » :
ainsi est sans doute désigné l'Euphrate, dont les caprices sont imprévisibles.

Aditi
Déesse de l'Inde

La bienfaisante
Les hymnes védiques la célèbrent comme porteuse de toutes les plantes, de tous les animaux et comme mère de tous les êtres.

Déesse-mère, Aditi a donné naissance aux Adityas, originellement des serpents qui ont perdu leur peau et revêtu l'immortalité (*Pancavimsa Br.*, XXV, 15, 4). Ils sont devenus des dieux, *devas*, et même des dieux souverains. Parmi les Adityas, on compte Mitra, Varuna, Aryaman, le protecteur des Aryens, et Bhaga qui assure la distribution des biens.

Aditi est *rajaputra* : « celle dont les fils sont rois », *ugraputra* : « celle dont les fils sont forts » (*Rig Veda*, VIII, 56, 11), *suputra* : « celle aux bons fils » (*Rig Veda*, III, 4, 11), et même *suraputra* : « celle dont les fils sont des héros forts » (*Atharva Veda*, III, 8, 2). C'est la mère par excellence, et les femmes pendant leur grossesse portent sur elles l'amulette « qu'Aditi portait lorsqu'elle désirait un fils » (*Atharva Veda*, XI, 1, 1). Elle est ainsi protectrice des accouchements.

■ Une déesse à part
Aditi est la « Non-Liée », la Libre. C'est le sens de son nom. En fait, c'est une déesse primordiale. « Aditi est le ciel, Aditi est l'atmosphère. Aditi est la mère, elle est le père, elle est le fils. Aditi est tous les dieux, les cinq races. Aditi est ce qui est né. Aditi est ce qui doit naître » (*Rig Veda*, I, 89, 10). Ses attributs sont suffisamment indéterminés pour laisser la place à une sorte de panthéisme. Alors que ses fils, les dieux souverains, ont une fonction dans la société divine ou l'univers, Aditi, elle, est *tout* à la fois ; elle est la somme, l'origine et la fin, et elle est, en même temps, les contraires. Elle est la divinité indifférenciée. Elle représente la largeur, l'étendue, la liberté.

Dans les sacrifices, elle n'est pas traitée comme les autres dieux, elle est extérieure au monde divin : elle reçoit la première et la dernière offrande ; ou, autre façon de l'honorer, elle ne reçoit rien : son ministère étant de répartir à chaque couple divin ce qui lui est destiné.

■ Son action
Aditi est la déesse qui permet l'épanouissement, elle libère de tout ce qui contraint, elle fait disparaître toute trace de péché, d'impureté, de souffrance, de maladie. Elle donne la bonne santé (*Rig Veda*, X, 100).

Adoptée par la tradition bouddhique, elle a été intégrée dans la légende. Ainsi elle apporte son soutien à Bouddha et noie les armées de Mara, le tentateur, qui veut le distraire de sa méditation et l'empêcher ainsi d'atteindre à l'illumination.

■ Le culte
La Thaïlande, la Birmanie, le Laos et le Cambodge l'ont représentée comme une jeune femme qui tord sa chevelure des deux mains. De ses cheveux sort le fleuve, source de toutes les richesses. Elle y est appelée Dharani ou Brah Dharni.

L'origine
« Au premier âge des dieux, Du Non-Être l'Être naquit. Alors les Régions naquirent, issues de la Parturiente. Le Monde naquit de la Parturiente, Du Monde, les Régions naquirent. D'Aditi Daksa naquit. Et de Daksa Aditi. Car Aditi naquit, ô Daksa, elle qui est ta fille. Après elle les dieux naquirent, Les bienheureux, les immortels apparentés. » (*Rig Veda*, X, 72, 3-5).

Adonis
Dieu d'origine phénicienne

Le séducteur précoce
Sa passion violente, éphémère, et inféconde, fait se pâmer les épouses infidèles.

Originaire de Phénicie, il fut d'abord appelé Thammuz, puis Gauas. Mais c'est sous le nom d'Adonis, c'est-à-dire « seigneur », qu'il est devenu célèbre, surtout à Byblos, à Alexandrie, à Chypre et en Grèce.

Théias, le roi de Syrie, avait une fille, Myrrha ou Smyrna. Celle-ci fut poussée par Aphrodite à désirer un inceste avec son père. Elle parvint à tromper Théias et à s'unir à lui. Mais il s'en aperçut et, rempli de colère, voulut la mettre à mort. Les dieux, pour la protéger, la transformèrent en arbre, l'arbre à myrrhe. Dix mois plus tard, de l'écorce de cet arbre sortit un enfant : Adonis.

■ Les amours d'Adonis
Adonis était très beau : Aphrodite le recueillit et l'enferma dans un coffre qu'elle confia à Perséphone. Mais la déesse des Enfers refusa de le rendre. L'une et l'autre, Aphrodite et Perséphone, étaient tombées amoureuses du jeune homme. Le conflit entre les deux déesses fut arbitré par Zeus, et il fut décidé qu'Adonis vivrait un tiers de l'année avec l'une, un tiers avec l'autre, et le troisième avec qui il voudrait. Mais Adonis choisit de passer deux tiers de l'année avec Aphrodite (Apollodore, III, 14, 3).

On reconnaît dans ce mythe une personnification des forces productrices de la nature et une image du rythme des saisons. Cela était perçu dès l'Antiquité.

■ La mort d'Adonis
Lors d'un combat, suscité par Artémis, contre un sanglier, il fut mortellement blessé. Cette fin tragique qui l'enleva à l'affection d'Aphrodite inspire toujours de la compassion. On dit qu'à Aphaca, dans le pays de Byblos, là où prend naissance le fleuve d'Adonis, le Nahr Ibrahim, les eaux se teintent de rouge, une fois l'an, en souvenir du sang versé par le dieu.

■ Les Adonies
Chaque année, ce phénomène donne lieu à de grandes fêtes, marquées par deux temps forts : l'un, funèbre, avec lamentations et sacrifices, pour la mort d'Adonis ; l'autre, triomphant, avec rassemblement et processions joyeuses pour son retour.

A Alexandrie, on inverse le rythme des cérémonies comme pour mieux suivre le déroulement de l'histoire et l'on commence par des chants, des danses, un banquet, un spectacle, qui évoquent l'union des deux amants, et l'on termine par une procession funèbre. Théocrite nous raconte les fêtes ainsi célébrées par Arsinoé, la femme du roi d'Égypte Ptolémée Philadelphe (283-246 av. J.-C.). (Théocrite, XV, 111-132).

A Athènes, ce n'est plus du tout le rythme des saisons avec mort et résurrection qui est fêté — cela est réservé à Déméter. La fête publique est funèbre avec

La passion d'Aphrodite
« Séduite par le jeune homme, elle ne se montre plus dans le Ciel [...]. Elle l'accompagne partout. Elle qui avait été habituée à goûter un doux repos sous les ombrages, elle erre çà et là, à travers les montagnes. Elle se tient à distance des sangliers redoutables. Toi aussi Adonis, elle t'engage à les craindre : elle voudrait que tu profites de ses conseils : "Sois brave lui dit-elle, contre ceux qui fuient devant toi ; contre les audacieux, l'audace n'est pas sûre. Garde-toi, mon jeune amant, de te montrer téméraire au péril de mon bonheur". » (Ovide, *Métamorphoses*, X, 530-545).

ADONIS

Le pays d'Adonis

« Aphaca est un endroit, à mi-chemin d'Héliopolis et de Byblos, où est fondé un temple d'Aphrodite Aphacitide. Près de celui-ci, il y a une sorte d'étang ressemblant à un réservoir fait de mains d'homme. Sur le temple et les lieux d'alentour, à date fixe, un feu brille en l'air, à la façon d'un flambeau ou d'un globe, et des rassemblements se produisent, et ce feu apparaît encore de notre temps. » (Zozime, *Histoire nouvelle*, I, 58).

tous les rites des funérailles : onction, toilette et exposition du mort, offrandes et repas pris en commun. Des images d'Adonis en cire ou en terre cuite tiennent lieu de cadavre. Les femmes honorent ces simulacres, elles les promènent dans la ville, se lamentent, se frappent la poitrine, dansent et entonnent des chants plaintifs.

Ensuite, la célébration se fait discrète : l'objet en est le plaisir pris hors du mariage et le lieu, l'intimité des demeures. La joie se manifeste par les instruments éphémères de la séduction, fleurs et parfums.

■ Les jardins d'Adonis

Les jardins d'Adonis étaient des pots de terre, des fonds de tasse, ou des paniers légers, dans lesquels on faisait pousser des plantes à croissance rapide comme le fenouil, le blé, la laitue. Ces végétaux levaient en quelques jours. On en accélérait même le développement en les arrosant d'eau chaude et en les plaçant en plein soleil. Ainsi, ils flétrissaient vite. Cette culture dérisoire symbolisait l'existence éphémère d'Adonis. En Grèce, on qualifiait de « jardins d'Adonis » toute existence hâtive et passagère.

■ Légende

D'après le *Chant funèbre en l'honneur d'Adonis*, de Bion de Phlossa (I, 72), Aphrodite versa beaucoup de larmes, et chaque larme devint une rose, tandis que chaque goutte de sang de la victime devenait une anémone.

Le poète, soucieux de précision, ajoute que la déesse versa autant de larmes qu'Adonis perdit de gouttes de sang.

Adonis est grand, beau, jeune. La déesse se sert de tout son pouvoir de séduction et de sensualité pour l'attirer et le retenir.

Bartholomeus Spranger (1546-1611) : « Vénus et Adonis », v. 1592. Huile sur toile.

Agni
Dieu de l'Inde

Le feu sacrificiel

Dieu du feu aux temps védiques, il est, par le sacrifice, le médiateur entre hommes et dieux, l'ordonnateur des rites.

Appelé *Ignis* chez les Romains, *Ogni* chez les Slaves, *Ugnis* chez les Lituaniens et *Atar* chez les Iraniens, il est *vaicvanara*, « celui qui appartient à tous les hommes ».

Agni est le feu sous toutes ses formes, dans le ciel où il apparaît en toute sa splendeur — le Soleil —, dans les bois où il surgit, dans les demeures où il réchauffe l'atmosphère. Il se manifeste aussi dans la chaleur de la colère et celle de la digestion. Toute flamme est Agni.

■ Le personnage

Agni éblouit de son éclat et éclaire tout ce qui l'approche. On parle de « ses cheveux de flamme » et de « sa mâchoire d'or ». Il est très vieux, puisque son origine se perd dans la nuit des temps, et simultanément il est jeune, puisqu'il possède la vigueur et la puissance de la jeunesse. Il est « le dieu qui ne vieillit pas », *tanûnapât*, « rejeton de lui-même » : le feu sort du feu. Il est immortel, invincible et dominateur.

Il est un *rsi* particulièrement doué d'intelligence et de clairvoyance. Il est savant, inspiré, sage et prudent. Il éveille les pensées des hommes et les conduit au Bien.

Son lien avec les eaux est fréquent. Le prêtre invoque souvent tous les Agnis qui sont dans les eaux (*Aitareya-brahmana*, VIII, 6). Il est vrai que les végétaux qui naissent dans l'eau sont la demeure d'Agni (*Rig Veda*, X, 91, 6), et lui-même survient au frottement d'une plante aquatique, la fleur de lotus (*Rig Veda*, VI, 16, 13). Il est appelé « Taureau des eaux » (*Rig Veda*, X, 21, 8), parce qu'il les rend fécondes. Il est aussi un enfant issu du fleuve qui engendre tous les êtres. C'est dans l'eau que naît le Soleil (*Rig Veda*, II, 35, 6).

Mataricvan, le Prométhée hindou, aurait apporté le feu du ciel. Il fut le premier homme aussi à faire un sacrifice. Mais il arrive souvent que *Mataricvan* soit tenu pour le nom caché du feu.

Agni est guide et protecteur des hommes : de son œil perçant, il voit les démons, il les chasse, il les brûle. Il défend contre la maladie. Il est « maître de la maison » (*grihaspati*). Il est le feu qu'ont allumé les ancêtres et qui ne s'éteint jamais.

■ Le sacrifice

Agni mord à pleines dents ce qu'il rencontre. Il a deux visages, l'un paisible, l'autre terrible : il donne la vie et la mort. Son pouvoir fait de lui l'intermédiaire nécessaire entre le terrestre et le céleste, le dieu auprès duquel « les offrandes se rassemblent ». Il est la « bouche des dieux », qui mange la part qui leur revient dans le sacrifice.

L'offrande qui lui est réservée est le bouc, symbole de puissance et de virilité, et c'est un enfant de lui que les dieux veulent pour commander leur armée contre les *asura*, leurs ennemis (*Mahabharata*, III, 223 sqq.).

L'indispensable

« J'invoque Agni, en tant que préposé au culte, dieu du sacrifice, officiant, oblateur conférant les trésors par excellence. Agni est digne d'être invoqué par les prophètes antiques ainsi que par ceux de maintenant : qu'il convoie les dieux ici ! Grâce à Agni, puisse le sacrifiant atteindre richesse et prospérité jour après jour, richesse et prospérité honorable, très abondante en hommes d'élite ! » (*Hymnes à Agni, Rig Veda*, I, 1 sq., trad. L. Renou).

Les rsi
Les rsi sont des sages qui transmettent aux hommes les Veda.

Ahura Mazda
Dieu indo-iranien

Le seigneur sage

Ahura Mazda, ou Ohrmazd en pehlevi ou encore Ormazd en persan, est devenu le dieu suprême dans le mazdéisme, le seul Ahura.

Le Dieu suprême
« Qui a fixé la terre en bas, et le ciel des nuées, qu'il ne tombe ? Qui a fixé les eaux et les plantes ? [...] Qui est, ô Sage, le créateur de la bonne pensée ?... Je m'efforce ainsi à reconnaître en toi, ô Sage, en tant qu'Esprit saint, le créateur de toutes choses » (*Yasna*, XLIV, 3-7).

Ahura Mazda sous la forme stylisée d'un aigle aux ailes déployées. Il porte la tiare et fait un geste de bénédiction.

Persépolis : porte Est du Tripylon. Bas-relief (détail), période Achéménide, vers 522-465 av. J.-C.

Il a la forme du soleil et neuf épouses. Il habite la région de lumière et le ciel est son vêtement. Il tient une cour royale, il a à sa droite Bonne Pensée, *Vohu Manah*, Ordre excellent, *Asha*, et Pouvoir désirable, *Kshathra*, et, à sa gauche, Sainte Dévotion, *Armaiti*, Santé, *Haurvatat*, et Immortalité, *Ameretat*. Obéissance est devant lui.

■ **Dieu et les dieux**
Il était un dieu parmi d'autres dieux. Il y avait Mithra, Anahita, Vayu, Verethraghna, Varuna, etc. Après la venue de Zarathoustra, il est demeuré le seul, placé au-dessus de tous et tous se soumettent à lui.
Ahura Mazda se manifeste de bien des façons : il fait pousser les plantes, permet au feu de chauffer, à l'eau de désaltérer, aux animaux de se reproduire, aux armées de remporter la victoire, etc. On croyait jadis que derrière chacune de ces actions un dieu était présent. Zarathoustra affirme que c'est toujours Ahura Mazda qui agit. Ceux que l'on croyait être des dieux ne sont que des êtres créés par lui et qui n'agissent que sous ses ordres et sa responsabilité. Ce sont les *Amesha Spenta*, des génies bénéfiques, des *yazatas*, « dignes d'être adorés ».
Ahura Mazda est éternel. Il a créé les autres créatures vivantes « au commencement ». Il a créé le monde par la pensée (*Yasna*, XXXI, 7, 11).

■ **L'ordre du monde**
Le Seigneur a instauré un ordre parfait *(arta)*, et toutes les créatures ont droit à une vie prospère sur terre et, après leur mort, à un paradis de lumière. Mais, pour obtenir ses bienfaits, il faut demeurer juste *(artavan)* et rester fidèle à la bonne religion, c'est-à-dire prendre le parti du Saint, *Spenta Manyu*, dans la lutte qu'il mène contre le Malin, *Angra Mainyu*.
Le Saint, l'esprit bienfaisant, et le Malin, l'esprit destructeur, sont des jumeaux : l'un a choisi le bien et la vie, l'autre a choisi le mal et la mort (*Yasna*, XXX). C'est un choix que le Malin a fait et Ahura Mazda n'en est pas responsable. Il y a d'ailleurs une unité profonde entre le Seigneur et Spenta Manyu (*Yasna*, XLIII, 3). Ahura Mazda a laissé libre le choix de l'un et de l'autre comme il laisse libre le choix de tous les hommes.

Amaterasu
Déesse japonaise

L'ancêtre de l'empereur
Déesse du Soleil et de la Lumière, de la Croissance et de la Fertilité, elle donne une assise divine à la dynastie impériale.

Le présent n'est justifié que par le passé, le terrestre par le céleste : ainsi pensaient les Japonais du VIIIe siècle. L'autorité de l'empereur devait donc avoir une origine très ancienne et divine.

▪ Son origine
Le *Kojiki* (« Notes sur les faits du passé »), le plus ancien livre japonais, nous rapporte qu'à l'origine il y avait cinq couples divins, dont le dernier fut celui d'Isanaki et de Isanami, un frère et une sœur. Isanaki est le dieu qui consolida la terre et il est le père d'Amaterasu, la déesse du Soleil, de Tsuki-yomi, le dieu de la Lune, et de Susanoo, le dieu de la Mer.

Ce dernier voulait refuser son domaine et rejoindre sa mère aux enfers.

▪ Les enfants des joyaux
Lassé de ses supplications, Isanaki chassa Susanoo du ciel. Mais celui-ci, avant de partir, voulut rendre visite à sa sœur Amaterasu. Il fit un tel bruit qu'elle prit peur et s'arma comme pour une guerre. Le frère et la sœur s'affrontèrent de part et d'autre de la rivière de la Tranquillité. Amaterasu brisa un sabre et trois déesses en naquirent. Susanoo suça les joyaux que lui avait présentés sa sœur : les dieux rizicoles et cinq dieux mâles apparurent. Les enfants du sabre étaient ceux de Susanoo et les enfants des joyaux, ceux d'Amaterasu. Alors Susanoo, pris d'une sorte de folie, brisa les digues, boucha l'écoulement des rizières et jeta un cheval écorché dans la résidence de sa sœur. Celle-ci, surprise, se donna la mort en se transperçant le sexe.

▪ La résurrection
La déesse morte s'enferma dans une grotte et plongea du même coup le monde dans les ténèbres. Les dieux s'en inquiétèrent, cherchèrent des tours de magie pour faire resurgir la lumière : ils placèrent à l'entrée de la grotte un arbre sacré auquel ils attachèrent miroirs, joyaux et tissus. La déesse Uzume se mit à exécuter une danse : portant à la main des rameaux de bambou nain, elle monta sur un baquet vide renversé, et commença ses mouvements. Puis, tout en se trémoussant à un rythme violent, elle dégrafa son vêtement, le baissa lentement, découvrit sa poitrine et peu à peu se déshabilla jusqu'au sexe. A ce spectacle, les dieux éclatèrent de rire. Amaterasu, étonnée de ces rires, entrouvrit la porte de la grotte et vit son visage dans le miroir qu'on lui présentait. Encore plus intriguée, elle sortit de la grotte qu'une divinité ferma derrière elle.

La danse d'Uzume servira par la suite de modèle dans certains rites populaires : exécutée à la mort d'un individu, elle a pour but de le rappeler à la vie ; elle est aussi symbole de fertilité.

Entreprises des Kami pour faire sortir Amaterasu de la grotte : « Ils arrachèrent une plante à feuillage permanent très luxuriante du Mont-Parfum-Céleste et attachèrent aux branches supérieures les "tama" recourbés, enfilés sur de longs fils ; aux branches moyennes, ils suspendirent un grand miroir et aux branches inférieures des étoffes végétales blanches et vertes. Majesté - Futodama prit ces objets comme offrandes sacrées et Majesté - Koyane - Céleste psalmodia, tandis que Kami - Masculin - à - la - Poigne - Puissante se tenait caché près de la porte de la grotte » (*Kojiki*, IV).

AMATERASU

Situé près de la ville d'Uji-Yamada, à une centaine de kilomètres à l'est de Kyoto, le **temple d'Isé** est reconstruit à neuf tous les vingt ans, selon un plan absolument identique. Son style, typiquement archaïque, est caractérisé par l'usage du bois de hinoki (cyprès japonais), et par le croisement de deux longues poutres posées en oblique sur les pignons de l'édifice.

Sanctuaire d'Isé-Jingu (Hondo) : le Grand Temple en bois (reconstruit en 1979).

■ La descendance d'Amaterasu

Oshihomimi était un « enfant des joyaux ». Il sera le premier souverain du Japon. Son père est du domaine d'en bas pour trois raisons : d'abord, en raison de sa vocation qui était d'être le dieu de la Mer ; ensuite, en raison de sa volonté qui était de rejoindre sa mère aux enfers ; et enfin en raison de sa destinée qui est d'être exilé sur la terre. Susanoo se trouve être un médiateur. Amaterasu, que les empereurs du Japon invoqueront comme puissance tutélaire, est du domaine d'en haut, le domaine céleste.

■ Le culte

A Ise Jingu, dans l'île de Hondo, existe tout un ensemble de sanctuaires consacrés à Amaterasu.

A la fin de l'automne, la prêtresse, suivant des règles rituelles, fait des nœuds à des fibres de mûrier à papier. Ces nœuds symbolisent l'acte de création et cette pratique permet d'approcher la divinité et de s'approprier un peu de l'énergie céleste. Ce rite est accompagné de paroles magiques destinées à gagner l'aide divine, principalement une augmentation de la vitalité de l'empereur, descendant de la déesse, garant du renouvellement de la vie après la saison froide. Le culte est considéré comme l'expression de l'appartenance à la race japonaise. Le nouveau Premier ministre y rend compte habituellement de la formation de son gouvernement.

La coutume veut qu'on y reconstruise les temples (en bois) tous les vingt ans, et cela a déjà été fait soixante fois (la dernière fois, en 1973). On y conserve le miroir qui symbolise la présence divine d'Amaterasu.

Amazones

Guerrières mythiques grecques

Les anti-hommes

Les Antianeirai *(L'Iliade, VI, 186) sont à la fois égales aux mâles et ennemies des mâles. L'esprit des Grecs a toujours été hanté par le peuple des Amazones.*

La cité des Amazones est une cité où les femmes exercent toutes les magistratures, gèrent la vie publique, dirigent et composent à elles seules l'armée, tandis que les hommes tiennent la maison, élèvent les enfants et filent la laine.

Elles sont *kreoboroi*, « dévoreuses de chair » (Eschyle, *Suppliantes*, 287), et androktones, « tueuses de mâles » (Hérodote, IV, 110). Elles habitent aux confins des terres peuplées. Elles ne tolèrent aucun homme ou seulement pour les travaux serviles. Elles s'unissent une fois l'an avec les hommes des peuplades voisines, les plus beaux de préférence. Ces unions se font au hasard dans l'ombre des forêts pour que les partenaires ne puissent se reconnaître (Strabon, XI, 5, 1). En fait, elles volent aux hommes leur semence. Plus tard, quand les enfants naissent, elles tuent les mâles, ou bien les aveuglent ou encore les rendent boiteux pour qu'ils ne soient plus qu'une réserve de semence masculine (Diodore de Sicile, II, 45). Quant aux filles, elles leur enlèvent un sein pour qu'elles ne soient pas gênées dans l'exercice du tir à l'arc et le maniement de la lance.

■ Des guerrières

On dit qu'elles descendent du dieu de la Guerre, Arès, et de la nymphe Harmonie. Elles vouent un culte à Artémis. Ce sont des guerrières redoutables. Les combattre est un exploit pour un jeune guerrier.

Avec Myrina à leur tête, elles écrasèrent les Atlantes, occupèrent Gorgone et la plus grande partie de la Libye, passèrent en Égypte où régnait Horus, le fils d'Isis, et traversèrent la Phrygie (Diodore de Sicile, III, 54 sq.). Avec Penthésilée, elles volèrent au secours de Priam durant la guerre de Troie. Achille blessa Penthésilée au sein droit, mais, la découvrant si belle, il en tomba amoureux (*L'Iliade*, III, 189).

Elles combattirent Héraclès et surtout envahirent l'Attique à la suite du rapt par Thésée d'une d'entre elles, Antiopè. Elles établirent même leur campement sur l'Aréopage, la colline d'Arès. La bataille décisive eut lieu au pied de l'Acropole. Les Amazones furent près de l'emporter, mais elles durent finalement signer la paix (Plutarque, *Vie de Thésée*, 26-28).

■ Le matriarcat

Peu importe qu'ait vraiment existé ce peuple de femmes et qu'il ait accompli les hauts faits rapportés. Il représente en tout état de cause à la fois le sentiment de culpabilité d'une société trop masculine, la peur d'une séparation irrémédiable des sexes et/ou d'une soumission des hommes aux femmes. Il est une mise en cause de l'ordre mâle.

Étymologie

On a donné au nom « Amazone » une étymologie savante : il pourrait venir de α privatif et de $\mu\alpha\sigma o\varsigma$ « mamelle » : à savoir, les femmes qui sont privées d'un sein. Hippocrate précise même que, si elles se faisaient cette opération, c'était « pour que toute la force et le développement se portent sur l'épaule et le bras » et ainsi les rendent plus aptes au combat (Hippocrate, *Des airs, des eaux et des lieux*, XVII).

Amitabha
Bouddha céleste

Le sauveur
Amitabha (Lumière infinie) *ou Amitayus* (Vie infinie) *est honoré sous le nom d'O-mi-to-Fo en Chine et d'Amida au Japon.*

Il est l'un des cinq « bouddhas de méditation », ou *Dhyanibouddhas,* envoyés par Adibouddha ou Bouddha originel.

▪ Un bodhisattva
Il y a dans la mission d'Amitabha une sorte de renversement de la doctrine originelle du bouddhisme. L'idéal n'est plus tellement le nirvana, fruit d'une discipline personnelle, mais le fait de devenir bodhisattva. Les bodhisattva ne tremblent plus devant le cycle des naissances et des morts. Ils n'acquièrent de mérites que « pour le bien des autres » : « Nous voulons devenir un abri pour le monde, un refuge pour le monde, le lieu de repos du monde, le confort final du monde, les îles du monde, les lumières du monde, les guides du monde, les moyens de salut du monde. » (*Ashtasakasrika*, XV, 293).

▪ La terre pure
Alors qu'Amitabha n'est que le moine Dharmakara, il fait le vœu de devenir bouddha et d'accueillir sur « une terre pure » tous ceux qui le prieraient avec confiance. Ils jouiront ainsi d'un bonheur parfait jusqu'à leur entrée dans le nirvana.

Ce « paradis de l'Ouest », *Sukhavati*, est pavé d'or, inondé de lumière, entouré de sept enceintes de pierres précieuses, de palmiers. Des clochettes y sonnent constamment de façon mélodieuse. Des lotus recouvrent de grands étangs à l'eau très claire. Du cœur de ces lotus renaissent les habitants de ce paradis, tous de forme humaine, masculine et immatérielle. Ils atteignent ici leur dernière renaissance grâce aux mérites qu'Amitabha a obtenus pour eux et à leur dévotion *(bhakti).* Leur joie est, ici, d'écouter les enseignements du maître.

▪ Le culte
Le culte d'Amitabha eut un énorme succès surtout en Chine et au Japon.

Le panchen-lama, au Tibet, est considéré comme la réincarnation d'Amitabha.

Le vœu d'Amitabha
Amitabha fit le vœu « que son nom serait connu dans toutes les régions existantes ; que quiconque se réclamerait de lui relèverait aussitôt de sa juridiction ; qu'il pourrait, par un rayon émané de son cœur, illuminer tout être qu'il voudrait, à n'importe quelle distance ; que tout mourant, quelque pécheur qu'il fût, et qui, se repentant, voudrait renaître en son royaume, y renaîtrait aussitôt après sa mort, pour y être instruit, bonifié, mis sur la voie du salut » (L. Wieger, *Histoire des croyances religieuses et des opinions philosophiques en Chine,* Paris, 1922).

Bodhisattva
Une longue ascèse personnelle amène le bodhisattva à ne faire aucune discrimination entre les autres et lui-même. Il ne possède rien en propre, pas même le bénéfice du long chemin parcouru. Son nirvana n'en serait pas un, s'il ne concernait que lui et l'extinction du soi n'est achevée que par l'extinction des autres « soi ».

Parmi les bodhisattvas on connaît aussi Maitreya, le prochain Bouddha, Avalokitesvara, qui protège contre tout danger, Manjusri, le seigneur de la parole, Vairochana, qui diffuse la lumière, et Siddharta Gautama, avant son « éveil ».

Amma
Dieu dogon

Lointain et immatériel
Dieu suprême, il habite les régions célestes et est à l'origine de toute création.

Au début des temps, Amma créa la Terre et aussitôt s'unit à elle. Mais le clitoris de la Terre s'opposa au sexe mâle. Amma le détruisit, excisa son épouse, et ils eurent un enfant, Ogo, puis des jumeaux, les Nommo. Ogo était sans partenaire, donc infécond : il introduisait ainsi le désordre dans le monde. Il commit l'inceste avec sa mère. De cette union est issu le premier sang menstruel et sont nés les génies de la brousse Yeban et Andoumboulou.

■ L'infiniment petit
Une autre version de la création existe : le monde procède de la parole d'Amma qui a suscité un infiniment petit, de la taille d'une graine de fonio, la plus petite des céréales. Cet infiniment petit s'est enflé jusqu'à former l'œuf primordial. Cet œuf contenait deux placentas, renfermant chacun les germes de jumeaux.

■ La révolte d'Ogo
De l'une des moitiés de l'œuf, Ogo sortit avant terme. En emportant avec lui une partie du placenta, il espérait emmener sa jumelle, Yasigi. Il s'élança dans l'espace vide. Du placenta, il fit la Terre et la fouilla pour retrouver l'embryon de sa sœur. Mais Amma avait confié Yasigi aux Nommo. Cette pénétration du placenta par Ogo, qui en était né, fut le premier inceste, et la Terre ainsi violentée devint impure et sèche.

■ Le sacrifice du Nommo
Pour rendre la Terre fertile, Amma sacrifia l'un des Nommo, le Nommo *semu*. Il en versa le sang et jeta les parcelles de son corps sur le sol : celles-ci se transformèrent en quatre arbres. Puis Amma ressuscita le Nommo sous la forme d'un couple humain. Ainsi l'homme fut créé sans la participation de la Terre impure. Amma envoya sur terre le second placenta dans lequel se trouvaient les ancêtres des hommes et tous les animaux, végétaux et minéraux.

■ La division du monde
Ogo s'approcha du Ciel. Mais, Amma transforma un reste de placenta en Soleil brûlant. Alors Ogo chercha à atteindre le Nommo ressuscité et réussit à prendre une parcelle de sa semence. Mais l'un des autres Nommo s'interposa et trancha de ses dents l'extrémité du sexe d'Ogo, reprit la semence dérobée et lui déchira la langue. La perte de la parole fit d'Ogo un renard pâle, appelé *Yurugu*. En circoncisant les hommes, on répète ce qu'on a fait à Ogo pour le séparer du principe spirituel dérobé.

Le monde est ainsi divisé en deux domaines : celui de Yurugu, qui comprend le désordre, l'impureté, la stérilité, la sécheresse, la nuit et la mort ; celui de Nommo, qui comprend l'ordre, la pureté, la fertilité, l'humidité, le jour et la vie.

La création
« Amma a créé les étoiles en jetant dans l'espace des boulettes de terre ; il créa le soleil et la lune en modelant deux poteries blanches, l'une entourée d'une spirale de cuivre rouge, l'autre de cuivre blanc. Les Noirs sont nés au soleil, les Blancs sous la lune. D'un autre boudin de terre glaise, Amma forma la terre, qui est une femme [...] ; une fourmilière est son sexe, une termitière son clitoris. Dieu s'unit à elle en abattant le clitoris (première excision) et elle donna naissance au chacal » (cité dans L.V. Thomas, *Les Religions de l'Afrique noire*, Paris, 1969).

Amon-Rê
Dieu égyptien

Le « dieu caché »
D'origine modeste, le dieu Amon est assimilé à Rê, le dieu du Soleil.

La fortune des dieux dépend-elle de celle de leurs fidèles ou bien la fortune des fidèles dépend-elle de celle de leurs dieux ?

■ Le dieu de Thèbes

Amon était le dieu local de Thèbes, considéré comme le dieu de l'Air ou de la Fécondité. On lui donne la forme d'un homme vêtu d'un pagne, la tête couverte d'un mortier surmonté de deux plumes. Parfois, il a aussi la tête d'un bélier. Son épouse, Mout, la déesse du Ciel, a la forme du vautour et son fils Khonsou, celle d'un enfant coiffé d'un croissant de lune.

Son nom signifie « dieu caché » comme s'il manifestait ainsi les aspects inconnus et mystérieux de la divinité. Il est un dieu sans histoire et, précisément pour cette raison, il emprunte celle des autres. Lorsque Amenemhat Ier fonda la XIIe dynastie et que Thèbes devint capitale de l'Égypte, on en fit le dieu protecteur et conducteur de la nation ; on en fit même un dieu primordial et éternel, le « roi des dieux » *(nesou netjerou)*. On estimait en effet que le chef qui avait réussi l'exploit de réunir l'Égypte sous son autorité ne pouvait l'avoir accompli que grâce au dieu créateur et organisateur du monde.

■ Rê

Amon est confondu avec le dieu Rê qui possède un nom secret, symbole de suprématie. Celui-ci incarne le Soleil, adoré depuis les époques les plus anciennes. Deux traditions existent pour expliquer son origine.

— On parle de son émergence hors du Noun : les pyramides représentent cette colline primordiale sur laquelle Rê apparaît. A Héliopolis, la pierre *Benben*, était l'objet d'un culte : le dieu y aurait effectué la création en se masturbant ou en expectorant. Les hommes seraient nés de ses larmes.

— Ailleurs, on dit qu'il est le fils de Geb (la Terre) et de Nout (le Ciel) : il naît chaque matin du ventre de sa mère et plonge le soir dans le domaine des morts *(Am-Douat)*.

L'animal de Rê est le phénix qui semble immortel et renaît de ses cendres. Rê est le dieu de la résurrection des élus. Il restera toujours un des grands dieux du panthéon officiel, jamais détrôné, mais confondu avec les autres dieux en quête de promotion.

■ Amon-Rê

Amon devient donc Amon-Rê et les pharaons développent son culte. Son sanctuaire de Karnak s'embellit. Ses richesses deviennent fabuleuses. Ses prêtres détiennent un tel pouvoir qu'ils finiront par accéder à la royauté à la fin de la XXe dynastie. Quand l'Égypte change de capitale, son étoile se ternit, les dieux provinciaux retrouvent une certaine faveur. Osiris, plus populaire, devient son rival direct.

Le créateur

« Les hommes, troupeau de Dieu, ont été bien pourvus. Le dieu-soleil a fait le ciel et la terre à leur intention... Il a fait l'air pour vivifier leurs narines, car ils sont ses images, issues de ses chairs. Il brille dans le ciel, il fait pour eux la végétation et les animaux, les oiseaux et les poissons pour les nourrir... » (instructions pour Mérikaré, env. 2000 ans av. J.-C.).

Les « divines adoratrices »

Le personnel attaché au service d'Amon-Rê est très nombreux : sous Ramsès III, il compte 81 322 personnes ; la gestion de ses immenses propriétés (2 393 km²) l'exige. Mais, seul parmi tous les dieux que connaît l'Égypte, il a ses « divines adoratrices », considérées comme ses épouses terrestres. Tenues au célibat, elles doivent assurer leur succession par le moyen de l'adoption. Leur rôle, entouré de prérogatives royales, est le plus souvent réservé à une princesse, et celle-ci en vient peu à peu à supplanter le grand-prêtre d'Amon.

La belle fête

Au cours du dixième mois de l'année, le dieu Amon de Karnak traverse le Nil dans une barque pour faire le tour de la nécropole et rendre visite aux « dieux de l'Ouest ». Le dieu Amon dispose d'une barque somptueuse, l'*Ouserhat*, d'une dimension imposante, faite de bois du Liban et recouverte d'or et de pierres précieuses. La procession, à laquelle participe le pharaon, fait halte dans les temples royaux qui sont sur son parcours.

En dehors de cette cérémonie exceptionnelle, les rites quotidiens ressemblent fort aux soins donnés à la personne royale elle-même avec habillage, onction, offrandes alimentaires, libations et encensements.

Propagation du culte

Le culte du dieu bélier s'est répandu hors de l'Égypte : on le trouve à Méroé, au Soudan, et en Grèce sous le nom d'Ammon : l'oracle de Siwah, consulté par Alexandre le Grand, semble être une filiale de l'oracle de Thèbes, la capitale égyptienne.

Le Primordial

« Rendre hommage à Amon-Rê, roi des dieux, le Primordial, celui qui est venu à l'existence le premier, dieu unique, le bien-aimé, celui qui soulève le ciel, qui a fait le ciel, la terre, les eaux... » « ...Viens à moi, Amon le valeureux... Fais que j'atteigne la limite du désert : viens à moi, Amon, celui qui sauve le naufragé ; fais que j'atteigne la terre ferme. » (Inscription d'un bas-relief trouvé en 1912 dans l'enceinte du temple de Deir el-Médineh).

Anahita
Déesse perse

L'immaculée

Déesse de l'Aurore et de la Fécondité, elle est assimilée à l'Indienne Sarasvati et à la Babylonienne Ishtar.

Anahita est sans doute la seule véritable déesse iranienne. On l'appelle Ardva Sura Anahita, ce qui signifie : la Haute, la Puissante, l'Immaculée.

Le portrait que nous en fait l'*Avesta* est celui d'une jeune fille aux seins gonflés : « Elle porte la ceinture haute pour donner à sa poitrine plus de plénitude et de charme. » Elle est toute parée, couronnée d'étoiles, elle porte des fourrures de loutre, des brocards et des bijoux. Elle est chaussée de sandales d'or (*Yasna*, V).

D'abord déesse des eaux de rivières, elle l'est ensuite de tous les liquides purificateurs et fécondants : les rivières, les lacs, la mer, mais aussi le sperme, les sécrétions vaginales, le lait.

Avec la réforme de Zarathoustra, elle devient un génie de la prospérité collaborant à l'œuvre de création, combattant pour la justice et initiant les hommes aux rites religieux.

La Sainte

« Anahita est la sainte qui accroît l'énergie, qui accroît les troupeaux, la richesse, la santé, qui accroît la terre. » (*Yasna* V).

Ancêtres
Esprits des devanciers

Les intercesseurs
Considéré comme habitant un autre monde, l'ancêtre conserve des liens avec le monde terrestre.

Sous toutes les latitudes, les ancêtres ont été honorés comme fondateurs de la société, initiateurs de la civilisation, garants d'une certaine forme de vie.

Dans la plupart des pays, ils ont été considérés comme agissant après leur mort, souvent en perpétuant l'influence qu'ils avaient exercée durant leur vie terrestre, parfois en prenant une dimension plus grande et en devenant représentants des hommes auprès de la divinité et représentants de la divinité auprès des hommes. Du fait qu'ils ont accompli le cycle complet de leur vie, ils sont censés en savoir plus, avoir plus d'expérience ; du fait qu'ils sont libérés des contingences du monde terrestre, ils sont des tuteurs qu'il convient de vénérer, et tout spécialement le premier dans l'ordre généalogique, qui n'a pu être créé que directement par la divinité.

■ Que deviennent-ils ?

N'ayant plus de corps, ils sont devenus des esprits qu'on ne voit pas, qu'on n'entend pas, mais qui communiquent avec les vivants d'une façon spécifique. Anges ou démons, l'un ou l'autre, l'un et l'autre, ils sont parmi les êtres intermédiaires qui ne sont ni des hommes, ni des dieux, mais qui participent de l'une et l'autre nature.

Mais l'esprit d'un homme peut-il subsister sans un corps qui le situe dans l'espace et le temps ? Sans doute non. Aussi le voit-on facilement se réincarner sous la forme d'un vivant dans lequel on retrouve quelque chose de son caractère, de son physique ou de son action, ou qui continue simplement son existence.

Parfois sa présence seule est signalée par une pierre, un arbre — par exemple, on parle de « siège des esprits » en Asie orientale, et toute la vie sociale et culturelle s'organise autour de lui ; ou bien en Australie centrale, l'ancêtre s'est transformé en pierre, en arbre ou en animal : ces objets sont plus que ce qu'ils paraissent et le monde est habité par les ancêtres.

■ Où sont-ils ?

Les ancêtres sont sur terre par quelque rapport avec les vivants. On les situe dans les montagnes, à l'extrême ouest, dans les grottes ou les lieux qu'ils ont habités durant leur vie. Ce sont toujours des endroits un peu inquiétants, voire dangereux : ainsi sont dangereuses les montagnes où se sont retirés les *qentilis,* les ancêtres des Queshuas des Andes, et qui sont devenues leurs tombeaux. Qui s'en approche voit sa peau se parcheminer, se couvrir de calosités, et meurt.

Ils sont aussi dans un autre monde, monde souterrain ou céleste, monde conçu comme l'inverse ou comme le double de notre monde. On a imaginé par ailleurs que cette après-vie pouvait comprendre plusieurs étapes, l'une provisoire — en

---

Invocation au mort
« Tu es apparu glorieusement comme Rê ; vois, il est venu pour te voir, se réjouissant de voir ta beauté. Son disque solaire est ton disque solaire ; ses rayons sont tes rayons ; ses couronnes sont tes couronnes ; sa grandeur est ta grandeur ; ses apparitions sont tes apparitions ; sa beauté est ta beauté... Il ne meurt pas et tu ne meurs pas ; il n'a pas à être victorieux de ses ennemis et tu n'as pas à être victorieux de tes ennemis ; rien de mal ne peut lui arriver, et rien de mal ne peut t'arriver, jamais et jamais » (*Livre des morts égyptiens,* chap. 181).

somme, un purgatoire — et l'autre définitive. Cette dernière correspond par exemple à la déification des ancêtres au Japon (après sept, trente-trois ou cinquante ans, les ancêtres deviennent des dieux), ou à leur stabilisation dans un état intermédiaire. Ils sont en tout état de cause plus proches des vivants dans les temps qui suivent immédiatement leur mort. Ainsi, les Sotho d'Afrique du Sud invoquent les *Badimo*, c'est-à-dire les dieux nouveaux ou ancêtres : « Dieux nouveaux, priez pour nous le Dieu ancien. »

■ **Que font-ils ?**

Tous sont nuisibles ou tous sont bienfaisants, ou bien, selon d'autres traditions, certains sont nuisibles, d'autres bienfaisants. En général, on attache à cet égard la plus grande importance à la raison de la mort de l'intéressé. Une mort brutale ne peut qu'entraîner la méchanceté de l'esprit qui en résultera.

Le plus souvent, ils sont jaloux des vivants, et leur visite fait toujours craindre qu'ils n'emmènent quelqu'un à leur suite dans la mort. Là est sans doute l'origine de la peur des fantômes.

En général, leur action sert la conservation de la civilisation et la prospérité des vivants. Ils ont le souci de parfaire ce qu'ils avaient commencé durant leur vie terrestre.

■ **Le culte des ancêtres**

Le souvenir des ancêtres est très souvent perpétué sous la forme d'une inscription sur une tablette, comme en Chine et au Japon, ou d'une sculpture dans le bois ou le bambou, comme en Mélanésie et à Vanuatu (ex-Nouvelles-Hébrides). Les Toungouzes, en Sibérie, font de même ; ils appellent leurs statuettes les *Dzuli* ou les *Muxdi*.

En Sibérie toujours, les effigies sont installées dans la case cultuelle comme elles sont en Extrême-Orient déposées dans des monastères ou dans des temples. Les Grecs soignaient particulièrement les tombes et les Romains avaient leurs autels aux dieux mânes qui n'étaient rien d'autre que les ancêtres (*manes* signifie « bienveillants »).

Il est courant de nourrir les ancêtres en leur faisant des offrandes comme on le ferait à des vivants. Les Grecs déposaient leurs dons sur les tombes dans des vases à fond percé pour leur permettre d'atteindre les défunts. Ces offrandes prennent le plus souvent la forme de sacrifices.

Zombis

Il existerait, à Haïti et en Amérique latine, des confréries de sorciers particulièrement malfaisants qui se réunissent dans des lieux tenus secrets : ils y feraient de grandes fêtes pour célébrer leurs crimes, y accompliraient des rites propres à voler l'âme de leurs ennemis et à en devenir parfaitement maîtres. On dit « qu'ils les dévorent ».

Ces ennemis seraient devenus, par magie, ce qu'on est convenu d'appeler des Zombis, des morts-vivants, êtres agissant en purs automates sous les ordres de ceux qui les « ont dévorés », accomplissant, sans hésitation ni scrupule, les crimes et les forfaits qui leur sont dictés, et sauvegardant ainsi l'impunité des vrais responsables.

A l'inverse des ancêtres ou des anges, qui sont des esprits sans corps, les Zombis sont des corps sans esprit, qui provoquent le mal et la destruction, héros tout trouvés pour une certaine littérature qui les a rendus célèbres.

Prière du voyageur avant de partir

« Nos ancêtres ! Étant parti dans la forêt, mon corps n'est pas solide ici. Et vous, entendez cependant ce que je vais dire [...] ; si je ne touche pas mes ancêtres, mon corps ne se consolidera pas. C'est pourquoi je répands de l'eau ; faites que ma peau soit fraîche de même sorte. Si je suis sauf et vais bien arriver à la maison de mon père, je donnerai un gros animal à nos ancêtres. » (Cité d'après L.V. Thomas, *Les Religions de l'Afrique noire*, Paris, 1969).

Anges
Créatures célestes

Les envoyés de Dieu
Être spirituels, intermédiaires entre Dieu et les hommes, ils sont les messagers de la Parole de Dieu aux hommes.

L'Ancien Testament les appelle *beney 'elohim*, « fils de Dieu » (Job, 1, 6), *beney 'elim*, « êtres appartenant au monde divin » (*Psaume* 29, 20), « saints » (*Psaume* 89, 6), « fils du Très Haut » (*Psaume*, 82, 6), « forts » (*Psaume*, 78, 25), « sublimes » (Job, 21, 22), « vaillants » (*Psaume*, 103,20), « veilleurs » (Daniel, 4, 10). Ce sont de purs esprits qui accompagnent les hommes tout au long de leur vie.

■ La Hiérarchie céleste
La Cour céleste est composée des « neuf chœurs des anges » divisés en trois séries : les séraphins, les chérubins et les trônes ; les dominations, les vertus et les puissances ; les principautés, les archanges et les anges. Les premiers ont pour fonction de louer et d'adorer Dieu ; ils constituent l'ordre le plus élevé dans la hiérarchie. Les derniers ont celle d'assister le cours des astres, des nations et des personnes (Denys l'Aréopagite, *Les Hiérarchies célestes*).

■ Anges ou dieux inférieurs
Jadis, il était courant de penser qu'un dieu supérieur envoyait un dieu inférieur en mission auprès des hommes pour transmettre un message, donner des ordres ou apporter une aide. Il aurait paru ridicule de ne pas reconnaître les nombreuses puissances agissant dans la vie. « Les anges, dit S.H. Newman, sont les causes réelles du mouvement, de la lumière, de la vie et des principes élémentaires de l'univers physique qui offrent à nos sens leurs combinaisons et suggèrent alors la notion de cause et d'effet et ce qu'on appelle les lois de la nature. » (*Apologia pro vita sua*, 1864, p. 152).

■ Envoyés de Dieu
La foi en un Dieu unique n'a pas fait disparaître cette conviction. Mais le Créateur étant trop grand ou trop lointain pour s'occuper directement de choses mesquines, ces dieux inférieurs ne furent plus que des envoyés, des *angeloi*, des anges chargés de révéler aux hommes les secrets divins concernant la Terre et le Ciel (*Énoch éthiopien*, LX, 11). *L'Apocalypse* de Paul, écrit apocryphe qui aurait été découvert dans la maison de l'apôtre au IVᵉ siècle, leur donne la responsabilité de guider les âmes vers le Ciel, le Tartare (?) étant dit les conduire en enfer.

Ainsi, il est permis de penser que le dieu rencontré près du puits appelé Lahaï Roï, qui fait à Agar au nom de Yahweh la promesse d'une nombreuse descendance, n'est qu'un ange (Genèse, 16, 7-15). Car il n'y a qu'un Dieu : « Je suis Yahweh, sans égal. Moi excepté, il n'y a pas de dieu » (*Isaïe*, 45, 5).

■ Raphaël, Michel, Gabriel et les autres
D'ailleurs, l'affirmation de Raphaël (= Dieu guérit) sur ses fonctions est claire : « Je suis

---

Sanctus
« L'année de la mort du roi Ozias, je vis le Seigneur Yahweh assis sur un trône élevé ; sa traîne remplissait le sanctuaire ; des Séraphins se tenaient au-dessus de lui, ayant chacun six ailes, deux pour se couvrir la face, deux pour se couvrir les pieds, deux pour voler. Et ils se criaient l'un à l'autre ces paroles : Saint, Saint, Saint est Yahweh Sabaoth. Sa Gloire remplit toute la terre. » (*Isaïe*, 6, 1-3).

Raphaël, l'un des sept anges qui se tiennent toujours prêts à pénétrer auprès de la Gloire du Seigneur » (Tobie, 12, 15).

On ne peut plus claire aussi la fonction de Michel (= Qui est comme Dieu), « le grand prince qui se tient auprès des enfants de ton peuple » (Daniel, 12, 1). Il est le protecteur d'Israël. L'*Énoch éthiopien* (XX, 5) le met devant le trône de Dieu. Il est le chef des armées célestes (*Assomption de Moïse*, X, 2), le prince des lumières (*Règle de la communauté de Qumran*, XVII, 6).

Mais celui qui apparaît le plus souvent, en vertu de sa mission, est Gabriel (= Homme de Dieu). Il est celui qui « sort pour instruire (le peuple) dans l'intelligence » (Daniel, 9, 23). Il annonce à Daniel la venue des temps messianiques (Daniel, 8, 19), à Zacharie la naissance de Jean-Baptiste (Luc, 1, 19), à Marie la naissance de Jésus (Luc, 1, 24 sqq.).

A ces trois grands, le *livre d'Hénoch* et le *livre d'Esdras* ajoutent Uriel, qui est préposé aux luminaires et remplit aussi les fonctions de justicier, Raguel, Sarakiel, Jérémiel, etc.

Les anges sont très nombreux. « Mille milliers servaient Dieu et une myriade de myriades se tenaient devant lui » (Daniel, 7, 10). Car « les saints de Dieu ne suffisent pas à annoncer la grandeur de ses merveilles » (Ecclésiastique, 19, 17).

■ Gabriel, 'Izrâ'il et les autres

Le Coran parle des anges, comme il parle des démons et des djinns : « Louange à Dieu, créateur des Cieux et de la Terre, qui prend pour messagers les Anges, pourvus de deux, de trois ou de quatre ailes » (Coran, XXXV, 1). Gabriel, l'ange des annonces, y tient une grande place. Mais il connaît aussi 'Izrâ'il, l'ange de la mort, ainsi que Munkar et Nakir, les anges de l'interrogation au tombeau.

■ Les anges gardiens

Les anges gardiens sont chargés de protéger et de conduire les hommes. Dieu « ordonnera pour toi à ses anges de te garder dans toutes tes voies. Sur leurs mains ils te porteront, de peur que ton pied ne heurte contre la pierre » (*Psaume* 91, 11). Chacun de nous a son ange auprès de lui, et il intercède pour nous auprès de Dieu (Job, 5, 1). Nous trouvons dans l'*Apocalypse* de Paul une doctrine très développée de l'ange gardien.

■ Le mystère des réalités humaines

Origène s'inquiétait de prêcher dans les assemblées chrétiennes parce que, disait-il, chaque chrétien étant accompagné de son ange, la prédication s'adressait autant aux anges qu'aux hommes et les anges sont particulièrement sensibles aux erreurs. Cela veut-il dire que les hommes seraient plus que des hommes ?

L'ange est une image céleste, un modèle exemplaire. Les psychanalystes diraient sans doute un surmoi. Il y a un ange pour chaque nation, pour chaque civilisation..., et ces anges ne meurent pas. Ils sont toujours présents devant le trône de Dieu. Ils sont comme le signe et l'assise d'une immortalité céleste des choses des hommes, le lien réel entre Dieu et la Terre.

■ Le culte des anges

La dévotion aux anges s'est beaucoup développée depuis l'Ancien Testament jusqu'à nos jours. Saint Jean Chrysostome, saint Augustin, saint Thomas d'Aquin et plus près de nous les papes Pie XII et Jean XXIII y ont contribué.

Selon Dante

« Dans cette hiérarchie on trouve trois essences : les Dominations d'abord, puis les Vertus, et au dernier des rangs se trouvent les Puissances. Puis, dans les chœurs de joie avant-derniers, voltigent tant les Principautés que l'ordre des Archanges ; le troisième est formé par les anges qui jouent. Ces chœurs ont tous les yeux tendus en haut, et sont, au-dessous d'eux, si puissants que vers Dieu, tous sont tirés et tous de même tirent. » (Dante, *La Divine Comédie*, XXVIII trad. Henri Longnon, Paris, 1966.)

Jean XXIII

Lors de la récitation de l'angélus le 12 décembre 1962, ce pape a déclaré : « Notre désir est que s'accroisse les dévotions aux anges gardiens, nos compagnons célestes donnés par Dieu » ?

Angra Mainyu
Le démon perse

L'esprit destructeur
Appelé aussi Ahriman, il est le créateur des ténèbres et de toutes les mauvaises choses.

La disparition d'Angra Mainyu
Angra Mainyu, d'abord l'égal d'Ahura Mazda, le Seigneur Sage, a fini peu à peu par disparaître complètement. Un catéchisme mazdéen de 1910 ne mentionne même pas son nom.

Il ne peut y avoir de chaud sans froid, de sec sans humide, de blanc sans noir. Les deux opposés et complémentaires sont des projections de la toute-puissance de Ahura Mazda, le Seigneur Sage : l'un s'est personnifié dans Spenta Manyu qui a choisi l'Arta, le bon ajustement, la Réalité vraie des choses, la Vérité, et s'est confondu avec Ahura Mazda lui-même ; l'autre s'est personnifié dans Angra Mainyu, qui a choisi la *Druj*, la tromperie, et est devenu le destructeur.

Angra Mainyu est l'esprit puant : il appartient à la mort, à la crasse, à la pourriture. Il inspire le dégoût. En signe de dédain, beaucoup de textes écrivent son nom à l'envers avec des qualificatifs sordides. On va jusqu'à dire qu'il n'est pas et qu'il ne sera jamais. Les formes qu'il prend, le lézard, le serpent, la mouche, ne lui sont que prêtées pour un temps, mais elles disparaîtront. Le mal est le contraire de l'être.

Anna Perenna
Déesse romaine

La reine de la joyeuse fête
Honorée dans un bois sacré situé au nord de Rome, elle était représentée sous la forme d'une vieille femme.

La fête
« La foule arrive et se répand pêle-mêle sur l'herbe verdoyante : on boit, chacun étendu avec sa chacune. Là on chante aussi [...], et on bat des mains pour accompagner les paroles. [...] On mène de rudes rondes » (Ovide, *Les Fastes*, III, 325-542).

Est-elle cette vieille femme qui, lors de la retraite de la plèbe sur le mont Sacré au V⁰ siècle avant J.-C. avait nourri cette plèbe de « gâteaux rustiques » (Ovide, *Les Fastes*, III, 661-674), ou la sœur de la reine Didon de Carthage (Ovide, *Les Fastes*, III, 557-656) ? Nul ne sait. La seconde légende semble plus digne d'une déesse.

Anna, fuyant devant l'envahisseur, aborde sur les côtes du Latium, là où règne Énée. Celui-ci l'accueille. Mais Lavinia, femme d'Énée, est jalouse et Anna, prévenue, s'enfuit, rencontre le dieu du fleuve voisin, le Numicius, et devient une nymphe, d'où son nom *Perenna*, qui dit l'éternité.

Devenue vieille, elle est sollicitée par Mars pour être son intermédiaire auprès de Minerve. Mais, sachant sa mission impossible, elle se substitue à la déesse chaste et, à la surprise de Mars, se moque de lui en des termes très lestes. C'est, dit-on, l'origine des chansons obscènes que l'on entend au cours de sa fête.

Antigone
Héroïne grecque

La gardienne de la famille
Contre la raison d'État, Antigone défend les devoirs sacrés que l'on a envers la famille et les morts.

Antigone est le fruit de l'inceste d'Œdipe et de Jocaste, sa mère. Bouleversée par les malheurs de son père aveugle et réduit à la mendicité loin de Thèbes, elle lui porte assistance, guide ses pas, adoucit ses souffrances et l'accompagne jusqu'à sa mort à Colone, en Attique. Ensuite, elle revient dans sa patrie et reprend une vie plus normale en compagnie de sa sœur Ismène.

■ Une guerre fratricide
Mais bientôt la guerre éclate : Créon, frère de Jocaste, dictateur qui s'est imposé par la ruse, défend son trône contre les Argiens. Les Thébains sont partagés, et il s'en trouve dans les deux camps. Étéocle, frère d'Antigone, prend le parti de Créon. Polynice, un autre de ses frères, se range dans le parti adverse. Les combats se livrent aux portes mêmes de la ville : un corps à corps acharné et cruel qui ne laisse aucun pardon. Les deux frères se font face et, pris par la fureur de la lutte, s'entretuent. Peu à peu, Créon prend le dessus et chasse les Argiens. C'est la victoire ; il ne reste plus qu'à enterrer les morts.

Le roi décide des funérailles grandioses à l'intention de ceux qui sont morts pour sa cause : ils ont mené le bon combat et ont versé leur sang pour la victoire. Étéocle reçoit les honneurs funèbres. Mais Créon décrète aussi que sera passible de mort quiconque donnerait la sépulture aux combattants du parti adverse : ceux-là ont été des traîtres, ils ont mis en danger le pouvoir du souverain et sont indignes de toute inhumation ; Polynice n'aura pas de sépulture.

■ L'inflexible
Antigone ne l'entend pas ainsi. Elle annonce qu'elle enfreindra l'ordre royal, contraire aux lois divines. La patrie de Créon ne justifie pas de telles mesures. Il vaut mieux obéir aux dieux qu'aux hommes. Ismène essaie de la convaincre de se soumettre au plus fort, dans son intérêt. Mais Antigone reste ferme. A Créon elle affirme : « Je suis née pour partager l'amour et non la haine », ce qui lui attire cette réponse : « Va-t'en donc partager l'amour parmi les morts. » (Sophocle, *Antigone*, 522-523). Puis elle met de la terre sur le corps de Polynice, accomplissant ainsi le rite de l'ensevelissement.

■ L'inexorable
Créon, furieux d'avoir été bravé par une femme, ne se laisse pas fléchir par les supplications de son fils Haemon, fiancé d'Antigone. Il la fait enfermer vivante dans le tombeau de la famille. Elle se pend dans sa prison.

L'épilogue est terrible : Haemon se tue sur le cadavre d'Antigone et Eurydice, femme de Créon, se suicide en apprenant la mort de son fils (Sophocle, *Antigone*).

Les lois non écrites
« Je ne croyais pas que tes édits eussent tant de pouvoirs qu'ils permissent à un mortel de violer les lois divines : lois non écrites, celles-là, mais intangibles. Ce n'est pas d'aujourd'hui ni d'hier, c'est depuis l'origine qu'elles sont en vigueur, et personne ne les a vues naître. Leur désobéir, n'était-ce point, par un lâche respect pour l'autorité d'un homme, encourir la rigueur des dieux ? » (Sophocle, *Antigone*, 460-464).

Anu
Dieu sumérien

Le roi juste mais lointain
An, Anum ou Anu, n'intervient guère dans les affaires humaines ; il délègue plutôt ses pouvoirs à Enlil.

Roi des dieux
« Devant Anu, le saint, dont la parole est infinie, les grands dieux, en dévot assentiment, devant lui se courbent comme faucilles : lorsque tu parles, tu es juste, ô prince qui prescrit ; lorsque tu parles, tu es favorable ! Ô Anu, ton ordre sublime passe avant tout autre. Qui donc te dirait non ? » (*Exaltation d'Ishtar*, tablette III).

Dans la totalité aquatique des débuts du monde apparaît un premier couple divin, Apsu et Tiamat. Ensuite viennent d'autres couples, Lakhmu et Lakhamu, Anshar et Kishar. Puis naît Anu, le dieu du Ciel, *il shamê*, qui, à son tour, engendre Ea. Avec Enlil et Ea, Anu forme la triade des grands dieux. Mais Anu est le premier dans le temps et dans l'espace (*Enuma elish*, I).

Dans la cour des dieux, Anu est le roi *sarru*. Les dieux se réfugient vers lui au moment du déluge, il fait comparaître Adapa coupable d'avoir brisé les ailes du vent et il recevra les plaintes d'Ishtar contre les insultes de Gilgamesh (*Gilgamesh*, VI).

Entre les trois grands dieux s'est faite une répartition du cosmos par sphères d'influence : « Ils ont jeté les dés et ils ont divisé ». A Anu échoit le ciel. Devant lui sont déposés couronnes et sceptres. De lui descendra la royauté terrestre (*Etana*, I). Dieu d'Uruk, c'est lui qui a remis la ville entre les mains de Rim-Sin de la dynastie de Larsa, c'est sur son ordre qu'il a creusé l'Euphrate, c'est par sa force qu'il conquiert les villes avoisinantes.

Le culte d'Anu ne se limitait pas à Uruk. Il avait des temples aussi à Deir, à Assur et à Adad.

Anubis
Dieu égyptien

L'embaumeur
Conducteur des âmes, Anubis est l'intermédiaire et le messager entre l'au-delà et le monde des vivants.

L'embaumement
« Quant à Anubis c'est lui qui repousse de sa propre personne l'enflure, et qui s'est lui-même entouré de bandelettes. » (*Papyrus Jumilhac*, VII, 4-6).

Dieu chacal, il est souvent représenté avec un corps d'homme et une tête de chacal ou de chien ; il est le dieu du désert et de la nécropole. Il veille sur les tombes, introduit les morts dans l'autre monde et les assiste devant le dieu juge, Osiris.

Il est l'embaumeur, « celui à qui est la bandelette ». On dit qu'il était le fils d'Osiris et de Nephtys. Il aida Isis à rassembler les morceaux du cadavre d'Osiris tué par Seth, il embauma son corps et la déesse magicienne réussit à lui rendre la vie.

Son culte s'étendit, bien au-delà de l'Égypte, dans le monde gréco-romain. Il avait sa statue dans le serapeum de Délos.

Aphrodite / Vénus
Déesse grecque et romaine

L'idéal du charme féminin

Les poètes célèbrent le contour parfait de son visage, l'éclat de ses yeux, le sourire de sa bouche, la pureté de ses seins.

Déesse fière et cruelle, elle hante la nature animale et règne sur le cœur et les sens des hommes. Les Romains l'ont confondue avec l'antique déesse italique Vénus.

■ Origine

Homère la voit fille de Zeus et de Dioné (*L'Iliade*, V, 312). D'après Hésiode, elle naît de l'écume fécondée par les organes sexuels d'Ouranos, que Cronos avait tranchés et jetés à la mer. Ainsi, la « femme née des vagues » serait l'une des premières déesses (*Théogonie*, 188, sqq.). Sitôt sortie des eaux, elle est transportée par les Zéphyrs, d'abord à Cythère, puis sur la côte de Chypre. Elle est alors vêtue, couverte de bijoux, enveloppée de parfums et conduite chez les Immortels.

De ces deux origines, Platon distinguera deux Aphrodites : l'une, la fille d'Ouranos, encore appelée Uranie, est la noble déesse de l'amour pur ; l'autre, la fille de Dioné, encore appelée Pandémos, est la déesse de l'amour vulgaire (*Le Banquet*, VIII, 180).

■ Les amours

Elle épouse Héphaïstos, le dieu boiteux (*L'Odyssée*, VIII, 266-366), mais elle le trompe outrageusement avec Arès, le dieu de la Guerre : les deux amants se découvrent par Phoibos qui s'empresse d'en avertir le mari. Alors celui-ci leur tend un piège au moyen d'un filet aux mailles invisibles et invite tous les dieux de l'Olympe à venir constater son infortune. Surprise, Aphrodite s'enfuit toute honteuse vers Chypre et Arès vers la Thrace. De ces amours naîtront Éros (l'Amour) et Antéros (l'Amour en retour) ainsi que Deimos et Phobos (la Terreur et la Crainte).

Mais la frivole Aphrodite n'a pas qu'un seul amant. Sa passion pour Adonis est célèbre (Apollodore, III, 14, 3). Elle aime aussi le berger Anchise, qu'elle rencontre sur le mont Ida : Énée sera leur fils (*L'Iliade*, II, 819). Elle a une liaison avec Hermès, et avec Dionysos dont elle a Priape. Phaéthon (*Théogonie*, 988), Phaon, Cinyras (*L'Iliade*, XI, 20), Boutès, Pâris seront ses favoris.

■ La jalousie

Elle est jalouse et inspire à Éos (l'Aurore) un amour impossible pour Orion parce qu'elle avait séduit Arès. Ses armes sont variées et cruelles : elle châtie tous ceux qui ne veulent pas lui succomber ; ainsi, elle conduit les filles de Cinyras à la prostitution et inflige une odeur pestilentielle aux Lemniennes qui avaient négligé son culte : celles-ci, abandonnées par leurs maris, tuent tous les hommes de l'île et fondent une société de femmes.

Son pouvoir est immense : c'est un amour pour le taureau de Minos qu'elle inspirera à Pasiphaé. Ses victimes s'appellent aussi Hélène, Médée, Ariane, Phèdre, Hippodamie, etc.

Dioné est une déesse de la première génération, fille d'Ouranos et de Gaia.

Les Zéphyrs sont les dieux qui représentent les vents de l'Ouest.

Phaéthon est fils du Soleil.

Phaon, vieux et laid, reçut d'Aphrodite la jeunesse et la beauté.

Cinyras, roi de Chypre et prophète, vécut grâce aux faveurs d'Aphrodite jusqu'à 160 ans.

Boutès, l'Argonaute, fut sauvé des Sirènes par la déesse.

Orion est un géant, fils de Poséidon.

APHRODITE

Pâris, fils d'Hécube et de Priam, roi de Troie, enleva Hélène et fut ainsi la cause de la guerre de Troie.

Le pouvoir d'Aphrodite

« Elle égare même la raison de Zeus [...], lui, le plus grand des dieux... ; même cet esprit si sage, elle l'abuse quand elle veut... Elle atteignit l'Ida aux mille sources, la montagne, mère des fauves ; derrière elle marchaient en la flattant les loups gris, les lions au poil fauve, les ours et les panthères rapides, insatiables de faons. A leur vue, elle se réjouit de tout son cœur et jeta le désir dans leurs poitrines ; alors, ils allèrent tous à la fois s'accoupler dans l'ombre des vallons. » (*Hymne homérique à Aphrodite*, 68-74).

■ Le concours de beauté

Qui est la plus belle des trois déesses, Héra, Athéna ou Aphrodite ? Telle est la question posée par Éris (la Discorde) qui réserve une pomme (la pomme de discorde) à celle qui gagnera le concours. Celui-ci est organisé par Zeus lui-même sur le mont Ida et le juge unique en est Pâris. Chacune des déesses saura faire valoir des avantages qui ne sont pas toujours en rapport avec le sujet de l'épreuve : ainsi, Héra offre à Pâris la royauté universelle, Athéna, l'invincibilité à la guerre, et Aphrodite, la plus belle des mortelles, Hélène. C'est Aphrodite qui l'emporte et est ainsi à l'origine de la guerre de Troie (Stasinos de Chypre, *Chants cypriens* ; *L'Iliade*, XIV, 29 sqq.).

■ Éros et Aphrodite

L'un est dieu, l'autre déesse de l'Amour. Mais leurs fonctions ne sont pas équivalentes. Éros est souvent considéré comme dieu primordial. Il est la force de l'instinct.

Lorsque Aphrodite apparaît, il s'adapte et s'associe à elle. Aphrodite marque le moment où les sexes se distinguent, où l'union se fait sans confusion, où la distance entre les deux amants modèle l'attirance de l'un vers l'autre. Avec Aphrodite naissent le babil des fillettes, les sourires, les tromperies, le charme et la séduction.

■ Artémis et Aphrodite

Le mariage est l'une des frontières qui séparent les domaines réservés à Artémis et à Aphrodite. La première est la déesse chaste ; elle préfère la chasse à la séduction des hommes : son royaume est celui de la jeune fille. Mais, pour la jeune fille, il n'est qu'un lieu de passage, on n'y peut demeurer, les tributs exigés pour le quitter sont jouets et poupées. « Les filles vont d'Artémis à Aphrodite », dit le rhéteur Libanios.

Le royaume d'Aphrodite est ailleurs ; c'est le lieu du désir. On ne peut y échapper : l'expérience d'Atalante, qui, pour fuir les « dons d'Aphrodite » et garder sa virginité, se consacrera complètement à la chasse et transformera même ses relations avec l'homme en une chasse à l'homme, est un échec. La virginité est intenable et Atalante, piégée, se transformera en lionne frigide.

Mais l'un et l'autre royaume ne sont pas sans danger. Aphrodite arme parfois les femmes d'un désir violent et indomptable. On a pu faire le rapprochement avec les juments que Diomède, roi de Thrace, envoyait dévorer les étrangers de passage : ces bêtes monstrueuses font en effet penser aux filles si lubriques qu'elles entraînent dans la mort tous leurs amants (*Scholies à Aristophane, Lysistrata*, 1029).

La jeune fille abandonne la violence d'Artémis, elle garde toute sa vie la folie d'Aphrodite. Pourtant, celle-ci est amie de la mesure. N'a-t-elle pas rejeté ce fils difforme, Priape, fils qu'elle a eu de Zeus lui-même, parce qu'il avait un membre viril proéminent et qu'elle avait peur d'être la risée du monde entier ? Priape abandonné dans un bois restera une divinité rustique.

■ Le culte

Ses plus anciens sanctuaires sont à Chypre et à Cythère, deux villes phéniciennes. Mais il semble bien que son culte vienne de l'Asie, où l'on a toujours honoré une divinité lunaire, principe de la fertilité et de la fécondité animale. Elle était Atargatis chez les Philistins, Mylitta chez les Babyloniens, Ishtar chez les Assyriens, Astarté chez les Sémites. Sa religion se répandit dans la plus grande partie de l'Asie Mineure et jusqu'au mont Éryx en Sicile, à Carthage et dans le Latium.

Elle est une vraie « Dame du Bon-Secours » ; elle calme le vent et la mer. A Paphos, les marins la consultaient avant de prendre le large.

Mais c'est avant tout la déesse de l'Amour, et ses temples, surtout au mont Éryx et à Corinthe, sont peuplés de hiérodules qui se prostituent aux étrangers de passage. Cette fonction était d'abord réservée aux jeunes filles qui donnaient ainsi leur virginité à la déesse, mais peu à peu elle fut réservée à des esclaves attachées au temple, de véritables professionnelles de l'amour.

■ La Vénus romaine

A Rome existait bien avant l'influence grecque une divinité de la nature, déesse de tout ce qui s'épanouit, déesse de la Fécondité : telle était Flora. Elle avait deux temples à Rome et des fêtes lui étaient consacrées, les *Floralia*. Vénus était une déesse semblable, mais son assimilation à Aphrodite lui a donné une importance capitale. A l'origine, elle était la déesse des champs et des jardins ; plus tard, elle deviendra la déesse de la beauté féminine. Des temples lui seront construits, des fêtes organisées : les *Vinatia priora*, le 23 avril ; les *Veneralia*, le 1er avril.

Avec le temps, le culte de Vénus se développa. Sylla, le dictateur (138-78 av. J.-C.), la vénérait sous le nom de *Venus Felix* : il se nommait lui-même en grec Epaphrodite. Elle était sous le nom de *Venus Pompeiana* la patronne de Pompéi. César lui construisit un monument sur le Forum Julium ; il l'appela alors *Venus Genitrix*.

Aphrodite sera bientôt non seulement la mère d'Énée et de sa race, mais la protectrice du peuple romain, et, parmi les familles patriciennes, elles étaient nombreuses celles qui se flattaient de descendre d'Énée et par lui d'Aphrodite. Auguste, qui présida à tout un mouvement de renaissance patriotique et religieux, prit un soin particulier à unir Venus Genitrix et la cité. Hadrien associait encore Vénus à Rome dans le fameux Templum Urbis.

Comme en Grèce les Aphrodites, les Vénus se sont multipliées : il y avait Venus Victrix, Venus Calva, Venus Salacia, Venus Equestris, etc.

Charme et beauté, séduction et sensualité, telle est **Aphrodite**. Ici, le visage régulier, le regard pénétrant, elle retient, dans un geste gracieux, la draperie qui voile et révèle un corps parfait.

Figurine en terre cuite provenant de Myrina ou Pergame ; fin du IIe s. av. J.-C.

La Venia

Les Romains étaient particulièrement religieux. Leur religion consistait essentiellement à conclure des contrats avec leurs dieux. Mais ils savaient que, même de cette façon, ils ne pouvaient contraindre leurs « partenaires ». D'où l'importance primordiale que l'on accordait à la *Venia*, cette grâce, cette bienveillance gratuite que l'on attendait plus précisément de Vénus, d'où son nom. Vénus était la déesse que l'on « vénérait » plus particulièrement.

Apis
Dieu égyptien

Le taureau sacré
L'institution de son culte est attribuée à Ménès, le premier pharaon égyptien (env. 3000 av. J.-C.).

Un calcul sacré
« Cinq au carré donne un nombre égal à celui des lettres de l'alphabet égyptien et à celui des années que vit le taureau Apis », écrivait Plutarque (*Isis et Osiris*, 56). Il est curieux de remarquer que cette période de vingt-cinq ans, ou période Apis, correspond à celle au bout de laquelle les phases de la lune revenaient le même jour.

Sans doute dieu de la Force et de la Fécondité, Apis était représenté par un taureau à qui l'on réservait les honneurs divins.

■ Le culte
Au cours de grandes fêtes publiques, un taureau est choisi pour sa force, son allure et surtout le nombre et le dessin des taches de son corps : il doit être noir, avoir une tache blanche sur le front et un croissant blanc sur le cou et les flancs. Il est la réincarnation du dieu. Il est emmené solennellement au *sêkos* (Hérodote, II, 153), temple de l'Apis vivant : c'est une cour où il est soigné, nourri et entouré comme un souverain.

Dès la mort de l'animal, une procession s'organise pour transporter le corps à la *ouâbet,* salle spéciale réservée aux rites de l'embaumement. Les fidèles prennent le deuil et commencent un jeûne, total pendant quatre jours et moins strict pendant soixante-dix autres jours. Une veillée funèbre a lieu dès le premier soir.

La momification terminée, une nouvelle procession emmène le corps, de la ouâbet à la « tente de purification ». A cet endroit, les fidèles présentent leurs offrandes et un cortège funèbre composé de l'armée, du clergé de Ptah — Apis ne semble pas avoir eu de clergé propre —, de pleureurs et de la foule se dirige vers le serapeum, le tombeau des Apis.

■ Le serapeum
Le serapeum est un souterrain situé à 12 m sous terre, et dont chaque côté comporte les caveaux des Apis. Le mobilier qui s'y trouve est le même que celui des momies humaines : un sarcophage, des amulettes et des bijoux. Les sarcophages étaient à l'origine en bois, puis ils furent taillés dans le granit.

Tous ceux qui ont participé aux cérémonies funèbres reçoivent, comme récompense, le droit d'ériger une stèle à l'intérieur du serapeum. Le plus souvent petites, parfois très petites, elles sont généralement en calcaire et portent témoignage de la dévotion au dieu.

Fidèle, les mains levées dans un geste d'adoration, devant le dieu **Apis.**

Stèle en calcaire peinte provenant du serapeum de Memphis. Égypte. XXᵉ dyn., vers 1200 av. J.-C. (Nouvel Empire).

Apollon
Dieu grec et romain

Le dieu à l'arc d'argent
Jeune, beau, éclatant, devin, poète et musicien, Apollon assemble en sa personne toutes les qualités d'un grand dieu.

Il est souvent appelé chez les Romains Phœbus, le Brillant, et est confondu avec le Soleil. Son caractère étincelant et lumineux va de pair avec un aspect terrifiant. Il est dit « le plus puissant des dieux ».

▪ Délos
Zeus a une aventure avec Lêto et celle-ci est enceinte. Héra, jalouse, la poursuit à travers toute la terre pour l'empêcher de mettre au monde ses enfants. Seule, une petite île, errante et stérile, Asteria, accepte de l'accueillir et Lêto peut enfin accoucher, d'abord d'Artémis, puis d'Apollon. Parce que le dieu de la lumière a vu le jour sur son sol, l'île aussitôt se couvre d'or, devient prospère (*Hymne homérique à Apollon*, 135), se fixe au milieu de la mer de Grèce et devient Délos, la brillante. Les cygnes sacrés en font sept fois le tour, car on est au septième jour du mois, et enfin ils emmènent l'enfant au-delà de la patrie du Vent du Nord, chez les Hyperboréens (Callimaque, *Hymne à Délos*, 41-54).

▪ Delphes
Après son séjour d'un an chez les Hyperboréens, Apollon se rend à Delphes. Il y trouve un dragon, Python, qui protège l'oracle de Thémis, mais qui se livre aussi à toutes sortes de razzias dans le pays, tuant hommes et bêtes, polluant les sources et ravageant la terre. Apollon l'abat de ses flèches et délivre ainsi le pays. Il fonde alors les jeux Pythiques, consacre le sanctuaire et fait du trépied l'un de ses symboles : désormais, c'est assise sur un trépied que la Pythie rendra ses oracles (*Hymne homérique à Apollon*, 127 sqq.).

▪ La jeunesse
Beau, jeune, grand, brillant dans ses paroles et dans ses actions, il a « l'apparence d'un homme robuste et fort » (*Hymne homérique à Apollon*, 449-450). Dieu d'une jeunesse toujours nouvelle, mais non pas immature, il est plein d'énergie et parfois même de violence. Il est le modèle et le protecteur des *kouroi* (jeunes humains). Il porte de longues boucles noires aux reflets d'argent, une chevelure que le fer n'a jamais taillée, et les jeunes gens lui font l'offrande de leur première coupe de cheveux lors d'un rite traditionnel qui marque leur entrée dans l'assemblée des hommes.

Un tel portrait ne peut correspondre qu'à un séducteur. Le charme d'Apollon atteint les foules. On en fait les représentations les plus gracieuses. C'est l'archétype de la beauté virile en même temps que des qualités masculines. Apollon se devait d'obtenir des succès féminins chez les déesses comme chez les mortelles. En fait malgré sa beauté et sa gloire, il sera souvent malheureux en amour.

▪ Les amours d'Apollon
Il aime la nymphe Daphné,

Lêto est la fille du Titan Coeos.

Thémis, déesse de la Loi, est fille d'Ouranos et de Gaia.

Daphné est une nymphe, fille du dieu-fleuve Pénée. Éros provoque l'amour impossible de Daphné parce qu'Apollon s'était moqué de sa façon de s'exercer à l'arc, son arme favorite.

APOLLON

Les Corybantes sont des génies mystérieux.

amour inspiré par Éros irrité de ses railleries. Mais elle ne répond pas à ses désirs, s'enfuit dans la montagne et se métamorphose en laurier, l'arbre consacré à Apollon.

Il aime la nymphe Cyrène et en a un fils, Aristée. Avec elle, il accomplira tous les rites matrimoniaux (Pindare, *Pythiques,* IX, 104 sq.). Mais cela ne l'empêche pas de courir. Avec la muse Thalie, il engendre les Corybantes ; avec Uranie, les musiciens Linos et Orphée ; avec Coronis, Asclépios, mais il tue la mère en raison de ses infidélités (Pindare, *Pythiques,* III, 41 sq.). La même aventure lui arrive avec Marpessa qui lui préfère un mortel, Idas, craignant d'être abandonnée dans sa vieillesse par un Apollon toujours jeune. On lui connaît aussi l'amour de Phthie, dont il a eu Doros, Laocodos et Polypoetès ; celui de Rhoea, dont il a eu Anios.

Il n'aime d'ailleurs pas que des femmes : la mort des héros Hyacinthe et Cyparissos le plonge dans une grande tristesse.

▪ Un fol orgueil

Apollon ne se mêle aux humains que par caprice ou lorsqu'il y est obligé. Devant Diomède, il est très fier : « Recule, ne te mesure pas à des dieux, car ils ne sont pas de même race, les dieux immortels et les hommes en chemin sur la terre. » Il est « follement orgueilleux », dit l'*Hymne homérique,* il ne va pas s'abaisser à regarder « cette pauvre race qui pousse et flétrit comme les feuilles des arbres ».

Diomède est le fidèle compagnon d'Ulysse lors de la guerre de Troie.

Pourtant, il apporte son aide aux Argonautes en qui il retrouve quelque chose de sa fierté, et il sait viser de loin les Achéens pour protéger Troie avec qui il a partie liée. Son orgueil le pousse jusqu'à narguer Zeus lui-même.

Admète obtint d'Apollon de ne pas mourir le jour fixé par le destin si quelqu'un d'autre s'offrait à sa place. Ce jour-là, c'est sa femme Alceste qui mourut à sa place.

▪ Les épreuves d'Apollon

Par deux fois, Zeus réagit en le mettant à l'épreuve et en lui ordonnant d'être, pour un temps, esclave au service de certains mortels.

La première fois, avec la complicité d'Héra, de Poséidon et d'Athéna, il cherche à lier Zeus et il est condamné à travailler pour le roi de Troie, Laomédon : il construit les murailles de la ville et garde les troupeaux sur l'Ida. Comme le roi refuse de le payer, il envoie une peste qui ravage le pays (Pindare, *Olympiques,* VIII, 40 sq.).

La seconde fois, Zeus ayant foudroyé Asclépios, Apollon devenu furieux tue les Cyclopes. Pour le punir, le roi de l'Olympe l'envoie chez Admète, le roi de Phères, auquel il sert de bouvier. Bien reçu, il apporte la prospérité au pays (Callimaque, *Hymne à Apollon,* 47).

▪ Les exploits

La musique est un de ses talents. Un jour, il se fait voler son troupeau par Hermès. Mais, le retrouvant sur le mont Cyllène, il le laisse à son voleur contre la lyre que celui-ci a inventée. Une autre fois, il est défié par le satyre Marsyas qui prétend tirer de sa flûte une musique plus mélodieuse qu'Apollon de sa lyre. Marsyas est vaincu ; Apollon le fait alors écorcher vif et accrocher à un pin ; c'est pour cette raison que cet arbre porte une écorce rouge comme le sang de la victime. Marsyas ne savait sans doute pas que la musique d'Apollon charme « les dieux, les bêtes sauvages et même les pierres » (Euripide, *Alceste,* 579).

Il est *mousagétès,* « chef du chœur des Muses », et inspire aussi bien les devins que les poètes. Ses oracles sont d'ailleurs exprimés en vers.

54

APOLLON

▪ Le dieu terrifiant

Ses armes sont aussi redoutables que celles d'Artémis, sa sœur. Il participe au massacre des enfants de Niobé, décime l'armée des Grecs devant Troie (*L'Iliade*, I, 43 sqq.), tue les Cyclopes, le serpent Python venu des antres sombres et Tityos, le géant sorti de la terre. C'est à lui que l'on attribue la mort d'Achille et, la haine qu'il avait pour Achille, il en aurait poursuivi le fils de celui-ci, Néoptolème, en le faisant mourir à Delphes lors d'une consultation de l'oracle.

Apollon est « le Seigneur Archer ; il a l'apparence d'un astre qui luit en plein jour ; des feux sans nombre jaillissent de sa personne, l'éclat en va jusqu'au Ciel » (*Hymne homérique à Apollon*, 440-447).

Même ses amis ont peur de lui : il apparaît aux Argonautes qu'il soutient, mais ceux-ci n'osent pas lever les yeux, tant il est resplendissant ; ils sont frappés de stupeur et tremblent, et, lorsqu'ils veulent regarder, il est déjà parti (Apollonios de Rhodes, *Les Argonautiques*, II, 680). Quand il arrive à Delphes, « les femmes des Criséens et leurs filles aux belles ceintures poussèrent un long cri, au choc de Phœbus ; car il jeta en tous une grande terreur » (*Hymne homérique à Apollon*, 446-447).

▪ Le dieu qui sait tout

S'il est habile à tuer, il a aussi les moyens de guérir ou de faire disparaître le mal et la maladie *(apotropaios)*, et d'abattre les monstres qui répandent le mal-

Le dieu hautain

Au cours de la guerre de Troie, Apollon s'adresse à Arès : « Ô toi qui ébranles la terre, tu ne dirais pas que je suis sain d'esprit, si j'entrais en lutte contre toi pour de misérables humains, qui, comparables aux feuilles, tantôt croissent et flambent de vigueur en mangeant le fruit de la terre labourée, et tantôt dépérissent sans force. Cessons donc au plus tôt le combat et laissons-les eux-mêmes continuer la lutte. » (*L'Iliade*, XXI, 462-466).

Ses cheveux bouclés « épanchent à terre l'huile parfumée qu'ils distillent : mais les gouttes n'en sont point d'humeur grasse » (Callimaque, *Hymne à Apollon*, 36-40). **Apollon** est un bel homme, équilibré, puissant, orgueilleux, musicien et poète.

Apollon cytharède : détail statue en bronze provenant de Pompéi. Copie antique d'un original grec.

APOLLON

heur. Il est médecin, un peu comme Asclépios, son fils. Il connaît les rites de purification *(katharsios).* C'est lui que l'on invoque pour combattre la peste, c'est son effigie que l'on place dans les endroits dangereux, c'est lui que l'on interroge dans les situations graves.

Car le regard du dieu atteint toute chose. Pour lui, il est nulle distance. Rien ne lui échappe, ni des pensées, ni des paroles, ni des actions (Pindare, *Pythiques,* III, 25). Il sait tout, la cause du mal et son remède ; il sait « le nombre des grains de sable et les dimensions de la mer » (Hérodote, *Histoires,* I, 47).

« C'est à Apollon, le dieu de Delphes, de dicter les plus importantes, les plus belles, les premières des lois » (Platon, *La République,* IV, 427).

▪ L'oracle

Il parle à Delphes. La Pythie dit « je », prononçant les paroles mêmes d'Apollon, le seul qui sait ce que pense le maître du monde et les arrêts qu'il prend en son esprit. « Connais-toi toi-même », telle était la formule gravée sur le fronton du temple. L'oracle sait lire dans le cœur de ceux qui l'interrogent les réponses qui y sont inscrites, mais « n'a jamais rendu d'oracle sur homme, femme ou cité, qui ne fût ordre de Zeus » (Eschyle, *Les Euménides,* 616-619).

Toute la Grèce vient dans ce lieu différent des autres, d'où partent conseils pour la vie privée, directives pour la vie politique et injonctions pour la vie rituelle et religieuse. Mais le dieu y fait sentir sa puissance, et c'est un lieu de violence. Le « coutelas de Delphes » est l'instrument de meurtres fameux perpétrés sous l'impulsion d'Apollon. Le fabuliste Ésope (VIe s. av. J.-C.) y perdit la vie.

▪ Les fêtes

Les fêtes en son honneur, les Thargélies, se déroulent en deux temps : d'abord, on choisit deux pauvres hères, misérables physiquement et moralement. L'un représente les femmes, l'autre les hommes. On les promène dans la ville, on les frappe avec des verges, on les lapide, on les livre au feu ou on les chasse dans la montagne. Ils emportent avec eux les souillures de tous. C'est la purification ; ensuite, on chante le *péan,* ou chant pour Apollon, et l'on offre au dieu les prémices des fruits de la terre sous forme de pain, de fruits ou de gâteaux.

▪ Animaux et plantes

Certains animaux ont un lien particulier avec Apollon : ce sont le loup, qu'on lui offre dans les sacrifices, le chevreuil, le cygne, le milan, le vautour et le corbeau, dont le vol sert de support aux présages.

Le laurier est la plante apollinienne par excellence : la Pythie en mâche une feuille quand elle délivre ses oracles.

▪ Le culte d'Apollon

L'importance d'Apollon fut très grande dans l'Antiquité : il est celui qui promet le salut et la vie éternelle dans la religion orphique, il est à l'origine du pythagorisme, et règne sur l'île des Bienheureux, le paradis.

A Rome, le premier temple qui lui fût dédié s'élevait sur les Prés Flaminiens. Il fut érigé à la suite d'une grave épidémie et porta le nom officiel d'Apollo Medicus (Tite-Live, IV, 25, 3 ; XL, 51, 6).

Le premier empereur romain, Auguste, le prit comme protecteur, il prétendit descendre de lui, et lui devoir entre autres la victoire d'Actium.

Le péan

« Faites silence : écoutez le chant d'Apollon. Les flots même se taisent, quand l'aède dit la cithare et l'arc, que tient Apollon Lycoréen ; Thétis ne gémit plus, triste mère, sur Achille, quand résonne la clameur *Ié Paian, Ié Paian,* et la pierre qui pleure en remet pour un temps son souci, l'humide rocher dressé sur les bords phrygiens, marbre qui fut une femme à la bouche gémissante. *Ié, Ié,* que votre cri retentisse. » (Callimaque, *Hymne à Apollon,* 17-24).

Arès / Mars
Dieu grec et romain

La violence meurtrière

Confondu avec le dieu romain Mars, il est escorté par la sanglante Ényo, Éris, (la Discorde), Deimos, (la Crainte), et Phobos, (l'Épouvante).

Fils d'Héra qui l'a enfanté sans le secours de semence masculine (*L'Iliade*, XV, 166), Arès est l'un des douze grands dieux. Bagarreur par excellence, il se soucie fort peu de la cause à défendre et change de camp sans scrupule ; il aime le combat pour le combat et trouve son plaisir dans les tueries et le sang. C'est le dieu le plus détesté de l'Olympe.

Brute à la stature colossale, il porte une armure d'airain (*L'Iliade*, V, 704), un casque étincelant à la longue crinière (*ibid.*, XXII, 132), une lance (*ibid.*, XV, 605) et un bouclier de cuir (*ibid.*, V, 289). Doué d'une force étonnante, il bouscule tout sur son passage, guerriers, chars et même murailles (*Hymne homérique*, VII, 1). D'une rapidité vertigineuse, il surprend ses ennemis et les effraie en hurlant : *alalè alala !*, son cri de guerre.

▪ Une énergie sauvage

Il est le dieu des combats et non le dieu de la victoire. Sa fougue inconsidérée lui vaut bien des déboires. Il est le contraire d'Athéna, la déesse mesurée et réfléchie. Celle-ci le désarme parfois pour l'empêcher de s'immiscer dans des combats qui ne le concernent pas (*L'Iliade*, XV, 110-142) ; elle lutte directement avec lui en armant le bras de Diomède (*ibid.*, V, 590 sq.) et réussit même une fois à l'abattre d'un coup de pierre (*ibid.*, XXI, 391 sq.).

Car il connaît souvent la défaite : attaqué par les Aloades, Otos et Éphialtès, fils de Poséidon, il est enchaîné et maintenu treize mois prisonnier dans un pot de bronze (*L'Iliade*, V, 385 sq.). Héraclès, lui aussi, le terrasse à plusieurs reprises, allant jusqu'à le dépouiller de ses armes (Hésiode, *Le Bouclier d'Hercule*, 359 sq.).

Il lutte jusqu'à épuisement et sera plusieurs fois considéré comme mort. L'Olympe alors le reçoit et Zeus lui-même soigne ses plaies : un dieu ne doit pas mourir (*L'Iliade*, V, 590 sq.).

▪ Une mâle puissance

Cette ardeur extrême ne laisse pas indifférent. Aphrodite, elle-même, est conquise et doit cacher cette liaison illicite (*L'Odyssée*, VIII, 266-366). Selon certaines traditions, Éros et Priape en naîtront. Mais Arès a la même fougue dans ses aventures féminines comme à la guerre : il viole et engrosse Astyoché, dont naîtront Ascalaphos et Ialménos (*L'Iliade*, II, 512) ; Pyréné, dont il aura Diomède de Thrace, Cycnos et Lycaon (Apollodore, II, 5-8). Chrysé lui donne Phlégyas (Pausanias, IX, 36, 1) ; Astynomé, Calydon ; Althaia, Méléagre (Apollodore, I, 8, 2) ; Périboea, Tydée (Diodore de Sicile, IV, 35) ; Protogencia, Oxylos (Apollodore, I, 7, 7) ; Harpinna, Œnomaos (Pausanias, V, 22, 6), etc.

Les Aloades
Ce sont les deux fils que Poséidon eut d'Iphimédie, femme d'Aloée. Géants extraordinaires, ils entreprirent d'escalader le ciel en mettant montagnes sur montagnes et déclarèrent la guerre aux dieux.

Méléagre
Dès la naissance de Méléagre, sa mère est prévenue que la vie de l'enfant est liée au tison qui brûle dans l'âtre. Althaia l'éteint immédiatement et Méléagre grandit. Devenu adulte, il combat le sanglier de Calydon, le tue et en offre la dépouille à Atalante, son amie. Althaia, furieuse, jette le tison dans le feu, et Méléagre meurt.

ARES

Prière à Mars
« Mars, ô Mars, ne laisse pas dissolution, destruction fondre sur le peuple... Sois rassasié, sauvage Mars ; saute à la frontière, prends position... Aide-nous, Mars, ô Mars, aide-nous » (*Carmen arvale*, VIᵉ s. av. J.-C.).

■ Le culte

La Thrace est son pays d'origine. Le peuple sauvage et belliqueux de cette région lui voue un culte particulier. Celui-ci se développe ensuite à Thèbes, à Athènes et à Sparte. Dans cette dernière ville, deux de ses prêtres marchaient devant les armées et donnaient au moyen de torches le signal du combat.

Arès a été assimilé à Rome au dieu Mars, l'un des plus anciens et des plus vénérés de la péninsule. Il y était honoré par une confrérie de prêtres respectés, les saliens *(Salii Palatini)*, qui conservent les douze boucliers échancrés qu'on dit tombés du ciel et exécutent des danses guerrières à l'occasion de fêtes particulières. Mars est considéré comme le père de Romulus, le fondateur : il a conduit Rome à l'empire du monde.

Mars-Arès est en costume d'apparat : trapu, impavide, il est coiffé du casque corinthien à haut cimier, vêtu de la cuirasse, du chiton (tunique légère) et de la chlamyde (manteau court agrafé sur l'épaule).

Statue en marbre provenant du Forum de Trajan.
81-96 apr. J.-C.

Artémis / Diane
Déesse grecque et romaine

La vierge farouche
Éternellement jeune et active, Artémis est l'égale des hommes et ne se plaît qu'à la chasse.

Fille de Zeus et de Lêto, elle est, dès sa naissance, marquée par la jalousie d'Héra, la femme légitime du maître de l'Olympe, et, née la première, aide à l'accouchement d'Apollon. Les liens entre le frère et la sœur n'en sont que plus étroits.

Elle est grande et imposante (*Hymne homérique à Apollon Pythique*, 271), reine au beau visage (Callimaque, *Hymne à Artémis*, 204) et aux boucles d'or (Euripide, *Hippolyte*, 80 sq.). Elle est fière de ses formes, elle en prend soin et pour cela veille à conserver sa virginité.

■ Artémis aux flèches d'or

Venant de Délos, Artémis aurait chassé pour la première fois en Attique (Pausanias, I, 19, 6). Elle est armée d'un arc et de flèches forgés par Héphaïstos et les Cyclopes. Le dieu Pan lui a donné des chiens, « plus rapides que le vent » et capables de renverser même des lions (Callimaque, *Hymne à Artémis*, 90-95). Elle demeure dans les montagnes et dans les bois ; son gibier est fait de chevreuils, de cerfs et de biches (*L'Iliade*, XXI, 485), mais parfois aussi de lions et de panthères (Pausanias, V, 19, 5).

■ La jeune fille revêche

C'est une combattante : elle participe avec Apollon au meurtre du serpent Python, au châtiment du Géant Tityos et à l'extermination des enfants de Niobé qui avait insulté sa mère. Malheur à qui lui fait ombrage. Elle est « la vierge inviolable et inviolée » (Sophocle, *Électre*, 1239) et se retourne impitoyablement contre ceux qui veulent la forcer : Otos, le Géant, doit sa mort à l'une de ses ruses (*L'Odyssée*, XI, 305 sqq.) ; Orion est piqué par un scorpion qu'elle lui a envoyé (Apollodore, I, 4, 3) ; Actéon, qui la surprend se baignant nue dans la source Parthénios, est changé en cerf (Hésiode, *Théogonie*, 977) ; Bouphagos est percé de flèches sur le mont Pholoé (Pausanias, VIII, 27, 17).

Elle défend la pudeur, se dresse contre la violence sauvage, les débordements, et châtie les amours illicites : les viols des nymphes Opis et Chromion sont vengés (Pausanias, VIII, 47, 6) ; le tyran Tartarus est mis à mort parce qu'il profite de son pouvoir pour posséder avant mariage les jeunes filles de sa cité (Antonius Liberalis, XIII).

Elle exprime sa colère aux vierges qui cèdent à l'amour : elle transforme en ourse Callisto qui s'est laissé séduire par Zeus (Hésiode, *Fragments*, XCIX) et exige l'immolation de sa prêtresse Comoetho et de Melampos, son amant (Pausanias, VII, 19, 20).

Sa sollicitude toute particulière va aux jeunes filles, celles qui n'ont pas pris goût aux dons de la frivole Aphrodite : ce sont ses prêtresses, elles lui font fête, dansent devant son temple et se réunissent dans ses bois. Artémis ne s'oppose pas à leur mariage,

---

La sœur d'Apollon
« Donne-moi, petit père, la virginité éternelle [...]. Donne-moi arcs et flèches..., donne-moi de porter les torches et de ceindre jusqu'au genou la tunique frangée, pour chasser les bêtes fauves » (prière d'Artémis à Zeus. Callimaque, *Hymne à Artémis*, 7-10).

Apollon, lorsqu'il voulut fonder son sanctuaire au pied du Parnasse, trouva un serpent nommé Python qu'il dut tuer.

Tityos est un Géant, fils de Zeus. Héra, jalouse, l'envoya combattre Léda.

Artémis, transformée en biche, fit en sorte que les Aloades, **Otos** et Éphialtès, se précipitent et se tuent l'un l'autre.

Actéon est petit-fils d'Apollon et de la nymphe Cyrène.

Artémis est déesse lunaire ; ses ailes symbolisent la course de l'astre dans la nuit.

Plaque d'or provenant de Rhodes. VIIe s. av. J.-C.

mais alors elles viennent déposer devant son autel parures virginales, boucles de cheveux, jouets, poupées, et elles quittent son domaine. La déesse n'est pas douée pour la bagatelle. En revanche, quand il s'agit d'événements sérieux, elle est là, et elle devient la protectrice des femmes en couches et des enfants qui naissent (Callimaque, *Hymne à Artémis*, 20-25).

■ **Diane chasseresse**

Elle est venue à Capoue et à Rome sous le nom de Diane, une déesse exigeante puisque la garde de son temple à Aricie ne peut s'obtenir que par le meurtre du prêtre en exercice (Ovide, *Les Fastes*, III, 275). On dit que c'est dans ce sanctuaire qu'Artémis a caché Hippolyte, le fils de Thésée, après sa mort et sa résurrection.

Mais l'influence de l'Artémis grecque a fait de Diane une chasseresse. Elle règne dans la forêt et, aux ides d'août, la fête qui lui est consacrée, elle récompense les chiens et accorde une trêve aux animaux sauvages (Stace, *Les Silves*, III, I, 55).

■ **Le culte**

A Rome, Diane a plusieurs temples. Celui qui se trouve sur le vicus Patricius a cette particularité d'être interdit aux hommes, depuis que l'un d'entre eux voulut faire violence à une femme dans le sanctuaire même, et que les chiens de Diane l'eurent déchiré. Son temple le plus important a été construit par Servius Tullius (578-534 av. J.-C.) sur l'Aventin ; il est le lieu de réunion des peuples associés et les fêtes qui s'y donnent rassemblent surtout femmes et esclaves.

L'assimilation de Diane à Artémis sera complète quand Auguste lui donnera une place à côté de son frère Apollon. Elle est devenue *Diana Victrix*, Diane victorieuse, et est célébrée par le chant séculaire d'Horace destiné à la plus grande fête religieuse de l'Empire donnée en son honneur par Auguste. Diane y symbolise la lune et Apollon, le soleil, deux astres qui influencent la procréation, la naissance et la mort.

Mais le frère et la sœur sont surtout considérés comme protecteurs de la cité impériale et garants de la paix que l'Empire avait imposée au monde.

Arthur
Héros celte

Le souverain de l'Occident médiéval
Prouesses et courtoisie, conquêtes et service de l'Église sont ce qui faisait vibrer la cour du roi Arthur (ou Artus).

Fils d'Uter Pendragon, roi de Bretagne, et d'Ygerne, femme du duc de Cornouailles, Arthur manifeste l'union des deux peuples « qui s'entendaient parler d'une rive à l'autre » de la Manche (Gaufrey de Monmouth, *Historia regum Britanniae*, 1137).

■ Le roi-chevalier
Arthur est élevé par Merlin l'Enchanteur et couronné à l'âge de quinze ans. Armé d'Excalibur, son épée magique, il expurge son pays des monstres et des géants, chasse les envahisseurs, conquiert le continent, arrive à Rome et va même jusqu'en Palestine, d'où il rapporte la Croix du Christ.

Mais c'est aussi un roi trompé : la reine Gueniévre accepte les hommages courtois de Lancelot du Lac, et son neveu Modred profite de son absence pour lui ravir la couronne. Il poursuit l'un et l'autre de sa vengeance et est blessé à mort, en l'an 542, en guerroyant contre l'usurpateur. C'est la fin du royaume de Logres. « Le grand roi a échangé son existence contre une autre » (Thomas Malory, *La Mort d'Arthur*, 1470).

Morgane et les fées l'emportent sur une nef dans l'île d'Avallon, d'où il reviendra un jour pour délivrer son peuple.

■ Les chevaliers de la Table ronde
Arthur tient sa cour au château de Caerléon, dans le pays de Galles. Prouesses et savoir-vivre y sont les maîtres mots. Il a fondé l'ordre des chevaliers de la Table ronde afin qu'il n'y ait pas de problèmes de préséance entre les chevaliers. Ceux-ci sont des convives égaux qui, chacun de leur côté, partent en quête d'aventure respectant par-dessus tout le Code de la Chevalerie à savoir l'honneur, la fraternité d'armes, la protection des faibles et de l'Église. A leur retour, ils se retrouvent au château de Joyeuse-Garde et y racontent leurs exploits. Car « aux grandes fêtes, le roi ne s'assied point à son haut manger avant qu'une aventure fût advenue en sa maison » (*Le Saint Graal*, rédigé par Jacques Boulenger, Paris, 1923).

■ La quête du Graal
La quête du Graal est leur hantise. Le Graal est une mystérieuse coupe, celle dans laquelle Pilate s'est lavé les mains et/ou celle qui a servi à la Sainte Cène, le Jeudi saint, et/ou encore celle dans laquelle Joseph d'Arimathie a recueilli quelques gouttes du sang du Christ. Cette quête ne peut être entreprise que par un chevalier sans reproche. Seul Galaad, le fils de Lancelot, s'en est trouvé digne. Il est « le vrai chevalier, le désiré, le promis, sorti du haut lignage du roi Salomon et de Joseph d'Arimathie, celui qui mènera à bien la quête du saint Graal et achèvera les temps aventureux » (*Le Saint Graal*).

La mort d'Arthur
Arthur à son épée, avant de mourir : « Excalibur, bonne épée, la meilleure qui ait jamais été, hormis celle de David, tu vas perdre ton maître et droit seigneur ! Seul Lancelot (malgré sa trahison) serait digne de te porter. Ha ! Plût à Jésus-Christ qu'il pût t'avoir : mon âme en serait bien aise ! » (Jacques Boulenger, *La Mort d'Arthur*, Paris, 1923).

Asclépios / Esculape
Dieu grec et romain

Celui qui aime le plus les hommes
Appelé Esculape chez les Romains, Asclépios détient le pouvoir magique (la mêtis*) de guérir et de ramener à la vie*

Glaucos, fils de Minos et de Pasiphaé, encore enfant, en poursuivant une souris, était tombé dans une jarre pleine de miel et s'était noyé.

Hippolyte, fils de Thésée, avait repoussé les avances de Phèdre, la nouvelle femme de son père. Celle-ci, par crainte d'être démasquée, accusa son beau-fils de tentative de viol, et Thésée, pour se venger, suscita un monstre marin qui fit périr Hippolyte.

Épidaure se trouve dans le Péloponnèse, sur la mer Égée, en face d'Athènes.

Asclépios est fils d'Apollon. Sa mère, Coronis, fille de Phégyas, roi de Thessalie, est tuée par Artémis parce qu'elle a trompé son divin amant avec un mortel, Ischys fils d'Élatos. Mais au moment où son corps brûle sur le bûcher funéraire, Apollon arrache du sein maternel l'enfant encore vivant et le confie au Centaure Chiron. A l'école de ce maître, Asclépios acquiert la connaissance des incantations, des philtres, des drogues et de la chirurgie (Pindare, *Pythiques*, III). Athéna lui remet comme potion magique le sang de la Gorgone qui, tiré du côté gauche du monstre, est un poison violent qui donne la mort, et, tiré du côté droit, est un remède miracle qui ressuscite les cadavres (Apollodore, *Bibliothèque*, III, 10, 3).

■ Le faiseur de miracles

Asclépios met son savoir au service des hommes et ses pouvoirs sont si grands que les malades sont guéris et les morts ressuscitent : parmi les nombreux bénéficiaires de ses bienfaits, on compte Lycurgue, l'orateur, Glaucos, le fils de Minos, et Hippolyte, le fils de Thésée. Mais l'ordre du monde est bousculé : les hommes vont-ils devenir immortels et les dieux perdre leurs privilèges ? Zeus, maître de l'univers, ne peut accepter ce désordre : il se fâche et foudroie le responsable de cette révolution. Asclépios ne disparaît pas pour autant, il ne rejoint pas l'Hadès mais devient dieu à part entière. On le voit dans le ciel sous la forme d'une constellation, le Serpentaire.

Il est un dieu bienfaisant, le dieu de la terre, lui le fils de Phœbus, le Soleil. Son symbole est le serpent enroulé à un bâton, symbole qui l'accompagne dans la plupart des représentations que l'on a fait de lui : c'est un vieil homme barbu, pensif et bienveillant.

■ Épidaure, ville de la guérison

Son culte se développera surtout à Épidaure. On y vient chercher la guérison.

Les règles à observer y sont impératives : il faut une grande pureté pour obtenir les bienfaits du dieu. Jeûne, abstinence, abstention de rapports sexuels sont exigés. Les dortoirs où couchent les fidèles sont visités par des serpents non venimeux : on y dort à même le sol. Le dieu vient pendant le sommeil sous forme de songes. C'est de cette manière qu'il accomplit le miracle de guérison ou donne le traitement à suivre.

■ Hippocrate

Sous le patronage d'Asclépios se créent de véritables écoles de médecine qui essaiment dans bien des villes. L'île de Cos est le berceau du plus célèbre des Asclépiades ou descendants d'Asclépios, Hippocrate, le grand médecin de l'Antiquité.

Athéna / Minerve
Déesse grecque et romaine

L'intelligence et l'habileté
Rayonnante dans ses armes de bronze, Athéna, comme la cité dont elle est la protectrice, allie l'amour de l'art et celui de la sagesse.

Lorsque Mêtis, « déesse qui en sait plus que tout dieu et homme mortel », fut enceinte des œuvres de Zeus, on avertit celui-ci que, si l'enfant était une fille, un garçon viendrait ensuite qui le détrônerait. Zeus alors avala la mère et, quand vint le temps de l'accouchement, il demanda à Héphaïstos de lui fendre le crâne : Athéna sortit de son cerveau tout armée et poussa un cri de guerre qui retentit dans le ciel et sur la terre. Elle arriva au jour « égale à son père en force et en prudente sagesse » (Hésiode, *Théogonie*, 896).

■ **Vierge et guerrière**
« Parthénos », la vierge, dit-on d'elle. Elle n'est pourtant pas une déesse vierge comme les autres : elle n'a pas peur des hommes, elle est parmi eux comme l'un d'eux. Elle prend même toujours parti en leur faveur et se mesure aux plus puissants : « En toutes choses, dit-elle, mon cœur penche vers le mâle sauf pour le mariage » (Eschyle, *Les Euménides*, 736). Elle défend Agamemnon contre Clytemnestre dans le procès d'Oreste qui a tué sa mère pour venger son père (Eschyle, *Les Euménides*, 736-738). Point de femme parmi ses protégés ; ce sont Ulysse, Héraclès, Diomède, Achille, Ménélas, tous des hommes.

Sa protection n'est pas sans effet : elle suit Ulysse dans toutes ses pérégrinations ; elle prend la forme d'un mortel pour lui porter assistance, suggère à Nausicaa d'aller laver son linge quand Ulysse doit aborder dans l'île des Phéaciens, et inspire l'ordre donné à Calypso de relâcher le héros. Elle défend Héraclès et l'aide dans ses épreuves (*Pausanias*, III, 18, 11). Elle retient la colère d'Achille (*L'Iliade*, I, 194). Mais, toujours mesurée, elle refuse l'immortalité à Tydée en raison de sa bestialité.

Elle est guerrière (*areia*), puissante (*stenias*), championne (*promachos*). Elle prend une part active dans la guerre contre les Géants : Pallas et Encélade sont ses victimes, et elle se fait une cuirasse de la peau du premier. Elle combat devant Troie du côté des Achéens, puisque Pâris lui a refusé le premier prix de beauté. Arès est son ennemi juré (*L'Iliade*, XXI, 390 sqq.). Elle déteste le dieu, ses charges inconsidérées, sa folie meurtrière et son amour du sang. Athéna ne combat pas de cette manière : elle utilise la stratégie, l'embuscade, la ruse et même, à l'occasion, la magie. Protégée par l'égide, son bouclier sur lequel figure la tête terrifiante de la Gorgone, elle paralyse ses adversaires et rend invincibles ses compagnons. La guerre n'est pas une fin en soi ; c'est l'affaire de la cité, elle doit être domestiquée.

Agamemnon est le Roi des rois. Lors de la guerre de Troie, il sacrifia sa fille Iphigénie pour obtenir des vents favorables et, pour cette raison, fut tué par sa femme Clytemnestre. Oreste, leur dernier fils, exécuta sa mère pour venger son père.

Ménélas, le frère d'Agamemnon, est le mari d'Hélène qui lui fut enlevée par Pâris, ce qui provoqua la guerre de Troie.

La nymphe Calypso a retenu dix ans Ulysse dont elle était tombée amoureuse.

Tydée commit un meurtre et mangea la cervelle de sa victime. Athéna en fut outrée.

ATHENA

La reine de la cité

« Je chante d'abord Pallas Athéna, la glorieuse déesse aux yeux pers, dont l'intelligence est vaste et le cœur indomptable, la vierge vénérée qui protège les cités » (*Hymne homérique*, I).

« **L'Athéna** du Varvakeion ». Marbre. Copie romaine de l'Athéna Parthénos de Phidias (or et ivoire, Ve s. av. J.-C.).

■ La cité

Quand les dieux se partagent la Terre, chacun d'eux prétendant à un lot de mortels pour le vénérer, Athéna est en concurrence avec Poséidon pour la possession de l'Attique. Arrivé le premier, le dieu de la Mer fait surgir une source sur l'Acropole, mais la déesse fait sortir un olivier du roc sacré. Zeus règle le différend, et Poséidon est déclaré vaincu (Apollodore, III, 14, 1). Alors commence pour la cité athénienne l'ère de la civilisation.

Érechthée est le fils adoptif d'Athéna : Héphaïstos, abandonné par Aphrodite, veut contraindre Athéna à s'unir à lui ; mais celle-ci résiste et réussit à se libérer. Le sperme du dieu forgeron a giclé sur sa cuisse : elle le recueille et le met en terre. Érechthée en naîtra, fils d'Héphaïstos et de la Terre (Apollodore, III, 14, 6). L'enfant sera le protégé d'Athéna. Devenu roi d'Athènes, il fonde les Panathénées, associant à jamais le nom de la déesse à son peuple, ce peuple né d'Érechthée et de la Terre.

Comme dans la guerre, Athéna refuse toute démesure dans la vie de tous les jours : elle apprend aux hommes à dompter les forces sauvages, à apprivoiser la nature, à se rendre maîtres des éléments. Elle est à l'origine de toutes les techniques : elle apprend le filage et le tissage à Pandore (Hésiode, *Les Travaux et les Jours*, 64) et aux femmes de Phéacie (*L'Odyssée*, VII, 110). Les forgerons l'invoquent. Elle dresse les chevaux et invente le char. C'est elle qui procure à Bellérophon le mors, instrument nécessaire pour dompter Pégase (Pindare, *Olympiques*, XIII, 63-87). Elle préside aux travaux des bois et invente le premier navire avec Danaos (*Apollodore*, III, 1, 4). Et c'est Athéna elle-même qui va sur la montagne du Pélion abattre les arbres à la hâche pour la construction du navire des Argonautes (Apollonios de Rhodes, *Les Argonautiques*, II, 1187-1189). Car elle veut apprendre aux hommes que c'est « la mêtis, c'est-à-dire l'intelligence et non la force, qui fait le bon bûcheron » (*L'Iliade*, XV, 412).

■ Minerve

Assimilée à Athéna, Minerve était une déesse étrusque, introduite à Rome sous le nom de *Minerva Capta*, Minerve captive. Sa fête, le 19 mars, se trouvait être celle des artisans.

Aton
Dieu égyptien

Le disque rayonnant du Soleil
Dieu suprême par excellence, universellement accessible, Aton éclipse pendant quelque vingt ans tous les autres dieux.

Aton est unique, il se livre sous la forme du disque solaire à l'humanité entière, il donne la vie, il est créateur de toutes choses et toutes choses dépendent de lui. Il est proche du peuple et parle son langage.

Il n'a rien à voir avec les autres dieux qui sont nombreux, ont des clergés puissants, des rituels compliqués et mystérieux, un langage secret et des sanctuaires refermés sur eux-mêmes.

Les temples d'Aton sont à ciel ouvert et permettent aux fidèles de voir et d'adorer le dieu solaire sans obstacle. Aménophis IV (1372-1354 av. J.-C.), devenu Akhenaton (« Celui qui est agréable à Aton »), développe son culte et l'impose à l'exclusion de tout autre. Il lui choisit une capitale (aujourd'hui Tell el-Amarna), lui construit des temples, s'en fait le messager et le prophète.

Cette religion du dieu unique dure le temps de son règne. Sitôt le pharaon mort, Thèbes redevient la capitale et le clergé d'Amon retrouve son pouvoir.

Prière à Aton
« Tu apparais, splendide, à l'horizon du ciel, ô Aton vivant, créateur de la vie. [..] Tu remplis toute contrée de ta perfection... Quand tu dissipes les ténèbres en dardant tes rayons [...] les habitants se lavent, s'habillent, et leurs bras se dressent pour t'adorer ; le pays tout entier se met au travail, tout le bétail est satisfait de sa pâture ; arbres et plantes verdoient ; les oiseaux s'envolent de leur nid » (*Hymne à Aton*).

Akhenaton offre une boucle à sa fille Meretaton, sous le symbole d'**Aton,** le dieu-Soleil. On remarque les crânes oblongs, caractéristiques du style imposé par le pharaon.

Relief d'un autel provenant de Tell el-Amarna.
XVIIIe dynastie (v. 1379/62 av. J.-C.).

Baal
Dieu ougaritique

Le combattant

Baal, Bel ou encore Belos, conquiert de haute lutte son palais, son domaine et ses pouvoirs de dieu de la Fertilité et de la Fécondité.

Anat, sœur et épouse de Baal

« Anat arrive à sa demeure, la déesse se rend à son palais, mais elle n'est pas rassasiée d'avoir massacré dans la vallée, d'avoir combattu entre deux forteresses. Elle dispose des chaises pour les braves, dispose des tables pour les guerriers, des marchepieds pour les preux. En foule, elle les massacre. Elle contemple la bataille et elle se réjouit, Anat » (*ibid.*).

Le dieu à la massue

« La massue s'élance de la main de Baal comme un épervier d'entre ses doigts. Elle frappe le prince Yam au crâne, le juge Nahar au front, Yam s'écroule, il tombe à terre, ses articulations faiblissent, sa figure se défait » (A. Caquot, M. Sznycer et A. Herdner, *Textes ougaritiques*, t. I, Paris, 1974).

Baal est un jeune homme ou un « taurillon aux cornes fines », un combattant énergique. Roi des dieux, il a conquis cette dignité en s'attaquant à El sur le mont Sapân. Il est « prince-seigneur de la terre ».

Anat, sa sœur, et peut-être son amante, est inséparable de lui : c'est une déesse sanguinaire, toujours prête à massacrer. Si Baal, dieu de l'Orage, répand la pluie vivifiante, Anat sème la rosée et fait jaillir les sources de la terre nourricière. Le sang qu'elle aime tant est un ferment de fertilité. Tous les deux sont les responsables de la prospérité universelle des gens et des bêtes.

■ **Les combats de Baal**

Baal doit combattre pour obtenir la souveraineté. Yam, le dieu de la Mer, est son ennemi. Ils commencent par s'invectiver et s'injurier abondamment. Puis ils en viennent aux mains. Kothar, ou Koshar-wa-Hasis (« adroit et habile »), le dieu des Arts et des Techniques, a fabriqué pour Baal deux massues. C'est la seconde qui abattra Yam. Cette victoire sur le dieu de la Mer donne aux marins le courage de s'exposer aux flots.

Il lui faut maintenant un palais comme en ont les autres dieux et, pour ce faire, l'autorisation d'El lui est nécessaire. Il demande donc à Kothar de confectionner des cadeaux qu'il offrira à Athirat, l'épouse du dieu, afin d'attirer sur lui sa bienveillance. Ainsi, il la persuade d'intervenir en sa faveur. Le palais couvrira 4 000 ha et sera édifié par Kothar, lui-même ; Anat y exercera, dès le jour de l'inauguration, ses talents de massacreuse.

■ **Le dieu de la Fertilité**

Un dernier combat l'oppose à Môt, le dieu de la Guerre et de la stérilité. De l'issue de cette lutte dépend un cycle de sept ans, soit de fertilité soit de sécheresse. Ainsi, le succès de Baal se traduit par une abondance de récoltes et par la fécondité pour les humains comme pour les animaux.

El se charge de maintenir l'équilibre entre les deux combattants et, chaque année, Baal se livre volontairement à la mort. Il tombe de son palais céleste et descend sur terre ; il remonte au ciel, porté par la déesse solaire, Shapash, et par Anat, la déesse des Sources. La mort et la résurrection de la vie végétale sont donc liées à Baal (A. Caquot, M. Sznycer et A. Herdner, *Textes ougaritiques*, t. I : *Mythes et Légendes*, Paris, 1974).

Baal a ses autels dans presque tout le Proche-Orient antique, jusqu'en Égypte et à Jérusalem, où les fidèles « remplissaient le temple (de Baal) d'un mur à l'autre » (IIe *Livre des Rois*, X, 21).

Balder
Dieu nordique

Le plus sage et le plus beau
Le « plus blanc des Ases », immolé par pure méchanceté, présidera à l'âge d'or à venir.

Balder, ou Baldr, appartient au groupe des dieux Ases, dieux aristocrates, dieux de la Souveraineté et de la Force. Fils d'Odin et de Frigg, il est le contraire des autres qui sont durs et violents. Balder est doux et aimable, gentil et serviable, « il est si beau d'apparence et si brillant qu'il émet de la lumière, il est le plus sage des Ases, le plus habile à parler et le plus clément » (*Gylfaginning*, II). Il réside avec son épouse, Nanna, à Breidhablik (Grand Éclat), dans l'Asgardhr, le monde des dieux.

Sa mère, Frigg, l'a rendu invulnérable, toutes les plantes — matériau des armes — ayant fait le serment de ne pas le blesser. Aussi, par jeu, son immunité est-elle mise à l'épreuve par les dieux qui savent bien que c'est sans risque. Pourtant l'un d'entre eux, Loki, méchant et jaloux, a trouvé une plante à qui l'on n'a pas demandé le serment en raison de sa jeunesse, le gui. Il le met entre les mains du dieu aveugle, Hodhr, qui se tenait à l'écart et lui dit : « Fais comme les autres, amuse-toi, je guiderai ta main. » Sitôt dit, sitôt fait : Balder est atteint par le gui qui est donc aussi une arme, et tombe transpercé. (*Gylfaginning*, XXXIII-XXXV.)

Les Ases font, à Balder, de grandes funérailles : ils le placent sur un bateau qu'ils lancent en mer après y avoir mis le feu. Balder n'est pas mort au combat ; il est donc chez l'affreuse Hel, et l'on voudrait bien l'en retirer. On demande à la déesse des enfers de le libérer. On la prie, on la supplie, on l'attendrit pour qu'enfin elle se résigne à rendre Balder, mais elle y met une condition : c'est que toutes les créatures sans exception le pleurent.

Le monde entier accepte de le pleurer, sauf une hideuse petite vieille, Thökk, qui se révèle être Loki déguisé. Balder restera donc dans les enfers jusqu'à la fin du Ragnarök. Alors, il sortira pour présider au « retour des fils des dieux morts dans l'enclos des Ases ».

Le rêve de Balder
« Je veux savoir encore qui de Baldr sera le meurtrier et du fils d'Odin ravira la vie. [...] C'est Hodhr qui de Baldr sera le meurtrier et du fils d'Odin ravira la vie. De force, j'ai parlé ; à présent, je me tairai » (d'après *Baldrsdraumar*, 8-9).

Les Ases et les Vanes
Les pays nordiques connaissent deux familles de dieux, les Ases et les Vanes. Ces derniers, sans doute dieux des indigènes, ont sous leur patronage la fertilité des plantes et la fécondité des bêtes et des hommes ; ils sont près du peuple : ce sont essentiellement Njordr, Freyr et Freyia. Les Ases sont probablement les dieux des envahisseurs, dieux de la Guerre, aristocrates et souverains : ce sont Tyr, Odin, Thor, Heimdallr, Balder, Loki.

Le mythe rapporte une guerre entre les Ases et les Vanes avec de nombreuses péripéties, guerre suivie d'une réconciliation (*Ynglinga Saga*, I). Aussi, par la suite, est-il difficile de préciser les attributions des deux familles et parfois même de les distinguer.

Le Ragnarök
est le dernier combat qui provoque la fin du monde.

Bouddha
Le fondateur du bouddhisme

Sage de l'Inde
Une longue recherche a fait de lui le libérateur des illusions et de la douleur.

A sa naissance
« Je suis le plus haut du monde, je suis le meilleur du monde ; ceci est ma dernière naissance ; il n'y aura plus pour moi de nouvelle existence. » Paroles de Bouddha naissant (*Majjhimanikaya*, III).

L'illusion
« Tout comme dans la vaste sphère éthérée, les étoiles et les ténèbres, la lumière et le mirage, la rosée, l'écume, les éclairs et les nuages émergent deviennent visibles et s'évanouissent ensuite, tels les linéaments d'un rêve, ainsi doit-on considérer toutes les choses douées d'une forme individuelle » (*Vajracchedikd*, 32).

La légende veut que Siddhârtha Gautama naisse vers 560 avant J.-C., près de Kapilavastu, au pied de l'Himalaya. D'une famille noble, il passe son enfance dans le luxe et le plaisir. Très intelligent, bon tireur à l'arc, doué d'une force étonnante, il ne connaît que les joies de l'existence. Son père veille à ce qu'il ne quitte pas le palais d'où toute peine, toute souffrance et tout désagrément sont bannis. Il épouse la belle Yashodara qui lui donne un fils, Rahula.

■ **La recherche de la vérité**

Un jour, malgré les ordres de son père, il sort du palais : il voit un vieillard, et découvre la vieillesse et la pauvreté ; il voit un malade, et découvre la souffrance ; il voit un cadavre, et découvre la mort. Il perd la joie de vivre et décide de sauver l'humanité de ses maux. Enfin, un ascète lui montre un visage calme et serein. Ce spectacle le console : il quitte le palais paternel.

D'abord, il écoute l'enseignement d'un maître brahmanique, Arada Kalama, qui lui apprend à distinguer les différents éléments constitutifs des choses. Il devient savant dans cette doctrine, il en connaît toutes les subtilités et tout le formalisme ; il la juge insuffisante et s'en va.

Il se fait disciple d'Udraka et accomplit les exercices les plus difficiles du yoga qu'on lui apprend, en pratique toutes les techniques, et en acquiert une maîtrise exceptionnelle. Mais cette voie ne lui paraît pas la bonne et il part.

Il se fait moine. On l'appelle Çakyamuni (moine de la famille des Çakya). Il se dépouille de tous ses biens, se met à observer l'ascétisme le plus rigoureux et arrive à se nourrir d'un seul grain de mil par jour : il est presque réduit à l'état de squelette. Mais il comprend l'inanité de ces mortifications.

Il a tout essayé : la vie des plaisirs, la philosophie, le yoga et l'ascèse. Rien ne lui paraît satisfaisant. Il s'assoit sous un figuier et se met à méditer. Une longue concentration sur le caractère douloureux de l'existence le transforme profondément. Il revoit ses innombrables vies antérieures.

Alors viennent les dernières épreuves. Il est tenté par le démon Mara : des monstres lui jettent des pierres, de jolies filles s'offrent à lui. Les pierres se changent en fleurs, les filles le laissent indifférent et, peu à peu, il découvre la loi du cycle infernal des naissances et des renaissances, il saisit les quatre « nobles vérités », il parvient à l'éveil, à l'illumination. Il est devenu bouddha.

Il se fait des disciples à Bénarès et leur expose les quatre nobles vérités sur la douleur, l'origine de la douleur, l'arrêt de la douleur et le chemin qui mène à la cessation de la douleur. Dès lors, les conversions se multiplient.

Sa communauté s'agrandit. Il meurt à quatre-vingts ans après une longue méditation.

■ Les bouddhas

Les bouddhas sont les êtres qui ont atteint l'éveil, et Gautama serait le septième ; Vipashyin, Shikhin, Vishvabhu, Krakucchanda, Konakamuni et Kashyapa sont venus avant lui. Maitreya viendra après. Mais il y en a beaucoup d'autres, sans doute des multitudes.

Les bouddhas ont trois corps qu'il ne faut pas confondre : un corps de fabrication (*nirmanakaya*), par lequel ils se manifestent dans le monde — ce sont les bouddhas historiques — ; un corps qu'on peut appeler corps glorieux (*sambhogakaya*), parce qu'il manifeste le trésor de vertus accumulées par un bouddha au cours de ses vies antérieures — ils se montrent ainsi à ceux qui sont parvenus au seuil de l'éveil — ; et enfin un corps de loi (*dharmakaya*) le plus important, qui est leur véritable réalité spirituelle, leur essence profonde, leur lieu commun, et qui se confond avec la réalité universelle.

Le corps glorieux du bouddha se reconnaît grâce aux trente-deux « marques du surhomme » et aux quatre-vingts marques subsidiaires : les plus importantes sont l'*urna*, une boucle de laine, aussi blanche que la neige, qu'il porte entre les deux sourcils, et l'*ushnisha*, un turban ou capuchon porté sur la tête, souvent représenté dans l'imagerie comme une protubérance au sommet du crâne.

Le corps du bouddha est toujours enveloppé de lumière. Autour de la tête un nimbe indique la sainteté, symbole que lui empruntera tout l'art chrétien à partir du IVe siècle.

La bouddhéité est un état, que peuvent atteindre tous les êtres.

Peut-être n'y a-t-il même qu'un bouddha unique, un pan-bouddha, une sorte de « corps d'essence », présent partout aussi bien dans les éléments les plus matériels que dans les consciences les plus éclairées.

Le bouddhisme

On a pu dire que le bouddhisme est une religion sans Dieu. Du moins peut-on admettre qu'il ne se pose pas la question de l'existence de Dieu et ressemble plus à une école de sagesse qu'à un système cultuel. Il reste qu'il n'est pas sans rapport avec l'« inconnaissable ».

Le samsara est le principe selon lequel chaque mort est suivie d'une nouvelle naissance, elle-même suivie d'une nouvelle mort. C'est un cycle infernal, encore appelé « réincarnation ».

L'attitude du **Bouddha** assis, plantes des pieds vers le haut, indique la concentration. Stèle Gupta, Ve-VIe s. apr. J.-C.

Brahma
Dieu de l'Inde

Le seigneur de toutes les créatures
Considéré comme un créateur, il est au-dessus et au-delà de toute dévotion et de tout culte.

Dhatar est l'ordonnateur du monde.

Viçvakarman est la puissance divine créatrice du monde.

Brihaspati est le chapelain des dieux.

Hiranyagarbha est l'œuf primordial qui est à l'origine de toute la création.

La création
« Lorsque Brahma façonnait la création, naquirent les quatre classes d'êtres qui, commençant aux dieux, finissent aux êtres inanimés, en passant par les animaux et les hommes » (*Vishnu Purana*, I, 26, 27-28).

Brahma est né de lui-même, ou même on le dit non-né. Il est issu de l'œuf originel du monde (*Mahabharata*, I, 1, 32), ou sorti des eaux (*ibid.*, XII, 166, 12). On l'assimile à Prajapati, Dhatar, Viçvakarman, Brihaspati, Hiranyagarbha et Purusha. Il règne avec splendeur dans un ciel qui lui est propre, un paradis auquel tous espèrent parvenir. Il forme avec Vishnu, le conservateur, et Shiva, le destructeur, ce qu'on appelle la *Trimurti* hindoue.

■ Brahma et Sarasvati
Brahma décide de créer. Et pour ce faire, il se divise en deux afin de former un couple. Sarasvati, ou Savitri, vient ainsi à l'existence. Elle est l'énergie féminine nécessaire à la fécondité de Brahma, mais elle se trouve être aussi comme sa fille. La création ne se fera qu'au prix d'un inceste.

Brahma tombe tout de suite amoureux de Sarasvati. Celle-ci, pour montrer son respect envers son père, tourne sans cesse autour de lui et Brahma, en voulant la suivre du regard, se voit pousser une nouvelle tête à droite, une autre derrière et une troisième à gauche. Brahma a maintenant quatre têtes et quatre têtes absorbées dans le désir que lui inspire Sarasvati (*Matsya-purana*, III, 30-41). On lui donne aussi quatre bras pour indiquer sa puissance. Il est souvent représenté monté sur une oie.

Brahma est créateur. Son fils Marici l'aide dans sa tâche. Kaçyapa, le fils de Marici, est le père des dieux, des hommes et des autres êtres. Brahma voyage beaucoup, il intervient souvent. Quand les dieux sont dans l'embarras, ils viennent lui demander conseil. Il est comme le « grand père » (*Pitamaha*). Il donne des fonctions à chacun. Ainsi il fait d'Indra, le roi des dieux (*Mahabharata*, I, 212, 25).

Brahma organise le monde qui est pour lui comme un jour dans une vie. Il connaît l'avenir et a révélé les Veda à l'humanité. Il a donné les règles du *karman*, norme de rétribution des actes, et il n'en démord jamais. Il est impartial, il institue les lois et les châtiments, crée la mort et est responsable de la destruction du monde.

Il n'est pas un dieu de la grâce et du don gratuit : on ne peut attendre aucune faveur de sa part. En conséquence, peu de prières lui sont adressées, peu de temples lui sont consacrés. Il représente le destin intouchable, une loi d'airain inexorable qui s'applique quoi qu'on fasse. C'est un dieu lointain et fier.

Il est la personnification du *brahman*, l'être profond et mystérieux qui imprègne les choses, les hommes et les dieux, l'absolu qui est situé en leur cœur, qui les précède, les transcende et leur est en même temps immanent. Brahma évoque alors la réalité impersonnelle et neutre qui englobe tout.

Castor et Pollux
Héros grecs

Les jeunes garçons de Zeus
Ces jumeaux, très liés l'un à l'autre, se partagent tout, même la mort et l'immortalité.

Léda, femme de Tyndare, roi de Sparte, reçoit la visite de Zeus qui a pris l'apparence d'un cygne. Elle s'unit à lui et dans la même nuit a des relations avec son mari. De ces unions naîtront deux paires de jumeaux : Pollux et Hélène sont enfants de Zeus ; Castor et Clytemnestre sont enfants de Tyndare.

Castor est un bon guerrier, rapide à la course. Il n'a pas peur et se lance hardiment, en vient vite aux mains et s'acharne jusqu'à la victoire. On le voit souvent accompagné de chiens avec qui il chasse. Fils d'un humain, il est mortel.

Pollux est un pugiliste émérite. D'une grande force, il sait combattre avec intelligence et utiliser d'habiles tactiques. Il dompte les chevaux. Tous les deux sont inséparables et se complètent merveilleusement. Ils mènent les mêmes combats et sont les défenseurs de tous leurs proches.

Thésée a enlevé leur sœur Hélène et l'a enfermée dans la forteresse d'Aphidna. Profitant de l'absence de l'Athénien, parti aux enfers demander la main de Perséphone, les Dioscures, — c'est ainsi qu'on appelle Castor et Pollux — se rendent en Attique. Ils délivrent Hélène, chassent du trône les fils de Thésée, y installent le prétendant Ménesthée et ramènent avec eux Aethra, la mère de leur ennemi.

Assez puissants pour qu'on les appelle en cas de difficultés, ils vont à la recherche de la Toison d'or avec les Argonautes, sauvant, lors d'une tempête, le navire *Argo* ; ils prennent part à la délivrance de Prométhée, à la chasse du sanglier de Calydon et au saccage d'Iolcos.

A Sparte, ils ont leur maison. Ils y sont venus sous l'apparence de beaux étrangers et ont disparu en emmenant avec eux une jeune fille vierge qui y habitait. Ils sont les patrons de la jeunesse, ils président aux exercices de l'armée et aux activités sportives.

Dans la bataille du lac Régille, ils sont dans le camp des Romains. Le soir, ils viennent dans la ville annoncer la victoire et font boire leurs chevaux à la fontaine de Juturne. Rome leur construira un temple sur le Forum — une exception pour des dieux étrangers.

▪ Les inséparables
En même temps, ils s'éprennent de deux sœurs, Phœbé et Hilaera, et les enlèvent. Idas et Lyncée, leurs fiancés, se lancent à leur poursuite. Dans la lutte Castor et Lyncée sont tués. Zeus foudroie Idas et emporte Pollux au ciel. C'est son fils et il est immortel. Mais ce dernier ne veut pas être séparé de son frère. Devant ses prières, Zeus accepte qu'ils se partagent l'immortalité et demeurent l'un et l'autre un jour sur deux parmi les dieux. Ils deviennent la constellation des *Gémeaux*.

Jason demanda l'aide des Dioscures pour détruire Iolcos d'où il avait été chassé après la mort de Pélias.

Le sanglier de Calydon, envoyé par Artémis oubliée dans un sacrifice, ravageait le pays. Le roi Méléagre organisa une battue pour s'en libérer.

La bataille du lac Régille eut lieu entre 496 et 449 avant J.-C. Elle opposait les Romains aux Latins révoltés à l'instigation de Tarquin le Superbe, roi déchu.

Centaures
Monstres mythiques grecs

Des rustres mal dégrossis
A moitié hommes et à moitié chevaux, les Centaures sont des brutes agressives et inintelligentes.

Ixion passe pour le fils d'Arès. Il tua sa femme sitôt après le mariage. Ce crime ne lui fut pas pardonné, sauf par Zeus qui le prit en pitié. Il le lui rendit bien mal puisqu'il chercha à séduire Héra.

Zeus donne à une nuée l'apparence d'Héra, son épouse, et il l'envoie près d'Ixion pour voir s'il oserait la séduire. De ses amours sacrilèges naissent les centaures, monstres dont le buste est celui d'un homme et le bas du corps celui d'un cheval. Peut-on inventer si grande bizarrerie ?

Monstrueux, ils le sont par la forme et par le caractère : bagarreurs, violents, sauvages, ils vivent hors des chemins visités par les hommes, ne mangent que de la chair vivante, ne respectent rien, ne chassent qu'au moyen de pierres et de branches, se rebellent pour des peccadilles et se mettent dans des fureurs effrayantes.

Seuls, deux d'entre eux, il est vrai d'origine différente, sont bienfaisants : Chiron, né des amours de Philyra et de Cronos, et Pholos, né de Silène et d'une nymphe. Ils sont accueillants, sages et amis des hommes.

■ Les bons : Chiron et Pholos

Chiron est le précepteur d'Apollon, d'Achille, de Jason, d'Asclépios et de bien d'autres. Sa complicité avec la nature lui permet de connaître parfaitement la chasse et la guerre, les drogues, les onguents, la médecine et même la musique. Il porte secours à Pelée en lui rendant son arme, alors qu'il avait été livré aux centaures par la jalousie du roi Acaste.

Déjanire était la femme d'Héraclès. Celui-ci tua Nessos qui cherchait à la violer. Mais en mourant le centaure donna à la jeune femme une drogue qui était, dit-il, un philtre d'amour. Plus tard, quand Héraclès se détourna de Déjanire, elle lui envoya une tunique qu'elle avait trempée dans la drogue. Dès que la tunique toucha la peau d'Héraclès, le héros fut pris de grandes douleurs. Le philtre d'« amour » se révélait être un philtre de mort.

Pholos reçoit aimablement Héraclès, il lui sert des viandes cuites, gardant pour lui les viandes crues. Quand Héraclès lui demande du vin, il répond qu'il n'a en sa possession qu'une jarre et qu'elle appartient à l'ensemble des centaures. Il décide de l'ouvrir, mais le parfum du vin déclenche l'arrivée des centaures qui attaquent la grotte. Héraclès abat Agrios et Anchios, et poursuit les autres qui se retrouvent auprès de Chiron. Il blesse Élatos et, sans le vouloir, Chiron. La plaie reste ouverte malgré tous les soins, si bien que le blessé, né immortel, réclame la mort : Prométhée la lui échange contre son immortalité.

Mais ce n'est pas là la seule bagarre des centaures. Un jour, ils sont invités aux noces de Pirithoos, le chef des Lapithes. Au cours du festin, les centaures se sont vite enivrés, — ils n'ont pas l'habitude du vin —, et l'un d'eux, Eurytos, s'en prend à la mariée. Il s'ensuit une mêlée générale et un grand massacre. Les Lapithes finissent par l'emporter.

Les femmes ne leur sont pas indifférentes. Ils sont incapables de résister aux pulsions de leur nature, et sont ainsi familiers des viols et enlèvements : Eurytion essaie d'enlever la fiancée d'Héraclès, Mnésimaché ; Nessos tente de violer Déjanire ; Hylaos et Rhoecos se mettent à deux pour forcer la vierge Atalante, dévouée à Artémis.

Cernunnos
Dieu celte

Le maître des animaux sauvages
Dieu aux bois de cerf, Cernunnos est sans doute un dieu de l'abondance.

Sa nature est essentiellement terrienne. Il est représenté âgé, il a les oreilles et les bois d'un cerf, et porte un torque, sorte de collier gaulois. Il est souvent accompagné d'un serpent à tête de bélier. Sur un bassin d'argent doré trouvé à Gundestrup, au Danemark, il est figuré assis en tailleur, entouré d'un grand cerf, de deux taureaux, de deux lions, et de deux loups, alors que non loin un enfant chevauche un dauphin. Ainsi, Cernunnos apparaît comme le maître des animaux sauvages, terrestres et aquatiques.

Sans doute manifeste-t-il la force, la puissance et la pérennité (symbolisée par la ramure).

On le représente comme donateur, sur un autel conservé au musée de Reims, avec auprès de lui, un panier de victuailles, des gâteaux et des pièces de monnaie.

Certaines stèles romaines provenant de Dacie (Roumanie) l'assimilent à Jupiter le maître du ciel.

Cernunnos a laissé des traces dans le paysage français : Cernune, Cernone, Kernone (VIIe siècle) sont devenus Sanon, affluent de la Moselle. Des villes portent son nom comme Cernay, dans le Haut-Rhin, et Cernay-la-Ville, dans les Yvelines.

Chac
Dieu maya

Dieu de la pluie
Chac est appelé aussi Ah Hoya *(« Celui qui urine »),* Ah Tzenul *(« Celui qui donne des aliments à autrui »)* ou Hopop Caan *(« Celui qui allume le ciel »).*

Deux yeux larges, un long nez relevé en trompette, deux crocs recourbés et une chevelure faite de nœuds très compliqués le caractérisent. Il vient des quatre directions de l'univers : à l'est, il est rouge ; au nord, blanc ; à l'ouest, noir ; au sud, jaune. Il suscite la foudre avec des haches de pierre et jette la pluie en renversant des calebasses pleines d'eau.

Chac est bienfaisant et ami des hommes. Il leur a appris les techniques de culture des végétaux et est le protecteur des champs de maïs. On l'implore pour obtenir la pluie au cours de cérémonies particulières : les hommes vont s'installer hors du village et se soumettent à une stricte observance du jeûne et de l'abstinence sexuelle.

Chac est un des dieux importants du panthéon maya. Il est comparable au Tlaloc aztèque.

Chac est assimilé au dieu Tlaloc des Aztèques. Son animal familier est la grenouille, parce qu'elle annonce la pluie par ses cris. Dans les représentations, on montre cet animal en train de cracher de l'eau.

Cu Chulainn
Héros irlandais

Le guerrier suprême
Quand la fureur de la lutte tombe sur lui, Cu Chulainn devient un combattant impitoyable.

Cu Chulainn est fils de Dechtine, sœur du roi Conchobar, et de Sualtaim. On le dit aussi celui du dieu Lug, qui est toujours auprès de lui dans les combats et parfois même le remplace.

Il est élevé par sa tante Findchœm, mais quatre autres personnages participent à son éducation : Sencha, le pacifique, qui arbitre les conflits ; Blaï, l'hospitalier, qui soutient les hommes d'Irlande jusque dans leurs pillages et défend leur honneur ; Fergus, le courageux, qui les protège contre tous les maux ; Amargein, le vieux poète, qui a l'estime de tous pour son éloquence et sa sagesse.

▪ Le guerrier
Agé de sept ans, Cu Chulainn entend le druide Cathbad dire que le jeune homme qui prendrait les armes ce jour-là aurait une vie courte et une gloire éternelle. Il se précipite chez le roi pour lui demander des armes.

Exempté de la malédiction de Macha qui empêchait le roi et les guerriers d'Ulaid — le royaume de Conchobar — de prendre part à la guerre, il arrête à lui seul la marche des ennemis ligués contre son pays. A mains nues, il tue le chien sauvage de Culann. Il défie au combat les fils de Nechta Scène qui ont décimé l'armée d'Ulaid et les tue tous les trois, le rusé qui sait esquiver les coups, le champion qui ne peut être atteint que par surprise, le rapide qui va sur l'eau aussi vite qu'une hirondelle.

Inoffensif dans la vie quotidienne, Cu Chulainn devient fou à la guerre, et ne peut se libérer de cette fureur. Rentré au pays, il menace tous ceux qui l'approchent. Des filles nues vont au-devant de lui et on le plonge dans trois cuves d'eau froide afin de lui permettre de reprendre ses esprits.

▪ Le séducteur
Ses aventures amoureuses sont légion : il tente de séduire Emer, la fille de Forgall ; Uathach (« terrible »), la fille de la guerrière Scathach ; et Aife (« belle »), l'adversaire d'Uathach au combat. Il vit un grand amour avec la déesse Fand.

Il est finalement vaincu par la reine Medbh. Pris dans un piège, on l'oblige à manger de la chair de chien, ce qui lui est particulièrement interdit. Cette transgression en entraîne beaucoup d'autres, et il est tué par Lugaid, le fils d'une de ses victimes.

Emer, femme de Cu Chulainn
« Quand je marche, on voit briller sur mon visage l'intelligence et l'adresse ; quand j'avance victorieuse, on admire la beauté de chacun de mes traits. [...] Quand on a cherché une femme pour Cu Chulainn, on n'a trouvé nulle part ce qu'il fallait : beauté, douceur et adresse, finesse, libéralité et chasteté. Tendre et intelligente épouse, tant qu'on n'est pas venu à moi, c'est moi que tous les Ulates ont désirée. C'est moi qui possède le cœur de Cu Chulainn » (*Cycle d'Ulster*, B, 23).

Conchobar
Conchobar est roi d'Ulster comme Arthur est roi de Bretagne. Comme lui, il vit des aventures extraordinaires, comme lui il est le fondateur d'une confrérie d'armes : pour Arthur, c'est l'ordre de la Table ronde ; pour Conchobar, c'est l'ordre de « la Branche rouge ». Enfin, comme Arthur est aidé par son neveu Gauvain, Conchobar est aidé par son neveu Cu Chulainn.

Cybèle
Déesse phrygienne

La mère des dieux
Maîtresse des bêtes fauves, Cybèle est adorée comme déesse de la Terre.

Agditis, monstre hermaphrodite, est né d'une pierre fécondée par Zeus. Les dieux décident de le mutiler et d'en faire la déesse Cybèle (*Pausanias,* VII, 17, 10-12).

Cybèle vit dans la forêt et la montagne, avec les animaux sauvages et les corybantes, ses prêtres.

■ Attis

Son amour pour le berger Attis rend celui-ci fou et il s'émascule pour elle. Cybèle emmène Attis sur son char tiré par des lions.

D'après d'autres traditions, Attis, est fils de Nana tombée enceinte pour avoir mangé du fruit de l'amandier. Lorsque Attis célèbre son propre mariage, Agditis (Cybèle) s'introduit dans la salle du festin et la folie s'empare de tous les convives. Attis s'enfuit, se mutile sous un pin et meurt. Accédant à la prière d'Agditis, Zeus accepte que le corps d'Attis ne se corrompe plus, que ses cheveux ne cessent de pousser et qu'il continue à bouger le petit doigt.

Pessinonte, en Phrygie, est le plus grand centre cultuel consacré à Cybèle. Elle y rend les oracles et y est honorée sous la forme d'une pierre brute, un bétyle noir.

■ Le culte

Son culte se répand en Grèce, puis à Rome, où Cybèle est reçue officiellement en 204 avant J.-C. Ses prêtres, ou *galles*, sont des eunuques, habillés en femmes et parés comme des prostituées. Ils dansent au son de la cymbale et du tympanon, et entrent dans une sorte de délire. Les autorités romaines sont d'abord très méfiantes à l'égard de ces cérémonies : elles interdisent aux citoyens de faire partie du clergé de Cybèle et tentent de confiner son culte, à l'intérieur du temple. Puis les choses changent : des archigalles romains sont créés et l'empereur s'établit à leur tête. De grandes fêtes sont instituées.

A l'approche du printemps, les Romains revivent le mythe d'Attis ; il y a procession au pin au pied duquel il s'est mutilé, un jeûne et une continence de huit jours, puis la fête du sang pendant laquelle chaque fidèle se flagelle, et certains galles se châtrent. Ensuite a lieu la veillée funèbre d'Attis à grand renfort de douleurs bruyantes et de gesticulations. Après quoi les hilaries célèbrent sa résurrection dans une grande explosion de liesse. Enfin, les cérémonies concernent la statue d'argent de Cybèle et le bétyle sacré : on les transporte sur un char tiré par des vaches à travers la ville et on purifie la déesse par un bain dans l'Almo.

A partir du IIIe siècle, le culte de Cybèle est marqué par l'expansion d'un autre rite : il s'agit du baptême taurobolique, qui consiste à sacrifier un taureau et à asperger les fidèles avec le sang de la bête.

L'initié
« Bienheureux l'homme aimé des dieux, qui, instruit des rites divins, sanctifie sa vie, dont l'âme processionne dans les montagnes, en proie aux transports par la vertu des purifications sanctifiantes, qui, canoniquement adonné aux orgies de la Grande Mère Cybèle, agitant le thyrse et couronné de lierre, est au service de Dionysos » (Euripide, *Les Suppliantes,* 72).

Déméter / Cérès
Déesse grecque et romaine

La maîtresse de la terre cultivée
Son domaine est la végétation. Elle y joue un jeu subtil qui noue vie et mort, et elle distribue les nourritures.

Démophon est le fils du roi d'Éleusis. Déméter, dit-on, le mettait la nuit dans le feu pour le dépouiller de ses éléments mortels. Il avait un frère, Triptolème, à qui certains attribuent aussi la mission de développer la culture du blé.

Déméter est fille de Cronos et de Rhéa. C'est la déesse du Blé, et son culte est particulièrement florissant dans les contrées où ce grain se trouve en abondance, en Sicile, dans la région d'Éleusis, en Crète, en Thrace et dans le Péloponnèse.

Perséphone (Coré) est née des amours de Zeus et de Déméter. Fille unique de la déesse, elle grandit heureuse et enjouée au milieu des autres enfants du maître de l'Olympe, Artémis et Athéna. Son oncle Hadès tombe éperdument amoureux d'elle : alors qu'elle est en train de cueillir un narcisse, il entrouvre la terre, elle pousse un cri de surprise, il apparaît et l'entraîne avec lui aux enfers.

■ **Une longue errance**
Déméter, entendant le cri de sa fille, se précipite, mais ne la trouve pas. L'angoisse au cœur, elle parcourt le monde entier, à sa recherche, sans boire, sans manger, sans se maquiller d'aucune sorte. Elle apprend enfin, au bout de dix jours, qui est le ravisseur. Elle décide alors de ne plus remonter au ciel et d'abdiquer ses prérogatives de déesse jusqu'à ce qu'elle ait retrouvé sa fille.

Sous les apparences d'une vieille femme, elle visite les cités des hommes, observe leurs travaux, puis s'assoit sur la « pierre sans joie », et échoue enfin au milieu des vieilles qui papotent à la cour du roi Céléos. L'une d'elles, Iambé, réussit à la faire sourire avec ses badinages. Le jeûne est rompu. Déméter prépare un *cycéon*, mélange d'eau, de grains d'orge et de menthe. Elle s'engage comme nourrice, et élève Démophon à qui elle donne la mission de répandre la culture du blé.

Mais cet exil de la déesse rend la terre stérile et Zeus, responsable de l'ordre du monde, exige d'Hadès qu'il rende Perséphone. Or celle-ci a goûté du grain de grenade qui la lie définitivement aux Enfers. Un compromis est pourtant trouvé : Perséphone monte vers le ciel avec les premières pousses du printemps et retourne dans son séjour souterrain avec les semailles d'automne.

■ **Les mystères d'Éleusis**
« Je suis Déméter que tous révèrent, la puissance la plus utile pour les dieux, et pour les hommes. » C'est ainsi que la déesse se fait reconnaître des enfants d'Éleusis. Ceux-ci lui élèvent un temple, et bientôt s'organisent les mystères d'Éleusis.

En septembre-octobre, les candidats à l'initiation entrent dans la mer pour se purifier. Puis le cortège suit la voie sacrée d'Athènes à Éleusis ; ils arrivent au sanctuaire à la tombée de la nuit. « J'ai jeûné, j'ai bu le cycéon, j'ai fait mon travail et déposé les objets dans la corbeille et dans le panier » (Clément d'Alexandrie, *Protreptique*, II, 21, 2) : telles sont les paroles que prononcent les néophytes.

Iambé était fille de Pan et de la nymphe Écho. Elle réussit à dérider Déméter en retroussant ses vêtements — jusqu'à lui montrer son arrière-train.

DEMETER

Suivent alors des rites secrets, accomplis en silence ; la première partie de l'initiation est terminée.

On dit « mystères » parce que le secret exigé a été bien gardé : le travail symbolique est-il la découverte d'un moulin rudimentaire pour moudre le grain — manifestant ainsi comme une étape dans la civilisation — ou bien l'accomplissement d'actes à caractère sexuel ? On l'ignore toujours.

La seconde phase de l'initiation serait une expérience intérieure. Aristote l'exprime clairement : « Ceux que l'on initie ne doivent pas apprendre quelque chose, mais éprouver des émotions et être mis dans certaines dispositions » (*Fragment* 15 : éd. Rose).

Enfin, comme Déméter reprend sa place parmi les Immortels, les initiés reviennent à Athènes et retrouvent la vie qu'ils avaient quittée quelque temps. Les mystères d'Éleusis ne sont qu'une parenthèse dans la vie de la cité, une parenthèse où hommes, femmes, esclaves se trouvent mis au même rang, celui de fidèle d'un seul culte, tous devant suivre le même cheminement. C'est une coupure brève et contrôlée dans la vie politique du pays.

Les Romains donneront à Déméter le nom de Cérès, une ancienne divinité de la Végétation.

A Déméter

« Salut, déesse ; garde cette ville dans la concorde et le bonheur ; produis tout ce qui vient de la terre ; fais croître le bétail, donne-nous les fruits et les épis, et les moissons » (Callimaque, *Hymne à Déméter*, 135-140).

Déméter, grave et digne, strictement vêtue d'une longue robe. Elle a apporté aux hommes la culture du grain (blé et orge) qui leur a permis, dit une légende, de se tenir debout.

« Déméter (au centre) et Coré donnent l'épi de blé à Triptolème ». Détail d'un cratère attique, fin Ve s. av. J.-C.

Démons
Êtres célestes malfaisants

Les fauteurs de troubles
Esprits pervers et redoutables, les démons poussent les hommes au mal et leur font du mal.

Personnalisation de toutes les puissances maléfiques, les démons ont revêtu les visages des dieux étrangers : c'est Béelzéboul, l'ancien dieu guérisseur d'Eqrôn pour Israël (Ier livre des Rois, I, 2 sqq.), ou Lilith (Isaïe, XXXIV, 14), ou encore Asmodée (Tobie, III, 8). Le récit de la création lui donne la forme du serpent, reptile fuyant et sournois dont le venin est particulièrement redouté.

■ Des anges déchus
Pour le Pseudo-Denys l'Aréopagite, les démons sont les anges révoltés contre Dieu et déchus. Satan est leur chef. On l'appelle aussi Lucifer (« Porteur de lumière »), nom qu'il avait avant sa déchéance. Il est très puissant, intelligent, beau (la beauté du diable), orgueilleux, séducteur, rusé, rebelle à toute loi, fourbe et pervers. C'est le « Prince de ce monde ». Il est en bas quand les dieux sont en haut.

Les démons sont innombrables et invisibles. Chaque homme en a mille à sa droite et dix mille à sa gauche (Berakoth, 6 a). Ils habitent de préférence les lieux isolés et impurs, le désert, les ruines. Ils sont à redouter, surtout la nuit. Ils s'attaquent aux bêtes comme aux hommes. Ils sont cause des maladies physiques et des troubles psychiques, ils font naître des passions désordonnées, ils provoquent la colère et attisent la jalousie.

Les démons sont tentateurs. Dès l'origine, sous la forme du serpent, Satan séduit Ève ; il lui dit : « Est-il vrai que Dieu vous a dit : Vous ne mangerez d'aucun des arbres du jardin ? [...] Le serpent répliqua à la femme : il est faux que vous mourrez. Mais Dieu sait que, le jour où vous en mangerez, vos yeux s'ouvriront et vous serez comme des dieux » (Genèse, III, 1-5).

Bien des cas de possession sont signalés dans l'histoire : il s'agit d'hommes dans lesquels habite un démon. Ils se trouvent alors dépouillés de leur volonté propre et de leur sensibilité, et ne sont plus qu'un instrument entre les mains de celui qui les possède. Les exorcismes sont des rites religieux qui ont pour but d'écarter l'influence des démons.

■ Faust et le pacte diabolique
La tentation est grande pour les hommes d'utiliser la puissance des démons : Merlin l'Enchanteur, Robert le Diable et Tannhaüser nouent des alliances avec eux et tirent de ces contrats des pouvoirs merveilleux.

L'ambition de Faust atteint la démesure : magicien, inventeur et savant dans tous les domaines, il veut aller au-delà du savoir et découvrir la structure intime des choses.

Satan trouve là une faiblesse à exploiter. Il lui envoie Méphistophélès, son représentant, pour le seconder, l'aider de ses conseils, le diriger dans ses recher-

---

La chute de l'Ange
« Le Seigneur dit aux Anges : je vais créer un mortel d'une argile extraite d'une boue malléable. Après que je l'aurai harmonieusement formé, et que j'aurai insufflé en lui de mon Esprit : tombez prosternés devant lui. Tous les Anges se prosternèrent ensemble, à l'exception d'Iblis qui refusa de se prosterner. Dieu dit : Ô Iblis, pourquoi n'es-tu pas du nombre de ceux qui se prosternent ? » (Coran, XV, 28-32).

DEMONS

Les **démons** sont des monstres grimaçants, hideux : ils ont la forme de cadavres dansant, torturent les hommes et les emmènent aux Enfers.
Peinture tibétaine sur tissu (non datée).

ches et ses aventures, lui éviter tout piège et l'assurer de son pouvoir. Il n'y met qu'une condition : que l'âme de Faust reste, après sa mort, la possession de Satan. C'est un marché, un contrat de vente.

La légende raconte toutes les vicissitudes de Faust, ses échecs et ses succès, sa rencontre avec Marguerite et avec Hélène. Mais quand arrive la mort, Faust doit remplir son contrat et s'abandonner au Malin. Peut-être Dieu vient-il alors à son secours ?

■ Les shayâtîn

Les *shayâtîn* sont les démons de l'Islam. Iblis (Satan) est leur chef ; il a refusé de se prosterner devant Adam après que Dieu l'eut créé de l'argile. Les shayâtîn se reproduisent rapidement, comme le feu qui est le fond de leur nature. Ils circulent dans chacun de nous comme le sang dans nos veines. Ils posent leur tête semblable à celle du serpent sur le cœur de l'homme.

L'action du shaytân (singulier de shayâtîn) est permanente. Il séduit, trompe, égare, fait des promesses fallacieuses. Son but est de détourner l'homme de Dieu. Il prend l'apparence d'animaux, le cheval, le chameau, voire de monstres. Les shayâtîn sont souvent confondus avec les djinns.

■ Les démons babyloniens

Les démons babyloniens sont les enfants de la Terre et du Ciel. Ils ne peuvent être reconnus ni par les dieux ni par les hommes, car ils sont entourés d'un halo qui les rend invisibles. Ils sont brillants comme des étoiles. Ils sont sales et puants. Ils détruisent la force sexuelle de l'homme. Ils pénètrent partout subrepticement, tels des serpents, enlèvent l'épouse à son mari, séparent le fils du père. Ils se nourrissent de sang et sécrètent un venin redoutable.

Le démon Alû s'écroule sur

Portrait de la démone Lamastu : « Sa face est celle d'une lionne dont le visage est pâle, ses oreilles sont les oreilles d'un âne, ses seins sont découverts, sa chevelure est en désordre, ses mains sont souillées, ses doigts sont longs, ses ongles sont longs, ses pieds sont comme ceux d'Anzu, son venin est le venin du serpent, son venin est le venin du scorpion » (Th. Dangin, *in Revue d'assyriologie*, n° 18, p. 170).

DEMONS

l'homme et l'écrase ; Gallû tue les gens sans pitié », Namtar « saisit l'homme par les cheveux » ; la démone Lamastu s'attaque aux bébés dans le sein de leur mère ; Pazuzu fait trembler les montagnes.

▪ Les kouei chinois

Les *kouei* sont des êtres répugnants, de grande dimension, au visage noir ou vert, portant de grandes dents longues et aiguisées, couverts de poils très longs sur toute la figure. Ils errent dans les lieux corrompus et les ordures, se changent en démons de l'eau et entrent dans la respiration des hommes pour introduire en eux des matières nuisibles et mortelles.

Les maladies, les accidents et les catastrophes sont leurs œuvres. Il convient de les apaiser par des exorcismes et des sacrifices. Rarement, cependant, ils deviennent favorables aux humains. Ils sont l'incarnation des *p'o*, esprits mauvais qui investissent les cadavres quand ces derniers sont libérés de leurs âmes supérieures. On les confond souvent avec les esprits des morts, surtout de ceux qui sont décédés par accident, suicide ou meurtre.

Tch'e-yeou est un démon célèbre. Il a un corps d'homme, des pieds de taureau, quatre yeux et six mains. Sa tête est faite de cuivre et son front de fer. Il a inventé les armes et se plaît à la guerre. Dans la légende, il combattit longtemps Houang-ti, l'empereur jaune, mais fut vaincu par lui. On en a fait une image pour inspirer la terreur.

▪ Les Raksava de l'Inde

Les *Raksava* représentent pour l'Inde toutes les forces hostiles. Ils ont tantôt des formes horribles, tantôt des allures séduisantes. On dit qu'ils pénètrent les cadavres abandonnés, qu'ils en mangent la chair, et les animent ensuite à leur guise pour répandre le mal autour d'eux.

Le chef des Raksava est Ravana, l'ennemi de Rama. Il est le chef d'un royaume toujours en lutte contre les dieux et les entreprises des dévots.

▪ Les tengu japonais

Étroitement liés aux montagnes, les *tengu* surgissent subitement, ils ensorcellent les êtres humains, possèdent des pouvoirs magiques, changent d'apparence, volent et peuvent se rendre invisibles. Leurs actions sont le plus souvent maléfiques : ils enlèvent les enfants, sèment la discorde, font s'écrouler les bâtiments, troublent les cérémonies religieuses et même incendient les temples. Ils sont habituellement représentés sous forme d'oiseaux aux griffes puissantes.

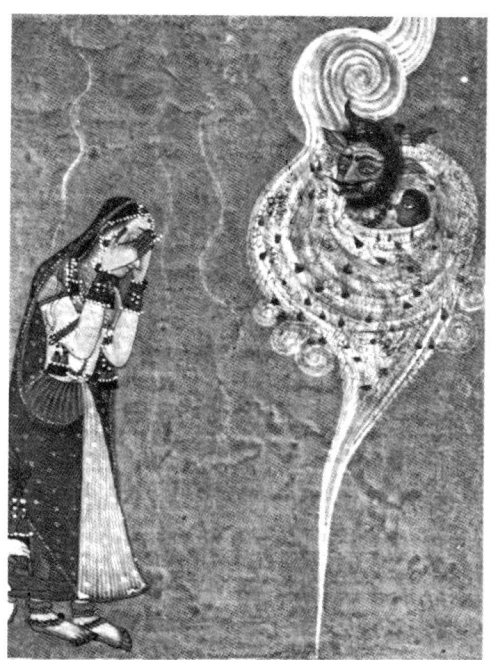

Le **démon Trinavarta** prend la forme d'une tornade pour enlever l'enfant Krishna. La mère de celui-ci se couvre les yeux pour se protéger de la poussière.

Gouache. École Pahari, début XVIIIe s. Illustration du *Bhagavata-Purana*.

Dionysos / Bacchus
Dieu grec et romain

Le seigneur de l'exubérance et de l'ivresse
Dieu du Vin et de la Vigne, Dionysos (ou Bacchus) déchaîne défoulements et délires, orgies et extases mystiques.

Dionysos est le fils de Zeus et de Sémélé, la fille de Cadmos et d'Harmonie. « Jeune homme, sa belle chevelure bleue flotte autour de lui et il porte sur ses fortes épaules un manteau sombre » (*Hymne homérique à Dionysos*, 3-6). On le voit sur un char tiré par des panthères et orné de lierre et de vigne. Son escorte est composée de bacchantes, de silènes, de satyres et de dieux plus ou moins fous.

Dieu marginal, il dérange tout sur son passage et fait fi des lois et des coutumes : il bouleverse les hiérarchies de la cité, s'allie aux femmes et aux esclaves, aime les masques, les déguisements, les cris désordonnés, les danses libertines, les lieux sauvages. Dionysos se situe avant et en dehors de l'ordre social.

Dieu ivre, il n'a pas de demeure, erre dans les grottes, favorise la végétation luxuriante des plantes et la débauche des hommes. Il est dit « mangeur de viande crue ». Il ensauvage ses fidèles et leur apprend à boire le vin « riche en joie » *(polugêthês).* Il connaît la démesure et la folie. Délire, exaltation, flagellations et meurtres font partie de son univers, mais aussi extases mystiques et possessions.

Dieu étranger, il est mal accueilli. Son culte est réprouvé, enfermé dans un ghetto, voire réprimé. Il lui faut séduire, conquérir un empire. Il y met tout son talent et toute sa ruse en mêlant extravagances et mystères. Mille moyens lui permettent de pousser l'exaltation au paroxysme et de faire trembler les barrières entre dieux et hommes.

■ **Le dieu trois fois né**
Sa mère demande au roi de l'Olympe de se montrer dans tout son éclat, mais, incapable de soutenir le feu des éclairs, elle tombe foudroyée et Zeus a juste le temps d'arracher l'enfant qu'elle porte dans son sein. Il le met dans sa cuisse jusqu'au terme de la grossesse et Dionysos en sort tout formé. Il est donc né d'une tension entre divinité et humanité (Apollodore, *Bibliothèque*, III, 4 sqq.).

Dionysos est d'abord élevé par Athamas et sa femme Ino. Hermès leur conseille de l'habiller de vêtements féminins afin de détourner la jalousie d'Héra contre ce fruit des amours adultères de son mari. Mais Héra ne s'y trompe pas et elle frappe Ino et Athamas de folie. Zeus transforme alors l'enfant en chevreau et le confie aux nymphes de Nysa.

Dionysos, tout petit, est attiré dans un piège par les Titans. Ils le séduisent par toute une panoplie de jouets : pommes de pin, toupies, fruits d'or, balles et flocons de laine. Ils emportent l'enfant, ils le déchiquettent, jettent les morceaux dans un chaudron, les font bouillir, puis les rôtissent. Mais Athéna sauve le cœur du petit, et Zeus donne les membres de l'enfant à son fils Apollon qui les enterre sur le Parnasse. C'est la déesse Rhéa

Athamas était roi de Coronée ou de Thèbes. Sa femme, Ino, jalouse des enfants du premier mariage d'Athamas, a suborné un messager envoyé à l'oracle de Delphes pour demander leur sacrifice. Le complot ayant été découvert, c'est Ino qui est conduite à l'autel, quand Dionysos l'enveloppe dans un nuage et lui permet de s'échapper.

Rhéa est une Titanide, femme de Cronos.

DIONYSOS

> **Les bacchantes** sont des femmes ivres et lubriques qui se conduisent comme des fauves dans le cortège de Dionysos.

> **Icarios** fut l'hôte de Dionysos sur terre ; il répandit l'usage de la vigne en Grèce.

> **Prodigalité**
> « Le dieu, fils de Zeus, chérit les banquets des fêtes. Il aime la Paix, mère de l'abondance, la déesse nourricière des jeunes. Il donne également, aux riches comme aux misérables, la jouissance apaisante du vin. Il hait qui dédaigne à la lumière ou par les belles nuits, se laisser vivre » (Euripide, *Les Bacchantes*, 416 sqq.).

qui assemble les pièces dispersées et redonne vie au dieu. Il est un dieu mort et ressuscité (O. Kern, *Orphicorum fragmenta*, 36, Berlin, 1922).

■ La conquête de la divinité

Héra continue à le poursuivre de sa haine. Elle le frappe de folie et il erre à travers l'Égypte, la Syrie, l'Asie. Il parvient en Phrygie et est reçu par Cybèle, la déesse de la Nature. Elle le fait participer à ses délires mystiques et à ses orgies et, par elle, sa folie elle-même devient une force dont il se rend maître.

Toujours déconsidéré, il se dirige vers la Thrace. Lycurgue cherche à l'enchaîner. Il réussit à s'enfuir chez Thétis, mais laisse entre les mains du roi de Styrmon les bacchantes qui l'escortent. Alors Dionysos se fâche : il rend fou son assaillant, stérilise tout son pays et demande dans un oracle que le roi soit mis à mort (*L'Iliade*, VI, 135-136).

Pour passer à Naxos, Dionysos monte dans un navire de pirates tyrrhéniens. Ceux-ci voulant le réduire en esclavage, il transforme leurs avirons en serpents, fait pousser toute une végétation de lierre et de vigne sur le bateau et le paralyse complètement. Les pirates devenus fous se jettent à la mer, se repentent et deviennent des dauphins, amis des hommes (*Hymne homérique à Dionysos*, 40).

Dionysos va conquérir l'Inde à la tête de son armée composée de guerriers, de silènes, de bacchantes et de satyres. Sa force tient autant de la puissance militaire que de la magie.

■ Dieu du Vin

Dionysos découvre le vin et la vigne. Il en fait présent à Icarios. Mais celui-ci se met à boire en compagnie des bergers de son entourage. L'ivresse s'empare d'eux, ils en viennent aux plaisanteries et bientôt aux querelles, puis à la bagarre. Icarios est tué dans la mêlée et Érigoné se pend sur le cadavre de son père. Alors Dionysos, pour venger ces morts inutiles, rend folles les filles de l'Attique.

En Béotie il introduit les Bacchanales, grandes fêtes joyeuses où tout le peuple, mais surtout les femmes, se déchaîne, pousse des cris sauvages, et est saisi par le délire. Le roi Penthée s'oppose à ces rites sauvages, mais les bacchantes lui font la chasse et Agavé, la mère du roi, dans son délire, le déchire de ses propres mains (Euripide, *Les Bacchantes* 416).

Dionysos est maintenant un dieu reconnu ; son empire est sans limite, sa puissance indiscutable. Il participe à la guerre des dieux contre les Géants et il y tue Eurytos d'un coup de thyrse. Il se rend aux enfers chercher sa mère Sémélé. Hadès veut bien la lui laisser à la condition qu'il lui donne quelque chose à quoi il tienne particulièrement. Dionysos lui donne le myrte. Enfin, il épouse Ariane abandonnée par Thésée à Naxos et lui offre un diadème d'or, forgé par Héphaïstos.

■ Dionysos et Apollon

Autant Apollon est calme, autant Dionysos est fou ; autant le premier est digne, fier et distant, autant le second est simple et se mêle à tous les exclus et les marginaux ; autant le premier aime la lumière et la gloire, autant le second fréquente la nuit et les lieux sombres.

Ils représentent ensemble deux aspects opposés de l'homme et de la société. Dionysos est sans doute aussi indispensable au monde qu'Apollon.

Dragons
Animaux fabuleux

Les gardiens
Symboles ambivalents du Bien ou du Mal, les dragons représentent les forces mystérieuses que l'homme doit affronter.

Le dragon est un être fabuleux qui généralement crache le feu, a des griffes de lion, des ailes d'aigle et une queue puissante de serpent avec laquelle il provoque bien des destructions.

Il est présent sous différentes formes dans l'art chinois, la mythologie grecque et les légendes chrétiennes médiévales. Parfois, il a cent têtes, un dos tranchant comme une hache, une peau couverte d'écailles hérissées et coupantes. Toujours, il inspire la terreur et valorise celui qui le vainc.

Le dragon est essentiellement gardien d'un trésor : il garde la Toison d'or et sera endormi par les sortilèges de Médée, amoureuse de Jason venue la chercher (Apollonios de Rhodes, *Les Argonautiques*) ; il veille sur le jardin des Hespérides qui possèdent les fameuses pommes d'or, gages d'éternité (Hésiode, *Théogonie*, 333 sqq.). En définitive, il est le gardien de l'immortalité.

▪ Le Mal
Incarnation de Satan, il peut prendre le nom de Léviathan (*Psaumes*, 74, 14). C'est la bête vaincue par le Christ (*Apocalypse*, XIII, 1 sqq.), par saint Michel ou saint Georges. Il est la haine et le mal, l'ignorance et l'obscurité. On le voit sur les bords du Rhône entre Arles et Avignon, en Normandie près de Villedieu-les-Roches ou encore dans l'île de Batz. C'est un tueur qui terrifie le pays. Mais vient toujours le héros qui, après un dur combat, met fin à ses carnages.

▪ Le Bien
Le dragon est principe primordial en Inde et s'identifie à Agni ou à Prajapati. Il est monture d'immortels et sécrète les premières eaux d'où sortira toute la création. Puissance fantastique, il est le symbole du pouvoir de l'empereur en Chine comme en pays celte.

Siegfried doit affronter et tuer un énorme et terrifiant **dragon** pour s'emparer du trésor des Nibelungen et de la chape qui rend invisible.

Peinture de K. Dielitz, 1880.

Durga
Déesse de l'Inde

L'inaccessible
Épouse de Shiva, Durga est la puissance d'action personnifiée du dieu, la partie féminine de lui-même.

La bienfaisante
« (Durga) est la mère des dieux, la puissance du désir, de l'action, de la connaissance ; elle donne le yoga..., elle est la fille de Savitar (Savitri) et accorde les grâces, elle est l'avenir, le destin et le pouvoir de la mort à la fin du monde, la grande Mâyâ, l'impétueuse, qui tient un taureau en laisse, porte une pique et pratique l'abstinence » *(Saura Purana,* VIII, 14-22).

Suivant les diverses traditions, Durga s'appelle Devi (« la Déesse »), Mahadevi (« la Grande Déesse »), Kali (« la Noire »), Uma (« la Tranquille ») ou encore Parvati (« la Chaste Épouse »).
Durga est une déesse redoutable, puissance d'égarement en même temps que de salut, et guerrière qui se plaît dans les combats et le sang versé. Elle est à la fois créatrice et destructrice du monde.
Protectrice des tribus qui vivent de la chasse, elle se nourrit de viande crue.
Sa cour est composée des *yogini,* esprits maléfiques et jeteurs de sorts, de *vetala,* vampires, et de *bhuta,* esprits des hommes décédés de mort violente.

De son union avec Shiva, Durga a eu deux fils : Skanda, dont la vocation est le combat contre le démon Taraka, et Ganesha, le chef des armées célestes.
Quand Mahisa, le chef des démons, s'empare du monde, toutes les énergies des grands dieux s'incorporent en Durga : elle prend le trident de Shiva, le disque de Vishnu, la foudre d'Indra, et elle mène un combat qui dure neuf nuits. Durga tue le buffle dont Mahisa avait pris l'apparence *(Devi-Mahatmya).*
Les tribus des Kolis et des Cabaras lui offrent du sang et des boissons enivrantes. D'autres l'honorent en lui sacrifiant des chèvres ou en accomplissant le suicide rituel.

La déesse **Durga,** montée sur son lion, écoute les prétentions du démon. Prête au combat, elle brandit une arme dans chacune de ses huit mains.

Gouache d'une série du *Durga Charitra* (non datée).

Énée
Héros grec

La piété

Pour fonder la ville qui dominera le monde, Énée, le Troyen, connaît mille aventures et affronte mille dangers.

Aphrodite prend l'apparence d'Otrée, la fille du roi de Phrygie, pour s'unir à Anchise. Quand elle lui révèle qui elle est, et qu'elle va lui donner un fils, Énée, elle lui demande le secret : Zeus, dans sa colère, pourrait foudroyer l'enfant. Anchise, un jour d'ivresse, se vante pourtant de ses amours ; alors, le roi de l'Olympe lui envoie la foudre qui le rend boiteux *(Hymne homérique à Aphrodite).*

C'est Alcathoos, le beau-frère d'Anchise, qui assure l'éducation d'Énée. Celui-ci s'avère le plus vaillant des Troyens après Hector.

▪ La protection des dieux

Sa piété lui mérite une protection toute particulière : Zeus le sauve lors de la prise de Lyrnessos par Achille ; Aphrodite combat auprès de lui contre Diomède et, blessé pendant la guerre de Troie, il est enlevé dans une nuée par Apollon. Il revient peu après sur le champ de bataille, tue un grand nombre de Grecs, et remplace Hector au commandement. Dans sa lutte contre Achille, qui pourrait lui être fatale, Poséidon s'interpose.

Lors de la chute de Troie, Énée se réfugie dans la montagne, portant son père, Anchise, sur les épaules, son fils, Ascagne, dans les bras et les pénates de la ville dans les mains. Il rassemble les rescapés sur le mont Ida et fonde une nouvelle ville.

Sa destinée l'appelle bien au-delà. Il part vers l'Occident, passe en Thrace, en Macédoine, en Crète, à Délos, rencontre Andromaque et Hélénos à Buthrote, aborde en Italie du Sud. Il contourne la Sicile et se trouve jeté par la tempête sur les côtes de Carthage. C'est là qu'il sera reçu et aimé par la reine Didon.

Les dieux lui ordonnent de continuer son chemin. Il arrive à Cumes, il y rencontre la Sibylle, qui lui annonce de nouveaux périls et le mène aux Enfers rendre visite aux ancêtres. Il y voit les morts qui ont failli à leur destinée et voit aussi le séjour des Bienheureux. Anchise, son père décédé, lui dit les secrets de l'univers (Virgile, *L'Énéide*, VI, 418 sqq.).

▪ L'origine de Rome

Énée longe les côtes de l'Italie et arrive à l'embouchure du Tibre. Le roi Évandre fait alliance avec lui. Il lutte alors contre Turnus, le roi rutule. Ascagne, son fils, fonde Albe-la-Longue et Romulus, l'un de ses descendants, posera la première pierre de la ville de Rome. Énée disparaît au cours d'un orage.

Énée, fils d'Aphrodite, donne à Rome une origine divine. Les Romains, « peuple le plus religieux du monde » (Cicéron, *De natura deorum*, II, 3, 8), se disaient les bénéficiaires des grâces de la déesse. De grandes familles se diront aussi de sa descendance par Ascagne, appelé Iule comme Jules César.

Les sibylles étaient des femmes à qui l'on attribuait le don de prédire l'avenir. Deux d'entre elles étaient particulièrement célèbres, celle de Cumes et celle d'Érythrée.

La fondation de Rome
« En Italie, il aura dure guerre, il brisera des peuples fiers, mais il imposera ses lois, sa ville. Trois étés le verront régner au Latium et trois hivers apaiseront les Rutules vaincus » (*L'Énéide*, X, 260-265).

Enki
Dieu sumérien

Le seigneur de la Terre
Organisateur de la vie sur terre, le prince Enki est celui qui décide des destins.

> **La « colline sainte »**, le doul-kong, appelé encore la « montagne du ciel et de la terre », est le lieu où, avant la création de l'homme, les dieux vivaient sans adorants.

Enki apparaît sur une barque au fond du golfe Persique. Il s'installe dans les marais qui bordent le Tigre et l'Euphrate. Il domestique les lieux et y construit un temple tout de métal et de pierres rares ; on l'appelle la « maison de l'Abîme ». La ville d'Éridu se développe autour. Enki en est le dieu.

■ La vie du monde
Enki n'est pas le créateur. Il donne la vie et aménage le monde. Il vient du Dilmoun, cette terre d'où l'on ramène le cuivre. Là, il dort auprès de son épouse vierge. Elle l'appelle et lui demande l'eau nécessaire à la vie. Enki répond : « Le soleil dans une seule révolution t'amènera l'eau douce. Il fera pour toi jaillir l'eau dans ton vaste domaine. »

Enki s'unit à son épouse, puis à sa fille, enfin à sa petite-fille. Il est lui seul la source de toute vie. Avant la dernière union, Ningursag, l'épouse, suggère à la petite-fille de demander des fruits au dieu, et cette union est l'origine des plantes. Mais Enki oublie de donner leur destin aux plantes et se contente de les manger : geste insensé, contraire à sa nature de créateur, et qui le voue à un affaiblissement extrême. Le « regard de vie » que lui adresse son épouse le guérit.

■ Le civilisateur
« Dieu au vaste entendement », magicien et maître des techniques, il passe son temps à réparer les défaillances des autres dieux. Chacun de ses gestes, chacune de ses paroles apporte quelque chose à la civilisation. Sur son appel, le bétail et le grain sont sortis de la « colline sainte ».

Au cours d'un banquet, Ninmah met Enki au défi de trouver un emploi aux hommes manqués qu'elle a sortis du moule. Enki accepte le défi et trouve des solutions pour chacun d'eux : il donne à l'être faible et incapable d'effort la fonction d'officier du roi, à l'aveugle celle de poète, à la femme stérile celle de prostituée, etc. *(Enki et Ninmah).*

■ Les Mé
Inanna est déesse d'Uruk, et elle voudrait bien, pour sa ville, ravir à Enki les *mé* qu'il détient : les *mé* sont les composants de la vie sociale et de la civilisation.

Ils sont innombrables et, parmi eux, il y a divinité, royauté, pastorat... ; prostitution, commerce sexuel, embrassement... ; famille rassemblée, travail obligatoire, dispute... ; supériorité, déshonneur... ; droiture, bonheur, faculté de donner conseil... ; réflexion, sens de la justice, enfin tout ce qui fait la supériorité d'Éridu.

Pour les voler, la déesse tente d'enivrer leur détenteur *(Inanna et Enki).* Mais, comme le feu, les *mé* peuvent se partager sans perdre de leur force, et Enki n'en voudra pas à sa voleuse. Il est le dieu intelligent, réfléchi et sensé par excellence.

> **Enki** a inventé l'homme, dont il a fabriqué un moule — procédure courante dans un pays de potiers —, et c'est Ninmah qui est chargée de l'utiliser.

ENKI

■ Le rusé

Il intervient même en faveur d'Inanna et trouve une machine capable de séduire la terrible Ereskigal qui la tient prisonnière *(La Descente d'Inanna aux enfers)*. Il défend l'humanité qu'Enlil veut décimer par la famine, l'épidémie ou le déluge. Il aide Atrahasis dans la construction de son arche *(Atrahasis)*. Il trouve un champion pour combattre le géant Anzu qui désorganise le monde et indique les ruses à utiliser dans la bataille *(Anzu)*.

Enki réussit toutes ses entreprises, malgré les apparences. Il a recours à des manœuvres subtiles et quelque peu fourbes : ainsi Nergal, envoyé aux enfers pour affronter la déesse Ereskigal, devient l'époux de cette dernière et de la sorte « colonise » le séjour infernal, et Adapa, sur le conseil perfide du dieu, refuse l'immortalité mais garde son emploi auprès de lui.

Ea

Le très intelligent, le sage, le capable, l'omniscient Ea (ou Nudimmud) est chez les Akkadiens ce qu'est Enki chez les Sumériens. Il verse le sommeil sur son père Apsou, « il le dépouille de ses vêtements, lui enlève sa tiare, lui ravit son éclat et s'en revêt » *(Enouma Elish*, tablette I, 64-68). Ea est le père de Marduk, le plus sage de tous, qui reçoit d'Anu, le dieu suprême, une double essence, divine.

La création

« Lorsqu'il dota toute chose créée d'un destin, lorsqu'en l'année d'abondance qu'enfanta le dieu Ciel, il multiplia les peuples comme l'herbe, le Seigneur de l'Abîme, le maître, Enki... » *(Hymne à Éridu*, I, 2-4).

Enki, le seigneur de la Terre : il tient dans la main Zou, l'oiseau des tempêtes ; de son corps coulent des flots où nagent de petits poissons.

Empreinte d'un cylindre akkadien dit « cylindre d'Adda », vers 2250 av. J.-C. (détail).

Enlil
Dieu sumérien

Le seigneur à la parole fidèle
Vrai détenteur du pouvoir souverain, Enlil est un dieu redoutable dont les décisions sont impératives.

Dieu de la Nature
« Enlil, qui fait germer de la terre la semence du pays, imagina de séparer le Ciel de la Terre, imagina de séparer la Terre du Ciel » *(Hymne à Éridu).*

Enlil est le roi des dieux, le souverain universel. Il maintient par son pouvoir l'ordre du monde. Il dort sur sa montagne, assuré de sa puissance, et ne veut pas être dérangé. Ses colères sont terribles et ses décisions souvent cruelles. Il impose son autorité au mépris des personnes. C'est un dictateur fragile qui se retrouve nu et désemparé quand la couronne lui échappe.

■ **Enlil et les Igigi**
Enlil est le chef des Anunnaki, grands dieux dominants et... oisifs, qui vivent du labeur des Igigi. Les Igigi sont des dieux prolétaires qui travaillent comme le feront les êtres humains. Épuisés à la tâche, ils se révoltent et entreprennent de faire lever Enlil de son siège (*Atrahasis,* tablette I, 44) ; ils brûlent leurs outils et l'un d'eux va jusqu'à lui déclarer la guerre. Alors le souverain se réveille et réunit l'assemblée des dieux. Il demande la mise à mort de l'instigateur de la révolte. Ea, plus conciliant, propose la création d'un être vivant, l'homme, qui prendra une part des durs travaux nécessaires à la maintenance du monde et par le fait libérera de cette charge les Igigi. Les grands dieux donnent leur accord, car c'est à eux qu'appartient la décision finale.

■ **Enlil et les hommes**
Bientôt, la prospérité et le tapage des hommes, dont le nombre s'accroît sans cesse, indisposent Enlil. Il veut réduire leur importance, et leur envoie maladies et épidémies, souffrances et mort. Mais Ea, qui ne peut s'opposer directement au souverain universel, suggère des remèdes, envoie drogues et médicaments et permet la progression de l'humanité. C'est un échec pour Enlil. Dans son entêtement à détruire ceux qui le dérangent, il invente la famine. Ea réussit une fois de plus à sauver les hommes. Enlil, furieux, décide alors d'en finir : il envoie le déluge et fait jurer aux dieux de ne point dévoiler l'ampleur de la catastrophe prévue. Ea ne se parjure pas, mais provoque un rêve prémonitoire à Atrahasis (rêver n'est point parler) : il lui donne les instructions pour construire une arche, et sauver ainsi chaque composant du monde.

■ **Enlil et Anzu**
Enlil a demandé au géant Anzu de notifier à chacun la charge qui lui est attribuée. Dans l'accomplissement de cette tâche, Anzu obtient peu à peu la confiance de son maître ; il entre dans son intimité au point que celui-ci lui permet d'assister à son bain. Mais, pour prendre son bain, Enlil dépose les insignes de son pouvoir, la tiare et le vêtement de sa divinité. Sans sa tiare, le dieu est désarmé. Anzu la lui vole et le monde se trouve livré au chaos. Il faut l'intervention de Ninourta pour qu'Enlil retrouve son rang et les insignes du pouvoir.

Atrahasis est « plus que sage », unique survivant d'un mythe sumérien du déluge.

Épona
Déesse gauloise

La protectrice des chevaux
L'importance du culte d'Épona tient à celle du cheval dans l'Europe antique.

Épona figure sur d'innombrables représentations, de la Gaule à l'Afrique du Nord en passant par l'Angleterre et l'Italie. Elle est sur un cheval, seule ou accompagnée d'une petite fille. C'est la patronne des cavaliers civils ou militaires, des voyageurs et, par extension, de ceux qui sont en route vers l'au-delà.

On voit parfois en elle une déesse de la fécondité parce qu'on trouve auprès de ses statues une corne d'abondance ou une corbeille de fruits. Elle est identifiée à Rhiannon.

Adresse à Épona
« A la déesse Épona, Mapilius Restio [...], Vœux chaleureux et, respectueux. » 219 apr. J.-C. (pierre de Soleure, Suisse).

Érinyes
Déesses grecques

Les forces primitives
Habitantes des Enfers, les Érinyes sont chargées d'infliger le châtiment pour tous les crimes de sang.

Elles sont trois, Alecto, Tisiphoné et Mégère. Génies ailés aux longs cheveux entremêlés de serpents, elles portent à la main des fouets et des torches. Elles harcèlent leurs victimes, les torturent avec délectation et les rendent folles.

Elles sont nées des gouttes de sang tombées de l'organe sexuel d'Ouranos et ne reconnaissent pas l'autorité des dieux de l'Olympe. On les appelle aussi les Euménides (les « Bienveillantes ») afin d'écarter leur colère. Les Romains les ont assimilées à leurs Furies.

Aveugles, elles exécutent leurs châtiments indéfiniment : ainsi, elles poussent Clytemnestre à tuer son époux, Agamemnon, qui a sacrifié Iphigénie, sa fille, puis font tuer Clytemnestre par son propre fils, qui venge ainsi son père, et enfin poursuivent le fils pour le meurtre de sa mère. Elles sont de la même façon à l'origine de la malédiction d'Œdipe et de ses descendants.

Implacables, elles exigent pour tout homicide un châtiment. Pour elles, le meurtre est une souillure et l'homme qui l'a commis est banni de sa cité, devient errant et est frappé de folie. Il doit être purifié.

Déterminées, elles veillent à ce que chacun reste à sa place, interdisent aux devins de trop dévoiler l'avenir et aux hommes d'avoir trop de puissance. Elles condamnent l'*hubris* (l'exagération, l'orgueil). Dans le Tartare, elles torturent les morts.

Terrible Érinye
« L'Érinye au cœur impitoyable qui marche dans la brume au fond de l'Érèbe » (*L'Iliade*, IX, 571).

Éros / Cupidon
Dieu grec et romain

Le désir amoureux
Force fondamentale de rapprochement, il est responsable de la cohésion du monde et de la continuité des espèces.

Éros est devenu Cupidon chez les Romains, et Phanès, Métis, Protogonos et Ériképaios chez les gnostiques.

■ Origine et empire

C'est un dieu primordial, contemporain de Chaos, bien antérieur à Cronos et à son fils Zeus. Il est sorti de l'œuf qui, en se partageant, a formé la Terre et son couvercle, le Ciel. Il est responsable des embrassements de Gaia (la Terre) et d'Ouranos (le Ciel). De ces embrassements vont naître Océanos, Téthys, Coeos et Cronos, mais ces embrassements sont si forts qu'aucun d'eux ne pourrait arriver à la lumière sans le geste de Cronos qui tranche le sexe de son père.

Éros est associé à Aphrodite qui tempère quelque peu sa puissance. Car, tandis qu'elle est la grâce, la séduction, la tendresse, la douceur, le plaisir suave, Éros est le désir, la puissance de l'instinct, la violence du sexe. Ainsi, il lui cède la place et lui fait cortège comme on le doit à une dame. On a cru alors qu'il était son fils (Pindare), ou fils d'Aphrodite et d'Héphaïstos (Ibycos), ou fils d'Aphrodite et d'Arès (Simonide) ou fils d'Aphrodite et d'Hermès (Cicéron) : peu importe, il s'agit d'affirmer que l'instinct est engendré par la grâce et la séduction.

Son action ne semble pas toujours bénéfique : il fait dérailler la raison, paralyse la volonté, inspire les caprices amoureux de Zeus lui-même, noue et dénoue des intrigues, se plaît en la compagnie de Dionysos, le dieu étranger, est responsable des orgies, des désordres et des guerres. Un démon peut-être ? Son manque de scrupule et sa quête incessante du beau et du bon ne l'excluent-ils pas de la compagnie des dieux qui sont beaux et bons ? La fable qui cautionne cette disgrâce a ses partisans.

Ceux-ci racontent : Poros (= Expédient), enivré, s'est endormi un jour dans le jardin de Zeus. Penia (= Pauvreté) passe par là et, « songeant que rien n'est expédient pour elle, médite de se faire faire un enfant par Expédient lui-même » (Platon). Elle s'étend près de lui et devient grosse d'Éros. L'enfant, comme Penia, est toujours en quête de quelque chose ; comme Poros, il trouve toujours le moyen d'atteindre un but.

■ Éros et Psyché

Mais le but qu'il recherche n'est pas un but quelconque. Ils font erreur ceux qui ne voient en lui que débridement, luxure et dépravation. Éros est amoureux de l'âme (Psyché), comme le rapporte Apulée dans un conte très célèbre (*L'Ane d'or*, livre IV, 28, à livre VI, 24). Psyché avait deux sœurs. Toutes trois étaient d'une grande beauté, mais Psyché était la plus belle, si bien qu'elle effrayait les jeunes gens et ne trouvait point de mari. L'oracle fut consulté qui demanda de parer la jeune fille et de l'exposer sur un rocher où

Dieu des origines
« Dans le sein infini de l'Érèbe, tout d'abord la Nuit aux ailes noires produit un œuf sans germe, d'où, dans le cours des saisons, naquit Éros, le désiré, au dos étincelant d'ailes d'or, Éros semblable aux rapides tourbillons du Vent. C'est lui qui, s'étant uni la nuit au Vide ailé dans le vaste Tartare, fit éclore notre race et la fit paraître la première au jour » (Aristophane, *Les Oiseaux*, 693 sqq.).

un monstre viendrait l'épouser. Psyché se prêta à l'expérience et fut emportée dans un palais magnifique tout d'or et de marbre. Elle y fut servie comme une princesse. Mais toujours point de monstre. Le soir venu, elle se coucha et sentit bientôt une présence auprès d'elle. Cette présence ne lui sembla pas celle de l'être monstrueux qu'elle craignait. Pourtant, elle ne devait pas le voir et il le lui demanda expressément. Elle fut très heureuse jusqu'au jour où la tentation fut trop grande : elle dissimula une lampe et regarda son compagnon : c'était un bel adolescent, Éros en personne. Celui-ci disparut aussitôt. Psyché, abandonnée, subit à partir de ce moment mille tourments. Mais Éros ne pouvait l'oublier et, un jour qu'elle s'était endormie, il l'enleva dans l'Olympe et demanda à Zeus de l'épouser.

■ Culte et pouvoirs

On vit l'éros (l'amour) plus qu'on n'honore le dieu, et il n'a pas existé de grands cultes d'Éros en Grèce. Quelques statues cependant le représentent dans les gymnases, là où les beaux éphèbes font de l'exercice. Il est comme l'un d'eux, le plus beau sans doute, le plus aimé, le plus aimant.

Dès le IVe siècle avant J.-C., Praxitèle le représente en enfant, joufflu, grassouillet, heureux de vivre ; il se tient à l'écart, tapi dans l'ombre : il n'y est, semble-t-il, pour personne.

L'embrasement

« Il est très beau dans sa beauté, possédant la grâce plus que toutes les créatures du Chaos. Alors, dès qu'ils virent Éros, tous les dieux et leurs anges l'aimèrent. Après s'être manifesté à tous, il les embrasa, comme à une lampe unique de nombreuses lampes s'allument, et cette lumière-là est une et la lampe ne diminue pas. Éros se répandit sur toutes les créatures du Chaos et ne diminua pas » (papyrus de Nag Hammadi).

Éros porte des ailes pour montrer la rapidité de son action. Il est ici, jeune adolescent, complice du charme et de la beauté d'Aphrodite, qui l'aide dans ses desseins.

« Eros et Aphrodite ». Détail d'un cratère attique, Ve s. av. J.-C.

Faunus
Dieu romain

Le favorable
Divinité rustique, Faunus est à la fois honoré pour les faveurs qu'il accorde et craint pour l'effervescence qu'il représente.

Le protecteur
« Faunus, amoureux des nymphes qui s'enfuient, puisses-tu, sur mon domaine et dans mes champs ensoleillés, revenir bienveillant et, lorsque tu t'en vas, protéger les petits de mes troupeaux, si, lorsque l'année est pleine, tombe pour toi un tendre chevreau et si le vin, à pleins bords, ne manque pas au cratère, compagnon de Vénus, si l'autel antique fume de maints parfums » (Horace, *Odes*, III, 18).

Fils de Circé et de Jupiter, Faunus est un des plus anciens rois en Italie et le culte qui lui est adressé y est toujours resté vivant.

Farouche, quelque peu sauvage, ce dieu agricole est responsable de la fertilité des plantes et de l'extraordinaire explosion de la nature vivante. Il est à l'origine de la prospérité et de la richesse de Rome. Il siège sur le mont Palatin.

Il donne ses oracles la nuit : le consultant, couché sur une peau de chèvre, reçoit ses révélations au cours de rêves terrifiants. Faunus est le protecteur des peuples italiques : il annonce et prépare l'arrivée d'Énée et des Troyens dont la descendance fera la grandeur de la Ville (Virgile, *L'Énéide*, VII, 96-101).

Les Lupercales étaient les grandes fêtes consacrées à Faunus : alors, des jeunes gens, minus, parcouraient les rues et donnaient des coups de lanières de cuir aux femmes qu'ils rencontraient. Ces flagellations étaient, croyait-on, bénéfiques aux victimes (Ovide, *Les Fastes*, II, 445 sqq.). On l'a parfois rapproché du dieu arcadien Pan et on a fait de lui un dieu lubrique.

Fauna, sa sœur et son épouse, diseuse de bonne aventure, a donné à Hercule un fils, le roi Latinus. Protectrice des femmes, on l'identifie souvent à *Bona Dea*, la bonne déesse, experte dans les arts ménagers et si pudique qu'elle ne sort pas de sa chambre et ne voit d'autres hommes que son mari. Elle a son sanctuaire sur l'Aventin.

Faunus s'est multiplié dans les faunes, satyres mi-chèvres mi-hommes.

Par la suite, la personnalité de Faunus se dilua et se multiplia : les faunes sont des génies champêtres, mi-hommes, mi-chèvres, qui, à l'exemple des satyres grecs, s'ébaudissent dans la nature en compagnie des nymphes.

Faunus, dieu des animaux et des bergers, a sa place dans les cortèges dionysiaques. On le voit ici en compagnie de Pan et d'une bacchante.

Détail d'un bas-relief antique représentant le cortège de Bacchus.

Finn Mac Cumail
Héros irlandais

Guerrier et magicien
« Blanc, beau, blond et de bonne race », telle est la signification du nom Finn.

Finn Mac Cumail est le fils de Cumail et le père d'Ossian. Guerrier redoutable, il venge son père tué dans un combat et reconstitue la troupe des *Fiana*.

Les Fiana sont une troupe d'élite « composée de beaux jeunes hommes » : force prodigieuse, intelligence, ruse, fidélité, mépris de l'argent, indifférence devant la mort, respect de la femme et de l'ennemi vaincu, telles sont leurs qualités. Ils doivent donner ce qu'on leur demande, même si c'est un bien précieux. Ce sont des seigneurs.

La place forte de Finn Mac Cumail est Almu, dans le sud de l'Irlande, mais il aime les régions incultes et sauvages. Il y chasse le cerf et le loup, pêche le saumon et vit de ses captures.

Poète et devin, il connaît les douze livres de poésie et possède le don d'illumination lorsqu'il se mordille le pouce.

Lendebair, femme de Finn Mac Cumail
« Mon mari est Cumail [...] dont le pas noble et fier au combat dépasse tous les autres. Il est beau quand il revient, après ses victoires, apportant les têtes des ennemis... »
(cycle d'Ulster, B, 23).

Freyja
Déesse nordique

La grande magicienne
Maîtresse de magie, Freyja donne fertilité, fécondité, victoire et paix.

Appelée aussi Vanadis, Vanabrudh (fiancée des Vanes) ou encore Gefn et Gefjun, Freyja est fille de Njordr et sœur de Freyr. Montée sur son char tiré par des chats, « elle est si belle que tous les ornements sont dénommés d'après elle » (*Gylfaginning*, 34). Elle est l'épouse d'Odhr (fureur sacrée), un dieu qui, périodiquement, disparaît si longtemps qu'on le croit mort, et Freyja verse pour lui des larmes faites d'or rouge.

Freyja est maîtresse du *sejdhr*, science magique qui a essentiellement pour but de connaître l'avenir et les destinées des hommes, de provoquer la fertilité des saisons et la fécondité des êtres. Elle est liée au culte des morts, dépositaires de la sagesse et protecteurs des vivants. « Où qu'elle aille au combat, elle reçoit la moitié de ceux qui tombent, et Odin l'autre moitié » (*Gylfaginning*, 23). Elle revêt la forme d'un faucon pour aller d'un monde à l'autre.

Freyja est déesse de l'amour et de la volupté, et sa personnalité possède un caractère licencieux et lascif que l'on retrouve dans le culte qui lui est adressé.

Sarcasme de Loki
« Tu es une sorcière, Freyja, créditée de tous les maux ; depuis que chez ton frère te trouvèrent les clémentes puissances et que tu dus péter »
(*Lokasenna*, 32)

Freyr
Dieu nordique

Le plus beau des dieux
Divinité de la Fécondité et de la Fertilité, Freyr préside aux amours, aux richesses et aux orgies.

Paroles magiques de Skirnir destinées à subjuguer Gerd

« Je te frappe de la baguette magique, et je te materai, Vierge, à mon œuvre : tu t'en iras là où les fils des hommes jamais plus ne te verront. » (*Skinisför*, strophe 26).

Freyr est fils de Njordr et frère de Freyja. « Clair et brillant », il personnifie l'essence même de la beauté. Il habite Alfheimr et possède un bateau merveilleux, *Skidhbladnir*, « qui peut se replier comme un mouchoir et s'emporter dans la poche ».

Jamais personne ne pourra le haïr : tel est le privilège qu'il reçoit à sa naissance. Dieu de la Paix, Freyr ne pense qu'à délier les mains de ceux qui sont attachés, qu'à faire des présents. Jamais il ne fait pleurer.

Freyr, un jour, s'assoit dans Hlidskjalf, le siège sacré d'Odin. De là, il voit dans le monde des géants, une belle fille, Gerd, en conçoit de grands désirs et devient tout triste. Il demande à Skirnir, son écuyer, d'aller la demander en mariage et lui confie son cheval et son épée. Mais Gerd ne se laisse acheter ni par les présents ni par les menaces. Seule la magie la fait fléchir et elle dit au messager : « Barri s'appelle le lieu où tous les deux nous savons un bosquet paisible : dans neuf nuits, c'est là qu'au fils de Njordr, Gerd concédera déduit d'amour » (*Skirnisför*, 39).

Marié à Gerd (la Terre), Freyr crée l'abondance et dispense les richesses. Il apporte la pluie et le soleil, juste ce qu'il faut pour faire pousser les récoltes. Succédant à Njordr, il s'installe à Uppsala, y érige un grand temple, y affectant tous ses revenus, terres et biens meubles. « Il est d'autant plus vénéré que, sous son règne, le peuple est plus fortuné qu'auparavant, en fait de paix et de bonnes saisons » (*Ynglinga Saga*, X). Quand il meurt, on le porte en secret dans le tertre, et on ne le dit à personne. Les tributs lui étant toujours remis, on les verse dans le tertre, « l'or par une fenêtre, l'argent par une autre, et la monnaie de cuivre par la troisième. Alors les bonnes saisons et la paix se maintiennent. » (*Ynglinga Saga*, X).

Freyr est un des grands dieux des Vikings. Dieu de l'acte sexuel, il est représenté par un phallus de cheval quand toute la famille lui fait des incantations (*Völsa Thattr*). Ce sont les femmes surtout qui l'honorent et qui défilent en procession.

Amulette représentant **Freyr**, dieu phallique de la fertilité. Cette image prolonge les nombreuses figures phalliques des inscriptions rupestres.

Bronze, XIe s. Provient de Lunda, Rällinge (Södermanland), Suède.

Ganesha
Dieu de l'Inde

Le chef des troupes divines
Maître de l'intelligence, Ganesha est le patron des artistes et des écrivains.

Ganesha, ou Ganapati ou encore Ganpati, est le fils de Shiva et de Parvati et le frère de Skanda. Jeune, bien en chair, il porte une tête d'éléphant, est assis sur des coussins moelleux et tient en main un bol de riz dont il est très friand. Il se déplace sur un rat. Intelligent, il est chargé par Brahma de copier le *Mahabharata* (*Mahabharata*, I, 1, 74).

Son origine est curieuse : Parvati était souvent surprise dans son bain par son mari. Mécontente, elle veut un « gardien de la porte », crée Ganesha avec les saletés résultant de ses ablutions et met son fils déjà jeune homme, en sentinelle. Shiva veut forcer le passage. Ganesha l'en empêche. Mais Shiva crée une jolie femme, Maya (illusion magique), qui distrait le gardien, et il en profite pour lui couper la tête. Parvati est furieuse et exige qu'on rende la vie à son enfant. Shiva, qui s'y emploie, ne peut retrouver la tête coupée et lui met à la place celle d'un éléphant qui passait par là.

Ganesha et son frère Skanda sont toujours en concurrence : le premier est rusé, le second est fort. Quand ils veulent se marier, Shiva décide que le premier à le faire, sera celui qui accomplira le plus rapidement le tour de la Terre. Skanda s'élance sans attendre. Ganesha salue d'abord ses parents en tournant sept fois, autour d'eux. C'est là un rite védique qui correspond à sept tours de la Terre. Ganesha reçoit alors deux femmes, Buddhi, l'intelligence, et Siddhi, la réussite.

Il est Vighnesvara, le maître des obstacles. Sa mission est la bonne marche des affaires terrestres. Il est producteur de richesses. Mais il est ambivalent : deux de ses mains apaisent, les deux autres portent des armes. Il suscite des obstacles à qui le néglige et les épargne aux autres. On l'invoque au commencement de toutes les entreprises.

Extrêmement populaire, Ganesha possède des temples à travers toute l'Inde. Végétarien, on lui offre des fleurs rouges, de petites brassées de vingt et un brins d'herbes et surtout des modak, petits fours en forme de figues.

Un dieu politique
Ganesha est le dieu le plus xénophobe du panthéon hindou. Il a été l'inspirateur de la lutte contre les Anglais et de celle aujourd'hui contre l'Islam.

Le dieu « à tête d'éléphant », entouré d'une musicienne et d'une servante qui l'évente de son chasse-mouches. Miniature du *Bhagavata-purana*. XVIIIe s.

Géants
Êtres mythiques

La puissance
« Grands, forts et bêtes », tels sont le plus souvent les traits caractéristiques des géants.

Golaffres ou gloutons en Bourgogne, goins ou goinfres dans la Brie, les géants sont dans toutes les régions. Ils laissent leurs empreintes dans le paysage, ils jouent au palet avec les rochers isolés et détournent les rivières. Certains sont mieux connus, comme la beffnie, méchante ogresse qui emporte les petites filles qui ne font par leur ouvrage, ou la gouïne qui protège les voyageurs.

Dans la Bible, on les dit produit de l'union des anges révoltés et des filles des hommes, union contre nature s'il en est. Très attachés à la terre, habitant le plus souvent le monde souterrain, ils ont apporté aux hommes la complicité avec une nature qu'ils dominent, leur ont appris les rudiments d'une science qu'ils voient de haut et sans doute d'autres secrets interdits au genre humain.

Ils sont, pour les Irlandais, d'anciens dieux déchus, et cette condition équivoque leur donne un caractère ambivalent : puissance quasi divine dans un corps humain, ils ne connaissent ni le bien, ni le mal. Ils sont donc dangereux et dérangent tout sur leur passage.

▪ Les Géants de la Grèce
Fils de la Terre, nés du sang qui coule de la blessure d'Ouranos lors de sa mutilation par Cronos, ils luttent contre Zeus pour la souveraineté du monde ; ils représentent la jeunesse, la force, la virilité. Zeus veut les exterminer, mais, pour cela, il a besoin de plus petit que soi — un homme. Les Géants ont cette particularité de ne pouvoir être tués que conjointement par un dieu et par un homme. Héraclès, qui n'a pas encore été déifié, vient à l'aide de Zeus.

La Terre veut sauver ses enfants et entreprend de chercher l'herbe d'immortalité. Mais Zeus, plus rapide, plonge le monde dans la nuit et fait disparaître le produit miracle. Les Géants sont vaincus et plus rien n'empêche la force qu'ils représentaient de se mettre au service du droit (Pindare, *Néméennes*, VII, 90).

▪ Les géants nordiques
Dans la mythologie nordique, ils sont aussi des éléments de désordre. Ils habitent Jötunheim et aspirent à s'emparer de la souveraineté du monde symbolisée par le marteau de Thor. Le géant Thrym y est parvenu et s'apprête à prendre possession de l'univers.

Après bien des prières, il accepte cependant de rendre l'instrument du pouvoir, mais demande en compensation la déesse Freyja dont la réputation de lasciveté est grande. Loki trouve une ruse pour tromper le géant. Il déguise Thor en Freyja et lui-même en servante. Ils s'en vont tous les deux au banquet offert par Thrym et, au moment où celui-ci remet le marteau, Loki extermine toute la famille de ses hôtes. (*Thrymskvida*, 1-32).

Les ennemis des dieux

« De Hlorridi, le cœur bondit de joie dans la poitrine quand il reconnut le marteau au cœur dur ; tua Thrym le premier, le sire des Thurses, et la famille du géant, l'extermina toute. Il tua la vieille sœur du géant, celle qui avait demandé le cadeau de noces ; des horions lui échurent en place d'argent et des coups de marteau en lieu d'anneaux en quantité. Ainsi le fils d'Odin recouvra son marteau » (*Thrymskvida*, 31-32).

Génies
Esprits mythiques

L'essence cachée des choses
Répandus partout, les génies se mêlent aux hommes, s'associent aux objets, président aux événements.

Le monde des génies est comme un monde parallèle, moins pleinement bienfaisant que celui des anges et moins pleinement malfaisant que celui des démons. Les génies sont comme des doubles des choses, des êtres, des événements. Ils sont leur essence, leur côté spirituel. En eux s'expriment leurs tendances profondes, ce qui les fait agir comme malgré eux.

Les génies sont censés avoir une existence à part. Ils sont le support de l'animisme des sociétés primitives et l'expression du mystère des éléments de l'existence. Ils sont ambigus comme eux et de caractère souvent fantasque ; leurs réactions sont imprévisibles et il vaut mieux les apaiser que les indisposer.

■ Les iskoki
Les peuples de génies sont innombrables à travers le monde. Retenons par exemple comment les Haoussa d'Afrique noire voient leur apparition.

Dieu (le Père de la maison) crée Adamu, le premier homme, et Adama, la première femme. Ceux-ci mettent au monde soixante-dix couples de jumeaux. Un jour, Dieu, appelé ici Ubangiji, annonce sa venue. Adamu et Adama ont honte d'avoir donné naissance à autant d'enfants et ils en cachent la moitié dans les arbres, dans les grottes, dans les déserts, etc.

Or, Dieu voit tout, il ne se laisse pas abuser et, pour punir les premiers hommes de leur manque de confiance, il décide que les enfants cachés resteraient désormais invisibles, qu'ils vivraient comme les autres, qu'ils se reproduiraient comme eux, mais qu'ils feraient du mal à leurs frères visibles et que ceux-ci devraient les nourrir en leur offrant des animaux. Les hommes invisibles sont les *iskoki*, les génies.

■ Chez les Romains
Outre les génies attachés aux personnes et aux choses (sources, arbres, chemins, mer, etc.), il en est d'autres qui président à la guerre, à la chasse, à la victoire, etc. Les Romains connaissent le génie du lit conjugal, dispensateur de la fécondité du ménage, et celui de la table, favorisant la bonne chère.

L'avènement de l'Empire n'arrête pas la multiplication des génies : les dieux eux-mêmes, et les plus grands, ont les leurs, et l'on sacrifie au génie de Mars ou à celui de Jupiter, comme pour se débarrasser des aventures de ces personnages et ne s'intéresser qu'à leur être profond, leur aspect spirituel.

■ Au Grand Siècle
Au XVIIe siècle, le génie ne sera plus un être doté d'une certaine indépendance, mais un talent, une puissance créatrice exceptionnelle. On dira que le génie est un « don des dieux » pour indiquer qu'il est imprévu et inexplicable.

Le protecteur
« Génie protecteur du temple, protège ton temple. » « Que le dieu protecteur du temple demeure dans le temple, que le bon Udug et que Lama bénéfique entrent dans le temple » (textes cunéiformes de tablettes babyloniennes conservées au British Museum, 16, 23, 306).

Gilgamesh
Héros sumérien

La quête de l'immortalité
Roi tyrannique, puis aventurier intrépide, Gilgamesh illustre d'une façon dramatique la condition humaine.

Gilgamesh, fils de la déesse Ninsoun et d'un mortel, est roi d'Uruk. Grand constructeur, il fait de sa ville une forteresse imprenable, entourée d'un mur de neuf kilomètres et demi flanqué de plus de neuf cents tours.

■ Enkidu
C'est un despote cruel : toutes les femmes servent à son plaisir, tous les hommes à ses travaux. Ses sujets, écrasés par cette oppression, supplient les dieux de les libérer de leur bourreau ; ceux-ci décident alors de susciter un géant pour le combattre et le tuer. C'est Enkidu.

Enkidu est le contraire de Gilgamesh. A demi-sauvage, il tient plus de la bête que de l'homme. Le corps entièrement velu, il vit dans les grottes et les terrains incultes, parmi les fauves. Il ne connaît pas la civilisation et, doué d'une force colossale, il détruit tout sur son passage et cherche querelle à qui le rencontre.

Gilgamesh le voit d'abord en rêve, puis il apprend son existence par un chasseur embusqué qui l'a vu s'abreuver à une source. Il lui envoie une courtisane afin de le séduire : elle s'unit à lui pendant sept jours et sept nuits et parvient à en faire un homme. Enkidu la suit jusqu'en ville où il apprend peu à peu la civilisation. Alors il rencontre le roi. La confrontation est sévère, chacun veut l'emporter et affirmer ainsi sa suprématie. Gilgamesh, plus rusé, a le dessus, mais il se prend d'amitié pour son adversaire.

■ La mort d'Enkidu
Tous les deux partent abattre Huwawa, un monstre d'une puissance phénoménale qui crache le feu et tue par sa seule haleine. Ils le trouvent dans une forêt de cèdres fabuleuse dont il est le gardien et réussissent, après bien des péripéties, à lui donner la mort.

Au retour, Gilgamesh reçoit les avances de la déesse Ishtar, médusée par ses exploits. Mais insolemment il refuse, la traitant de « chaussure qui blesse le pied ». Ishtar, furieuse, crée alors un taureau céleste capable de le détruire, lui et toute sa cité. Enkidu réussit à prendre la bête par la queue et Gilgamesh lui enfonce son épée entre le garrot et les cornes.

Enkidu, enivré par la victoire, nargue la déesse et l'insulte sans retenue. Celle-ci se venge en le rendant malade ; il meurt après douze jours d'agonie.

Gilgamesh est inconsolable. Pendant sept jours et sept nuits, il pleure son ami, espérant ainsi le rendre à la vie. Après l'enterrement, Gilgamesh erre dans le désert, terrorisé par la perspective de la mort. Une idée lui vient à l'esprit : conquérir l'immortalité. Il sait qu'Utnapishtin, le seul qui ait survécu au déluge envoyé par les dieux, vit toujours, et il décide de le retrouver : alors commencent ses aventures.

Un être exceptionnel
« Deux tiers en lui sont dieu et un tiers est humain ; la forme de son corps, les dieux eux-mêmes la parfirent et sa mère Ninsoun de surcroît le dota de beauté. Dans l'enclos d'Uruk, il fait montre d'une force aussi grande que celle d'un buffle portant haut la tête. Sans rival est le choc de ses armes. » (*Gilgamesh*, II, 3-15).

■ Les épreuves

La porte du Soleil lui est ouverte par ses gardiens, les hommes-scorpions « dont la vue suffit à donner la mort » (*L'Épopée de Gilgamesh*, IX, 11, 7), ceux-ci ayant discerné en lui la parcelle divine qu'il porte. Il chemine douze heures dans les ténèbres d'un souterrain, rencontre la nymphe Siduri qui tente de le détourner de son projet, traverse les eaux de la mort et arrive enfin sur le rivage où vit Utnapishtin.

Utnapishtin lui demande de ne pas dormir pendant six jours et sept nuits afin de s'entraîner à l'immortalité. Mais Gilgamesh s'endort et ne se réveille qu'après la septième nuit. Alors il s'inquiète : « Que faire, Utnapishtin, où aller ? Un démon a pris possession de mon corps ; dans la chambre où je dors, habite la mort, et où que j'aille, la mort est là ! » (*L'Épopée de Gilgamesh*, X, 6-9).

Utnapishtin lui révèle enfin où se trouve la plante de vie, appelée « le vieillard redevient jeune ». Gilgamesh va la chercher au fond de la mer, et prend le chemin du retour avec l'intention de la partager avec ses sujets. En cours de route, il s'arrête pour prendre un bain à une source. Mais un serpent, attiré par le parfum de la plante magique, la mange. Gilgamesh est dépouillé de l'immortalité. Il revient à Uruk, se fait une raison et reprend sa vie d'autrefois.

Accepter de n'être qu'un homme

« Lorsque les dieux firent les hommes, ils mirent la mort pour les hommes, ils gardèrent la vie pour eux. Toi, Gilgamesh, remplis ta panse, et, nuit et jour, réjouis-toi. Mets une fête en chaque jour, et nuit et jour, danse et t'ébats... Presse l'enfant qui prend ta main, que femme avec toi se réjouisse. Tel est le seul parti des hommes. » (*L'Épopée de Gilgamesh*).

Gorgones
Monstres mythiques grecs

La terreur
Horribles à faire peur, les Gorgones utilisent ce trait comme une arme redoutable.

Elles sont trois, filles de Phorkys et de Keto, dieux de la première génération divine. Leurs cheveux sont faits de serpents en colère, elles portent des défenses pareilles à celles des sangliers, leurs mains sont de bronze et elles sont équipées d'ailes en or. Leurs yeux sont si effrayants qu'ils transforment en pierre qui les regarde. Les dieux eux-mêmes sont saisis d'horreur en face d'elles ; seul Poséidon a osé s'unir à Méduse, l'une des Gorgones.

Euryalé est l'excès sexuel ; Sthéno, la perversion sociale ; Méduse, la vanité. Des trois, seule Méduse est vulnérable parce que mortelle.

Elles habitent, croit-on, l'extrême Occident, près du royaume des morts.

■ Méduse
Persée est parti pour tuer Méduse. Grâce aux sandales ailées que lui a données Hermès, il s'envole et, pour ne pas être atteint par le regard du monstre, il se sert de son bouclier comme d'un miroir, attend que sa victime entre dans un profond sommeil et lui coupe la tête. De la blessure sortent Pégase et Chrysaor, les enfants de Poséidon.

Par la suite, la tête de Méduse, qui a gardé son pouvoir, est utilisée par Athéna qui la fixe sur son bouclier. Le sang versé servira de potion magique, pour Asclépios.

Méduse

« Méduse était mortelle alors que ses deux sœurs ne devaient connaître ni la mort ni la vieillesse. Elle seule en revanche vit s'étendre près d'elle le dieu au cœur d'azur dans la tendre prairie, au milieu des fleurs printanières. » (Hésiode, *Théogonie*, 275-280).

Hadad
Dieu assyrien

Le tonnant
Hadad, Haddou ou Adad, est le dieu de l'Orage qui détruit ou qui fait pousser les plantes.

Le dernier recours
« ...ils bâtirent un temple [...] ils ne revérèrent plus leurs dieux [...] mais s'empressèrent à la porte d'Adad. » *(Atrahasis).*

Hadad est fils d'Anu. Dieu de l'Orage, il a la foudre pour symbole. Il est souvent comparé à un taureau sauvage et assimilé, en astrologie, à la constellation du Corbeau.

On l'invoque dans les malédictions pour le conjurer d'envoyer des pluies diluviennes sur les terres des méchants ou des ennemis. Mais il provoque aussi la fertilité agricole.

Son culte s'est répandu dans tout le Moyen-Orient ; il y est confondu avec Baal, le syrien, et Teshub, le hourrite.

Hadès / Pluton
Dieu grec et romain

Le seigneur des Enfers
Dieu impitoyable des Enfers, Hadès ne rend jamais ceux qui sont allés dans son royaume.

La blessure d'Hadès
« Il eut à souffrir, formidable Hadès, lorsque Héraclès, fils de Zeus, l'atteignit dans Pylos d'une flèche rapide. [...] Hadès se rendit alors dans le palais de Zeus, [...] le cœur navré, transpercé de douleurs, car la flèche s'était enfoncée dans sa robuste épaule et tourmentait son âme. Pæon versa sur lui des médicaments sédatifs, et le guérit, car le blessé n'était pas né pour être mortel. » *(L'Iliade,* V, 395 sqq.).

Hadès est fils de Cronos et donc frère de Zeus, et de Poséidon. Dans le partage du monde entre les trois frères, c'est à lui qu'échoient le monde souterrain et les Enfers, tandis que Zeus prend le Ciel et Poséidon la Mer.

Hadès a reçu des Cyclopes un casque qui rend invisible. Il est redoutable au combat et participe à la lutte contre les Titans. Hadès règne sur les morts, assisté de démons auxquels il impose son autorité. Il interdit à ses sujets de sortir de son domaine et s'indigne quand on lui ravit ses proies. Il est le dieu le plus haï des mortels et même les dieux en ont horreur *(L'Iliade,* XX, 61).

Il tombe amoureux de Perséphone, mais il lui est interdit par Zeus de l'épouser, le roi de l'Olympe répugnant à voir cette tendre jeune fille enfermée pour l'éternité dans les Enfers. Alors, il se décide à l'enlever et, lorsque Zeus lui intime l'ordre de la rendre à sa mère Déméter, il est trop tard : Hadès lui a fait manger une graine de grenade qui la lie définitivement aux Enfers. Perséphone devient aussi cruelle que son époux.

Hadès interdit l'entrée des Enfers à Héraclès, mais celui-ci le blesse d'une flèche et obtient la victoire *(L'Iliade,* V, 395 sqq.).

On a toujours peur de prononcer son nom ; aussi l'appelle-t-on Pluton, « le Riche », peut-être parce que, comme dit Sophocle, « le sombre Hadès s'enrichit de nos gémissements et de nos pleurs » *(Œdipe roi,* 30).

Hanuman
Dieu de l'Inde

Le vainqueur des planètes
Hanuman est le maître de l'astuce, de l'adresse, de l'agilité physique.

Hanuman, Anouma ou Maruti, est fils d'Anjani, la guenon, et de Vayu, le dieu des Vents. Chef de l'armée des singes, c'est un surhomme d'une force extraordinaire, d'une intelligence subtile et d'un dévouement exemplaire. Proche de la nature, il combat sans arme, se servant de rochers et d'arbres déracinés. Il est végétarien, fidèle à ses amis et sans relations féminines.

Sitôt né, Hanuman est affamé et, voyant le soleil, il le prend pour un fruit mûr. D'un bond, il s'élance vers lui et bouscule toutes les planètes sur son passage. Indra s'en émeut et lance contre lui sa massue. Le bébé tombe inconscient sur une haute montagne. Vayu ne l'entend pas ainsi. Voyant son fils mort, il se met en grève et le monde entier, privé de vent, manque de respiration et risque d'être étouffé. Les dieux, pris de panique, se précipitent sur l'enfant et lui rendent la vie. Indra lui laisse sa massue, Brahma lui promet l'invincibilité.

Hanuman est l'allié de Rama, dont la femme, la belle et vertueuse Sita, a été enlevée par le démon Ravana et enfermée dans son palais à Lanka. D'un bond prodigieux, Hanuman atteint Lanka, découvre Sita et lui promet sa libération prochaine. Il ne la délivre pas lui-même, voulant laisser cette gloire à Rama, mais il allume un énorme incendie pour annoncer le désastre à venir. Puis il va rendre compte de sa mission auprès de Rama. La guerre éclate, Lanka est envahi et détruit de fond en comble. Ravana est tué et Sita délivrée retourne dans son royaume (*Ramayana*).

On comprend qu'avec de tels exploits, Hanuman soit le dieu des athlètes et des gymnastes. Protecteur, il détruit les rayons de la mort émis par les planètes.

La Force du dieu-singe
« Je serais de force certes, à faire le tour de ce colosse, qui semble lécher le ciel, le Mont Meru, sans reposer mille fois. Si la vigueur de mes bras secouait l'océan, je serais de force à submerger le monde, avec les montagnes, les fleuves, les lacs. Avec la vigueur de mes cuisses et de mes reins, je soulèverais la mer, résidence de Varuna et ses monstres avec elle. » (*Ramayana*, XIII.)

Hanuman, le roi des singes, et son armée découvrent Sita enfermée dans le palais du démon Ravana.

Gouache sur papier Rajasthan, d'une série du *Ramayana*, fin du XVIIIe s.

Harpyes
Génies grecs

Les ravisseuses

Les Harpyes sont aussi rapides que le vent, aussi effrayantes que la tempête.

Le harcèlement des vices

Les Harpyes symbolisent le harcèlement des vices et l'obsession de la méchanceté. Seuls, les fils de Borée, le Vent (le souffle de l'esprit), parviennent à les chasser.

Filles de Thaumas et d'Électre, les Harpyes sont au nombre de trois : Aello, appelée aussi Nicothoé, « aux pieds rapides » ; Ocypété, « au vol rapide » ; Célæno, la sombre. Ce sont des femmes pourvues d'ailes ou des oiseaux à tête féminine. Leurs serres sont aiguisées et cruelles.

« Chiennes de Zeus », elles s'emparent des enfants et des âmes. Ainsi, pendant une absence d'Aphrodite qui les élevait, elles ravissent les filles de Pandaréos et les donnent comme esclaves aux Érinyes (*L'Odyssée*, XX, 77). On les représente sur les tombes accomplissant leurs forfaits.

Les Harpyes savent fort bien torturer leurs victimes : ainsi, le roi Phinée souffre de leurs malédictions. Elles recouvrent de leurs excréments ou lui ravissent tout ce qui est posé devant lui, même et surtout la nourriture. Alors, n'y tenant plus, il demande aux Argonautes de le délivrer de ces furies et les Boréades, Zétès et Calaïs, entreprennent de les poursuivre.

Il était dit que les Harpyes ne pouvaient être tuées que de leurs mains et que les Boréades mourraient s'ils ne les atteignaient pas. La première tomba dans une rivière. Mais Iris, l'arc-en-ciel, messagère de Zeus, s'interposa. En échange de la vie sauve des Harpyes, elle promit qu'elles n'importuneraient plus le roi Phinée (Apollonius de Rhodes, *Les Argonautiques*, II, 285 sqq.).

Par leur union au dieu Zéphyr, les Harpyes auraient donné naissance aux deux chevaux d'Achille, Xanthos et Balios, et aux deux chevaux des Dioscures, Phlogéos et Harpagos.

Les Harpies, toutes ailes déployées, fuient devant les Boréades qui veulent les mettre à mort.

Détail d'un cratère à versoir protoattique. Terre cuite, Égine, v. 610 av. J.-C.

Hathor
Déesse égyptienne

La Dame de Dendera
Lionne sauvage hors d'Égypte, Hathor est devenue reine de la paix et de l'amour dans le pays qui l'a adoptée.

Femme portant sur la tête le Soleil entre deux cornes de vache, Hathor est la mère par excellence. Elle représente l'ivresse du plaisir, l'amour, la fertilité. Les Grecs l'ont identifiée à Aphrodite.

Sous le règne de Rê, Hathor habitait la Nubie. C'était une lionne sanguinaire. Rê éprouva le besoin d'avoir Hathor auprès de lui. Il envoya Shou et Thot la chercher. Ceux-ci réussirent à la persuader de venir en Égypte, pays de la joie et du vin. Une fois arrivée, elle perdit sa sauvagerie et devint la grâce et le sourire.

Elle est l'épouse d'Horus, auquel elle rend visite une fois l'an au cours de la fête de la Bonne-Rencontre. A cette occasion, on transporte processionnellement sa statue dans le temple d'Horus à Edfou. Elle habite le reste de l'année à Dendera.

L'œil du Soleil
« Habitant de l'horizon, tandis que tu (Rê) planes au ciel dans la joie, Hathor, Dame de Dendera, Œil de Rê, Dame du Ciel, souveraine de tous les dieux, parcourt le beau chemin sans avoir d'ennemis. » (*Hymne à Hathor*).

Heimdallr
Dieu nordique

Le veilleur des dieux
Heimdallr, le plus brillant des Ases, est le premier-né à l'aube des temps. Il sera le dernier à disparaître.

Heimdallr est né de neuf mères. Il habite Himinbjorg (mont du Ciel). Il voit tout et ne ferme jamais l'œil ; il écoute tout et entend pousser l'herbe dans les champs et la laine sur le dos des moutons. Pour ces qualités, il est le gardien du séjour des dieux. Heimdallr guette au pied de l'arc-en-ciel qui conduit les hommes aux dieux.

Heimdallr est responsable de la société des hommes. Il est venu incognito sur la terre sous le nom de Rigr. Il est accueilli par un premier couple nommé Bisaïeul-Bisaïeule : il passe trois nuits dans le lit conjugal et engendre un fils qui sera nommé « Esclave ». Puis il se rend chez un autre couple, Aïeul-Aïeule, et y engendre « Paysan libre ». Enfin, chez Père-Mère, il engendre « Noble ». Cette fois il n'abandonne pas l'enfant, s'occupe de son éducation, et celui-ci devient roi : il est à l'origine des classes de la société (*Rigsthula*).

Au moment de la fin du monde, ou *Ragnarök*, Heimdallr se lève et souffle dans Gjallarhorn, sa trompe. Il appelle tous les dieux et ils tiennent conseil (*Gylfaginning*, 50).

Le maître des runes
« "Noble" grandit là, sur les bancs de la maison ; il se mit à brandir les écus de bois de tilleul, à tresser les cordes d'arc [...] Arriva de la forêt touffue, Rigr marchant, il lui enseigna les runes ; il lui dit qu'il était son fils. » (*Rigsthula*, 35-36).

Hélène
Héroïne grecque

La femme aimée des hommes
C'est la plus belle des femmes. Elle attire tous les hommes et, de ce fait, est la cause de la guerre de Troie.

Hélène est fille de Zeus et de Némésis. Celle-ci, fuyant les avances du roi de l'Olympe, parcourt le monde, se cache sous toutes sortes de formes et enfin se métamorphose en oie. Mais Zeus, qui ne saurait se déclarer vaincu, prend la forme d'un cygne et parvient ainsi à s'unir à elle. Cette union est consommée à Rhamnonte, en Attique. Némésis pond alors un œuf qu'un berger apporte à Léda. De l'œuf — on parle parfois de deux œufs — sortent Hélène, Clytemnestre, Castor et Pollux. Une autre tradition fait d'Hélène la fille de Léda (voir *Castor et Pollux*).

■ La fille aux cent prétendants
Hélène est élevée par Tyndare, son père humain. Quand elle devient jeune fille, celui-ci pense à la marier. Tous les princes de Grèce se présentent et convoitent sa main : le père est bien embarrassé. Ne vont-ils pas s'étriper pour l'amour de la belle ? Aussi écoute-t-il le conseil d'Ulysse et fait-il prêter serment à tous les prétendants : ceux-ci s'engagent à respecter le choix que fera Hélène et, en cas de besoin, à prêter secours à l'élu.
Hélène choisit Ménélas. Tous se soumettent. Elle donne à son époux une fille, Hermione. La femme la plus belle du monde est mariée.
Se souciant peu de cet engagement d'Hélène envers Ménélas, Aphrodite la promet à Pâris qui lui a attribué le prix de beauté. Pâris vient donc chez Ménélas et, profitant de l'absence du maître de maison, il enlève sa femme. Hélène est-elle consentante ? On ne le saura jamais... Beau et riche, Pâris ne manquait pas de charme.

■ L'étrangère
A Troie, elle est accueillie par Priam comme sa propre fille. Mais des ambassades grecques se succèdent, qui réclament son retour. Sans résultat ! Bientôt la guerre éclate. Tous les princes de Grèce, liés par le serment de Tyndare, sont dans le camp de Ménélas ; ils assiègent Troie pendant dix longues années.
Hélène, responsable de cette guerre, est détestée par les Troyens. Elle est l'étrangère. Compatriote des ennemis, elle les connaît bien, les désigne à Pâris et à ses soldats, mais en même temps on sait sa sympathie pour eux et on se méfie d'elle. Quand Ulysse s'introduit dans la ville, elle le reconnaît et ne le dénonce pas. Peut-être même l'aide-t-elle.
Cause de tout le drame, elle joue un double-jeu perfide, sachant que sa beauté la tirera toujours d'affaire.
Ainsi, elle donne des gages aux Grecs, les aide lors de leur assaut et, quand Ménélas arrive, furieux et l'épée à la main, elle se contente de se montrer à demi nue et les armes lui tombent des mains.

Responsable de la guerre
« Non, il ne faut pas s'indigner si les Troyens et les Achéens aux belles cnémides (jambières) souffrent depuis longtemps des maux pour une telle femme. Elle ressemble d'une façon terrible, quand elle s'offre de face, aux immortelles déesses. »
(*Iliade*, III, 159-160).

■ Défendue ou châtiée

Hélène a accumulé sur elle de terribles haines : retirée chez Polyxo, une ancienne amie dont le mari a été tué à Troie, elle sera tourmentée par les Érinyes, déguisées en servantes qui l'effraieront au point de l'amener au suicide (Pausanias), ou bien elle sera offerte en sacrifice par Iphigénie en Tauride, ou bien encore elle sera tuée par Thétis, irritée de la mort d'Achille.

Pourtant la beauté, malgré les ravages qu'elle provoque, trouve toujours des défenseurs. Hélène, de retour auprès de Ménélas, devient une excellente épouse. Certains disent que, sur le chemin du retour, Hélène et son mari gagnent Argos, précisément au moment où Oreste tue sa mère Clytemnestre. Celui-ci, se tournant vers Hélène, la rend responsable de tous ses malheurs et veut l'abattre. Mais Zeus et Apollon, sans doute sensibles à sa beauté et à un destin dont elle n'est pas maîtresse, la sauvent et lui octroient l'immortalité.

En compensation des tourments qu'elle a infligés à Ménélas, Hélène obtient aussi pour lui l'immortalité. Ils seront honorés dans de nombreux sanctuaires.

On dit aussi qu'elle vit éternellement dans l'île Blanche, en mer Noire, avec Achille qu'elle aurait épousé, au milieu de festins et de fêtes.

Les amours de Pâris et d'**Hélène** sont belles et attendrissantes, mais dangereuses parce qu'adultères : elles provoquent l'interminable guerre de Troie. Mais la beauté d'Hélène ne mérite-t-elle pas que l'on meure pour elle ?

Jacques-Louis David (1748-1825) : « Les amours de Pâris et Hélène » (détail). 1788. Huile sur toile.

Héphaïstos / Vulcain
Dieu grec et romain

Le forgeron
Magicien, Héphaïstos est doué d'habileté ; il possède un métier et une technique remarquables, uniques dans le monde des dieux.

Les patrons d'Athènes
« Héphaïstos et Athéna, qui ont même naturel, [...] parce que leur double amour de la science et de l'art les mène à un même but, reçurent tous deux, en un lot commun et unique, cette contrée-ci (Athènes). » (Platon, *Critias*, 109).

Héphaïstos dans son atelier de forgeron.
Amphore attique à figures noires du Ve s. av. J.-C.

Héphaïstos, ou Vulcain, est fils de Zeus et d'Héra. Certaines traditions disent qu'il est fils d'Héra seule, furieuse qu'Athéna soit née de Zeus seul. Mais cette version ne correspond pas à l'image que l'on se fait d'Héphaïstos fendant le crâne de son père pour permettre la mise au monde d'Athéna.

En tout état de cause, Héphaïstos est un dieu boiteux, soit qu'Héra, voyant la laideur de son fils, l'ait fait tomber de l'Olympe et que la chute l'ait handicapé définitivement (*L'Iliade*, XVIII, 394 sqq.), soit que Zeus l'ait précipité sur l'île de Lemnos parce qu'il avait pris le parti de sa mère lors d'une dispute conjugale (*L'Iliade*, I, 590 sqq.).

Il est élevé par Téthys et Eurynomé pendant neuf ans dans une grotte sous-marine. Là, il apprend le métier de forgeron, de bijoutier, et bien d'autres arts manuels.

■ L'artisan
Héphaïstos est le dieu du Feu. Les volcans sont ses ateliers, les cyclopes ses aides. Il fabrique broches, bijoux, bracelets, automates. Il aménage les demeures resplendissantes des dieux, forge le bouclier d'Achille et même les deux servantes d'or, semblables à des jeunes filles, qui l'aident à marcher (*L'Iliade*, XVIII, 417).

Héphaïstos forge un trône d'or magique qui immobilise celui qui s'y assoit et il l'envoie à Héra pour se venger de sa chute hors de l'Olympe. Héra s'y installe et se trouve enchaînée. Les dieux alors le rappellent afin de libérer sa mère (Pausanias, I, 20, 2).

Héphaïstos, dieu du Feu, combat avec le feu devant Troie. Il tue Clytios, le Géant, avec une barre de fer rougie.

■ Les amours d'Héphaïstos
Malgré son infirmité et sa laideur, Héphaïstos fut aimé des plus belles. Zeus lui donne pour femme Aphrodite.
Mais celle-ci le trompa effrontément avec Arès. Héphaïstos, prévenu, tendit un piège aux amants et les prit enlacés dans un filet invisible.

Héra / Junon
Déesse grecque et romaine

La protectrice de la femme mariée
Double féminin de Zeus, Héra détient au même titre que lui la souveraineté du monde.

Héra, ou Junon, fille de Cronos et de Rhéa, est élevée par Océan et Téthys. Elle épouse Zeus, son frère, à l'occasion de fêtes grandioses organisées dans le jardin des Hespérides, symbole de la fécondité, et au cours d'un éternel printemps. Ce mariage est commémoré à Samos, Argos et Platées par des célébrations solennelles : la statue de la déesse est vêtue en mariée et conduite en procession jusqu'au lit nuptial (Hésiode, *Théogonie*, 901 sqq.). On prétend qu'Héra retrouve annuellement sa virginité en se baignant dans la source Kanathos (Pausanias, II, 36, 2).

Ses fils les plus célèbres sont, selon certaines traditions conçus par elle seule, sans le secours du mâle, en frappant le sol de la main ou en mangeant une laitue : ainsi sont nés, non de l'amour mais du désir et de la haine, Typhon, l'être monstrueux capable de détrôner Zeus, Héphaïstos, le magicien (?), Arès, le dieu de la Guerre, et Hébé, la Jeunesse. Héra ne leur voue aucune tendresse, son seul souci étant la revendication des droits que lui confère le lit conjugal.

▪ La femme jalouse
Épouse légitime, elle souffre des infidélités nombreuses de son mari et poursuit de sa vengeance non seulement les maîtresses de Zeus, qu'elles soient consentantes ou non, mais aussi leurs enfants : elle introduit deux énormes serpents dans le berceau d'Héraclès ; elle met Io sous la garde d'Argos aux cent yeux ; elle suggère à Sémélé le désir de voir son amant dans toute sa gloire, sachant bien que la mortelle ne pourra supporter l'éclat de la foudre ; elle frappe de folie les parents adoptifs de Dionysos ; elle tente d'empêcher la naissance d'Apollon et d'Artémis.

Zeus, lui-même, ne peut pas grand-chose contre elle. Il se fâche parfois et suspend la déesse à l'Olympe en attachant des enclumes à ses pieds. Héphaïstos vient à son secours (*L'Iliade*, I, 567). Mais le plus souvent Zeus ruse, il cache ses enfants illégitimes, les transforme en animaux ou les enferme sous la terre.

▪ La femme coléreuse
Un jour, une longue discussion s'engage entre Zeus et Héra sur l'amour. Le premier prétend que la femme y éprouve plus de plaisir que l'homme, la seconde affirme le contraire. Ils décident de consulter Tirésias qui a fait l'expérience des deux sexes. Celui-ci dit que la femme ressent neuf fois plus de plaisir que l'homme, donnant ainsi raison à Zeus. Héra, furieuse de cette assertion, rend Tirésias aveugle.

Dépitée d'avoir perdu le concours de beauté jugé par Pâris, elle poursuit celui-ci de sa vindicte et prend position contre les Troyens, se faisant la protectrice d'Achille et de Ménélas.

La coléreuse
« Sa colère grondait contre toutes les femmes qui donnaient des enfants à Zeus, contre Léto surtout, la seule qui dût, par lui, mettre au monde un fils plus chéri qu'Arès. Elle-même du haut de l'Éther, dans son ire violente, indicible, elle guettait, elle fermait tout asile à Léto déchirée par les douleurs. Elle avait deux sentinelles à surveiller la terre ; l'un gardait le continent [...], l'autre gardait les vastes îles. » (Callimaque, *Hymne à Délos*, 55-65).

Héraclès / Hercule
Héros grec et romain

La force
S'il gagne l'immortalité, Héraclès mène d'abord une vie d'exploits et de souffrances surhumaines.

Héraclès, ou Hercule, est fils de Zeus et d'Alcmène, femme d'Amphitryon. Pour tromper la vertu d'Alcmène qu'il sait grande, le roi de l'Olympe a dû prendre l'apparence d'Amphitryon et, pour donner à l'enfant cet excès de force qui fera sa gloire, il a triplé la durée de la nuit d'amour (Diodore de Sicile, IV, 9, 2-3).

■ La jalousie d'Héra
Zeus met beaucoup d'espoir dans cette descendance. Le jour de la naissance, il annonce à tous les dieux l'arrivée d'un enfant qui sera roi. Mais Héra, toujours vindicative, fait retarder la venue d'Héraclès, et c'est Eurysthée, son cousin, qui vient au monde, un être veule et sans épaisseur. Zeus, fidèle à ses promesses, fera de lui le roi ; Héraclès ne sera qu'un champion à son service (Diodore de Sicile, IV, 9, 4-8).

Héraclès manifeste dès son berceau cette force qui lui a été donnée en étouffant les serpents envoyés par la jalouse Héra (Pindare, *Néméennes*, I, 38 sqq.). D'abord appelé Alcide (« Le Fort »), il devient Héraclès (« la gloire d'Héra ») en raison des épreuves imposées par la déesse (Diodore de Sicile, IV, 9, 2).

Héraclès reçoit son éducation de Linos le musicien. Il apprend auprès de lui les lettres et la musique. Mais, élève indiscipliné, il donne beaucoup de mal à son maître et, un jour que celui-ci veut le corriger, il se saisit d'un tabouret et lui en assène un tel coup que Linos en meurt. Traduit en justice, il est acquitté parce qu'il n'a voulu que se défendre.

Amphitryon craint les colères de son fils adoptif. Il l'envoie à la campagne et le charge de la garde des troupeaux. Un bouvier scythe, Teutaros, lui apprend à tirer à l'arc.

■ Le jeune prodige
A dix-huit ans, il tue le lion de Cithéron qui ravage les troupeaux de la région. Il met cinquante jours à l'atteindre et, chaque soir de cette longue chasse, à son retour au palais, le roi Thespios, qui désire avoir des petits-enfants du héros, met dans son lit une de ses cinquante filles. Héraclès a ainsi cinquante fils, les Thespiades, qui coloniseront la Sicile.

Il rencontre les envoyés d'Erginos, roi d'Orchomène, qui viennent réclamer le tribut imposé à Thèbes. Héraclès leur coupe nez et oreilles, et leur en fait des colliers en leur disant de porter ce tribut à leur maître. Une guerre s'ensuit qu'Héraclès gagne, et c'est Thèbes qui reçoit désormais une imposition double de celle qu'elle a versée. En remerciement, on lui donne en mariage, Mégara, la fille du roi de Thèbes.

Ce mariage n'est pas une réussite. Héra, toujours aussi jalouse, rend Héraclès fou : il tue ses enfants et va jusqu'à menacer Amphitryon, qui serait mort

---

La mère d'Héraclès
« Je vis Alcmène, femme d'Amphitryon, qui conçut l'impavide Héraclès au cœur de lion dans les bras du grand Zeus » (*L'Odyssée*, XI, 267).

sans l'intervention d'Athéna. Héraclès doit expier sa faute ; il ne peut plus vivre avec Mégara, il la quitte et se met au service d'Eurysthée.

■ **Les Douze Travaux**

Eurysthée lui impose les douze travaux qu'il devra accomplir dans les douze années de sa servitude.

Il étouffe le lion de Némée et se fait une armure de sa peau. Il coupe les nombreuses têtes de l'hydre de Lerne. Il ramène vivant l'énorme sanglier d'Érymanthe. Il poursuit pendant un an la biche d'Artémis sur le mont Cérynie, et la capture vivante. Il abat de ses flèches les oiseaux innombrables du lac Stymphale qui ravageaient les cultures et tuaient même les hommes. Il nettoie en une journée les écuries d'Augias en détournant le cours de deux fleuves, l'Alphée et le Pénée. Il ramène vivant le taureau furieux de Crète qui lance du feu par les naseaux. Il tue Diomède qui donne de la chair humaine à manger à ses chevaux. Il s'empare de la ceinture

Le plus grand des hommes

« C'est Héraclès, fils de Zeus, que je veux chanter, le plus grand — et de beaucoup — parmi les hommes de la terre. Celui que, dans Thèbes aux beaux chœurs, Alcmène mit au monde, après s'être unie au Cronide des nuées sombres. D'abord il erra sur la terre et la mer immenses, et souffrit ; mais il triompha à force de vaillance et, seul, il accomplit beaucoup de travaux audacieux, hors de pair. » (*Hymne homérique à Héraclès*, 1-8).

Héraclès apporte sur ses épaules le sanglier monstrueux qui vivait à Érymanthe et ravageait le pays. Érysthée, effrayé, est caché dans une jarre. C'est l'un des douze travaux imposés par Érysthée.

Détail d'une amphore attique, VI° s. av. J.-C.

HERACLES

La mort du héros

« Iolaos et ses compagnons firent les préparatifs ainsi commandés et se retirèrent à quelque distance pour assister à l'événement. Alors Héraclès monta sur le bûcher et demanda à un assistant, puis à un autre, et encore à un autre, d'y mettre le feu. Aucun n'osa obéir, sauf Philoctète ; Héraclès le récompensa en lui donnant son arc et ses flèches, et le jeune homme alluma le bûcher. Mais aussitôt la foudre tomba du ciel et le bûcher fut immédiatement consumé » (Diodore de Sicile, IV, 38, 4).

qu'Arès a donnée à l'amazone Hippolyté. Il prend en Extrême-Occident et conduit jusqu'en Grèce le troupeau de bœufs de Géryon, utilisant la coupe d'or du Soleil et se heurtant à nombre d'ennemis, dont Nélée, le roi de Pylos. Il ramène de l'Hadès le chien Cerbère qui en défend l'entrée. Enfin, il rapporte les pommes d'or du jardin des Hespérides, affrontant le Géant Antée, les Pygmées, le dragon Ladon et, au passage, il délivre Prométhée.

A la fin de chaque exploit, Héraclès rapporte ses trophées à Eurysthée. Celui-ci se terre dans une jarre de bronze, tant est grande sa frayeur face au héros.

■ Les autres exploits

On ne peut rapporter tous les exploits que l'on prête à Héraclès. Il délivre Troie d'un monstre, mais revient pour ravager la cité qui ne lui a pas versé son salaire. Il se défend contre les habitants de Cos, attaque la ville et enlève Chalciopé, la fille du roi. Souffrant, il est obligé de fuir devant Augias, qui ne l'a pas payé, mais tend une embuscade à ses lieutenants et les tue. Il combat contre Périclyménos, fils de Poséidon, qui a le pouvoir de se transformer en n'importe quel animal et qui prend ce jour-là la forme d'une abeille : celle-ci se pose sur le joug des chevaux ; Athéna prévient notre héros, qui tue la bête d'une de ses flèches.

Ses hauts faits dépassent les limites humaines. Il va partout, même aux Enfers. Il se mesure à des forces qui sont d'un autre ordre et parvient à blesser Hadès et Héra de ses flèches (*L'Iliade*, v. 390 sqq.). Il est, du fait de ses exploits, un surhomme, peut-être déjà un dieu.

Il est aussi un homme : il souffre dans le combat contre Augias, est réduit en esclavage à deux reprises sous le joug d'Eurysthée, un être méprisable et sous le joug d'une femme, Omphale. Héraclès allie les excès en tout genre.

■ L'apothéose

Héraclès obtient la main de Déjanire et vit avec elle à Calydon. Bientôt poursuivi par la malchance et la vindicte d'Héra, il tue accidentellement un page de son beau-père. Alors il part avec sa femme et son fils. Lors du passage du fleuve Événos, le centaure Nessos qui était passeur tente de violer Déjanire et, avant d'être tué par Héraclès, il a le temps de confier à Déjanire que son sang est un philtre d'amour qui pourrait lui ramener l'affection de son mari si elle venait à la perdre.

Par la suite, Héraclès devient fou et va consulter la Pythie. Celle-ci lui dit que, pour se libérer de ce mal, il doit se vendre comme esclave. Omphale, la reine de Lydie, l'achète et, pendant trois ans, il est à son service. Cette longue séparation de Déjanire l'amène à courtiser Iolé, la fille d'Eurytos. Mais Déjanire est prévenue et elle envoie à Héraclès un vêtement neuf qu'elle a imbibé du sang de Nessos.

Héraclès, ne se doutant de rien, revêt la tunique et est pris de souffrances indicibles. Il tente d'arracher le vêtement, mais celui-ci lui colle à la peau. Le philtre d'amour se révèle être un poison. Alors Héraclès fait élever un bûcher, s'y installe et demande à ses compagnons d'y mettre le feu.

Pendant que le feu prend de l'importance, un coup de tonnerre retentit, et Héraclès est enlevé au ciel. Il est immortalisé. Dans l'Olympe, il épouse Hébé (l'éternelle jeunesse) et se réconcilie avec Héra.

Hermès / Mercure
Dieu grec et romain

Le messager
Ruse, inventivité, connaissance et maîtrise des choses, telles sont les qualités éminentes d'Hermès.

Hermès, ou Mercure, est fils de Zeus et de la nymphe Maia. Il arrive à l'existence, comme sournoisement, alors que dorment dieux et hommes, il est celui qui surprend.

Dès sa naissance dans une grotte du mont Cyllène, il réussit à se défaire de ses langes et s'en va voler une partie du troupeau de son frère Apollon. Il emmène les bêtes dans sa caverne de Pylos et, pour brouiller la piste, les fait marcher à reculons. Il achète le silence de Battos qui l'a vu, sacrifie deux des bêtes volées, en fait douze parts pour les douze grands dieux de l'Olympe. Il cache le reste du troupeau et revient à la grotte. Ce vol lui vaut d'être reconnu comme dieu à part entière.

Cependant, Battos ne tient pas sa parole et dévoile la cachette d'Hermès. Apollon se précipite dans la grotte et se plaint à Maia des larcins de son fils. Celle-ci lui montre l'enfant, sagement endormi dans son berceau, et repousse ses accusations.

Hermès doit toutefois se défendre devant le tribunal de Zeus. Sa plaidoirie est si pleine d'esprit et adroite que le roi de l'Olympe rit en l'écoutant ; il accorde le règlement à l'amiable du différend entre les deux frères.

Hermès est le dieu de toute parole : la parole, véhicule des échanges, expression de la galanterie et des transports amoureux et message de connaissance, mais aussi la parole mensongère qui déguise la vérité, brouille les amants et discrédite les partages. Il est l'intermédiaire qui va des hommes à l'Olympe et de l'Olympe à l'Hadès.

■ **Dieu aux multiples pouvoirs**

Dieu du commerce, il est le seul qui soit parvenu à l'immortalité à la suite d'un contrat. Il préside aux échanges et conduit Priam dans le rachat du corps d'Hector (*L'Iliade*, XXIV, 317-330).

Dieu inventeur et magicien, dès qu'il est sorti de son berceau, il invente la lyre faite d'une carapace de tortue et en fait don à Apollon (*Hymne homérique à Hermès*, 24 sqq.). La flûte est aussi l'une de ses inventions, qu'il échange à Apollon contre la verge d'or (le caducée) et des leçons de divination. Il donne à Ulysse le *moly*, la plante magique qui protège des enchantements (*L'Odyssée*, X, 307).

Zeus est particulièrement fier de l'esprit créateur de son dernier-né ; il en fait son héraut personnel et celui des dieux infernaux, Hadès et Perséphone (*L'Odyssée*, V, 28). Messager, il vient après le déluge réaliser des désirs de Deucalion, il donne le bélier à la toison d'or à Néphélé, la lyre à Amphion, l'épée à Héraclès, le casque d'Hadès à Persée.

Dieu des voyageurs (*L'Odyssée*, XIV, 1-22), il a son image à tous les carrefours sous la forme d'un pilier portant une tête de barbu et un sexe viril très apparent. Il conduit Dionysos dans

Le Moly
« Hermès me donna l'herbe qu'il avait arrachée du sol et m'en expliqua la vertu. Sa racine était noire, sa fleur blanche comme le lait. Les dieux l'appellent Moly ; elle est difficile à arracher pour les hommes mortels ; mais les dieux peuvent tout. » (*L'Odyssée*, X, 307-308).

Hermès aux Enfers
« Hermès, dieu du Cyllène, appelait à lui les âmes des prétendants : il avait à la main la belle baguette en or dont il use à son gré pour clore les yeux des humains ou pour les tirer du sommeil. De sa baguette il menait la troupe, et les âmes suivaient, poussant de petits cris. Dans les profondes cavités d'une grotte, des chauves-souris s'envolent avec de petits cris quand l'une d'elles se détache de leur grappe suspendue à la roche. » (*L'Odyssée*, XXIV, 1 sqq.).

HERMES

Hermès porte les sandales ailées et le chapeau de voyage, le pétase. Il conduit le char d'Aphrodite, tiré par Éros et Psyché.

Bas-relief en terre cuite moulée provenant de Locri (Italie du Sud).

sa fuite devant Hera.

Dieu bienfaiteur, il sauve Ulysse en ordonnant à Calypso de le relâcher (*L'Odyssée*, V, 145), protège Héraclès en l'empêchant de combattre le fantôme de la méduse et, lorqu'Héraclès doit devenir esclave, il lui fournit une maîtresse en la personne d'Omphale. Il libère Arès du pot de bronze dans lequel les Géants l'ont enfermé et protège Zeus lui-même en arrachant Io, son amante, aux mains du monstre Argos et en lui rendant ses tendons volés par Typhon.

Mais, dieu des voleurs et des brigands, il est rusé, ambigu, trompeur. Les Grecs parlent du « coup d'Hermès » comme d'un coup de hasard, toujours douteux. Il accompagne les trois déesses Héra, Athéna et Aphrodite au concours de beauté qui va provoquer la guerre de Troie, porte le casque d'Hadès qui rend invisible, tue Hippolytos et sait le chemin qui conduit aux Enfers (*L'Odyssée*, XI, 626).

■ Sa descendance

Hermès aima Chioné, fille du roi Daedalion. Il eût d'elle Autolycos, le grand-père d'Ulysse. Parmi ses autres enfants, on connaît l'argonaute Érytos, Abdéros, l'amant d'Héraclès, Céphale le grand-père de Danaé et enfin, d'après des traditions posthomériques, le dieu Pan qu'il aurait eu de Pénélope, infidèle à Ulysse.

Héros
Surhommes mythiques

Les modèles
Hors du commun, les héros donnent une forme aux rêves les plus extraordinaires.

Hommes du temps passé ou du temps mythique, les héros détiennent une force et une puissance extraordinaires ; ce sont des demi-dieux. Leur naissance est merveilleuse, leur éducation exemplaire. Ils sont des pionniers et des créateurs. Dieux ou héros, l'une et l'autre appellation leur est donnée. On sait seulement qu'ils ne sont pas les plus grands des dieux, les maîtres du monde, et qu'ils ne sont pas de simples mortels. Ils constituent une catégorie à part.

■ Des êtres d'exception
La gloire leur est comme une seconde nature : ils accomplissent des hauts faits, gagnent des batailles difficiles, tentent des aventures périlleuses, éprouvent des sentiments excessifs, mais jamais vulgaires, vivent d'une vie débordante et se font une renommée éternelle. Tout d'une pièce, ils ont un caractère tranché, sont les parangons d'une vertu, d'une qualité, d'un don, parfois même d'un vice, en tout état de cause d'une singularité. Ils en sont l'expression la plus extrême : Ulysse est la ruse personnifiée ; Achille, la rapidité ; Hercule, la force.

■ Une image idéale
Les héros représentent des valeurs. Ils incarnent des ambitions, fournissent des images aux rêves impossibles. Ils sont l'expression de l'idéal d'une civilisation, idéal dont ils montrent à la fois la proximité et l'éloignement. Les héros sont les moteurs de l'évolution, ils indiquent une direction et inspirent les attitudes et les actes.

■ Des démiurges
On trouve dans de nombreuses civilisations, de l'Amérique du Nord à la Sibérie, de l'Afrique noire à l'Extrême-Orient, des héros civilisateurs, ancêtres mythiques, fondateurs des institutions, dispensateurs de la culture : ils ont reconstitué le monde après le déluge, modifié les formes du paysage, dérobé à l'« autre monde » le feu, la lumière et l'eau. Ils sont les exterminateurs de monstres, ils ont libéré l'humanité des grands fléaux.

Les tricksters
Les tricksters sont des héros civilisateurs d'un genre particulier, propre aux Amérindiens. Dieux ou hommes ? Sans doute ni l'un, ni l'autre. Ils ont des affinités avec certains animaux : le coyote, le corbeau, le vison, le geai ou la pie, sous les traits desquels ils sont dépeints.
Ils sont perpétuellement à la recherche d'aventures et prêts à utiliser leurs pouvoirs magiques. Soucieux ni du bien, ni du mal, ils compliquent la création et sont à l'origine de la souffrance et de la joie, meurent et ressuscitent, sont capables de toutes les facéties, mais, un peu stupides, trompent et souvent sont trompés.

Enthousiasme
« A toutes les grandes époques de l'Histoire, les hommes ont eu pour principe universel d'action un enthousiasme quelconque. Ceux qu'on appelait des héros, dans les siècles les plus reculés, avaient pour but de civiliser la terre... Vint ensuite l'enthousiasme de la patrie : il inspira tout ce qui s'est fait de grand et de beau chez les Grecs et chez les Romains. » (Mme de Staël, *De l'Allemagne*, t. 4).

Hestia

Déesse grecque

Le foyer domestique

Point fixe de la famille et de la cité, Hestia est le foyer autour duquel toute la vie s'organise.

Prière
« Hestia, dans toutes les demeures, terrestres ou célestes, on vous honore la première, le doux vin vous est offert, avant et après la fête. Dieux ou mortels ne peuvent jamais sans vous s'asseoir au banquet. » (prière avant le repas).

Hestia est fille de Cronos et de Rhéa, et donc sœur de Zeus et de Héra. Elle a obtenu du roi de l'Olympe le privilège de garder éternellement sa virginité.

Déesse du foyer, elle ne quitte pas les « hautes demeures des dieux éternels » (Hésiode, *Théogonie*, 454 sqq.) et n'intervient jamais dans l'histoire mouvementée des dieux. Elle est le point central, le lieu de ralliement.

Elle reçoit dans toutes les maisons des hommes des honneurs particuliers : le feu qui la symbolise ne s'éteint jamais ; on lui présente la jeune épousée et l'enfant naissant ; on l'invoque avant chaque repas. Elle prélève la première part de tous les sacrifices.

Elle est le centre de la cité où la flamme brûle sans cesse. A Rome, le temple de Vesta, la déesse romaine correspondant à Hestia, était desservi par de jeunes vierges, les vestales.

Horus

Dieu égyptien

Le roi du Ciel

Champion de la lumière contre les ténèbres, tel est Horus.

Paroles d'Horus
« Soyez prospères, ouailles du Soleil qui êtes issues du Grand qui est au ciel (Rê, le dieu Soleil). Que le souffle vital soit à vos narines et que votre linceul se détache. Car vous êtes les pleurs de mon œil resplendissant, en votre nom d'Hommes. » (*Le Livre des porches*).

Horus est considéré comme le fils de Rê ; il est l'époux d'Hathor, le frère de Seth et l'ancêtre des dynasties pharaoniques.

Horus a deux visages : il est tantôt Haroéris le grand, tantôt Harpocrate le jeune (un enfant suçant son doigt). Dieu à tête de faucon, il règne sur les espaces aériens. Ses deux yeux sont le Soleil et la Lune. Il veille à l'application des lois. Il est « pasteur des peuples » ; on le voit dans le *Livre des porches* tel un berger appuyé sur un long bâton.

Par la suite, il devient fils d'Isis et d'Osiris. Osiris est tué par son frère, Seth, et celui-ci s'empare du pouvoir. Isis réussit alors à se faire féconder par Osiris mort. Horus naît et entreprend de récupérer l'héritage de son père dont il poursuit le meurtrier. Le combat est dur, il y perd un œil (la Lune) que Thot va lui restituer, mais réussit à émasculer son ennemi. On admet qu'il a obtenu le delta, Seth restant maître de la Haute-Égypte. Mais on en fait bientôt le roi universel de la Terre, Seth n'étant plus que le dieu des barbares. Horus représente la lumière et Seth les ténèbres (*Textes des Pyramides*, 1463 sqq.).

Houang-ti / Huangdi
Héros culturel chinois

L'empereur jaune

Empereur légendaire de Chine, patron des alchimistes, des médecins et des devins, Houang-ti est l'un des pères du taoïsme.

La naissance de l'empereur est miraculeuse : sa mère fut fécondée par un éclair sorti de la Grande Ourse.

■ Le souverain

Houang-ti est le type du souverain. Il manie la lance et le bouclier, dresse les bêtes sauvages, et s'en sert pour soumettre les seigneurs de son entourage. Il fabrique un tambour qui s'entend au loin et impose le respect à tout l'empire.

Houang-ti est fondateur de civilisation, patron de l'alchimie, de la sexualité et de la médecine, — il aurait écrit le livre de médecine appelé *Livre de Houang-ti*. Il est l'inventeur des chars, des bateaux et des maisons. Empereur modèle, il sait que toute activité dans le monde (macrocosme) doit être précédée d'une mise en ordre du corps individuel (microcosme).

Pendant que ses sujets vivaient dans le bonheur, Houang-ti réjouissait tous ses sens, mais sa sensibilité s'émoussa. Après trente années de règne, il se sentit amaigri et fatigué. Il se dit : « Si je ne suis pas capable de faire du bien à moi-même, comment serais-je capable d'en faire à tous les êtres ? » Sur ce, il abandonna les soucis du gouvernement, se retira dans un appartement écarté et s'appliqua, durant trois mois, à régler ses pensées et son corps.

Un jour, il rêva qu'il se promenait dans le pays de Hoa-su-cheu. Dans ce pays on ne saurait aller ni en barque, ni en char ; seul le vol de l'âme y parvient : « Il n'y a pas de chef. Tout y marche spontanément. Le peuple n'a ni désir, ni convoitise, mais son instinct naturel seulement. Personne n'y aime la vie, n'y redoute la mort ; chacun vit jusqu'à son terme. Pas d'amitiés et pas de haines. Pas de gains et pas de pertes. Pas d'intérêts et pas de craintes. »

En se réveillant, Houang-ti réunit ses ministres et leur indiqua la voie du tao : « Le tao ne peut être cherché par les sens. Je le connais, je l'ai trouvé, mais je ne peux vous le dire. » Pendant vingt-huit nouvelles années de règne, Houang-ti appliqua la méthode de laisser aller toutes choses, et l'empire devint prospère presque autant que le pays de Hoa-su-cheu. Alors Houang-ti s'éleva dans le ciel comme un immortel. Le peuple le pleura pendant deux cents ans sans interruption (Lie-tseu, [Liezi] II).

■ La recherche de l'immortalité

Houang-ti vint demander au maître de sagesse Koang-tch'eng comment se conduire et se conserver. Le maître lui répondit : « Quand on ne regarde rien, qu'on n'écoute rien, qu'on enveloppe son esprit de recueillement, le corps devient spontanément droit. Sois recueilli, sois détaché, ne fatigue pas ton corps, n'émeus pas tes instincts et tu pourras durer toujours. » (Tchouang-tseu, [Zhuangzi] XI).

Le sage gouvernement
« L'empire peut être gouverné comme je gouverne mes chevaux, dit le garçon. — Houang-ti demande des explications et le garçon répond : J'écarte de mes chevaux ce qui pourrait leur nuire ; pour tout le reste, je les laisse faire. Je pense que dans le gouvernement des hommes, un empereur devrait se borner à cela. » (Tchouang-tseu, [Zhuangzi] XXIV, C).

Connaître le principe
« Veillez sur votre intérieur, défendez votre extérieur. Vouloir apprendre beaucoup de choses, voilà ce qui use... Connaître le principe, c'est la science globale, qui n'use pas. Se tenir en repos, dans sa contemplation, voilà ce qui fait durer toujours. Tout être qui se conserve garde sa vigueur. » (Tchouang tseu, [Zhuangzi] XI, D).

Inanna
Déesse sumérienne

La Dame du Ciel
Rusée, volontaire et revendicative, Inanna protège Uruk et apporte à sa ville la civilisation.

Inanna est la patronne d'Uruk. Déesse de l'Amour et de la Guerre, elle commande à la vie et à la mort.

Elle est appelée Inanna parce qu'elle est la « Dame du Ciel » : *In* signifiant « Dame » et *An* signifiant « Ciel ». Elle est associée, tantôt comme épouse, tantôt comme fille, à Anu, le maître du domaine céleste et le patron de la ville d'Uruk. Mais dieu lointain, Anu laisse à Inanna la charge des affaires de sa cité.

■ La protectrice d'Uruk
Enki le démiurge est le possesseur des *mé*, c'est-à-dire de tout ce qui fait la civilisation. Il en fait profiter sa ville, Éridu, qui vit ainsi dans la prospérité et la richesse. Inanna entreprend de les lui voler au profit de sa ville, Uruk. A cette fin elle l'invite à un banquet et parvient à l'enivrer. Elle peut ainsi commettre son larcin tandis qu'Enki s'abandonne à une douce somnolence. Le vol des *mé* n'en privera pas Éridu, mais désormais Uruk connaîtra le progrès et la civilisation (*Inanna et Enki*).

■ Une curieuse histoire d'amour
Inanna épouse le berger Dumuzi qui devient ainsi souverain de la cité. Elle est très amoureuse et le proclame haut et fort : « Je marche dans la joie !... Mon seigneur est digne du giron sacré. » Son mariage, son bonheur, pourtant, ne l'empêchent pas d'être revendicative.

Elle entreprend de descendre aux Enfers afin de prendre le pouvoir à sa sœur Ereshkigal qui les gouverne. Elle réussit à passer les sept portes, mais à chacune d'elles elle doit enlever l'un de ses vêtements. Elle arrive devant sa sœur, complètement nue, dépourvue de pouvoir, comme inerte.

Enlil, prévenu du malheur d'Inanna, envoie deux messagers apporter la « nourriture de vie » et l'« eau de vie ». Ils réussissent à ranimer « le cadavre qui pendait à un clou ».

Mais la loi qu'on impose alors à Inanna est stricte : si elle veut sortir des Enfers elle doit se trouver un remplaçant. Escortée de démons, les *galla*, elle revient sur terre pour chercher qui prendra sa place. Elle va à Umma, à Bad-Tibira, et là les divinités tutélaires se jettent à ses pieds pour lui demander pitié. Sensible à leur frayeur, elle repart et se retrouve enfin dans sa ville d'Uruk.

A Uruk, Dumuzi est assis sur son trône. Habillé richement, menant grande vie, il fait la fête et jouit du pouvoir comme si de rien n'était et sans être le moins du monde troublé par les tribulations qu'a connues Inanna. Celle-ci s'en aperçoit ; courroucée, elle fixe sur lui l'œil de mort et jette un cri : « Emportez-le ! » Alors les démons se saisissent de lui, le torturent et l'emmènent pour prendre la place d'Inanna aux Enfers. Il devra y rester une moitié de l'année.

Le salut de Dumuzi
« Selon toute vraisemblance, c'est Ereshkigal qui apitoyée par les larmes de Dumuzi, adoucit son triste destin en décidant que celui-ci ne resterait qu'une moitié de l'année dans le Monde inférieur et que sa sœur, Geshtinanna, le remplacerait durant l'autre moitié. » (S.N. Kramer, *The Sacred Marriage*, Indiana University Press, 1969, p. 69).

Indra
Dieu de l'Inde

L'invincible
Modèle exemplaire des guerriers, Indra est la personnification de l'exubérance de la vie.

Indra est un athlète. Il a une nuque puissante, une mâchoire d'or, une barbe lourde. Des bras musclés et des mains larges indiquent sa puissance. Sa vitalité se manifeste dans mille testicules et un gosier semblable à un fleuve. Il a un gigantesque appétit et une soif de soma insatiable. Indra est un adulte jeune, violent, courageux. Il a l'intelligence et la sagesse de la maturité. C'est un seigneur magnanime et un homme d'action. Son char, tout en or, est tiré par deux chevaux. Sa massue de jet est pourvue de mille pointes. Il est le combattant suprême, le chef.

Puissance divine dans tout ce qu'elle a de positif, Indra donne la vie, la lumière ; il crée le bœuf et le cheval, donne le lait à la vache, féconde toutes les femelles et a de nombreuses aventures avec des mortelles. Il est le bienfaiteur du monde entier.

Indra combat les ennemis de ses fidèles, renverse le rebelle Pipru, détruit ses fortifications (*Rig Veda*, IV, 16, 13), précipite Cambara du haut de la montagne (*Rig Veda*, IV, 30, 14), chasse les bandes du brigand Varcin. Il lutte contre les bandits, les coléreux, les avares, les sorciers.

■ Le dieu, « né pour tuer Vrtra »
Vrtra est un démon, fils de Tvastar. Il est le symbole de l'obstacle, de la fermeture. Foncièrement mauvais, il a fermé le grand espace entre le ciel et la terre (*Catapatha-brahmana*, I, 1, 3-4).

C'est un immense serpent sans pieds, ni mains, couché sur la montagne, sûr de sa puissance, résistant à tout ce qui est vie, à tout ce qui bouge. Il arrête les eaux, celles des torrents, celles des fleuves et même celles du ciel. Il est le désordre universel.

Indra l'écrase avec sa massue, il lui enfonce son arme dans la nuque et lui fend la tête. Ainsi, il libère les eaux, lesquelles se précipitent dans la mer. Cette victoire est totale et, pour toujours, elle permet la création de l'aube, le lever du soleil, l'affermissement du ciel et de la terre (*Rig Veda*, I, 80, 4). L'ordre du monde est rétabli, la Terre redevient habitable.

■ Les Maruts
Dans son combat, il est accompagné des Maruts, jeunes, beaux et parés d'or, qui chantent sans cesse ses louanges, le fortifient et l'entourent lors du sacrifice. Puissants et redoutables, ses compagnons volent au-dessus des montagnes, faisant trembler le paysage. Ils donnent naissance aux vents, aux éclairs et à la pluie. Ils inspirent les artistes et sont bienfaisants pour tous ; ils produisent la nourriture, la richesse et favorisent la victoire.

Trita Aptia est également à ses côtés. Lui aussi est un combattant, il abat le tricéphale Vicvarupa, participe au combat contre le démon Vrtra, libère les vaches enfermées par le démon Vala et permet donc l'acquisition de la nourriture (*Rig Veda*, I, 187, 1).

Un grand dieu
« Indra est le roi, le plus important des dieux ; tel est l'enseignement. Sa force et son énergie sont sans mesure ; il est doué de vigueur, son éclat est infini. » (*Mahabharata*, I, 123, 4769-4776).

INDRA

Les Açvins sont des dieux jumeaux, beaux et toujours jeunes. Sur un char doré et lumineux, ils font chaque jour le tour du ciel pour le bien de l'humanité. Ils sont thaumaturges et médecins. Ils rendent à Indra la force particulière qui lui avait été ravie par Namuci. On les a souvent comparés aux Dioscures, Castor et Pollux.

■ Le combat contre le démon Namuci

Namuci est un démon « qui ne lâche pas prise ». Indra n'a pas tout de suite le dessus et est obligé de conclure avec son adversaire un accord en vertu duquel il ne pourra le tuer ni la nuit, ni le jour, ni avec quelque chose de sec, ni avec quelque chose d'humide.

Namuci, le rusé, plein de fiel, réussit à réduire Indra à l'impuissance en mélangeant de l'alcool au soma et ainsi en le rendant ivre. Mais le dieu reçoit l'aide des Açvins et de la déesse Sarasvati qui le délivrent de son ivresse. Alors, il surprend Namuci au crépuscule et le décapite avec de l'écume (*Rig Veda*, 14, 13).

Indra est un dieu indo-européen très ancien. Sa fonction essentielle de « briseur d'obstacle et de dieu de la victoire » se retrouve dans l'*Indra* de l'*Avesta* iranien et dans le *Vahagn* arménien.

Un dieu védique

Indra est le dieu qui occupe la première place dans le panthéon védique, avec Mitra et Varuna. Par la suite, dans la religion hindouiste, son importance a beaucoup diminué face à Vishnu et Shiva. De chef des dieux régnant dans le « second » ciel, il devient un simple sujet de Vishnu, connaît la crainte et le désir et cesse peut-être même d'être immortel puisque certains brahmanes et certains héros sont souvent plus valeureux que lui.

Indra sur son éléphant et Vishnu sur son aigle contemplent le combat des animaux, les garudas, aigles, contre les serpents, au premier plan, et, derrière, les éléphants et les démons contre les tigres et les léopards.

Gouache sur papier, École Pahari, début XIXᵉ s., illustrant un manuscrit du Shiva-purana.

Ishtar
Déesse mésopotamienne

L'amante passionnée
Étoile du matin, Ishtar est la guerre. Étoile du soir, elle est amour et volupté.

Ishtar est toujours vierge, non parce qu'elle s'abstient de relations sexuelles, mais parce qu'elle retrouve périodiquement sa virginité en se baignant dans un lac. Elle est toujours suivie de ses deux servantes musiciennes, Ninatta et Kulitta.

Souvent confondue avec Inanna et Astarté, elle est la sœur et la femme de Tammuz, le Sumérien Dumuzi, qui, chaque année, meurt et descend aux Enfers et, chaque année, ressuscite et revient sur terre, accompagnant la végétation du printemps. Chaque année, on célèbre ainsi son deuil et son retour à la vie. Ézéchiel parle « des femmes assises sous le porche du temple de Yahweh et pleurant Tammuz » (Ézéchiel, VIII, 13).

■ Déesse de l'Amour
Grande amoureuse, Ishtar chante avec flamme son affection pour Dumuzi. Elle aime aussi Gilgamesh qui, connaissant bien sa vie déréglée, la repousse insolemment. Elle est la déesse de l'Amour, et ses temples sont des lieux de prostitution : chaque femme, à Babylone, doit en effet, au moins une fois dans sa vie, s'asseoir dans le temple et attendre qu'un étranger vienne, lui jette de l'argent et lui dise : « Je te somme au nom de la déesse. » Alors, elle suit cet homme et s'unit à lui (Hérodote, *Histoires*, L, 2).

Bienfaitrice, elle vient au secours de l'impuissance sexuelle. Sacrifices de moutons, émanations de parfums, libations de bière et mise au feu de figurines de cire, de suif, de bitume ou de bois étaient faits pour attirer son intervention.

■ Déesse de la Guerre
Guerrière farouche, Ishtar est cruelle et déterminée. Elle est représentée avec l'arc et le carquois et commande le combat. Elle fait la gloire de l'Assyrie et est responsable de la cruauté de ses rois : Assur-Nasirpal (883-859 av. J.-C.) est renommé pour la barbarie avec laquelle il traite les ennemis vaincus ; il les fait écorcher vifs ou leur fait couper les mains.

Déesse de la Guerre

« Irnini, tu es la plus altière, la plus grande des Igigou [ici considérés comme dieux célestes, par opposition aux Anunnaki, considérés comme dieux infernaux], tu es puissante et souveraine, et ton nom est sublime ! Toi, tu es la clarté des cieux et de la terre, ô héroïque fille de Sin, qui fais s'entrechoquer les armes et provoques le combat, qui concentres en toi tous les pouvoirs et portes la couronne souveraine. » (L.W. King, *Seven Tablets of Creation*, II, pl. LXXV).

Astarté

Astarté, ou Ashtart, déesse phénicienne, unit Aphrodite et Éros : elle est la séduction et le désordre érotique. Déesse de l'Amour, elle est honorée dans de nombreux pays de l'Orient. On trouve ses temples à Tyr, à Carthage et à Chypre. La Bible la dit « déesse sidonienne », car les rois de Sidon sont prêtres d'Astarté. Mais c'est aussi une déesse lascive, et il arrive que son culte comporte des rites orgiaques. Elle a été confondue parfois avec Anat, sœur et/ou amante de Baal, avec Athirat, épouse du dieu El, et enfin avec Inanna, la fille du dieu An.

Isis
Déesse égyptienne

La grande magicienne
Grande bienfaitrice, Isis met ses pouvoirs magiques au service de la vie, celle d'Osiris et celle de tous les hommes.

Charme d'amour
« Rends-la aveugle pour qu'elle ne sache où elle est. Mets-lui le feu aux fesses (quelle vulgarité !), jusqu'à ce qu'elle vienne à moi, pour qu'elle m'aime tout le temps, et qu'elle ne puisse boire ni manger, jusqu'à ce qu'elle vienne jusqu'à moi et m'aime tout le temps. » (*Charme d'amour*, British Museum).

Isis porte un disque solaire et des cornes de vache. Elle est fille de Geb et de Nout, l'épouse fidèle et dévouée d'Osiris, et la mère attentive d'Horus. Elle est mère, protectrice de l'amour et maîtresse du destin.

Son pouvoir a été obtenu par ruse : elle crée ainsi un serpent qu'elle place sur le chemin de Rê. Le dieu Soleil est piqué, et on le prévient qu'il ne guérira que s'il prononce son nom secret. De plus en plus empoisonné par le venin qui pénètre dans ses veines, Rê est obligé de parler, et Isis s'approprie avec le nom une partie du pouvoir du dieu.

Isis se met à la recherche du corps de son époux enfermé par Seth dans un coffre. Elle le trouve à Byblos et le cache. Mais Seth s'empare du corps, le découpe en quatorze morceaux, qu'il disperse. Isis parvient à en rassembler treize et à se faire féconder. L'enfant à naître sera Horus.

Magicienne, elle guérit son fils piqué par un serpent. Le culte d'Isis et d'Osiris parti d'Égypte s'étend à tout le Moyen-Orient.

Itzamma
Dieu maya

Le lézard
Dieu du Ciel, Itzamma est le créateur et le civilisateur de l'humanité.

Dieu des aristocrates
Le culte semble avoir été réservé aux autorités et aux riches. Le petit peuple lui préfère des dieux plus accessibles comme Chaak (dieu de la pluie), Kukulkan (dieu du vent), Ah-Puch (dieu de la mort).

Itzamma, fils de Hunab Ku, a les traits d'un vieillard édenté aux joues tombantes et au nez proéminent. Il est le seigneur du jour et de la nuit. Inventeur de l'écriture hiéroglyphique, il a donné les noms des lieux et distribué les terres aux différentes tribus.

Il apparaît parfois sous la forme d'un énorme serpent qui représente le ciel, et dont la bouche crache à la fois la pluie fécondante et le déluge. Itzamma est un dieu ambivalent, tantôt redoutable, tantôt bienveillant. Médecin, il enseigne son savoir aux guérisseurs.

Itzamma est l'objet d'un culte au début de chaque année : on lui sacrifie un chien ou même une victime humaine. Le sacrifié est jeté du haut d'une pyramide sur un tas de pierres tranchantes. Une fois au sol, on lui arrache le cœur pour en faire l'offrande au dieu.

Janus
Dieu romain

Celui qui sait
« Janus préside à tout ce qui commence, Jupiter à tout ce qui culmine. »

Janus est le dieu à double face. Il regarde devant, il regarde derrière, à l'intérieur et à l'extérieur, à droite et à gauche, en haut et en bas. Il connaît le pour et le contre. Il est la clairvoyance absolue.

▪ Le dieu des transitions
Janus est le dieu des commencements. Il préside à tous les débuts d'entreprises, au départ à la guerre, à l'avènement du royaume. Le mois qui porte son nom est le premier de l'année.

Dieu du passage, il fait la transition entre la vie sauvage et la vie civilisée, entre la paix et la guerre, entre la ville et la campagne (son temple est aux portes de Rome). Janus est la porte qui ouvre la maison *(janua)*. Le passage qui donne accès à la rue, l'initiation des jeunes gens qui entrent dans la vie adulte.

Originaire de Thessalie, Janus est accueilli par Camèse avec qui il partage un royaume dans le Latium. Il s'installe sur la colline qui va porter son nom, le Janicule. Sa femme, Camisé ou Camasené, engendre des enfants, dont Tiber, qui donnera son nom au Tibre. Après la mort de Camèse, il règne seul sur le Latium et y accueille Saturne chassé par Jupiter.

▪ L'âge d'or
Premier roi, Janus fait régner l'ordre. C'est un véritable âge d'or : les hommes sont bons, la richesse abonde, le pays vit en paix. Janus invente la monnaie, la culture du sol et la législation.

Après sa mort, Janus est divinisé et assure la protection de Rome. Quand Romulus et ses amis enlèvent les Sabines, les Sabins attaquent la ville. La fille du gardien du Capitole trahit ses compatriotes et laisse le passage aux ennemis. Ceux-ci entreprennent de monter sur les hauteurs. Ils vont l'emporter, quand Janus fait jaillir une source d'eau chaude qui les terrifie et leur fait rebrousser chemin.

Depuis ce jour, le temple de Janus reste ouvert en temps de guerre afin de laisser au dieu la possibilité d'agir. Il est fermé en temps de paix.

Après la fondation de la République, une des fonctions royales est conservée, celle de *rex sacrorum* ou *rex sacrificulus*. Le prêtre investi offre régulièrement des sacrifices au dieu.

Le gardien du monde
« Quelles que soient les choses que tes yeux te font voir, ciel, mer, nuage, terre, elles sont mon domaine et restent dans ma main. Mon office est de garder le vaste monde. » (Ovide, *Les Fastes*, I, 117).

Janus, le dieu au double visage, omniprésent et énigmatique.
Tête provenant du sanctuaire celto-ligure de Roquepertuse, IIIe-IIe s. av. J.-C.

Jason
Héros grec

La quête de la Toison d'or
Des aventures longues, dures et périlleuses révèlent un Jason courageux et volage.

Jason est fils d'Aeson, roi d'Iolcos. Celui-ci s'est vu détrôné par son demi-frère, Pélias ; il a donc demandé au centaure Chiron d'assurer l'éducation de l'enfant dans la montagne du Pélion. Jason est élevé durement ; il apprend l'art de la guerre, de la chasse, la musique et la médecine.

Un jour, Pélias organise un grand sacrifice en l'honneur de Poséidon. Jason revient à Iolcos pour la cérémonie. Il est habillé, comme il l'était dans la montagne, d'une peau de panthère et il porte une lance dans chaque main. Sur le chemin, il traverse un fleuve et y perd une sandale. A Iolcos, il s'installe quelques jours chez son père, puis se présente à Pélias, le roi. A sa vue, celui-ci prend peur, un oracle lui ayant prédit jadis que sa chute viendrait d'un homme qui n'aurait qu'une sandale.

■ La Toison d'or
Jason réclame à Pélias le pouvoir qui lui revient. Sans s'y opposer, le roi lui impose une épreuve qui montrera s'il est un digne : ramener de Colchide la Toison d'or. Cette toison est celle du bélier qui jadis a transporté Phrixos dans les airs. Consacrée à Arès par le roi de Colchide, Aiétès, elle est gardée par un dragon toujours en éveil. En lui-même, Pélias espère que Jason ne reviendra pas de cette mission impossible.

Jason fait appel à des compagnons. Les plus vaillants des Grecs, toujours prêts à l'aventure, accourent auprès de lui. Athéna aide à la construction du navire *Argo*, nécessaire à l'expédition. Ils partent, franchissent mille obstacles et livrent mille combats. Le passage des terribles Symplégades est célèbre : il s'agit de rochers énormes, toujours en mouvement, qui tantôt s'écartent, tantôt s'entrechoquent. Il faut partir au bon moment et aller vite. Quand les Argonautes passent, la poupe du navire est touchée par les rochers, mais ils sont sains et saufs.

Arrivé en Colchide, Jason demande la Toison d'or à Aiétès. Celui-ci la lui promet s'il réussit à mettre sous le joug le taureau aux pieds de bronze et aux naseaux de feu. La chance sourit à notre héros. Médée, la fille d'Aiétès, s'est prise de passion pour lui et, utilisant des sortilèges, le rend capable d'accomplir les tâches prescrites. Le roi résiste pourtant et ne veut pas tenir ses promesses. Alors, de guerre lasse, Jason vole la Toison et part en emmenant avec lui Médée qu'il épouse.

■ Jason et Médée
Médée est le salut de Jason. Afin d'éloigner la colère d'Aiétès qui les poursuit, elle égorge son frère, le dépèce et en jette les morceaux un à un par-dessus bord. Le roi, occupé à les récupérer et à les enterrer, perd rapidement leurs traces. Arrivée à Iolcos, elle persuade les filles de

---

Un bel homme
« Arriva, portant deux javelots, un homme étonnant. Un double vêtement le couvrait : la tunique nationale s'ajustait à ses membres admirables et une peau de panthère l'abritait contre le frisson des pluies. Il n'avait pas laissé couper les boucles magnifiques de sa chevelure : elles incendiaient tout son dos. Faisant l'essai de son âme intrépide, il allait droit devant lui. » (Pindare, *Pythiques*, IV, 76-85).

Pélias de tuer leur père et de le faire bouillir dans un chaudron : « Ainsi, dit-elle, il retrouvera une nouvelle jeunesse. » Le forfait accompli, la place est libre et Jason monte sur le trône.

Jason et Médée vivent heureux, d'abord à Iolcos, puis à Corinthe. Peu à peu cependant, malgré tout ce qu'il lui doit, Jason se lasse de Médée. Il s'éprend de Créuse, la fille du roi Créon de Corinthe et répudie Médée. Celle-ci fait semblant de se soumettre et envoie même un cadeau à la nouvelle épouse. Il s'agit d'une robe imbibée d'un poison violent qui se répand dans les veines de celle qui la porte. Créon, venu au secours de sa fille, est également atteint, tandis que le palais prend feu. Dans sa colère, Médée tue aussi les enfants qu'elle a eus de Jason et elle est enlevée dans les airs sur un char merveilleux.

Détermination de Médée

« Amies, mon acte est résolu : au plus vite, tuer mes fils et m'éloigner du pays. Je ne veux pas, par mon retard, livrer mes enfants aux coups meurtriers d'une main plus hostile. De toute façon, ils doivent mourir, et puisqu'il le faut, c'est nous qui les tuerons après leur avoir donné la vie. Alors cuirasse-toi, mon cœur. » (Euripide, *Médée*, 1236-1243).

Jason et ses compagnons apeurés font face au dragon menaçant et aux taureaux aux naseaux de feu.

« Jason et la Toison d'or », gravure anonyme, 1655.

Kama
Dieu de l'Inde

L'amour
Kama est la personnification du désir, du plaisir sensuel et tout particulièrement sexuel.

« Fais que Kama vive et chauffe le monde. Sans Kama, je ne désire rien » *(Kumarasambhava).*

Sans doute le plus ancien des dieux, Kama a fait surgir dans l'esprit du créateur le désir d'autres êtres. On lui donne différents noms : Dipaka (« l'Allumeur ») ; Gritsa (« le Pénétrant ») ; Mayi (« le Trompeur ») ; Mara (« le Destructeur ») ; Ragavrinta (« le Chemin de la passion ») ; Titha (« le Feu »). Son épouse est Rati (« la Volupté »).

Kama est un beau jeune homme, monté sur un perroquet, armé d'un arc fait de canne à sucre et de flèches faites de boutons de lotus. Sitôt né, il regarde autour de lui et se demande qui il va enflammer.

■ Le dieu « sans corps »
Kama est toujours prêt à provoquer l'amour, chez les hommes ou chez les dieux, comme nous le rapporte l'épisode suivant. Sati ne peut supporter l'attitude méprisante de son père Daksa envers son époux Shiva. Elle se suicide en se jetant dans le feu. Shiva, choqué, se retire dans l'Himalaya et commence à se soumettre à la contemplation, à observer une continence totale et une ascèse profonde.

Une femme s'installe auprès de lui. C'est Parvati, la montagnarde. Elle est un retrait, humble et respectueuse. En silence, elle prend la même position que lui, accomplit les mêmes exercices, suit les mêmes règles. Elle espère attirer son attention et gagner son amour. Sati, toujours amoureuse, s'est réincarnée en elle.

Pendant ce temps, le monde est menacé par Taraka, un démon à qui Brahma a accordé l'invulnérabilité. Seul, un rejeton de Shiva pourrait le terrasser. Mais comment faire puisque le dieu se complaît dans une continence totale et qu'il ne daigne pas jeter un regard sur la femme qui se présente à lui ? Les dieux s'adressent à Kama. Celui-ci se rend auprès de Shiva avec son épouse Rati. Il trompe le « gardien de la porte », Nandin, en se transformant en une brise parfumée. Puis, reprenant sa forme habituelle, il guette le dieu, attend soixante millions d'années et envoie sa première flèche.

Shiva ouvre les yeux, voit Parvati et est rempli de désirs. Il comprend tout de suite que Kama l'a sorti de sa profonde méditation ; il le découvre et le réduit en cendres. Shiva se tourne alors vers Parvati et, admirant la pureté de son attitude, il lui promet d'accomplir son vœu le plus cher. Parvati répond : « Que Kama vive et chauffe le monde. » Kama vivra, mais sans corps. Cet épisode vaut à Kama le nom de *Ananga*, « sans corps » — un comble pour le dieu du désir ! —, mais il explique aussi sa présence cachée et perpétuellement agissante dans le monde.

Shiva et Parvati s'unissent. Un fils, Kumara, leur naît, qui met à mort le démon *(Kumarasambhava).*

Le « gardien de la porte »
La mythologie hindoue connaît un certain nombre de « gardiens de la porte ». Leur mission est de protéger un secret contre les indiscrétions d'autrui. Ganesha et le taureau Nandin font partie de la suite de Shiva : le premier protège l'intimité de Parvati ; le second les relations sexuelles ou l'ascétisme de Shiva.

Kami
Esprits bienfaisants japonais

Les puissances de la nature
Les kami, supérieurs aux hommes, sont les manifestations des forces naturelles.

Tout ce qui est grand et inexpliqué est kami. Il y en a quatre-vingts millions. Les kami ancestraux ne sont autres que les ancêtres divinisés. On trouve aussi les kami des frontières, ceux d'un art, ceux des saisons, de la pluie, du beau temps et de l'orage, et même des kami étrangers. La liste n'est jamais close.

Il fut un temps où les arbres et les herbes parlaient (*Nibongi*, 2e mois, 16e année de l'empereur Kimmei). Les pierres elles-mêmes sont parfois de grandes divinités *(Kojiki)*. On leur adresse des prières et, en cas de sécheresse, on obtient d'elles la pluie *(Izumo Fudoki, Tatenui no kôri)*. Les animaux, les rivières, les lacs et les mers sont objets de vénération. Ils sont des forces personnifiées, des êtres vivants, qui ont une action sur l'homme et s'imposent à lui. Ce sont des kami, auxquels on offre parfois des sacrifices humains (*Nibongi*, 10e mois de la 40e année de l'empereur Keiko).

■ Les montagnes sacrées
Les montagnes sont particulièrement vénérées : certaines sont les corps mêmes des divinités, comme le Miwayama ; d'autres sont les domiciles des dieux qui, de leurs sommets, envoient l'eau des sources. La divinité de la montagne, le *yama no kami,* se montre le plus souvent sous la forme d'un serpent, hideux et effrayant ; on lui donne le sexe féminin. Quand il descend dans les plaines, il devient *ta no kami,* la divinité des champs qui fait pousser les plantes.

N'importe quoi peut être déclaré kami. On raconte qu'un certain Oube No Oshi dit que tel insecte est le dieu de l'au-delà. Les gens le croient et se mettent à vénérer la bête ; ils la prient pour obtenir richesses et longue vie, et organisent en son honneur fêtes et cérémonies. Un lieu lui est consacré, des offrandes lui sont faites, elle est honorée de chants et de danses. Cela dure longtemps... jusqu'au moment où un homme sensé fait constater qu'il ne se passe rien et ridiculise Oube No Oshi (*Nibongi*, XII).

Le saké, boisson mystérieuse en raison de ses effets enivrants, est l'offrande préférée des kami.

Les kannushi

Les kannushi sont gens puissants : maîtres ou possesseurs d'une divinité, ils parlent pour elle, agissent en son nom, exercent son autorité. Ils transmettent les prières aux kami et sont capables même de les faire agir. Le *Wei-chich* parle de la reine des Wa (Japonais), Pimiko, qui sait ensorceler le peuple. Elle ne se marie pas et n'apparaît que très rarement en public ; elle est l'intermédiaire entre le monde des esprits et la terre des hommes. Son frère cadet exerce la réalité du pouvoir, mais sous son ordre. Pimiko est une kannushi.

Le monde des innombrables kami

« ...de là cette multitude de kami dont les textes classiques diront qu'ils sont *ya o-yorozu,* "huit cents myriades", autrement dit innombrables. Dans ces conditions, traduire kami par dieux est sans doute inadéquat... Mieux vaudrait parler de *numina* à la manière romaine. » (R. Sieffert, *Les Religions du Japon,* Paris, 1968, p. 12).

Krishna
Dieu de l'Inde

L'avatar de Vishnu
Krishna, ou Krsna, est aimable enfant et guerrier impitoyable, adoré des bergères et inaccessible.

Krishna soulève le Mont Govardhana pour protéger les bergers menacés par la foudre.

Bois avec traces de polychromie.
XVIII⁰ s.

Krishna naît à Mathura, au nord d'Agra, à la fin du troisième âge du monde. Sa mère est Devaki et son père Vasudeva. Il a le teint sombre ; son nom signifie « le Noir ». Les maisons hindoues ont souvent une image de Krishna sous la forme d'un enfant volant du beurre ou d'un berger jouant de la flûte.

A cette époque, Kamsa, frère de Devaki, règne sur Mathura. Il sait, par un oracle, qu'un de ses neveux le fera mourir. En conséquence, il tient sa sœur prisonnière et tue les enfants qu'elle a. Le premier à lui échapper est Balarama. Puis vient Krishna. Pour qu'il soit épargné, on lui substitue, dès la naissance, la fille du berger Nanda et de Yasoda, née au même instant.

Doué d'une force et d'une intelligence exceptionnelles, Krishna se joue des ennemis placés sur son chemin. Lorsque Putana lui donne au sein un lait empoisonné, il en boit tant qu'il épuise la substance même de la vie de la démone. Il tue Trnavarta qui voulait l'enlever dans les airs. Mais quand Kamsa entreprend de supprimer tous les enfants un peu exceptionnels de la région, Nanda l'emmène avec Balarama à Gokula, où ils se cachent pendant sept ans.

A Gokula, Krishna reste un enfant prodigieux. Il tue le monstre Baka qui s'était présenté sous la forme d'une grue, de même qu'Arista qui avait pris celle d'un buffle et Kesin qui avait pris celle d'un cheval. Il combat Kaliya, le roi des serpents, qui mettait son venin dans les eaux de la Yamuna ; il danse sur sa tête, mais, reconnaissant que Kaliya ne faisait que respecter les lois de son espèce, il lui accorde la vie sauve et l'envoie dans l'Océan.

Il est fêté chez les bergers et il les invite à remplacer les cérémonies en l'honneur d'Indra par des sacrifices offerts aux divini-

tés des montagnes et des forêts. Le dieu se fâche, provoque un orage terrifiant, et Krishna doit protéger ses amis en tenant le mont Govardhana au-dessus de leurs têtes pour en faire une sorte de parasol. Indra reconnaît alors en Krishna un avatar de Vishnu.

- **Le grand amoureux**

Il est choyé par les bergères, il danse avec elles et accompagne leurs chants avec sa flûte. Un jour qu'elles sont au bain, il leur cache leurs vêtements et les oblige ainsi à venir nues, une à une, les lui demander. Il épouse mille d'entre elles, mais sa favorite est Radha, « celle qui plaît » *(Gitagovinda)*.

Enfin, il tue Kamsa et devient le maître du royaume. Mais, très vite, il s'en éloigne et fonde la ville mythique de Dvaraka où les siens viennent le rejoindre. Il y épouse Rukmini-Lakshmi, la fille du roi des Vidarbha. Les fêtes de ces épousailles sont grandioses *(Bhagavata-Purana)*. Il s'installe ensuite dans une vie fastueuse avec ses seize mille cent femmes et ses cent quatre-vingt mille enfants, vie entrecoupée cependant de multiples combats contre les démons, d'un duel avec son cousin, le roi Ciçupala, et de la guerre des Bharata, sujet de l'immense poème appelé *Mahabharata*.

Krishna est plein de ruses. Dans le combat que se livrent Pandavas et Kauravas, les premiers ont en face d'eux un capitaine particulièrement invulnérable. Seule une nouvelle très affligeante peut endormir ses défenses. Krishna a l'idée de lui faire annoncer la mort de son fils, Asvatthaman, et, pour qu'il n'y ait pas mensonge, on donne le nom d'Asvatthaman à un éléphant mort. La ruse réussit et l'ennemi est tué *(Mahabharata, VII, 8694-8892)*.

Kama, dieu de l'amour, tire une flèche en forme de lotus sur **Krishna**. Gouache. XVIIe s.

- **Le cocher d'Arjuna**

Ensuite, Krishna s'incarne à nouveau dans la personne du cocher d'Arjuna qui se bat dans les rangs des Pandavas. Très adroit à conduire le char, il est aussi l'ami, le conseiller, le soutien efficace de son maître. De longues conversations s'engagent entre eux. Arjuna y dit ses scrupules de conscience devant une guerre fratricide, ses hésitations, ses doutes. Krishna le libère de sa pathétique angoisse, fortifie son courage et lui dispense son enseignement.

Krishna est un sage, il ne combat pas. Pourtant, une fois, il s'avance au-devant de l'ennemi. Arjuna hésite, il a peur pour sa vie, il a des doutes sur le bien-fondé de la bataille. Krishna prend sa place, descend du char et fait un pas, deux pas vers Bhisma, l'adversaire. Au dixième pas, Arjuna arrive et dit : « Cette charge est toute à moi, c'est moi qui tuerai », et il

Le bienfaisant

« La vie est insupportable sans toi, Krishna ; comme un lotus sans eau, comme une nuit sans lune, telle je suis sans toi, mon bien-aimé » (Mira Baï, in A.N.-Basu, *Mira Baï*, Londres, 1934).

KRISHNA

Un grand dieu
« Bien que je sois le non-né, bien que je sois impérissable dans mon existence propre, bien que je sois le Seigneur de toutes les existences, cependant je repose sur ma propre nature et je prends naissance par ma propre Mâyâ » (*Bhagavad-Gita*, IV, 6).

trouve l'énergie qui lui manquait (*Mahabharata*, VI, 2597).

Quand l'ennemi détient l'arme absolue que l'on peut fabriquer avec n'importe quoi en soufflant dessus et en disant un mantra, Krishna est là, il prévient et conseille. Asvatthaman utilise l'arme absolue. Krishna pousse un cri et dit à Arjuna de lancer « l'arme qui désarme les armes ». Deux grands *rsi* s'interposent entre les deux armes. Ils demandent aux combattants de rappeler chacun leur trait. Arjuna, qui est pur, le fait sans difficulté, mais Asvatthaman, qui n'est pas pur, ne peut le faire ; il ne peut que le détourner et il l'envoie sur les enfants à naître des Pandavas. Seul se trouve sauvé l'enfant qu'attend la belle-fille d'un Pandava, et Krishna le dit. Asvatthaman, furieux, veut viser aussi cet embryon. Il naîtra en effet mort-né. Mais Krishna, qui se révèle ici un grand dieu, le ressuscitera aussitôt et il sauvera ainsi la race. Dans la foulée, il condamne l'ennemi à une solitude de trois mille ans (*Mahabharata*, X, 729).

Une querelle au sein des Yadavas, son clan, déclenche une lutte furieuse où tous périssent. Krishna se retire alors dans la forêt et est atteint d'une flèche perdue. La blessure est au talon, son seul point vulnérable. Il en meurt et il monte au ciel des dieux où il retrouve sa forme divine.

Krishna est l'incarnation de Vishnu. Il est dieu suprême, objet de la dévotion que l'on appelle *bhakti*. La bhakti, comme le dit Jan Gonda dans *Les Religions de l'Inde*, est un abandon, un dévouement profond, une affection personnelle et passionnée, un besoin de s'unir à l'objet de son culte. L'amour des bergères pour Krishna est un modèle de cet attachement au dieu et les chants du *Gitagovinda* sont le « Cantique des Cantiques » de l'Inde.

Krishna est devenu le dieu unique de bien des sectes hindoues.

Krishna jouant de la flûte, femmes, bêtes et nature sont sous le charme de ses mélodies. Peinture murale. XXe s.

Kumarbi
Dieu hourrite

Le rival
Dernier souverain des dieux antiques, Kumarbi est lui-même détrôné par le jeune dieu Tesub.

Pendant neuf ans, Alalu occupe le trône divin ; le puissant Anu se tient devant lui. La neuvième année, Anu livre bataille à Alalu, le vainc et s'assied sur le trône. Kumarbi, le puissant, se prosterne à ses pieds. Mais la rivalité naît entre le souverain et son serviteur : Anu ne peut plus supporter l'éclat de Kumarbi, il s'en dégage et s'enfuit comme un oiseau vers le ciel. Kumarbi le poursuit pour le précipiter du ciel, « il lui mord les genoux et avale sa virilité ».

Kumarbi se réjouit. Anu se retourne et dit : « J'ai déposé en toi un lourd fardeau. Je t'ai imprégné de trois puissants dieux : Tesub, le dieu de l'Orage, celui du Fleuve, Aranzah (le Tigre) et le grand dieu Tashmishu. » Kumarbi crache. Le crachat tombe à terre, emportant la semence d'Anu, et de cette semence naissent les dieux annoncés.

Alors Kumarbi est détrôné au profit de Tesub, dieu de l'Orage *(La Royauté aux cieux)*.

■ La vengeance de Kumarbi

Kumarbi, déchu, complote contre le dieu de l'Orage.

Il prend son bâton à la main, « chausse les vents à ses pieds comme sandales rapides, quitte sa ville et va vers une très grande pierre de trois milles (?) de longueur et un mille et demi (?) de largeur ». Il rêve de créer un monstre qui écrasera son rival. Il couche avec la pierre comme on le fait avec une femme.

Le fils de Kumarbi et de la pierre vient au monde. Kumarbi lui donne le nom d'Ullikummi et il dit : « Qu'au Ciel il monte et assume la royauté... Qu'il abatte le dieu de l'Orage, qu'il l'écrase comme on fait le sel, qu'il le foule au pied comme une fourmi. »

■ Ullikummi

Ullikummi est une roche, il a un corps de diorite. Il est confié aux Irshirra, déesses servantes de Kumarbi, qui le placent comme une flèche sur l'épaule droite d'Upelluri (le Monde). La pierre grandit, elle atteint la hauteur des temples et du kuntarra des cieux (la demeure des dieux).

Le Soleil et le dieu de l'Orage se concertent. Ishtar, la déesse de l'Amour, essaie ses charmes sur Ullikummi, le monstre, sans résultat. Il reste impassible. Le combat s'engage, mais Tesub, qui ne peut retenir l'ennemi, est vaincu, et Ullikummi continue de grandir ; il fait trembler les cieux, oblige Hébat, l'épouse de Tesub, à quitter son temple.

Les dieux s'assemblent. Ils décident une nouvelle tactique : ils coupent les pieds d'Ullikummi. Celui-ci ne peut plus avancer, il est défait et, avec lui, Kumarbi qui l'avait suscité *(Le Chant d'Ullikummi)*.

Bien que dieu déchu, Kumarbi ne sera pas rejeté parmi les dieux infernaux. Son culte se maintiendra longtemps dans les religions hourrite et hittite.

Le rival de Tesub
« Ignores-tu, ô Upelluri, ignores-tu la nouvelle ? Ne le connais-tu pas ce dieu puissant que Kumarbi a façonné pour l'opposer aux dieux, pour comploter la mort du dieu de l'Orage ? Il a façonné un rival pour le dieu de l'Orage. Il se dresse dans la mer comme un rocher de diorite. Ne le connais-tu pas ? Comme une tour il s'est élevé, il a obstrué les cieux, la sainte maison des dieux et de Hébat. »
(Le Chant d'Ullikummi).

Lakhsmi

Déesse de l'Inde

L'énergie de Vishnu
Bonheur, beauté, richesse, prospérité sont les dons de Lakhsmi.

Lakhsmi est aussi appelée Shri, qui signifie « splendeur ». Et, comme tout homme qui a réussi est censé être sous la protection de la déesse, on fait précéder son nom de Shri.

Lakhsmi vit dans un décor somptueux, fait d'étoffes précieuses, de bijoux, d'instruments de musique et d'animaux familiers. Elle est montée sur un paon, où debout sur une fleur de lotus. Elle est la beauté personnifiée.

Épouse de Vishnu, elle incarne la force et la puissance du grand dieu. Elle agit pendant que Vishnu sommeille, indifférent et impassible, sur son serpent. Lorsque Vishnu s'incarne en Rama, elle sort d'un sillon pour devenir son épouse. Elle est aussi Radha, la favorite de Krishna, autre avatar du dieu.

Bienfaitrice, elle distribue ses largesses sans dire pourquoi l'un est favorisé tandis que l'autre ne l'est pas. Elle est la fortune avec tout ce que celle-ci comporte d'aléatoire et d'injuste.

Quand le jeune marié amène sa femme dans sa maison, il y amène Lakhsmi. L'épouse doit porter des bijoux et être habillée d'une robe comportant au moins un brocard d'or. L'or est le symbole de la déesse. Les bijoux sont le signe que Lakhsmi est présente.

Lares

Dieux romains

Les gardiens
Placés aux carrefours et dans les enclos privés, les lares assurent la protection des lieux habités.

Les lares familiaris
« Parmi ces lémures (ou âmes humaines), les uns ont reçu en partage la mission de veiller sur leurs descendants, et leur puissance paisible et tranquille est maîtresse de la maison : on leur donne le nom de *lar familiaris* » (Apulée, *Au Dieu de Socrate*, 152).

Jupiter aime la nymphe Juturne et cherche par tous les moyens à l'atteindre. Celle-ci se refuse et fuit. Le dieu réunit alors toutes les nymphes pour leur demander de l'aider. Elles acceptent, mais l'une d'entre elles, Lara, rapporte ces faits à Junon.

Jupiter, furieux, lui arrache la langue et la confie à Mercure pour qu'il l'emmène aux Enfers. En cours de route, Mercure lui fait violence et elle accouche de jumeaux, les dieux lares (Ovide, *Les Fastes*, II, 583 sqq.).

Les lares sont les divinités protectrices d'un terroir. Ils sont représentés par deux garçons accompagnés d'un chien. On distingue les *lares compitales*, que l'on trouve dans la campagne, aux carrefours, lieux privilégiés de la rencontre, et qui sont vénérés lors des *Compitalia*, au mois de janvier, et les *lares familiaires*, protecteurs du domaine familial, à qui le maître de maison offre une couronne en disant : « Que cette demeure soit pour nous une source de biens, de bénédiction, de félicité et de bonne chance. » (Plaute, *Les Trois Écus*, 40-41).

Léviathan
Monstre phénicien

La puissance hostile
Personnification du Mal, Léviathan doit être vaincu pour l'avènement des temps nouveaux.

Léviathan est un monstre féroce. Sa vue seule suffit à terrasser. Sa force est incomparable. Il porte une double cuirasse. Son dos ressemble à une rangée de boucliers, si proches les uns des autres qu'un souffle ne peut s'y infiltrer. De sa gueule, jaillissent des étincelles de feu. Ses naseaux crachent de la fumée. Son haleine allumerait des charbons. « Quand il se dresse, les eaux prennent peur » (Job, 41, 17). Son cœur est dur comme la pierre. « Pour lui, le fer n'est que paille, et l'airain, du bois pourri » (Job, 41, 19).

Dans la mythologie phénicienne, Léviathan vient du chaos primitif. Vaincu par le Créateur aux origines, il s'est réfugié dans la mer et sait encore manifester sa méchanceté. Comme une bête à l'affût, il se fait oublier, feint le sommeil, attend le bon moment pour bondir et écorcher ses victimes. Il « devient féroce quand on l'éveille. Nul ne peut lui résister en face » (Job, 41, 2).

Il est l'Égypte pour les Hébreux qui y sont maintenus prisonniers, Babylone pour ceux qui y sont en exil, Rome pour les colonisés de l'Empire. Il est le pouvoir pour ceux qui y sont asservis et l'argent pour ceux qui en sont esclaves. Léviathan est entrave, handicap, paralysie. Il est contraire au bon ordre, à la bonne marche des choses, au salut des hommes et au règne de Dieu.

Il est enchaîné pendant mille ans, puis il est relâché. Il entreprend alors d'affermir son pouvoir. Séducteur, Léviathan sait conquérir les rois et les peuples « des quatre coins de la Terre ». Ses fidèles sont « aussi nombreux que le sable de la mer » (*Apocalypse*, 20, 8). Il investit le camp des saints.

« Serpent fuyard, serpent tortueux » (Isaïe, 27, 1), Léviathan vient du fond des âges et du profond de l'être. Il est l'instinct dans ce qu'il a de plus indiscipliné, de plus sauvage, de plus antagoniste à la loi ou à Dieu. Il est toujours présent, caché dans chaque individu, dans les structures sociales, dans les inventions des hommes. Il agit sournoisement, sans se faire remarquer, mais d'une façon très efficace. Il apparaît là où l'on l'attend le moins.

Il est l'ennemi qu'il faut abattre, la bête qu'il faut éliminer, l'animalité qu'il faut dépasser. Il est le monstre qui s'oppose à Dieu et aux amis de Dieu, la force primitive, protagoniste du combat cosmique qui s'est engagé au début des temps et qui ne se terminera que lorsque tout sera consommé. Léviathan est le Mal.

Seul Dieu, « qui fracasse les têtes de Léviathan pour en faire la pâture des bêtes sauvages » (*Psaume* 74, 14), seuls les anges de Dieu « qui maîtrisent le dragon, l'antique serpent » (*Apocalypse*, 20, 1) peuvent le vaincre définitivement et permettre ainsi l'avènement de la Jérusalem céleste.

L'inabordable
« Et Léviathan [...]. Est-ce lui qui te suppliera longuement, te parlera d'un ton timide ? S'engagera-t-il par contrat envers toi, pour devenir ton serviteur à vie ? T'amusera-t-il comme un passereau, l'attacheras-tu par la joie de tes filles ? Sera-t-il mis en vente par des associés, puis débité entre marchands ? Cribleras-tu sa peau de dards, piqueras-tu sa tête avec le harpon ? Pose seulement la main sur lui au souvenir de la lutte, tu ne recommenceras plus. »
(Job, 40, 27-32).

Loki
Dieu nordique

Le désordre
Fourberie, désordre, malveillance et perversité, tels sont les traits de caractère de Loki.

L'Asgard est la forteresse des dieux.

Hoenir est un dieu inconnu.

Idunn est la femme de Bragi, le dieu de la Poésie. Elle détient les pommes de jouvence qui permettent aux dieux de rester perpétuellement jeunes.

Loki est fils de Laufey et de Farbauti, un couple de géants, constitutif du monde primitif. Extrêmement beau et séduisant, il est le génie de l'air et du feu. Il a engendré les monstres les plus horribles : Hel, la déesse hideuse, gardienne de l'empire des morts, dont le corps est minoir mi-bleu, et Fenrir, le grand esprit mauvais. Loki est celui qui fait obstacle à tout, qui interdit au monde d'être heureux.

Loki est joueur. Il ne cesse de faire des plaisanteries, amusantes ou cruelles pour lui et pour les autres. Petit diablotin malicieux, il se livre aux pires pitreries pour dérider la géante Skadi, à de truculentes gauloiseries, pour amener Thor à se déguiser en femme. Il n'a pas le sens de la mesure, prend des risques tout en se divertissant et se trouve pris dans des aventures inextricables dont il ne se sort que par ruse et fourberie.

■ L'amoral
Loki n'a aucun sens moral. Il met ses prodigieux talents aussi bien au service du bien que du mal. Il n'a pas d'ami, pas de but à atteindre, pas de cause à défendre. Rien ne lui semble interdit. Il est « mauvais d'esprit et très instable dans ses mœurs » (*Gylfaginning*, XXXII) ; c'est l'esprit du mal dans toute son étendue. Il est voleur, adultère et meurtrier. Il provoque la guerre finale où tous les dieux et lui-même seront anéantis.

Magicien, Loki a le pouvoir de se métamorphoser : il devient jument pour séduire l'étalon qui participe à la construction de l'Asgard, faucon pour enlever Idunn, mouche pour voler le collier de Freyja, sorcier pour empêcher Balder de sortir de chez Hel, phoque pour lutter contre Heimdallr.

■ L'enlèvement d'Idunn
Un jour, Thor, Loki et Hoenir voyagent. Ils sont à court de vivres, voient un troupeau de bœufs, en tuent un et le mettent à cuire dans une fosse. Mais la viande reste crue. Le géant Thjazi, apparaissant sous la forme d'un aigle, exige d'avoir sa part du festin et, ayant permis la cuisson, s'empare des plus beaux morceaux : les cuisses et les épaules. Loki, furieux, lui assène un grand coup de bâton, lequel reste fiché sur le dos de l'aigle et collé aux mains de Loki. L'aigle prend son vol et Loki reste attaché à lui.

Loki supplie son ravisseur de le détacher. Thjazi accepte à la condition qu'il promette de faire sortir Idunn de l'Asgard avec ses pommes de jouvence. Loki, libéré, attire Idunn dans une forêt en lui disant qu'il a trouvé des pommes merveilleuses qu'il voudrait comparer aux siennes. Alors Thjazi, ayant à nouveau pris la forme d'un aigle, arrive et s'empare d'Idunn.

Mais les Ases pâtissent de la disparition d'Idunn. Ils deviennent bientôt âgés et grisonnants. Ils s'assemblent et découvrent que, la dernière fois qu'ils ont vu Idunn, elle était en compagnie de Loki. Ils exigent de lui qu'il rende la déesse. Celui-ci demande que Freyja lui prête la forme d'un faucon. Ainsi affublé, il profite de l'absence de Thjazi pour enlever Idunn.

Le géant se fâche et se précipite à la recherche de la déesse. Il parvient à l'Asgard après l'arrivée de Loki. Les Ases, qui ont préparé des faix de copeaux, y mettent le feu et brûlent ainsi les ailes de l'aigle. Skadi, la fille de Thjazi, veut venger son père. Les Ases lui offrent des compensations et l'autorisent à se choisir un mari parmi eux. En retour, elle demande en gage de conciliation — ce qu'elle les juge incapables de réaliser : la faire rire. C'était parler sans connaître Loki : celui-ci se livre à de telles pitreries, qu'elle éclate de rire et la paix est conclue (*Skaldskaparmal*, I).

- **Le pari**

Un autre jour, Loki a malicieusement coupé les cheveux de Sif. Thor se met en colère et l'abattrait sur place si Loki ne promettait d'obtenir pour Sif une chevelure d'or. Loki fait fabriquer par les nains une chevelure devant pousser ferme dès qu'elle serait sur la tête de Sif, puis un bateau appelé *Skidbladnir*, qui aura vent en poupe dès que la voile sera hissée, et enfin une lance appelée *Gunguir*, qui ne peut jamais s'arrêter quand on s'en sert pour frapper.

Il fait le pari avec le nain Brokk qu'il ne fabriquera pas d'objets aussi précieux que ceux-là. Brokk se met alors à fabriquer un verrat qui peut courir dans les airs et sur l'eau, nuit et jour, plus vite que n'importe quel cheval, un anneau d'or d'où dégouttent toutes les neuf nuits huit anneaux aussi pesants que lui, et enfin un marteau avec lequel on peut assener des coups aussi puissants qu'on le veut, sans que le manche branle.

Les Ases décrètent que le marteau est le plus précieux de tous ces objets et déclarent le nain vainqueur. Loki offre de payer une rançon pour avoir la vie sauve, mais le nain ne l'entend pas ainsi et veut lui couper la tête. « La tête, oui, dit Loki, mais pas le cou. » Alors le nain perce les lèvres de sa victime et lui coud la bouche, mais Loki déchire les trous de couture (*Skaldskaparmal*, XXXIII).

- **Les sarcasmes**

Loki vient provoquer les dieux assemblés pour un banquet. Un à un, il les outrage, les insulte et leur dit leurs vérités. Chacun d'eux tente de répondre et d'arrêter le flot d'injures. Rien n'y fait. Thor sort alors son puissant marteau et menace Loki de l'abattre sur lui. Celui-ci s'adresse à Thor, l'invective à nouveau puis s'en va en disant : « Devant toi seul, je sortirai. Car je sais que tu frapperas » (*Lokasenna*).

Loki en a vraiment trop fait. Les dieux sont très fâchés et se liguent contre lui. Ils le poursuivent jusque dans la cascade où il s'est transformé en saumon. Ils fabriquent un filet semblable à celui que Loki lui-même avait un jour fait et le prennent. Ils le transportent dans une grotte.

Les dieux l'enchaînent sur des pierres tranchantes avec les intestins de son fils. Skadi prend un serpent venimeux et l'attache au-dessus de son visage. Sigyn, la femme de Loki, tient un bassin sous le venin. Mais, quand le bassin est plein, elle va le vider et le venin dégoutte sur Loki qui tressaille si rudement que toute la terre tremble : c'est ainsi qu'il y a des tremblements de terre (*Gylfaginning*, XLIX).

LOKI

Sif est l'épouse de Thor.

Le bateau *Skidbladnir* est pliable et démontable, assez semblable à ceux que l'on portait en procession lors des cultes.

Le trouble-fête
« Faut que j'entre dans la halle d'Aegir pour voir ce banquet ; discordes et dissensions j'apporte aux fils des Ases et mêlerai maléfices à leur hydromel » (*Lokasenna*, II).

Un piège pour Loki
« Quand Kvasir aperçut les cendres légères laissées dans le feu par le filet consumé, il pensa que ce devait être un instrument pour prendre du poisson et il le dit aux Ases. Alors ils fabriquèrent un filet selon qu'ils avaient vu dans les cendres que Loki avait faites. Quand le filet fut prêt, ils allèrent à la rivière et le jetèrent dans la cascade » (*Gylfaginning*, XLIX).

Lugh
Dieu irlandais

Le polytechnicien
Dieu exceptionnel, Lugh est « hors fonction » parce qu'il les assume toutes.

Lugh est fils de Delbaeth, qui est un fomoiré ou génie malfaisant, et d'Éri. Guerrier, sage, magicien, musicien, maître de toutes les techniques, il est le chef des Tuatha Dé Danann.

Les fomoirés, êtres horribles et exécrés, occupent l'Irlande et oppriment ses habitants. Le roi des Tuatha Dé Danann, Nuada, a perdu un bras au cours d'un combat. Cette infirmité le rend inapte à régner. Les Tuatha Dé Danann, afin de se concilier les bonnes grâces des occupants, élisent comme roi le fomoiré Bres. Mais Bres se révèle un mauvais roi qui exploite ses sujets.

Après un certain temps, on oblige Bres à restituer le pouvoir et le dieu-médecin Diancecht, « à la longue prise », fabrique pour Nuada la prothèse d'un bras d'argent ayant toutes les qualités d'un bras naturel. D'abord apeuré, Bres s'enfuit chez son père, le roi des fomoirés, puis recrute une immense armée et envahit l'Irlande.

Se présente alors un jeune et brillant guerrier, Lugh. Il prétend détenir toutes les capacités et il le prouve : à la harpe, il joue les trois airs de la musique irlandaise (l'air qui fait pleurer, l'air qui endort et l'air qui donne la joie) ; il remet à sa place la pierre de Fal que ne pouvaient déplacer que quatre-vingts bœufs ; enfin, il gagne un tournoi d'échecs contre le roi. Celui-ci le proclame sage entre les sages, lui donne le trône pendant treize jours et le charge d'organiser le combat contre les fomoirés.

Lugh distribue les rôles : les druides lieront les eaux au détriment des fomoirés, les sorciers jetteront un sort aux ennemis, les artisans fabriqueront les armes, les champions mèneront la lutte, les médecins soigneront les blessés... Tout est si bien mis en ordre que les fomoirés sont vaincus et Bres fait prisonnier. On lui laisse la vie sauve à la condition qu'il donne les secrets de la prospérité.

Lugh participe peu au combat. Trop précieux en raison de ses compétences, il reste au-dessus de la mêlée. Parcourant les deux camps, il prononce « la malédiction suprême », provoquant ainsi la victoire. Seule une action d'éclat est à son actif : d'un coup de fronde, il perce l'œil de Balor, au regard paralysant, et dont la paupière ne pouvait être soulevée que par un crochet.

Une autre version du même texte montre la rivalité entre Nuada et Lugh. Ce dernier est attaché à un pilier par le roi qui veut garder pour lui la gloire du combat. Mais Lugh brise ses chaînes et remporte la lutte presque à lui seul (*Cath Maighe Tuireadh*).

■ Llud, roi de l'île de Bretagne

Lugh a été confondu avec Llud, roi de l'île de Bretagne. Celui-ci est bâtisseur et guerrier. Trois fléaux désolent son royaume : des envahisseurs apparaissent

---

Le multiple artiste

« Quand Nuada eut vu les nombreux talents de Lugh, il se mit à réfléchir et se demanda si un homme aussi habile ne pourrait pas rendre le peuple de la déesse Dana libre de la servitude imposée par les fomoirés. Il en délibéra avec son conseil, et voici la résolution à laquelle il s'arrêta : il changea de siège avec Lugh. Lugh le multiple artiste alla s'asseoir sur le trône du roi et le roi se leva devant lui ; on rendit cet honneur à Lugh pendant treize jours. » (*Bataille de Moytura*, J, 74).

qui entendent toute conversation à travers l'île ; tous les premier mai, deux dragons terribles se livrent un duel et poussent des cris tels que les êtres vivants, hommes et animaux, sont pris de stupeur et stérilisés ; enfin, un magicien vient voler nuitamment les provisions de bouche que le roi peut entasser.

Lorsqu'il est venu à bout de ces trois fléaux, il se trouve muni de trois avantages : il détient une drogue magique suffisamment puissante pour triompher de tout envahisseur plus savant que lui ; les deux dragons morts se révèlent être un talisman contre les ennemis ; puis le voleur, dompté restitue l'énorme quantité de provisions volées (*Cyfranc Llydd a Llevelis*).

Le culte de Lugh s'est répandu bien au-delà de l'Irlande. En sont témoins les villes de Lyon (*Lugdunum* = citadelle de Lug), Laon (Aisne), Laudun (Gard), Loudun (Vienne), etc. A Lyon, le dieu a été honoré sur la colline de Fourvière.

Dagda
Autre dieu irlandais, Dagda, est glouton et débordant de sexualité (*Cath Maighe Tuireadh*). Il possède une massue qui tue par un bout et ressuscite par l'autre, une harpe magique qui joue toute seule des airs merveilleux et un chaudron « que jamais troupe ne quitte sans être rassasiée ».

Maât
Déesse égyptienne

L'équilibre
Représentant l'ordre social et cosmique, Maât est la gardienne de la morale et des rites.

Maât est fille de Rê, le dieu Soleil ; les dieux l'aiment, car elle est la condition de leur existence et de leurs fonctions.

Maât est l'offrande que les rois font au dieu, sous la forme d'une statuette portée au creux de la main. Elle est l'offrande par excellence, car elle englobe toutes les autres. Elle est la justice et la vérité, le poids juste avec lequel on juge le cœur du défunt, l'ordonnance des rites de la religion, l'éthique de la vie sociale. Les juges portent son effigie sur la poitrine. Le vizir, chef suprême des tribunaux, est dit « prêtre de Maât ».

Maât est l'ordre. Elle dispose du bon déroulement de la vie individuelle, préside aux relations sociales et authentifie les actions du pouvoir. Maât est présente partout où s'accomplit ce qui est prescrit. Tous, du roi au plus simple sujet, sont chargés de la faire régner. Elle représente la philosophie de la société égyptienne.

Elle était là dès l'origine de l'univers, veillant à l'équilibre de tout, au rapport harmonieux des êtres, à leur cohésion indispensable. Elle maintient l'ordre du Ciel comme celui de la Terre. Elle est responsable des saisons, du jour et de la nuit, du mouvement des astres et de la chute des pluies. Son rôle est à la fois cosmique et social.

L'action permanente de Maât
« Maât est grande et son action est permanente. Elle n'a jamais été dans le trouble depuis le temps de son créateur... Tandis qu'il y a punition pour qui transgresse ses lois. Elle est le chemin devant l'inexpérimenté » (le vizir Iséi à son fils, *in Mythes et Croyances du monde entier*, Paris, 1986).

Marduk
Dieu babylonien

Le souverain
Issu d'une nouvelle génération de dieux, Marduk devient, en même temps que le champion, le souverain universel.

Fils d'Ea et de Damkina, Marduk est dès sa naissance pourvu d'une double essence divine et d'un quadruple entendement. Son épouse est Zarpanitou, son fils Nabou, dieu des scribes.

Marduk est le champion des dieux d'une nouvelle génération, qui représentent la vie, la civilisation, le progrès — les dieux primordiaux étant le chaos primitif, la nature inorganisée, la force brutale sans intelligence.

Marduk crée les vents et soulève la tempête. Les dieux premiers-nés peinent au vent et ruminent le mal dans leur cœur. Ils disent à Tiamat : « Venge Apsou, ton époux, et Moummou qui fut mis aux fers. Marche au combat. » « Tiamat revêt d'épouvante des dragons furieux et les charge d'éclat surnaturel... onze espèces, elle créa » (*Enouma Elish,* tablette I, 135-140). Elle met Kingou à la tête de son armée.

L'assemblée des dieux se réunit et propose à Marduk de les défendre. Celui-ci accepte à la condition d'obtenir le pouvoir suprême. Au premier regard, la démarche de Kingou devient vacillante. Mais Tiamat se tient droite et ne détourne pas la tête. Tiamat et Marduk se ruent l'un contre l'autre. Le seigneur enveloppe son adversaire dans un filet et lance un vent mauvais. Tiamat ouvre la gueule pour l'engloutir. Le vent dilate son corps, son ventre est gonflé. Marduk lance une flèche qui lui déchire les entrailles et lui perce le cœur. Alors, il se dresse sur son cadavre. C'est la débandade. Il piétine les ennemis et Kingou est mis au rang des dieux morts.

■ La création de l'homme
Marduk examine le cadavre. Il le coupe en deux comme un poisson séché. D'une moitié, il fait la voûte céleste ; il y construit le palais Eshara qui est le Ciel, où Anu, Enlil et Ea ont leurs demeures. De l'autre moitié, il fait la Terre : il accumule les montagnes sur sa tête, ouvre dans ses yeux l'Euphrate et le Tigre, met sur son sein des collines opulentes et fonde les sanctuaires. A la vue de ces merveilles, les dieux sont dans l'admiration. « Je veux, dit Marduk, faire un réseau de sang, former une ossature pour produire une espèce d'êtres dont le nom sera : homme » (*Enouma Elish,* tablette VI, 1). Sur lui « reposera le service des dieux pour leur soulagement » (*Enouma Elish*).

Il prend Kingou qui a fomenté la guerre, il lui tranche les veines et, de son sang, il crée l'humanité. Marduk reste le responsable de l'ordre dans le monde. Quand Erra, le dieu de la Mort obtient par ruse que Marduk se lève de son siège, le monde est inversé, la lumière du Soleil se sont infestées de brigands, l'homme mange l'homme. L'ordre n'est rétabli que lorsque Marduk reprend sa place.

L'organisateur de l'univers
« Marduk imagina des stations pour les grands dieux, et organisa en constellations leurs répliques, les étoiles. Il détermina l'année, délimita les sections, à chacun des douze mois, il assigna trois étoiles. Après avoir ainsi marqué les périodes de l'année par des signes, il fonda la station Nibirou (Jupiter, l'étoile de Marduk) pour déterminer leurs rapports afin que personne ne commette de faute ni de négligence » (*Enouma Elish,* tablette V, 1-5).

Minos
Héros grec

Le protégé des dieux
Avec l'aide des dieux, Minos est l'inventeur d'une civilisation juste et sévère.

Minos est fils de Zeus qui, pour féconder Europe, a pris la forme d'un taureau. Il est élevé par Astérion, roi de Crète. Sa femme est Pasiphaé, ses frères Sarpédon et Rhadamante. Il aura Phèdre pour fille. Minos est un homme dur, juste et sourcilleux. Se connaissant l'appui des dieux, il est sûr de lui et intraitable. Ses ambitions sont grandes et son courage exemplaire.

Minos est beau, fort et séduisant. Les femmes tombent dans ses bras partout où il va : c'est Scylla, la fille du roi de Mégare, Périboea, une Athénienne destinée à être sacrifiée, et bien d'autres. Il s'intéresse aussi aux jeunes garçons ; il serait l'inventeur de la pédérastie. Pasiphaé est furieuse de ses frasques. Elle décide de se venger et lui jette un sort : à partir de ce jour, toutes ses conquêtes sont dévorées par des scorpions et des serpents qui sortent de son sperme.

Lorsque Astérion meurt, Minos évince ses frères qu'il envoie en exil, réclame le pouvoir et assure que les dieux le lui destinent — la preuve en étant que ses prières sont toujours exaucées. Ainsi il prie Poséidon de faire sortir de la mer un taureau pour

Cnossos la Grande
« Cnossos, une grande cité, où dès l'âge de neuf ans régna Minos, le confident du grand Zeus » (*L'Odyssée*, XIX, 178).

Le palais de Cnossos, en Crète, domaine de **Minos.** Le taureau y est l'emblème national. On en voit les imposantes cornes symboliques qui dominent le paysage.

Propylée sud, Minoen récent, 1700/1400 av. J.-C. Les cornes sont une reconstitution.

qu'il lui sacrifie et le phénomène se réalise aussitôt. Le trône lui est donc accordé sans discussion et le taureau reste le talisman de la royauté crétoise.

■ **Le Minotaure**

Le taureau de Poséidon est une belle bête. Il séduit Minos qui ne veut pas le perdre : il le met dans son troupeau et sacrifie à la sauvette un autre animal plus commun et de moins grand prix. Alors Poséidon se fâche, donne au taureau une sauvagerie inquiétante et en fait l'objet des désirs irrépressibles de Pasiphaé.

Celle-ci ne sait comment assouvir sa passion. Elle demande l'aide de Dédale. Il lui confectionne alors une génisse, faite de bois et de cuir, dans laquelle la femme pourra se mettre et ainsi se présenter à la bête. Le simulacre est si parfait que le taureau s'y trompe et l'accouplement se réalise. De ces amours naît un être monstrueux à tête de taureau et à corps d'homme, le Minotaure.

Minos est effrayé. Que faire de cet animal fou et violent dans la cité ? Il décide de l'enfermer et fait construire par Dédale un immense palais composé d'une telle quantité de salles et de couloirs imbriqués les uns dans les autres que personne ne peut y retrouver son chemin. Le Minotaure régnera en maître dans ce labyrinthe ; il y gardera ses secrets ; y parcourra le long chemin et y exercera sa cruauté.

Chaque année, Minos donne en pâture au monstre sept jeunes filles et sept jeunes gens, offrande au monde étrange qui est à la base du royaume. Thésée réussira à mettre fin à ce carnage.

■ **La thalassocratie**

Minos a la réputation d'un roi bon, doux et juste. Il est le maître que l'on respecte et que l'on craint. Ses décisions sont irrévocables, ses lois remarquables et données en exemple dans bien des pays. Il est vrai qu'elles sont inspirées directement par Zeus, que Minos va consulter tous les neuf ans à la caverne de l'Ida où le roi de l'Olympe a été élevé. Sa royauté est d'origine divine, l'exercice qu'il en fait est aussi marqué par les dieux.

Minos nettoie la région des pirates qui l'infestaient, il possède une armée puissante, une autorité reconnue, une suprématie incontestée. Il impose ses lois et sa paix aux îles de la mer Égée et répand la civilisation crétoise bien au-delà des frontières.

Quelques expéditions militaires marquent son règne : il part pour venger l'assassinat de son fils Androgée, il prend la ville de Mégare grâce à la trahison de la fille du roi du pays, Scylla, qu'il a séduite, et réduit Athènes à merci à la suite d'une épidémie de peste qui afflige la ville. Il impose aux Athéniens la livraison des sept jeunes filles et des sept jeunes gens qu'exige le Minotaure.

Pendant ce temps, Dédale, le constructeur ingénieux, s'est enfui de Crète et s'est caché chez le roi Cocalos de Sicile. Minos part à sa recherche avec toute une armée. Il rencontre le roi mais ne trouve pas Dédale. Il a alors l'idée d'une ruse : il défie chacun de faire passer un fil dans les spirales d'une coquille d'escargot. Personne n'y parvient. Pourtant, le roi affirme que quelqu'un de son palais a réussi. C'est Dédale qui avait attaché le fil à une fourmi envoyée dans la coquille.

Dédale ainsi découvert veut échapper à Minos. Il suggère aux filles de Cocalos de préparer à Minos un bain d'eau bouillante. De la sorte meurt le premier roi de Crète. On dit qu'il devint juge aux Enfers.

Le juge des Enfers

« Je vis Minos, l'illustre fils de Zeus, qui, un sceptre d'or à la main, rendait la justice aux morts, assis sur un trône » (*L'Odyssée*, XI, 572).

Mithra
Dieu indo-européen

L'ami
Dieu souverain, Mithra a la mission de récompenser et de distribuer les bienfaits.

Mithra, ou Mitra (c'est ainsi que l'on écrit son nom dans les Véda), est avec Varuna le détenteur de la souveraineté. Mais à lui échoit la sérénité, alors qu'au second reviennent la coercition et la violence. Il personnifie l'amitié, la bienveillance, la non-hostilité, il veille sur les contrats et les accords et ouvre la voie aux compromis. On lui doit la concorde dans le monde.

Dans l'*Avesta*, Mithra est étroitement associé au Soleil. Il se lève avant ce dernier, monté sur son char attelé de chevaux blancs. Dieu aux mille oreilles et aux dix mille yeux, son regard embrasse l'univers et rien ne lui échappe. Dieu combattant, on le voit aussi à la tête des armées, équipé d'une longue lance et de flèches rapides, on encore juge des Enfers. Peut-être est-il déjà représenté comme ressuscitant les morts à la fin des temps.

■ Les mystères de Mithra

Dans le mithraïsme répandu à travers l'Empire romain au cours des premiers siècles de notre ère, Mithra apparaît comme tauroctone, « tueur du taureau ». Il est l'invincible. On le montre maîtrisant un taureau en le tenant par les naseaux et lui enfonçant une épée dans le corps. Un chien et un serpent boivent le sang qui sort de la plaie tandis qu'un scorpion pince les testicules de la bête. « Du corps de la victime moribonde naissent toutes les herbes et les plantes salutaires. De sa moelle épinière, germe le blé qui donne le pain, et de son sang, la vigne, qui produit le breuvage sacré des mystères » (F. Cumont).

Le mithraïsme est une religion de salut. Mithra ne meurt pas ; certaines images le montrent derrière le char du Soleil. Il s'élève vers le ciel pour accomplir le jugement dernier et la résurrection des corps.

Le mithraïsme est une religion de petits groupes. Les fidèles se réunissent dans des grottes ou des bâtiments ayant la forme de grotte. Ils y célèbrent un culte qui comprend un repas commémorant le festin pris par Mithra et le Soleil après la création du monde et peut-être un sacrifice de taureau.

Religion initiatique, le mithraïsme comporte sept grades par lesquels passent les fidèles : le corbeau, le griffon, le soldat, le lion, le Perse, le courrier et le père. A ces différents échelons correspondent des masques, des insignes et des fonctions, comme servir la boisson ou brûler l encens.

Le mithraïsme eut un énorme succès dans l'Empire romain. Introduit par les soldats, il atteignit les plus hautes sphères de la société. L'empereur Commode lui-même se fit initier.

La religion de Mithra fut florissante jusqu'au Ve siècle, s'étendant — à partir de Rome — jusqu'au nord de l'Angleterre, aux bords du Rhin et du Danube, en Syrie et en Égypte.

Le gardien de la terre
« Mitra [..] fait s'organiser les hommes. Mitra a porté de tout temps la Terre ainsi que le Ciel. Mitra jette son regard [...] sur les établissements humains » (*Rig Veda*, III, 59, 1).

L'Avesta
Livre saint du mazdéisme, l'*Avesta* possède sans doute des textes qui datent du Ve ou du VIe siècle avant J.-C. Il est, avec le Veda hindou, l'un des plus importants témoignages de la tradition indo-européenne.

Modimo
Dieu africain

L'être suprême
Maître suprême de toutes choses, Modimo est invisible et inaccessible en même temps qu'ambigu.

Originaire du Zimbabwe, Modimo est créateur. Il distribue les bonnes choses, apparaît à l'est et appartient à l'élément « eau ». Il est en même temps destructeur, monstre effroyable, responsable de la sécheresse, de la grêle, des cyclones et des tremblements de terre. Il apparaît alors à l'ouest et appartient à l'élément « feu ». Modimo est Ciel et Lumière, Terre et Racine.

Modimo est unique et singulier. Il est sans ancêtre et n'a ni passé, ni futur. Il envahit toute la création. Son nom est tabou et n'est prononcé que par des prêtres ou des devins.

Modimo ne peut être atteint que par des êtres imparfaits, les ancêtres, appelés les Badimo. Mais ces derniers sont d'humeur changeante et, si on les oublie, ils deviennent très nuisibles. Les petits enfants, imparfaits, parce qu'incomplètement faits, parlent aussi avec Modimo.

Les ancêtres, intermédiaires de Dieu
« Dieux nouveaux, priez pour nous au Dieu ancien » (prière habituelle des Sothos).

Moires / Parques
Déesses grecques et romaines

Le destin
Personnification d'une loi inflexible, les Moires s'imposent à tous, dieux et hommes.

Elles sont trois : Atropos, Clotho et Lachésis, filles de Zeus et de Thémis. Leur autorité s'étend à tous, du plus grand au plus petit, du plus ancien au plus jeune, du plus fort au plus faible.

La première file une laine : c'est la naissance ; la deuxième enroule la laine : c'est le déroulement de la vie ; la troisième coupe la laine : c'est la mort. Imperturbables et aveugles, elles déterminent l'heure du début et l'heure de la fin. Elles sont le destin constituant l'histoire de chaque jour.

Elles sont aussi la limite à ne pas franchir. Elles ont partie liée avec les Érinyes, leurs sœurs, qui punissent les crimes. Elles sont la mort brutale, le châtiment. Elles suivent et imprègnent de leurs volontés les péripéties de la guerre comme celles des accidents et des maladies.

A Rome, elles ont été confondues avec les Parques, qui, à l'origine, étaient les démons de la naissance. Représentées sur le Forum, elles étaient nommées les trois Destinées.

Le destin
« C'est la loi antique, la loi de Cronos [...]. Femme divine, ce qui s'est fait ne se peut révoquer : les Moires à ton fils ont donné tel destin, au jour même où tu l'enfantas » (paroles d'Athéna à une femme dont le fils est devenu aveugle. Callimaque, *Hymne pour le bain de Pallas*, 100-105).

Monstres
Êtres fantastiques

Les implacables
Opposés à l'ordre, les monstres sont les ennemis à vaincre, les obstacles à surmonter.

Polyphème, Géryon, Minotaure, Léviathan, Sphinx, Hydre, Licorne, Python, Centaures, Cyclopes, Gorgones, Titans, dragons, sirènes, vampires, les monstres sont très nombreux, ont toutes les formes et toutes les forces imaginables. Ils sont dans toutes les mythologies, comme des forces sauvages et intraitables destinées aux basses besognes et s'y accrochant en dépit de toutes les difficultés.

En général, ils sont un mélange de deux espèces vivantes : le taureau et l'homme dans le cas du Minotaure ; le cheval et l'homme dans celui du Centaure ; la femme et le poisson dans le cas de la sirène ; le dragon a des griffes de lion, des ailes d'oiseau et la queue d'un serpent. Parfois, ils n'ont qu'une anomalie : le Cyclope n'a qu'un œil placé au milieu du front ; la licorne a une corne unique sur le front.

■ La force primitive
Le monstre représente les forces irrationnelles : informe, proche du chaos primitif, il possède en lui quelque chose de cette puissance initiale précédant toute création. C'est souvent d'un monstre qu'est sortie la première vie et il est là pour rappeler qu'il y a encore beaucoup à faire pour que l'ordre règne.

■ Le gardien
Entêté, on le fait gardien du trésor, sachant qu'il ne se dérobera pas à sa tâche — trésor qui peut être la Toison d'or, l'or des Nibelungen ou l'immortalité. Il est là pour mesurer et provoquer l'effort nécessaire à l'acquisition d'un bien, quelle que soit l'importance de ce bien.

■ Mort et résurrection
Enfin, annonce de la résurrection, il symbolise la mort nécessaire pour une nouvelle vie, la destruction avant le paradis, la nuit avant le jour. Il est l'énergie informe, douloureuse, anarchique qui précède et produit la création, l'ordre.

Fafnir

Fafnir, dragon scandinave, personnifie la convoitise de l'or, stupide et sans profit.

Fafnir a tué son père Hreidmar et chassé son frère Regin pour s'emparer de l'« or du Rhin ». Ce trésor, il le chérit, se couche sur lui de tout son long et se transforme en dragon pour effrayer quiconque oserait s'approcher.

Mais Regin incite Sigurd à combattre Fafnir et à le tuer. Avant de mourir, le monstre livre à son assassin des secrets de magie : le sang du dragon lui confère le pouvoir de comprendre le langage des oiseaux et, par eux, de connaître les intentions malveillantes de Regin à son égard. Sigurd tue Regin, boit le sang des deux frères et mange le cœur de Fafnir (*Fafnismal*).

Dragon impétueux

« L'onde approche, se brise, et vomit à nos yeux,
Parmi des flots d'écume, un monstre furieux.
Son front large est armé de cornes menaçantes ;
Tout son corps est couvert d'écailles jaunissantes ;
Indomptable taureau, dragon impétueux,
Sa croupe se recourbe en replis tortueux »
(Racine, *Phèdre*, V, 6).

Muses
Déesses grecques

Chanteuses divines
Inspiration du poète et promotion des arts, telle est la vocation des Muses.

Les compagnes d'Apollon
[...] « Jupiter les donna comme compagnes à Apollon qu'elles entourent sans cesse et qui dirigent leurs concerts sur le Parnasse, leur habituelle résidence » (Émile Henriot, *Mythologie légère*, Paris, 1957).

Elles sont neuf, filles de Zeus et de Mnémosyne, la Mémoire. Chacune a son domaine propre : à Calliope, la poésie épique ; à Clio, l'histoire ; à Polymnie, la pantomime ; à Euterpe, la flûte ; à Terpsichore, la danse ; à Érato, l'art lyrique ; à Melpomène, la tragédie ; à Thalie, la comédie ; à Uranie, l'astronomie.

Elles réjouissent les dieux et inspirent les poètes. Elles favorisent les contacts et font naître le dialogue.

Les Muses créent ce qu'elles chantent. En louant les dieux, elles accomplissent leur gloire ; en vantant les guerriers valeureux, elles les inscrivent dans l'Histoire. Elles collaborent ainsi à la mise en ordre du monde et discréditent ceux qu'elles oublient.

Les disciples de Pythagore célèbrent les Muses comme les détentrices d'une connaissance de l'harmonie et des principes de l'univers qui permet d'accéder à l'existence immuable des dieux.

Narcisse
Héros grec

L'amour de soi
Beau et jeune, Narcisse est le symbole de l'amour de sa propre personne.

Le miroir de l'eau
« Devant l'eau qui réfléchit son image, Narcisse sent que sa beauté continue, qu'elle n'est pas achevée, qu'il faut l'achever » (Gaston Bachelard, *L'Eau et les Rêves*, Paris, 1942, p. 35).

Narcisse est fils du dieu Céphise et de la nymphe Liriopé. Le devin Tirésias prédit que l'enfant vivra très vieux s'il parvient à ne jamais se regarder.

D'une beauté exceptionnelle, Narcisse attire les regards aussi bien des femmes que des garçons. Insensible, il continue son chemin sans même tourner la tête. Il passe son temps à la chasse, ne s'occupe que de lui-même. Aminias, son ami, se suicide de désespoir. Ses amoureuses se découragent et crient vengeance. La nymphe Écho se laisse dépérir.

Némésis décide de venger les victimes de ce bel indifférent : un jour de grande chaleur, Narcisse, épuisé et altéré, se penche sur une source pour y boire. Apercevant son reflet dans l'eau, il devient aussitôt amoureux fou de ce qu'il voit ; il s'approche de l'objet de son amour, perd l'équilibre et se noie. De son corps naît la fleur qui porte son nom (Ovide, *Les Métamorphoses*, III, 339-510). Narcisse est mort de n'avoir pas voulu se donner.

Némésis
Déesse grecque

La mesure
Instrument de la vengeance divine, Némésis combat l'hybris, c'est-à-dire les excès dans tous les domaines.

Némésis est fille de la Nuit. D'une union avec Zeus, naissent les Dioscures et Hélène, cause de la guerre de Troie.

Némésis règne sur la distribution des biens. Elle veille à l'équilibre, venge l'orgueil et punit la démesure. Elle condamne l'excès de bonheur, l'excès de richesse, l'excès de pouvoir, tout ce qui menace l'équilibre du monde et dérange l'ordre voulu par le destin. Elle remet les gens à leur place. Crésus, trop heureux et trop puissant, est ainsi entraîné dans une expédition malheureuse contre Cyrus.

Rhamnonte possède le sanctuaire le plus célèbre consacré à Némésis. Il témoigne de la démesure des Perses si sûrs de leur victoire sur les Athéniens : Némésis les empêche de prendre la ville et, dans le bloc de marbre apporté pour fêter la victoire, Phidias sculpte la statue de la déesse.

La mesure
« Connais ta condition humaine et ses limites, ne t'expose pas par démesure à la vengeance de la Némésis divine. » (Socrate).

Nephtys
Déesse égyptienne

La stérilité
Avec Isis, Nephtys donne les soins aux morts, les protège et leur permet de passer dans l'au-delà.

Épouse de Seth, dieu du Mal, ennemi juré d'Osiris, Nephtys est aussi sœur d'Isis, la femme d'Osiris. Et, contre son propre mari, elle prendra le parti d'Osiris. Quand ce dernier est vaincu, tué, déchiqueté et dispersé à travers le monde, elle aide à retrouver les parcelles de son corps, à le reconstituer et à le ressusciter. Elle participe aux lamentations funèbres exigées par sa mort et accomplit les gestes rituels qui provoqueront le miracle.

Très proche de ce couple célèbre, elle est, dit-on, la maîtresse d'Osiris, le volage, et Isis, la déesse des charmes d'amour, s'en plaint amèrement. Son histoire se confond à leur histoire, et son nom est toujours associé à leurs noms.

Nephtys est avec Isis la gardienne du tombeau. On les place l'une à la tête, l'autre au pied du mort. Elle est dite « la Dame du château ». Toujours associée à d'autres déesses, Nephtys ne semble pas avoir reçu un culte particulier. Elle est adorée à Kôm Mer, en Haute-Égypte.

Les quatre dieux
Parmi les quatre dieux de la légende d'Isis et d'Osiris, chacun a son rôle : Osiris est la force de renouvellement ; il a pour épouse Isis, la maternité. Seth est la force de destruction ; il a pour épouse Nephtys, la stérilité.

Nergal
Dieu babylonien

Le maître des Enfers
Dieu des morts, Nergal préside également à la guerre, aux épidémies et aux calamités qui lui apportent de nouveaux sujets.

Nergal est fils d'Enlil, le dieu du Ciel. Son père lui a donné les hommes et il leur fixe leur destin. Guerrier redoutable, il porte l'arc et les flèches. Son ambition est d'être le plus fort là où il est.

Orgueilleux, violent et impétueux, il est assimilé à un taureau sauvage. Il aime les catastrophes, les épidémies, la guerre. On le compare à un ouragan, à un déluge. La mort est son domaine, il la cherche, la provoque, la propage : il en fait son affaire personnelle.

▪ La maîtrise des Enfers
Ereshkigal, fille d'Anu, s'est construit dans les Enfers un royaume indépendant et terrible. Les dieux eux-mêmes ne peuvent y pénétrer qu'en se dépouillant de leur dignité : de ce fait, ils deviennent sujets et prennent le risque d'y rester prisonniers.

Ereshkigal s'est ainsi trop séparée de ses pairs pour participer au banquet céleste. Elle y envoie cependant un messager chargé de quérir sa part. Nergal refuse de s'asseoir à l'assemblée des dieux devant cet émissaire venu d'outre-tombe. Ereshkigal se fâche et réclame les excuses de l'insolent.

Nergal ne se dérobe pas. Il se rend aux Enfers, escorté de quatorze démons qui lui permettent de passer sans dommage les sept portes du monde infernal. Arrivé devant la maîtresse des lieux, il se montre dans tout son éclat, courtois, aimable, amusant et docile. Il fait tant et si bien qu'il charme la belle, la séduit et, sans crier gare, revient chez lui.

Ereshkigal ne l'entend pas ainsi. Abusée, elle veut punir l'infâme. Elle envoie une mission auprès d'Anu : elle exige que Nergal revienne afin d'être livré à la mort et menace le monde des plus grandes calamités si elle n'est pas satisfaite.

Nergal se rend donc de nouveau aux Enfers, mais cette fois sans espoir de retour. Cette situation stimule sa force et sa violence. S'il doit rester aux Enfers, ce sera en maître. Arrivé devant Ereshkigal, il la prend par les cheveux et la jette au sol. Celle-ci demande pitié et promet le mariage à son agresseur s'il la lâche et, avec le mariage, le pouvoir qu'elle détient sur les Enfers.

Nergal accepte le marché. De cruel, il devient tendre. Il prend dans ses bras la reine, il l'épouse et devient roi des Enfers. C'est un chef terrible, qui commande aux dieux infernaux et règne sur le peuple des morts, êtres crépusculaires, vêtus de plumes et se nourrissant de terre *(Nergal et Ereshkigal).*

▪ Erra
On le voit ensuite sous le nom d'Erra, mari comblé, reposant dans le lit conjugal. Fatigué par

---

La conquête des Enfers

« A l'intérieur du palais, il saisit Ereshkigal, il la traîna par les cheveux hors de son trône jusqu'au sol, prêt à lui trancher la tête. Ne me tue pas, mon frère, j'ai un mot à te dire. Nergal l'écouta, la lâcha. Elle pleurait, tout humble : sois mon époux, moi ton épouse. Laisse-moi te faire roi sur la Grande Terre, déposer la tablette du savoir entre tes mains. Tu seras maître, moi maîtresse. » *(Nergal et Ereshkigal.)*

le manque de sommeil, tenté par l'oisiveté, incapable de prendre une décision, il fait oublier sa présence et le monde vit dans un calme total. Hommes et animaux se multiplient d'une façon excessive. La nature ne peut fournir la nourriture à tout ce qui vit. C'est l'excès, le débordement, l'envahissement du monde.

Mais les Sibitti sont là. Dieux infernaux, fidèles serviteurs d'Erra, toujours prêts pour le combat, ils sont exaspérés par le silence. La vie citadine ne leur convient pas. Leurs armes sont couvertes de toiles d'araignées. Leurs poignards se rouillent à force de ne plus égorger. Ils veulent du mouvement, de la lutte, du carnage. Ils aspirent à la vie rude des campagnes et à la gloire de la victoire. Les Sibitti viennent secouer Erra et l'exhortent à lancer son cri de guerre.

■ Le dieu du Mal

A ce cri, les dieux et les hommes s'affolent ; les montagnes, la mer, les forêts sont bouleversées. Erra élabore un vaste projet de mort et de sang. Il veut déstabiliser le monde qui vit dans l'excès, renverser les habitudes, détruire les fondations, tuer le plus grand nombre et déranger l'ordre voulu par les dieux.

Rien ne sera possible s'il ne « fait lever de son siège » le dieu Marduk, protecteur de la cité. Erra agit par ruse. Il fait croire au dieu que seul, lui, Erra, saura redonner du lustre à sa statue depuis longtemps ternie (la statue du dieu dans le temple est le symbole de la royauté). Marduk ne veut pas, il se rappelle s'être déjà levé de son siège et avoir ainsi provoqué le déluge. Il voit le danger de son départ, mesure l'importance de ses responsabilités. Il hésite.

Erra en profite, il insiste, répond aux objections de Marduk, promet qu'il maintiendra solidement, lui-même, l'équilibre entre le Ciel et la Terre, qu'il empêchera les démons de monter des Enfers, qu'il fera garder le temple par les dieux Anu et Enlil, que rien ne sera changé, que tout vivra dans la paix et la prospérité.

Marduk peu à peu se rassure. Enfin il accepte, se lève et s'en va, rejoint le séjour des dieux et laisse Erra maître des lieux. Pendant quelque temps, celui-ci tient ses promesses et reste tranquille. Hommes et dieux profitent de la paix. Les événements continuent à suivre leur cours naturel.

Puis Erra se déchaîne : les temples sont profanés, les lieux habités deviennent des déserts, les fripons ont accès aux palais des princes, le fils déteste son père, la mère déteste sa fille, le boiteux court plus vite que l'homme normalement constitué, les jeunes sont enterrés par les vieux, l'homme mange l'homme. Toutes les valeurs sont inversées et personne n'échappe à la mort. La sauvagerie règne.

Erra enfin regagne son temple et tout rentre dans l'ordre (*Épopée d'Erra*).

> ### Le règne d'Erra
> « Qui ignorait les armes a son poignard dégainé, qui ignorait l'arme de jet a la flèche à son arc, qui ignorait le combat engage la bataille, qui ne savait courir vole comme un oiseau, le faible dépasse le rapide, l'estropié surpasse le fort. » (*Épopée d'Erra*, tablette IV, 1-3).

Divinité solaire, **Nergal** est devenu le dieu des Enfers et des morts. Son haleine est le vent du désert et le taureau des cieux, son aide dans l'œuvre de destruction.

Relief en terre cuite de Kish. Art babylonien. IIe millénaire av. J.-C.

Ninourta
Dieu sumérien

La guerre
Jeune guerrier, Ninourta est fait le champion des dieux dans la lutte pour le pouvoir.

Ninourta est le fils de Mah, ou Mami, « la déesse de toute forme », et d'Enlil, le dieu souverain. Il est grand, fort, jeune, courageux, héroïque.

■ Le combat contre Anzu
Quand Anzu s'est emparé des attributs de la souveraineté, Enlil se retrouve nu, le monde est désorganisé. Les dieux se réunissent pour trouver un champion qui combattra Anzu. Mais les dieux pressentis se récusent.

Mah fait venir son fils, le glorieux Ninourta. Elle lui explique la stratégie à suivre : cacher ses beaux traits sous les apparences d'un démon, se plonger dans un brouillard épais afin que les flèches lancées surprennent l'adversaire.

Ninourta gravit la montagne, entouré des sept vents mauvais et arrive en présence d'Anzu. La situation paraît inversée : le dieu est sombre et enveloppé de brumes, le démon est plein de la lumière que lui donnent les tablettes du destin volées. Il rugit comme un lion et lui dit : « Qui es-tu, jeune présomptueux ? Montre ton visage, fais-toi connaître. »

Ninourta dit les noms de ceux qui l'ont envoyé. Anzu grince des dents. L'obscurité tombe sur la montagne. Le champion des dieux lance ses flèches. Mais Anzu, détenteur du destin, crie : « Roseau qui viens vers moi, retourne à ta cannaie » (*Le Mythe d'Anzu*, II, 60), et le roseau revient en arrière.

Ninourta envoie un messager raconter ce qui s'est passé. Enlil donne alors un conseil : « Lance les sept vents mauvais contre Anzu, qu'il soit pris dans la tempête, qu'il laisse retomber ses ailes, qu'il soit empêché de parler. A ce moment, coupe-lui les ailes et envoie tes flèches. »

Le seigneur « frissonne, tremble, mais marche vers la montagne » (*Le Mythe d'Anzu*, II, 145). Il agit selon les instructions données. « La terreur qu'il inspire atterre les plus vaillants. Il trouble Anzu et lui tranche la gorge » (*ibid.*, III, 20). De nouveau, les fonctions divines sont exercées par leurs détenteurs légitimes, les tablettes du destin sont remises entre les mains d'Enlil.

■ Le seigneur du cuivre
Ninourta est le champion de l'ordre contre le chaos, de la civilisation contre la vie sauvage, de l'organisation contre les forces grossières et aveugles. Son adversaire est alors Kur, la montagne cosmique informe. Celui-ci suscite une armée de pierres pour envahir le monde.

Ninourta vient à bout des monstres.

Ninourta est aussi *deus faber*, le dieu artisan, qui, à partir de la matière brute, fait les instruments de civilisation, qui, à partir du minerai, fait le métal.

Le champion des dieux

« C'est Ninourta, le glorieux, le chéri de Mami, le fort que je vais exalter, le dieu premier-né d'Enlil, progéniture de l'Ékour, premier des six cents dieux, soutien de l'Éninnou, protecteur des enclos, vigile de la maison, de la rue, de la ville, expert au combat, qui fait tournoyer son écharpe, valeureux, vainqueur d'ennemis féroces, inlassable, dont l'attaque répand l'effroi, je veux chanter les laudes de sa toute-puissance » (*Le Mythe d'Anzu*, I).

Niobé
Héroïne grecque

La Dame de pierre

Mère jalouse, fière de ses enfants, Niobé va jusqu'à narguer Léto, la mère d'Apollon et d'Artémis.

Niobé est fille de Tantale et épouse d'Amphion, roi de Thèbes. Son mariage est particulièrement heureux : Amphion, fils de Zeus, est un artiste ; il tire de sa lyre des sons si harmonieux que les pierres elles-mêmes se déplacent, touchées par la beauté des mélodies. Amphion participe ainsi au moyen de son instrument de musique à la construction des murailles de Thèbes.

Niobé, mère féconde, met au monde sept fils : Sipylos, Eupinytos, Isménos, Damasichthon, Agénor, Phaedimos et Tantale, et sept filles : Éthodaea, Cléodoxa, Astyoché, Phthie, Pélopia, Astycratia et Ogygia. Des enfants « florissants de jeunesse », heureux de vivre, beaux et forts. Que peut espérer de mieux une mère ?

Fière de sa progéniture, Niobé « aux beaux cheveux » s'en vient à mépriser les mères de peu d'enfants. Elle se croit et elle se dit supérieure à elles. L'orgueil de Tantale, son père, vit toujours en elle : s'avisant qu'un culte est rendu à Léto, elle ordonne qu'on lui en rende un aussi, à elle, Niobé : « Léto n'a eu que deux enfants, Apollon et Artémis, moi, j'en ai eu sept fois plus ; Léto n'était qu'une vagabonde, je suis une reine ; Léto était pauvre, je suis riche et puissante. »

■ La vengeance de Léto

Léto « aux belles joues » entend ces paroles insolentes. Déesse fille d'un Titan, aimée de Zeus et mère de deux grands Olympiens, elle ne peut accepter ces insultes : elle demande l'appui d'Apollon et d'Artémis pour se venger.

Les enfants de Léto descendent de l'Olympe. Ils vont à l'intérieur du palais où règne Niobé : Apollon transperce de ses flèches les sept fils. Les sept filles sont tuées par la grande Artémis « diffuseuse de traits ». Ainsi, « quoique n'étant que deux, les enfants de Léto font périr tous ceux de Niobé » (*L'Iliade*, XXIV, 604). La mère, si sûre d'elle, voit mourir les enfants dont elle était si fière.

Comme si ces morts n'étaient pas suffisantes, Zeus change en pierre le cœur des Thébains et les corps des enfants restent étendus dans le sang, sans sépulture pendant neuf longs jours. Niobé pleure leur disgrâce et, en signe de deuil et de chagrin, refuse toute nourriture.

A la dixième aurore, considérant la vengeance accomplie, les dieux eux-mêmes procèdent à l'ensevelissement des cadavres. Niobé termine alors son jeûne, mais, ayant perdu toute raison de vivre, se retire chez son père Tantale sur le mont Sipyle.

Transformée en rocher, elle digère les tourments que les dieux lui ont infligés. On dit que ses yeux pleurent toujours ses enfants, et l'on montre une pierre qui aurait été Niobé et d'où coule abondante, une source intarissable.

Le supplice de Niobé
« On m'a conté la triste fin de cette Phrygienne alliée à mon sang, Niobé, la fille de Tantale, au sommet du mont Sipyle : pareille au lierre qui s'attache, une écorce de pierre emprisonna ses membres ; sur sa chair épuisée, on dit que sans relâche la pluie et la neige font rage et que sans fin de ses paupières les larmes sur son cou ruissellent. Pareil est le destin qui me couche au tombeau. » (Sophocle, *Antigone*, 822 sqq.).

Njordr
Dieu nordique

Le rivage fertile
Premier des Vanes, Njordr pourvoit à la fertilité et à la fécondité.

Dieu des origines et dieu de la Terre, Njordr est le père de Freyr et de Freyja. Son domaine est le bord de mer, là où l'on pêche : il est donc fournisseur de nourriture et de prospérité.

Njordr a épousé Skadhi, dont le domaine est la montagne. Mais Njordr ne peut supporter le hurlement des loups, ni Skadhi les criailleries des mouettes. Chacun se trouve mal à l'aise dans le territoire de l'autre et revient dans le sien la plus grande partie de l'année.

Fatigués de se battre, les Ases et les Vanes remportent la victoire à tour de rôle, font la paix et se remettent des otages. Les Vanes livrent le meilleur de leurs hommes, Njordr le riche.

Njordr succède à Odin. Les Sviar l'appellent leur seigneur. Sous son règne, il y a « une parfaite paix et toutes sortes de si grandes bonnes années que les Sviar croient que Njordr commande aux bonnes saisons et à la richesse des hommes » (*Ynglinga Saga*, IX).

Njordr est confondu avec Nerthus, déesse dont le nom signifie « Terre-mère ». On la célèbre dans le bois sacré d'une île.

Le meilleur des dieux
« C'est ma consolation d'avoir été loin d'ici, en otage envoyé aux dieux. J'ai engendré un fils que personne ne hait et on le tient pour le prince des Ases. » (*Lokasenna*, XXXV).

Nornes
Déesses nordiques

Le destin
Vierges, les Nornes président à la destinée des hommes dès leur naissance.

Les Nornes sont trois : Urdr, qui représente le passé, Verdandi, le présent, et Skuld, l'avenir. Elles habitent au pied de l'arbre cosmique, l'Yggdrasil.

Les Nornes décident, sans raison ni appel, du sort des hommes et des dieux. « On ne peut survivre d'un soir à la sentence des Nornes » (*Hamdismal*, str. 30). Elles distribuent autant le bien que le mal. « Des décrets d'Urdr nul ne juge, fussent-ils à tort rendus » (*Fjölvinnsmal*, str. 47).

Les Nornes apparaissent dès la naissance sous la forme des Dises ou Disir : elles déterminent la force, l'intelligence, la chance qui seront attachés au nouveau-né. Elles forgent ainsi le destin de chaque individu, de chaque clan, de chaque nation.

Sur les champs de bataille, elles sont associées aux Valkyries qui, aux ordres d'Odin, choisissent les guerriers qui seront tués.

La fatalité
« De là sont venues les vierges savantes en maintes choses, trois sorties de la mer sous l'arbre placée : elles font les lois, elles fixent la vie des fils des hommes et la destinée des mortels. » (*Voluspa*, str. 20).

Nymphes
Déesses grecques

La grâce de la nature
Jeunes femmes, les nymphes symbolisent la beauté et le charme des sources, des bois, de toute la nature.

Pour la plupart filles de Zeus, les nymphes habitent les grottes. Elles filent, elles chantent, et font partie de la cour qui entoure certaines grandes divinités, telle Artémis. Elles ne sont pas immortelles, mais leur vie dure plusieurs siècles.

Les Méliades sont les plus anciennes. Elles sont nées des gouttes de sang tombées de la plaie de Cronos mutilé. Elles habitent les frênes et, en raison de leur origine sanglante, le bois de frêne sert à la confection des lances. Les Naïades habitent les sources et les cours d'eau. Filles de Zeus, elles ont des talents de guérisseuses, mais, ambivalentes, elles peuvent aussi transmettre la maladie. Les Néréides sont les nymphes de la mer calme ; les Oréades, celles des montagnes ; les Alséides, celles des bois ; les Océanides, celles de la mer.

Jeunes femmes toutes de beauté et de séduction, les nymphes ont d'innombrables amoureux, Pan, Priape, les satyres et, en général, tous ceux qui habitent comme elles la nature. Les grands dieux eux-mêmes ne sont pas insensibles à leurs charmes : Zeus, Apollon, Hermès, Dionysos y succombent. Et parfois elles recherchent les jeunes garçons : ainsi, touchées par la beauté d'Hylas, elles l'enlèvent à Héraclès et l'entraînent au fond de leur source.

Puissances troubles, les nymphes sont redoutables. Leur beauté même peut conduire à la folie. A l'heure de midi, elles inspirent des terreurs soudaines.

On considérait les Nymphes comme des divinités secondaires dont les pouvoirs étaient restreints. Leur culte ne prêtait pas à de grandes manifestations publiques. Mais elles étaient très populaires. Proches des gens, elles étaient vénérées sans l'intermédiaire de prêtres et leurs sanctuaires, les nymphées, n'étaient que le lieu, source, bois, rocher ou fontaine qui leur était attaché et que les paysans pouvaient décorer à leur façon.

Les Néréides, nymphes de la mer, personnifient le mouvement des vagues et les aspects plaisants de la mer.

Métope d'un sanctuaire d'Héra, mis à jour à l'embouchure du Sele (environs de Paestum). VIe s. av. J.-C., art italiote.

Odin
Dieu nordique

La fureur
Maître de la sagesse et des sciences occultes, Odin est dieu des poètes, des sages, des extatiques et des guerriers.

L'injuste
« Tais-toi, Odin. Tu n'as jamais su répartir la victoire entre les hommes ; souvent tu donnas à qui tu n'avais pas à la donner, au poltron, la victoire » (*Lokasenna*, 22).

Odin, Odhinn, Wotan ou Woden, est un grand vieillard barbu et borgne, plié en deux, vêtu d'un vieux manteau élimé aux multiples couleurs et coiffé d'un chapeau à larges bords. Il porte un anneau d'or, *Draupnir*, d'où sort toutes les neuf nuits un nouvel anneau aussi beau que le premier. Il est armé d'une lance du nom de *Gungnir*, fabriquée par les nains. Son cheval, *Sleipnir*, a huit pattes : il galope tant sur terre que dans l'air et sur l'océan.

Trois femmes lui sont attribuées : Jord, la Terre des origines ; Frigg, la Terre habitée ; Rind, la Terre redevenue inculte. Ainsi Odin résume l'histoire du monde. Mais des trois femmes, Frigg est la préférée. Elle s'assoit avec Odin sur le haut siège, *Hlidskjalf*, d'où l'on peut contempler et entendre l'univers entier.

Odin est appelé Rafnagud, le « dieu aux corbeaux ». Deux corbeaux, en effet, sont sur ses épaules. Ce sont Huginn et Munninn, qui s'envolent à travers le monde pour voir et écouter ce qui s'y passe. Ils reviennent ensuite pour lui dire dans le creux de l'oreille ce qu'ils savent. Odin est ainsi le détenteur de tout savoir.

Fougueux, il ne se nourrit que de vin et représente les forces incontrôlables et frénétiques qui s'emparent de l'amant au moment de l'orgasme, du poète en pleine improvisation, du prêtre dans ses transes et du guerrier sauvage au plus fort du combat. Il est la puissance de l'instinct, l'excès de la rage qui donne des forces surhumaines.

Retors et cynique, il inspire la fourberie qui trompe l'ennemi et la ruse qui donne la victoire, il sait rendre l'adversaire aveugle et le paralyse de frayeur. Il aime les guerriers intrépides, et, avec les Valkyries, il les choisit sur le champ de bataille, leur destine une mort glorieuse et les emmène dans son Walhalla où ils vivent joyeux à festoyer et à se battre sans dommage en attendant le combat du dernier jour. Il est Valfadir, le père des tués.

Faisant fi de la souffrance, il l'accepte pour lui même, et la provoque chez autrui sans l'ombre d'une émotion. Odin aime le pouvoir et la puissance. Il est cruel et friand de sacrifices humains, particulièrement de sacrifices de rois qui lui permettent d'affirmer sa prééminence.

Odin est souverain. « Il est le premier et le plus vieux des Ases ; il règne sur toutes choses, et, bien que les autres dieux soient puissants, ils le servent tous, comme des enfants servent leur père » (*Gylfaginning*, XIX). Son pouvoir est sans limites.

La quête du savoir
« Seule elle était assise dehors quand arriva le Vieux, l'Ase très farouche, la regarda dans les yeux : "Que me demandez-vous ? Pourquoi me mettre à l'épreuve ? Je sais bien, Odin, où tu as caché ton œil : dans le glorieux puits de Mimir. Mimir boit l'hydromel chaque matin dans (l'œil) le gage d'Odin" » (*Voluspa*, 28).

■ Le meurtre d'Ymir

« Ymir était très mauvais ainsi que toute sa parenté » (*Gylfaginning*, IV). Les fils de Burr, Odin, Vili et Vé, tuent Ymir. Ils le prennent et font de sa chair la terre, de son sang la mer et les lacs, de ses os les montagnes, de ses dents les amas de pierres et les cailloux. Ils placent la mer tout autour de la terre.

Ils prennent aussi son crâne pour en faire le ciel et le posent au-dessus de la terre. Ymir est ainsi l'être primordial de la création. Ils donnent un gîte à toutes les lumières de feu. « Il est dit dans les anciens poèmes de sagesse que c'est depuis ce temps-là qu'on distingue le jour de la nuit et qu'on compte le temps par années » (*Gylfaginning*, VII).

- **Une frénésie de savoir**

Grand voyageur, Odin est toujours par monts et par vaux. Il veut tout connaître, tout savoir. Il s'arrête auprès de la fontaine de Mimir. On dit que celui qui boit à cette source acquiert la sagesse absolue. Aussi demande-t-il à la gardienne de lui donner à boire une gorgée de cette eau. « Que me donneras-tu en échange ? », lui dit la femme. Odin est prêt à tout pour atteindre son but. La sagesse ne se paie ni en or, ni en argent. Il donne donc un œil pour devenir un véritable voyant. Ainsi Odin restera borgne (*Gylfaginning*, VIII).

Mais là ne s'arrête pas sa quête. Les dieux ont décapité le géant Mimir, renommé pour sa science, et ont envoyé sa tête à Odin. Celui-ci la conserve précieusement et, à l'aide de plantes et de procédés magiques, il la maintient en bon état. Ainsi, il peut la consulter chaque fois qu'il a quelque secret à percer.

Lors du banquet concluant la guerre entre les Ases et les Vanes, les dieux crachent, chacun leur tour, dans un récipient. De ce crachat rituel sort un être d'une étonnante sagesse nommé Kvasir. Celui-ci s'en va un peu partout dans le monde pour enseigner la sagesse aux hommes. Quand il arrive chez deux nains, Fjalar et Galar, ils le tuent et font couler son sang. De celui-ci additionné de miel ils font l'hydromel, boisson magique qui donne à celui qui la boit le talent de poète et de savant.

Après bien des péripéties, l'hydromel se retrouve entre les mains du géant Suttung qui en confie la garde à sa fille Gunnlöd. Pendant ce temps, Odin voyage. Il arrive dans un lieu où neuf esclaves de Suttung fauchent le foin. Il leur propose d'affûter leurs faux. Étonnés du résultat, les esclaves veulent s'emparer de la pierre à affûter. Odin la jette en l'air et ils s'y prennent de telle sorte qu'ils se décapitent mutuellement avec leurs faux. Odin alors s'offre à exécuter le travail des neuf hommes et demande en paiement une lampée d'hydromel.

Suttung refuse. Aussitôt, Odin perce la montagne, se transforme en serpent pour s'insinuer dans le trou et arrive à l'endroit où se trouve Gunnlöd. Il couche trois nuits avec elle et elle lui promet de lui laisser boire trois lampées d'hydromel. En trois lampées, il vide les trois flacons. Puis il se transforme en aigle et s'envole le plus vite qu'il peut. Quand les Ases voient l'aigle arriver, ils avancent des cuves et Odin y recrache l'hydromel. Une partie lui échappe par derrière. Il n'en est pas fait grand cas ; c'est le lot des poètes de pacotille (*Skaldskaparmal*, I).

- **L'inventeur des runes**

Odin a découvert les runes, écriture sacrée qui permet de fixer la pensée et de la transmettre. Pour ce faire, il est pendu à « l'arbre battu des vents, neuf nuits pleines » (*Havamal*, 138), percé d'une lance. Sans manger, ni boire, il ramasse les runes, en hurlant.

Alors, il « se met à germer et à savoir, à croître et à prospérer » (*Havamal*, 141). Il taille le bois, il grave les runes.

Le pouvoir des runes
« Si je vois sur la potence osciller un cadavre de pendu, je sais graver de telle sorte et peindre les runes que cet homme revient à soi et m'adresse la parole » (*Havamal*, 157).

Tétralogie
Richard Wagner, dans sa *Tétralogie*, a utilisé avec quelques libertés la mythologie nordique. Odin, qu'il appelle Wotan, le dieu puissant des anciens, connaît chez lui les angoisses de l'homme et hésite continuellement entre l'amour et l'égoïsme.

Œdipe
Héros grec

Les liens de famille
On ne peut rien contre les décisions inexorables du destin prises dès la naissance.

Œdipe est fils de Laïos, roi de Thèbes, et de Jocaste.

■ Le destin
Dès sa naissance, Œdipe est marqué par la malédiction. Un oracle annonce que l'enfant tuera son père et épousera sa mère, et qu'il sera à l'origine d'une série interminable de malheurs qui amèneront la ruine de sa famille.

Pour éviter ces catastrophes, Laïos décide d'abandonner l'enfant : il lui perce les chevilles afin de les attacher avec une courroie — l'enflure provoquée par cette blessure lui vaut son nom d'Œdipe (« pied enflé ») — et le fait, ou exposer par des serviteurs sur le mont Cithéron près de Thèbes, ou placer dans une corbeille et lancé sur la mer. Quoi qu'il en soit, après cet abandon, Œdipe est retrouvé, recueilli par des bergers et amené au roi Polybos qui est sans enfant.

■ Le meurtre du père
Élevé comme son fils par Polybos, Œdipe croit l'être effectivement. Parvenu à l'âge adulte, il s'en vient consulter l'oracle de Delphes. Il apprend alors les prédictions déjà faites à ses vrais parents lors de sa naissance. Effrayé, il décide de quitter celui qu'il croit son père et de s'exiler volontairement.

Sur la route de Thèbes, dans un défilé, il rencontre l'équipage du roi Laïos. Le cocher Polyphontès exige qu'il laisse le passage et tue l'un de ses chevaux. Œdipe ne l'entend pas ainsi, il se fâche et insulte les voyageurs. Un combat s'ensuit : Œdipe finit par les tuer tous les deux. La première partie de l'oracle se trouve accomplie.

■ Le Sphinx
A Thèbes, Œdipe rencontre le Sphinx, un monstre mi-lion mi-femme, qui pose des questions aux passants et dévore ceux qui ne savent pas répondre. Chaque jour, les Thébains ont peur de le rencontrer, et chacun de se creuser la tête pour chercher les mots qui peuvent satisfaire la bête et l'empêcher de nuire.

« Quel est l'être qui marche, tantôt à deux, tantôt à trois, tantôt à quatre pattes, et qui se trouve être le moins fort quand il marche à quatre pattes ? », demande d'abord le Sphinx. — « L'homme, répond Œdipe, parce qu'il marche à quatre pattes quand il est bébé, à deux quand il est adulte et enfin avec une canne quand il est devenu un vieillard. »

Le Sphinx pose alors la seconde question : « Quelles sont les deux sœurs dont l'une engendre l'autre et dont la seconde engendre à son tour la première ? » — « Le jour et la nuit », répond Œdipe.

Les réponses qui depuis longtemps étaient le prétexte à la tyrannie du monstre étaient trouvées. De dépit, le Sphinx se précipite du rocher sur lequel il était perché et se tue.

Malédictions adressées au meurtrier de Laïos
« Que le meurtrier (de Laïos) qui nous échappe ait agi seul ou qu'il ait eu des complices, je voue ce misérable à traîner, privé de tout, ses misérables jours. Enfin s'il m'arrivait, le connaissant pour tel, de lui faire place dans mon foyer, je me voue moi-même aux malheurs que j'ai appelés sur ses forfaits. » (Sophocle, *Œdipe roi*, 242-244).

ŒDIPE

■ Le mariage avec la mère

La mort du monstre est pour les Thébains non seulement un exploit personnel du héros, mais une délivrance qui mérite récompense. Reconnaissant la grandeur d'Œdipe, ils lui donnent la couronne et lui permettent d'épouser Jocaste, devenue veuve depuis le meurtre de Laïos.

Mais la vérité finira par être découverte. Œdipe porte toujours les cicatrices des blessures faites à ses pieds par Laïos, lorsqu'il était enfant, et Jocaste n'est pas sans les remarquer. Elle ne dit rien et ne pense sans doute qu'à une coïncidence. Cependant, une épidémie de peste commence à s'étendre sur la région thébaine. Bientôt toute la ville est contaminée. La catastrophe est énorme et l'on consulte l'oracle de Delphes. Celui-ci répond que la raison de ce malheur est que le meurtre de Laïos n'a pas été vengé.

■ La « machine infernale »

Œdipe, en bon roi, lance une malédiction contre l'auteur de ce crime, ne sachant pas que c'est lui-même le coupable. Tirésias, le devin, est consulté. Il n'ose pas dire la vérité et prétexte un oubli pour se taire. Œdipe le menace, la querelle éclate entre eux. Jocaste veut calmer les esprits et, pour ce faire, elle met en doute la clairvoyance de Tirésias. La preuve en est qu'il avait annoncé le meurtre de Laïos par son fils, alors qu'il a été tué par des brigands dans un défilé près de Thèbes.

A ces mots, Œdipe tend l'oreille, il ordonne de rechercher des témoins et se fait raconter les circonstances de l'assassinat. Nul doute qu'il reconnaît les faits, mais, perplexe, il ne dit mot. La faute n'est pas si grave et le coupable qu'il est ne devrait pas être reconnu.

■ La découverte de la vérité

Sur ces entrefaites, on vient annoncer à Œdipe la mort de Polybos et lui apporter la couronne qui lui revient de droit. La menace de l'oracle est en partie écartée : Polybos, qu'il croyait être son père, est décédé de mort naturelle. Reste la seconde partie de l'oracle, celle qui concerne le mariage avec sa mère. Pour le rassurer, les envoyés du royaume de Polybos lui disent qu'il n'est pas le fils naturel de Polybos, mais un enfant trouvé.

La vérité alors éclate. Le fils a tué son père et épousé sa mère. Jocaste, effarée, se suicide. Œdipe s'aveugle en se perçant les yeux. Victime de l'imprécation qu'il a formulée contre le meurtrier de Laïos, il est chassé de la ville et mène une vie errante en compagnie d'Antigone, sa fille qui l'a pris en pitié.

Après de longs et pénibles voyages, Œdipe meurt à Colone. Les dieux, reconnaissant sans doute la bonne foi du héros, ont décidé que le lieu de sa tombe serait une terre bénie (Sophocle, *Œdipe roi* et *Œdipe à Colone*).

■ Le mythe

Il est de nombreuses versions de ce mythe. Toutes, d'une manière ou d'une autre, nous montrent un Œdipe qui passe de la situation de héros, maître de la cité, orgueil et salut des hommes, à celle de rebut, cause des malheurs de tous. Œdipe est à la fois innocent et coupable. Mais sa faute est d'avoir mêlé les générations : rival de son père auprès de sa mère, Œdipe est le perturbateur par excellence, celui qui conquiert sa place au soleil au prix d'une profanation essentielle, d'une destruction du monde antérieur.

Un destin inexorable

« S'il est vrai, hélas ! que j'ai échangé des coups avec mon père et l'ai tué, mais sans préméditation, sans savoir à qui je m'en prenais, de quel droit blâmerais-tu un forfait involontaire ? Ma mère, enfin, misérable !, tu me contrains sans pudeur à rappeler que je l'ai épousée ! Eh bien, je ne m'en tairai pas, puisque tu n'as pas reculé devant l'allusion sacrilège. Elle m'a mis au monde, mais elle ne savait pas plus que moi ce qu'elle faisait, lorsque, dans le sein qui m'avait porté, elle conçut de mes œuvres, pour son opprobre, des enfants. » (Sophocle, *Œdipe à Colone*, 981-986).

Ogmios
Dieu celtique

L'éloquence
Grâce à un lien magique, Ogmios attire les hommes par les oreilles.

Un Héraclès celte

« Dans leur langue maternelle, les Celtes appellent Héraclès Ogmios et ils le représentent sous une forme singulière. C'est un vieillard très avancé dont le devant de la tête est chauve : les cheveux qui lui restent sont tout à fait blancs, la peau est rugueuse, brûlée jusqu'à être tannée comme celle des vieux marins ; on pourrait le prendre pour un Charon des demeures souterraines » (Lucien de Samosate).

Ogmios est un vieillard tout ridé, vêtu d'une peau de lion ; il porte massue, arc et carquois. Il tire des foules considérables d'hommes attachés aux oreilles par une chaînette d'or dont l'extrémité passe par la langue percée du dieu.

Ogmios est l'éloquence sûre de son pouvoir, le dieu qui, par magie, attire ses fidèles. Il est aussi symbole de la puissance de la parole rituelle qui unit le monde des hommes et le monde des dieux. C'est en son nom que l'on profère les bénédictions en faveur des amis et les malédictions contre les ennemis.

En Irlande, on l'appelle Ogma. Il est l'inventeur de l'*ogam*, ensemble de signes magiques dont la force est si grande qu'elle peut paralyser l'adversaire. C'est aussi un guerrier qui, par les encouragements qu'il donne, participe efficacement à la bataille de Mag Tured.

Assimilé à Héraclès dont la force est extraordinaire, Ogmios est plus le dieu de l'exploit et du combat singulier que celui de la guerre.

Ogmios, coiffé d'un sanglier et entouré de cordons de perles auxquels sont attachées des têtes.

Statère en or des Aulerques Cenomans (monnaie gauloise).

Orphée
Héros grec

Le poète
Prototype du poète, Orphée détient un pouvoir extraordinaire d'enchantement.

Orphée est fils d'Œagre, roi de Thrace, et de Calliope, la plus importante des Muses. Joueur de lyre et de cithare, chanteur, musicien et poète, il envoûte au moyen de son art les dieux, les hommes, les animaux et même les objets inanimés comme les pierres et les montagnes. Enchantées, les bêtes sauvages le suivent. Les arbres s'inclinent sur son passage. La nature lui fait cortège.

▪ Un pouvoir étrange
Orphée participe à l'expédition des Argonautes. Mais il n'est pas le héros intrépide, fort et vaillant que l'on pourrait attendre dans une telle aventure. Son rôle est plus discret, quoique tout aussi efficace. Trop faible pour tenir la rame, il donne la cadence aux autres et fait que leurs efforts conjugués soient plus puissants.

Son pouvoir tient de la magie. Là où les guerriers ne peuvent rien, il supplée. Devant les flots déchaînés, il chante et le calme revient. Par son art, il surpasse la mélodie des sirènes, anéantit leurs sortilèges et ramène ses compagnons dans le droit chemin. Il est leur intermédiaire auprès des dieux de Samothrace aux mystères desquels il est initié.

Son art se révèle ainsi d'une grande utilité. Dans des circonstances extraordinaires, il agit avec des moyens extraordinaires, pouvoir étonnant du chant et de la poésie, faibles et capricieux en apparence, qui maîtrisent l'assaut des guerriers, les forces de la nature et les volontés des dieux.

▪ Orphée et Eurydice
Orphée a épousé la nymphe Eurydice. Un jour, elle se promène sur les bords d'une rivière de Thrace et rencontre Aristée, le berger que les Muses ont mis à garder leurs troupeaux. Aristée trouve Eurydice très belle et en tombe immédiatement amoureux. Il la poursuit de ses assiduités à un tel point qu'elle doit fuir à travers la campagne. Dans son empressement, elle marche sur un serpent qui, en se redressant, la pique au mollet. Eurydice en meurt.

Orphée est inconsolable. Il décide d'aller chercher sa femme aux Enfers. « A son chant, du tréfonds de l'Érèbe, les fantômes des morts, les ombres transparentes montent aussi serrés qu'oiseaux parmi les feuilles » (Virgile, *Les Géorgiques,* IV, 471-473). Par le jeu de sa lyre, il charme les démons. Perséphone elle-même est touchée et prend en pitié un homme qui manifeste avec tant d'art l'amour qu'il porte à son épouse. Elle lui promet le retour d'Eurydice à la lumière, mais y met ses conditions : qu'Orphée marche devant la captive délivrée et qu'à aucun moment il ne lui parle ni ne se retourne pour la regarder.

Orphée accepte et prend le chemin du retour. Suivi d'Eurydice, il est tout joyeux de l'avoir retrouvée et de la ramener à la

La geste d'Eurydice
« Aux premières lueurs, il s'était arrêté ; vaincu, oubliant tout, hélas ! il regarda son Eurydice. Là se perdit tout son effort ; le roi cruel rompit son pacte et le tonnerre emplit ses profondeurs — "Qui m'a perdue, infortunée, avec toi, mon Orphée ? Quelle affreuse folie... Et voici qu'à nouveau je pars. Destin cruel ! Une torpeur me gagne toute. Allons adieu ! Je suis dans une immense nuit, tendant vers toi ces mains, hélas ! qui ne sont plus à toi" ». (Virgile, *Les Géorgiques,* 490-500).

vie. Mais le voyage est long et bientôt des doutes germent dans son esprit. Perséphone ne l'a-t-elle pas trompé ? Sa bien-aimée est-elle bien derrière lui ? Il se souvient aussi des conditions imposées par la reine des Enfers et fait effort pour ne pas se retourner. Mais son incrédulité grandit peu à peu.

Tout à coup, n'y tenant plus, il tourne la tête et il voit Eurydice disparaître et mourir à nouveau. Alors il revient sur ses pas, se précipite, veut pénétrer une nouvelle fois dans les Enfers. Charon se met en travers de la route, il garde la porte et est intraitable. La délivrance ne se renouvellera pas et Orphée doit retourner chez les humains seul avec toute sa douleur.

Orphée n'a pas su garder la distance, il s'est laissé aller à son attirance pour Eurydice sans égard pour le reste du monde et c'est ainsi qu'il a perdu l'amour auquel il tenait tant.

▪ La mort d'Orphée

Orphée est inconsolable : il crie sa souffrance, pleure sa bien-aimée. Plus jamais il ne regardera les autres femmes. Il s'entoure de garçons. On dit qu'il inventa la pédérastie. Mais les femmes thraces lui en veulent de rester à ce point fidèle à son Eurydice ; elles y voient une insulte à leur beauté et à leurs charmes. Et, un jour, la colère leur monte au visage, elles le poursuivent, s'emparent de lui et le mettent à mort. Elles déchirent son cadavre et en dispersent les morceaux dans le fleuve qui les emporte jusqu'à la mer.

La tête et la lyre du poète sont retrouvées, et les honneurs funèbres lui sont rendus. Sa tombe serait à Lesbos ou à Leibéthra, en Thessalie. Dans cette dernière ville, un oracle de Dionysos prédit un jour que si les cendres d'Orphée sont exposées au jour, un porc ravagera la cité. Les habitants se moquent bien de cette prédiction, n'ayant aucune crainte des porcs.

Pourtant, pendant la sieste un berger s'endort sur la tombe d'Orphée et, tout en rêvant, il se met à chanter les hymnes du poète. Les ouvriers qui sont dans les champs voisins accourent aussitôt en grand nombre ; ils se bousculent tant qu'ils en viennent à éventrer le sarcophage. La nuit venue, un violent orage éclate, la pluie tombe abondamment, la rivière entre en crue, inonde toute la ville et renverse les principaux monuments. La rivière en question s'appelle Sys, ce qui signifie « porc ».

▪ L'orphisme

De son séjour aux Enfers, Orphée rapporte un grand nombre de renseignements sur les moyens de passer le cap de la mort, d'éviter d'être maudit à jamais et d'atteindre le pays des bienheureux. Une abondante littérature, hymnes, épopées, poèmes, etc., diffuse ces révélations. Un large mouvement de pensée se crée.

Ils sont nombreux les orphéotélestes au VIe siècle avant J.-C. Ce sont des sortes de vagabonds qui parcourent le pays, de cité en cité, en proposant d'obtenir pour tous le pardon des fautes et d'amener au salut. Leur discipline de vie est caractéristique : ils sont vêtus de blanc, ne mangent pas de viande, refusent tout contact avec les cadavres. Ces traits sont en contradiction avec la vie de la cité, et surtout avec la religion officielle dans laquelle les sacrifices d'animaux sont les actes de culte essentiels. Ils enseignent l'immortalité de l'âme et l'impureté du corps. La mort est considérée par eux comme une libération. Leurs thiases (groupes d'initiés) vont se multiplier en Grèce.

La mort d'Orphée
« Il allait, rappelant Eurydice et les vaines faveurs de ceux d'en bas. Il attira la haine et, une nuit, victime offerte aux dieux, des femmes en délire déchirèrent son corps et le semèrent par les champs. La tête alors, à son col si pur arrachée, roulait aux tourbillons de l'Hèbre œagrien » (Virgile, *Les Géorgiques,* 519-524).

ORPHEE

Le pouvoir de la poésie : **Orphée** sous l'empire de l'inspiration, charme, nature et animaux.

Mosaïque romaine, IVe s. apr. J.-C. (détail).

Déploration d'**Orphée** sur la tombe d'Eurydice. L'extrême sensibilité du poète a été célébrée à toutes les époques par le mythe.

Gustave Moreau : huile sur toile, 1890 (détail).

Orphée vient chercher Eurydice aux Enfers. Cerbère, le chien à trois têtes, est sous le charme, et Hadès, sous la forme d'un démon, laisse aller la bien-aimée.

Miniature sur vélin, Bible des poètes, 1493.

Osiris
Dieu égyptien

La végétation
Un destin marqué par la trahison et la mort, mais aussi par l'amour exceptionnel d'une femme.

Osiris est fils de Nout et de Geb, frère d'Isis, de Nephtys et de Seth. Il règne sur l'au-delà. Sa mort et sa résurrection symbolisent la succession des saisons et permettent aux hommes d'espérer une autre vie. Il est aussi le Soleil dans sa phase nocturne quand il est tout tendu vers une nouvelle apparition, tandis que Rê l'est dans sa phase diurne au moment où il est resplendissant de lumière.

▪ La conjuration
Comme dieu de la Végétation, Osiris donne les fruits de la Terre. Comme dieu dominant, il enseigne le respect des dieux et l'usage des rites. Comme dieu souverain, il apporte les lois et les coutumes. Osiris voyage à travers le monde, il répand partout la civilisation. Il est appelé *Ounennéfer*, c'est-à-dire « l'être perpétuellement bon ».

Ces privilèges et sa bienfaisance envers l'humanité qui le caractérisent lui attirent l'amour de tous. Seth, son frère, en prend ombrage. Il en est jaloux et réunit autour de lui soixante-douze complices pour fomenter un complot.

▪ La mort du dieu
Les conjurés imaginent un stratagème. Ils réussissent à prendre les mesures exactes d'Osiris et fabriquent à ses dimensions un coffre de bois précieux et richement décoré, objet d'art dont l'utilité, semble-t-il, n'est que le plaisir des yeux. Puis ils organisent un grand festin. Chacun des convives admire l'objet, louant le créateur d'un tel bijou.

Seth, que Plutarque appelle Typhon, préside la fête et met de l'ambiance. En manière de jeu, il promet de faire cadeau du coffre à qui le remplira très exactement avec son propre corps. Et chacun d'essayer allégrement. Mais il n'en est pas un seul dont la taille corresponde à l'objet.

Quand vient le tour d'Osiris, tout le monde feint l'étonnement : le coffre est fait pour lui, il y entre tout entier et ne laisse aucun vide. Les conjurés, comme pour mieux vérifier l'exactitude des mesures, se précipitent pour mettre le couvercle. Mais ils ne s'arrêtent pas là. Ils clouent, scellent, verrouillent définitivement ce qui est devenu un cercueil. Ils l'emportent processionnellement, le descendent sur le fleuve, l'immergent dans l'eau et celle-ci l'entraîne jusqu'à la mer.

▪ La quête d'Isis
Isis est inconsolable de la disparition de son époux. Triste, mais décidée, elle veut le retrouver et entreprend de parcourir le monde à la recherche de son corps. Elle finit par le découvrir dans le port libanais de Byblos où il avait été pris dans un arbre. Elle le ramène, à travers mille aventures, jusqu'en Égypte et, l'entourant des meilleurs soins, le cache précieusement.

Seth, toujours aussi vindicatif,

Le dieu mort et ressuscité
« Osiris, tu es parti, mais tu es revenu ; tu t'endormis, mais tu as été réveillé ; tu mourus, mais tu vis de nouveau » *(Textes des pyramides,* 1004 sqq.).

OSIRIS

Osiris coiffé de la couronne *atef* de Haute-Égypte, flanquée de deux grandes plumes, porte ses emblèmes personnels, le fléau et la houlette.

Fresque de la tombe de Horemheb, dernier pharaon de la XVIIIe dyn. (v. 1348-1320 av. J.-C.). Thèbes, Vallée des Rois.

Osiris préside le tribunal des morts. Ceux-ci se présentent avec des présents, gages d'une vie pieuse et juste, suppliant le dieu, qui leur donnera une nouvelle vie.

Livre des Morts. Papyrus. Nouvel Empire.

OSIRIS

Osiris toujours vivant
« Que je vive ou que je meure, je suis Osiris. Je pénètre en toi et je réapparais à travers toi ; je dépéris en toi et je croîs en toi... Les dieux vivent en moi parce que je vis et je croîs dans le blé qui les soutient. Je couvre la terre ; que je vive ou que je meure, je suis l'Orge, on ne me détruit pas. J'ai pénétré l'Ordre... Je suis devenu le Maître de l'Ordre, j'émerge dans l'Ordre » (*Textes des sarcophages*, 330).

apprend les agissements d'Isis. Il s'inquiète et ne trouve de repos que lorsqu'il a découvert la cachette du corps d'Osiris. Alors, il s'empare du cadavre, le déchiquette et disperse les morceaux dans toute l'Égypte. Treize villes en ont reçu.

■ La résurrection

Isis ne se décourage pas pour cela. Elle reprend sa quête et, aidée de Nephtys, récupère une à une treize des quatorze parcelles du corps de son époux. Elle le reconstitue, panse les plaies, l'oint d'huiles et de parfums, l'embaume et fait tant et tant qu'il retrouve presque l'apparence d'un vivant. Peut-être a-t-il même retrouvé la vie grâce à Nout, Rê, Thot ou Anubis. Toujours est-il qu'Isis la magicienne réussit à lui faire engendrer un enfant, Horus. Elle cache ce fils posthume dans les marais du delta, attendant qu'il devienne adulte, prenne la place qui lui revient sur le trône et la venge de ses ennemis.

Le mythe d'Osiris revêt une importante signification : il est garant de la survie des rois et de la succession au trône ; désormais, le roi mort s'appellera Osiris, et le roi régnant Horus.

■ Le culte

On représente habituellement Osiris coiffé de l'atef, couronne surmontée de deux grandes plumes. C'est une momie verte, le vert étant le signe de la fertilité. Ses bras sont croisés sur la poitrine et il tient les signes de sa souveraineté, le sceptre du roi, le fouet du juge et le bâton de la longue vie. Isis et Nephtys sont de chaque côté ; elles agitent leurs ailes comme pour lui rendre le souffle de vie.

Osiris a pris peu à peu toutes les prérogatives des autres dieux de l'Égypte. Il les a supplantés, a mis en sommeil le culte du Soleil et est devenu un dieu du Ciel.

La ville d'Abydos s'honore de fêtes grandioses pendant lesquelles sont représentés les principaux épisodes de la vie d'Osiris : sa mort, son enterrement et la vengeance infligée à ses ennemis. Mais, à côté de ces manifestations publiques, des cérémonies plus intimes sont organisées dans les salles reculées des temples.

■ Les « Osiris végétants »

Ces « mystères » évoquent le dieu de la Végétation. Ils ont lieu au moment où les eaux de l'inondation se retirent des berges du Nil et laissent la place aux cultures. De petites statuettes d'argile sont confectionnées, on y mêle du grain. Et quand, au bout de quelques jours, le grain germe, la statuette devient grosse, tout en conservant la forme qu'on lui a donnée. Tels sont les « Osiris végétants ».

Les « Osiris végétants » sont les symboles du renouveau de la nature au printemps. Ils sont aussi les signes de la renaissance des hommes : chaque Égyptien devient à sa mort un nouvel Osiris, doit comparaître devant le tribunal du monde souterrain, présidé par le dieu lui-même, et recevoir une vie nouvelle. Osiris est ainsi le dieu funéraire par excellence.

Le culte d'Isis et d'Osiris, tout orienté vers l'obtention du salut, se répand largement au Moyen-Orient ; on le retrouve même au bord du Rhin et dans certaines régions d'Angleterre. A Rome, sous l'Empire, se célébraient en novembre les *Isia,* grandes cérémonies où l'on commémorait la mort et la résurrection d'Osiris. Souvent, on a rapproché le culte d'Osiris de celui de Dionysos.

Pan
Dieu grec

Un dieu pour l'inexplicable
Dieu des bergers et des troupeaux, de la nature et des bêtes sauvages, Pan est le dieu de l'instinct animal.

Mi-homme mi-bouc, Pan a le visage allongé et tout ridé, les yeux brillants de lubricité, et porte deux cornes sur le crâne. La partie inférieure de son corps est celle d'un bouc, ses pieds sont pourvus d'un sabot fendu. Velu et barbu, il a quelque chose de bestial.

Pan est le fils d'Hermès et de la fille de Dryops. Dès qu'elle le voit, sa mère a honte d'avoir donné naissance à un tel monstre, mais son père l'enveloppe aussitôt dans une peau de lièvre, l'emmène dans l'Olympe et l'installe auprès de Zeus En voyant cette énormité, les dieux éclatent de rire.

Pan est le dieu des zones pastorales. Il habite la nature sauvage faite de terrains vagues. Rapide, il ne cesse de la parcourir avec agilité, sautant d'un point à l'autre. Il a ses lieux préférés, les endroits escarpés où il grimpe sans difficulté, les sources où il se désaltère, ou encore les petits bois où il se repose à la fraîcheur.

Il y rencontre souvent les bergers et leurs troupeaux. Il a pour eux un faible. Ils font partie de sa famille. Il leur ressemble, il les surveille de loin, les conduit, les protège, comme il protège les bêtes sauvages qui sont dans son domaine. C'est là son monde, son peuple. Tous sont un peu ses sujets.

Pan tient en main la houlette, ou bâton de berger, et il joue de la syrinx, qu'on appelle aussi flûte de Pan. Ses mélodies emplissent la campagne et, d'une façon quasi magique, annoncent les bonnes pâtures. Elles ont sur ceux qui les entendent des effets aphrodisiaques et favorisent les accouplements.

■ Dieu de la panique
Pan est ithyphallique, lascif, débauché. Il se trouve à son aise dans les cortèges de Dionysos et y apporte sa part de folie. Il ne cesse de poursuivre les nymphes, qui s'enfuient effrayées. Des grottes retentissent souvent les cris qui leur échappent lors des unions furtives avec le dieu. Mais celui-ci ne s'intéresse pas moins aux garçons et souvent il se donne lui-même sa propre satisfaction.

Il est irascible et ne supporte pas d'être dérangé pendant sa sieste. C'est pourquoi on doit faire silence autour des grottes en milieu de journée. Une de ses colères est particulièrement célèbre : amoureux de la nymphe Écho qui se refuse à lui et jaloux de ses talents musicaux, il s'attaque à ceux qui se trouvent sur son passage, rend fous les bergers, qui rattrapent la jeune fille, la déchiquettent et lancent ses membres encore tout vibrants de chant tout autour de lui.

Ses colères, peut-être, ainsi que les chants, les cris, les bruits qui l'entourent, et les grottes où il se réfugie — autant de choses quelque peu irrationnelles —, lui ont valu d'être considéré comme le responsable des « paniques » incontrôlées que connaissaient les

Dryops, dont le nom signifie « arbre », serait un descendant du roi Lycaon.

Ithyphallique signifie « portant un pénis en érection ».

Ne pas déranger
« Il n'est pas permis, à l'heure de midi, que nous jouions de la syrinx. Nous avons peur de Pan. Fatigué de la chasse, il se repose alors. Il est énervé et la bile âcre lui coule des naseaux » (Théocrite, *Idylles*, I, 15-18).

Grecs de l'Antiquité. Il est le dieu de l'inexplicable.

Il est encore plus dangereux quand il prend possession d'un être. Celui-ci, le *panolepte,* lui emprunte alors son comportement : il se met à errer dans la nature, est pris de fou rire sans raison, se précipite sur l'autre sexe, si ce n'est sur son propre sexe, ou est pris d'épilepsie.

Bien qu'il soit le dieu de la Nature, Pan a ses autels dans la cité. A Mégalopolis, il est parmi les premiers dieux. A Tégée, il est le guide. A Trézène, son temple est sur l'acropole. Trois autels lui sont dédiés à Olympie et, à Athènes, il est honoré pour avoir joué un rôle dans la victoire de Marathon.

Les Romains l'ont assimilé tantôt à Faunus, tantôt à Sylvain, le dieu des bocages.

Pan poursuit la nymphe Syrinx. Mais, quand il va la rattraper, elle se change en roseaux qui gémissent sous le souffle du vent. Alors, Pan les rassemble et en fait l'instrument de musique qui porte le nom de syrinx.

Jean Cousin fils (v. 1522-v. 1594) : « Pan et Syrinx » (détail). Dessin à la plume, encore brune, lavis.

Pandore
Héroïne grecque

La première femme
Piège et séduction, Pandore entraîne les hommes à leur perte.

Les hommes vivaient sans femme. Ils poussaient de la terre comme les céréales. Ils ne connaissaient ni la fatigue, ni la vieillesse, ni la souffrance. Ils disparaissaient jeunes dans un calme parfait, comme pendant le sommeil. De belles plantes sans histoire.

Zeus, du haut de son Olympe, leur prépare un cadeau. Il fait façonner, par Héphaïstos, à partir de la terre et de l'eau, une figurine qui aura la belle forme des déesses immortelles. Tous les grands dieux y mettent la main : Athéna lui apprend l'habileté manuelle et Aphrodite, la grâce et le désir. Hermès, sans doute par raillerie, y met le mensonge et la fourberie. C'est Pandore, divine en apparence, humaine en réalité.

Zeus en fait cadeau à Épiméthée, le frère de Prométhée. Épiméthée est aussi étourdi que son frère est prévoyant, aussi maladroit que son frère est industrieux, aussi sot que son frère est intelligent. Celui-ci l'a pourtant bien prévenu : il ne doit jamais accepter de présent de Zeus. Mais Pandore est trop belle, toute parée de colliers, de perles, de fleurs, et vêtue des plus somptueux habits. Il la reçoit comme un don du ciel.

Pourtant, cette femme est un leurre, un piège. L'homme n'est désormais plus seul, il doit composer avec elle, avec ses besoins, ses désirs, ses caprices, ses appétits sexuels ; il doit la charmer, la satisfaire, la faire vivre et l'honorer pour avoir des enfants. Il est séduit, fasciné et il se découvre possessif, jaloux, parfois même cruel. Fi de la solidarité, de l'entente harmonieuse, de la paix !

■ La boîte
Pandore apporte dans ses bagages une jarre mystérieuse (la « boîte de Pandore »), qu'il est interdit d'ouvrir. Mais, une fois installée comme épouse, dévorée de curiosité, elle en soulève le couvercle. Alors tous les maux en sortent et se dispersent à travers le monde, se mélangeant aux biens sans qu'on puisse les distinguer les uns des autres. Souffrances et maladies, vieillesse et mort, mensonges, vols et crimes se répandent dans la nature, dans les villes, dans les maisons, en chacun des hommes.

Pandore, effrayée de cette irruption de maléfices, remet vite le couvercle. La jarre est presque vide : ce qui est cruel, violent, rapide est sorti. Reste seulement, tout au fond, une petite chose qui ne prend pas beaucoup de place, qui ne bondit pas comme les autres, qui est calme et assurée : c'est l'espérance. Mais elle reste enfermée, comme si l'on avait peur d'elle, comme si elle n'avait pas le droit de se propager.

Pandore est un mal, un mal aimé dont on ne peut pas se passer mais aussi qu'on ne peut pas supporter. Elle résume en elle-même toutes les contradictions de la condition humaine.

Celle par qui tout le mal arrive
« Et dans son sein, le Messager, tueur d'Argos, crée mensonges, mots trompeurs, cœur artificieux, ainsi que le veut Zeus aux lourds grondements. Puis, héraut des dieux, il met en elle la parole et, à cette femme, il donne le nom de Pandore parce que ce sont tous les habitants de l'Olympe qui, avec ce présent, font présent du malheur aux hommes. » (Hésiode, *Théogonie*; 79-82).

Parasurama
Héros de l'Inde

Le destructeur
Unissant la pureté religieuse et l'impureté du guerrier, Parasurama est un brahmane guerrier.

Kartavirya est un roi puissant. Il possède mille bras et un char céleste. Il impose son pouvoir aux dieux, aux rsi et à tous les êtres. Il se croit tout permis et va jusqu'à troubler l'intimité d'Indra et de son épouse. Alors Vishnu et Indra tiennent conseil afin de mettre fin à cette situation et susciter un champion pour détruire les ksatriya (guerriers) aussi impertinents que Kartavirya.

Le roi Gadhi a une fille, Satyavati, épouse du Brahmane Rcika. Celui-ci prépare deux bouillies de riz, l'une pour sa femme, l'autre pour sa belle-mère, afin que la première donne naissance à un brahmane et la seconde à un ksatriya. Mais, à la suite d'une mauvaise manipulation, les bols se trouvent inversés, si bien que le fils de Satyavati, la femme du brahmane, aura la force d'un ksatriya tandis que l'autre, fils d'un ksatriya, sera doué du brahman.

Satyavati est effrayée de cette affaire et demande que la malédiction retombe plutôt sur son petit-fils. Jamadagni son fils, se trouve donc être un pur brahmane. Il épouse Renuka qui lui donne quatre purs brahmanes, et un cinquième fils, Rama ou Parasurama, qui, brahmane, possède les dons d'un ksatriya.

Renuka est l'épouse modèle d'un brahmane ascète. Cependant, un jour, à la rivière, elle voit un prince qui batifole avec ses femmes et s'attarde à regarder ce spectacle. Jamadagni soupçonne ce qui se passe et devient furieux. Il demande à ses fils de trancher la tête de leur mère en punition. Les quatre premiers fils, purs brahmanes, refusent, et leur père les foudroie de son regard. Parasurama, avec sa nature particulière, n'hésite pas et décapite sa mère.

Jamadagni, en reconnaissance, lui demande ce qu'il veut recevoir. Parasurama redevient brahmane pour demander la résurrection de sa mère et de ses frères.

■ La destruction de Kartavirya
La maison de Jamadagni est brillante et somptueuse grâce à la vache qui fournit tout ce que l'on peut désirer. Le roi Kartavirya y est reçu avec tous les honneurs. Mais cette opulence le rend jaloux ; il demande à son hôte de lui donner sa vache. Parasurama entre dans une violente colère, coupe les mille bras de Kartavirya et le tue. Les fils de ce dernier vengent leur père en tuant Jamadagni. Alors, Parasurama décide de libérer le monde de tous les ksatriya. En vingt et un combats, il accomplira cette tâche.

Après ce massacre, Parasurama verse le sang des victimes dans cinq trous et accomplit les cérémonies en l'honneur des ancêtres. Son grand-père lui apparaît et lui reproche tant de carnages. Alors il offre un sacrifice à Indra et se retire sur le mont Mahendra (*Mahabharata*, III, 115-117).

Un guerrier brahmane

« Je suis un ksatriya ; or la force, *bala*, est la caractéristique, la règle propre, *svadharma*, de la classe guerrière, alors qu'elle n'appartient pas aux brahmanes, dont le devoir est l'effort intérieur, l'acquisition du calme et de la fermeté d'âme » (*Mahabharata*, 6649-6695).

Pélops
Héros grec

Le fondateur des jeux Olympiques
Patron légendaire du Péloponnèse, Pélops est un protégé de Poséidon.

Pélops est le fils de Tantale, roi de Phrygie, et d'Euryanassa. Dès sa naissance, les aventures commencent, car, pour éprouver les dieux et connaître leur perspicacité, Tantale tue son fils, le dépèce, en fait un ragoût et l'offre aux Immortels. Tous s'aperçoivent de la forfaiture, sauf Déméter, trop préoccupée par la recherche de sa fille Perséphone : affamée, elle dévore l'épaule de l'enfant.

Les dieux, furieux d'avoir été mis en question, ressuscitent le petit Pélops et lui confectionnent une épaule d'ivoire pour remplacer celle que Déméter a mangée.

Pélops grandit et devient un beau jeune homme. Il est aimé et protégé par Poséidon qui l'enlève au Ciel et le prend pour échanson. Mais Tantale, profitant de la nouvelle situation de son fils, lui fait voler du nectar et de l'ambroisie des dieux pour en donner à de simples mortels. Bientôt, le larcin étant découvert, Pélops est chassé de l'Olympe et forcé de revenir sur terre. Tantale est envoyé aux Enfers ; il y est placé au-dessous d'une énorme pierre en équilibre, qui menace perpétuellement de tomber sur lui (le supplice de Tantale).

Plus tard, Pélops devient amoureux d'Hippodamie, fille d'Œnomaos, qu'il veut épouser. Mais les choses ne sont pas simples. Œnomaos a été prévenu par un oracle qu'il serait tué par son gendre. Aussi fait-il son possible pour empêcher le mariage d'Hippodamie.

■ L'épreuve

Lorsqu'un prétendant se présente, il le soumet à une épreuve. Il s'agit d'une course de chars ; le vainqueur sera l'heureux élu. Mais Œnomaos ne tient pas à ce qu'il y ait un vainqueur. Aussi participe-t-il lui-même à la compétition et, utilisant un attelage divin que lui a donné Arès, il remporte toujours le challenge et s'empresse de tuer le jeune présomptueux qui a eu l'audace de vouloir lui enlever sa fille.

Douze jeunes gens ont déjà perdu la vie dans cette affaire, quand Pélops arrive. Mais pour lui la situation est différente : Hippodamie est amoureuse de lui. Elle soudoie Myrtilos, le cocher du roi, et lui fait remplacer les chevilles de bois du char par des chevilles de cire. Quand la course s'engage, Œnomaos est sûr de lui, mais vite l'échauffement du roulement fait fondre la cire, son char se démantèle et le roi se trouve précipité sur la piste et se tue.

Pendant ce temps, Pélops conduit son attelage, tiré par les chevaux ailés offerts par Poséidon, son protecteur, et gagne l'épreuve. Il peut épouser Hippodamie. En souvenir de sa victoire, il fonde les jeux Olympiques (Pindare, *Olympiques*, I, 40).

Pélops a de nombreux enfants, parmi lesquels Atrée, Thyeste et Plysthène.

Prière de Pélops à Poséidon
« Près des flots écumeux, tout seul dans les ténèbres, il clama l'être au bruit profond, maître du grand trident. Aussitôt le dieu surgit à ses côtés. » (Pindare, *Olympiques*, I).

Le supplice de Tantale
Une autre version du supplice de Tantale existe : affamé et altéré, il est plongé dans l'eau jusqu'au cou, mais le liquide fuit dès qu'il tente d'y tremper les lèvres, et une branche pleine de fruits pend au-dessus de sa tête, mais elle se redresse, hors de portée de lui, dès qu'il tend la main.

Persée
Héros grec

Le vainqueur de la Gorgone
Grâce à la protection des dieux, Persée réalise magiquement les plus grands exploits.

Acrisios, prévenu par un oracle que son petit-fils le tuerait, enferme Danaé, sa fille, dans une chambre de bronze placée sous terre. Zeus, amoureux de Danaé, se transforme en une pluie d'or pour pénétrer par une fente du toit dans cette prison et obtenir les faveurs de la jeune fille. L'or ouvre toutes les portes. Les précautions d'Acrisios sont déjouées et Danaé donne le jour à Persée, qu'elle nourrit secrètement pendant plusieurs mois.

L'enfant, en grandissant, se met à jouer bruyamment et Acrisios l'entend. Furieux d'avoir été trompé, il soupçonne la complicité de la nourrice, la tue, puis enferme Danaé et son fils dans un coffre de bois qu'il jette à la mer.

▪ Polydectès
Le coffre échoue, par la volonté de Zeus, sur le rivage de Sériphos. Dictys, le frère du tyran de l'île, Polydectès, recueille les naufragés, donne l'hospitalité à la mère et élève le fils. Persée devient, après bien des années, un beau jeune homme, fier et courageux.

La beauté de Danaé attire les regards. Polydectès la poursuit de ses assiduités. Mais Persée se met en travers de sa route et l'empêche de parvenir à ses fins. Une haine féroce naît entre les deux hommes, haine cachée sous des apparences de civilité imposées par leur situation réciproque : l'un est roi, l'autre est fils de Danaé.

▪ Le meurtre de Méduse
Au cour d'un festin auquel participe Persée, Polydectès demande aux convives quel serait le plus beau cadeau pour un roi. Tous conviennent qu'un cheval serait le présent le plus convenable. Persée, seul, dit que ce serait la tête de la Gorgone. Le lendemain, alors que chacun des convives amène un cheval, Persée n'a rien à donner : Polydectès réclame la tête de la Gorgone et menace de faire violence à Danaé s'il ne l'obtient pas.

Persée doit donc réaliser l'exploit. Il reçoit l'aide d'Hermès et d'Athéna et va trouver les trois Grées qui sont les gardiennes du pays des Gorgones. Elles n'ont, à elles trois, qu'un œil et qu'une dent, qu'elles se passent l'une à l'autre. Persée réussit à plonger dans un profond sommeil celle qui est en faction, vole cet œil unique et peut poursuivre sa route.

Des nymphes lui donnent des sandales ailées, une besace et le casque d'Hadès. Ce casque a la propriété de rendre invisible celui qui le porte. Hermès équipe Persée d'une serpette très tranchante. Ainsi armé, il gagne le repaire des Gorgones qu'il trouve endormies.

Les Gorgones sont des monstres aux mains de bronze et aux ailes d'or, dont le regard pétrifie quiconque le croise. Des trois Gorgones, deux sont immortelles. Méduse seule peut connaître la mort, et sa tête est donc celle dont Persée doit s'emparer.

Le pouvoir de Méduse
« Tu triomphes, Persée, dit-il ; éloigne le monstre que tu tiens ; quelle que puisse être la Méduse, écarte cette tête qui pétrifie tout ; écarte-la, je t'en conjure. Ce n'est point la haine ni l'ambition de régner qui m'ont poussé à cette guerre ; j'ai pris les armes pour avoir une épouse. Tes droits étaient fondés sur tes services, les miens sur le temps. Je regrette de ne pas t'avoir cédé. O vaillant guerrier, accorde-moi seulement la vie ; je ne demande rien de plus ; à toi le reste ! » (Ovide, *Les Métamorphoses*, V, 215-225).

Grâce à ses sandales ailées, Persée s'élève au-dessus d'elle et, tandis qu'Athéna tient un miroir sous le regard du monstre, il décapite Méduse avec la serpette d'Hermès. Du sang qui jaillit naît Pégase, le cheval ailé. Persée met la tête dans sa besace et s'enfuit. Les deux autres Gorgones ne peuvent le poursuivre puisque le casque d'Hadès le rend invisible.

■ Persée et Andromède

Sur le chemin du retour, Persée voit Andromède attachée par Poséidon à un rocher et promise à l'appétit d'un monstre marin ; ainsi étaient punies les paroles imprudentes de sa mère Cassiopée qui avait prétendu être plus belle qu'Héra. Persée tombe tout de suite éperdument amoureux de la jeune captive et promet à son père Céphée de la délivrer s'il la lui donne en mariage.

Le contrat est signé sur le champ et Persée, grâce à ses armes magiques, tue le monstre et demande sa récompense. Or, Andromède a été promise à un de ses oncles, lequel fomente un complot contre Persée. Celui-ci se défend en montrant la tête de Méduse qui a conservé ses pouvoirs et tous les complices sont changés en statues de pierre.

■ Le retour au pays

Quand il arrive à Sériphos avec Andromède, il trouve sa mère Danaé et Dictys réfugiés dans un temple pour se protéger de la violence de Polydectès. Persée se rend au palais et, brandissant la tête de Méduse, pétrifie le tyran et ses courtisans. Il donne le pouvoir à Dictys et restitue sandales, besace et casque à ses légitimes possesseurs. Athéna, qui reçoit en remerciement la tête de Méduse, la place sur son bouclier.

Après ces aventures, Persée se rend chez son grand-père Acrisios. Mais celui-ci, craignant la réalisation de l'oracle qui prédisait son meurtre par son petit-fils, s'enfuit au pays des Pélasges. Le hasard veut que Persée y aille aussi et y participe à des jeux publics, au cours desquels il lance le disque qui, dévié par le vent, frappe un spectateur et le tue. La victime est Acrisios. Désespéré, Persée rend les honneurs funèbres à son grand-père et, ne voulant pas prendre la succession de celui-ci, échange son royaume contre celui de Tyrinthe.

> **Pégase**
> Après sa naissance, Pégase descend de l'Olympe et va boire à la source Pirénè où il rencontre Bellérophon. Celui-ci le prend comme monture pour survoler et tuer la Chimère, monstre mi-lion mi-dragon. On dit que la source Hippocrène sur le mont Hélicon, est due à un coup de sabot de Pégase

> **Le cheval ailé**
> « Et quand Persée lui eut tranché la tête, le grand Chrysaor surgit, avec le cheval Pégase. Tous deux reçurent ces noms, l'un parce qu'il était né aux bords des flots d'Océan, l'autre parce qu'en ses mains il tenait une épée d'or. Et Pégase, prenant son vol, quitta la terre, mère des brebis, et s'en fut vers les Immortels. Il habite aujourd'hui le palais de Zeus, portant le tonnerre et la foudre pour le compte du prudent Zeus. » (Hésiode, *Théogonie*, 280 sqq.).

Persée tranchant la tête de Méduse. Métope du Temple de Sélinonte (Sicile). Début VIe s. av. J.-C.

Phaéthon
Héros grec

Le conducteur téméraire et imprudent
Fier d'être fils du Soleil, Phaéthon prétend en être l'égal, mais n'en a pas les compétences.

Même témérité chez Icare
Fils de Dédale, Icare s'échappe du labyrinthe en se fixant des ailes aux épaules avec de la cire. Mais présomptueux, il s'approche trop du soleil, la cire fond et l'imprudent est précipité dans la mer.

Phaéthon est fils d'Hélios et de l'Océanide Clyméné. Sa mère lui ayant révélé l'identité de son père, il s'en vante auprès de ses camarades qui le mettent au défi de prouver son ascendance.

Le jeune homme se rend alors, chez son père. Celui-ci, heureux de sa visite, promet de lui accorder ce qu'il désire. Afin d'éblouir ses camarades, Phaéthon demande la direction du char paternel pendant une journée. Hélios se repent aussitôt de sa promesse, mais il ne peut s'y soustraire.

Phaéthon prend les rênes et s'élance. Mais, maladresse du conducteur et difficultés de la tâche, le char est ballotté de haut en bas, l'attelage s'emballe, abandonne la voie tracée, mettant le feu sur son passage. La Terre se plaint au roi de l'Olympe et Zeus foudroie le cocher imprudent.

Perun
Dieu slave

L'orage et le tonnerre
Dieu de la Pluie, de la Fertilité, Perun contrôle les saisons.

Un seul dieu
« Ils reconnaissent un seul dieu, l'artisan du tonnerre, le maître de l'univers ; ils lui immolent des bovins et toutes sortes d'autres victimes » (Procope de Césarée, *De bello gothico*, III, 14).

Dieu suprême, Perun est représenté comme un être humain, avec une tête d'argent et des moustaches en or.

Dieu guerrier, il participe à la bataille du Ciel, avec la foudre et le tonnerre, et de la Terre avec les soldats : il est en effet au milieu des troupes au combat. C'est en son nom que sont signés les traités.

Dieu bienfaisant, il arrive au printemps pour donner la pluie, fertiliser la terre, chasser les nuages et faire briller le soleil. On dit cependant qu'il ne manque pas de détruire au moyen de la grêle les champs des méchants.

On croit qu'il est la version slave du dieu germanique Thor et du Jupiter de la civilisation antique. Son nom, Perun, signifie le tonnerre, comme celui de Thor. On le rapproche de Perkunas, le dieu lituanien du Tonnerre et de Parjanyah, l'ancien dieu indien de la Tempête. Tous, semblent avoir reçu un culte fait de sacrifices, d'immersion des victimes, de banquets et de libations.

Le culte de Perun s'est étendu dans tout le pays slave, de la Tchécoslovaquie à l'Italie du Nord. Lors de la christianisation, il a été confondu avec le prophète Élie, le maître des éléments.

Poséidon / Neptune
Dieu grec et romain

Les puissances de la mer
Comme son frère Zeus possède le Ciel, Poséidon possède la Mer et tout ce qui s'y trouve.

Poséidon est fils de Cronos et de Rhéa. On le représente, tenant à la main un trident et porté sur un char tiré par des animaux monstrueux. Poséidon a été élevé par les Telchines, femmes à demi marines, à demi terrestres, qui ont le pouvoir de faire tomber la pluie et la grêle. Adulte, il fut amoureux de l'une d'elles, Halia, et lui donna de nombreux enfants.

Après la victoire de Zeus sur Cronos, les jeunes dieux (divinités chthoniennes qui favorisent la vie sur terre) décident de se distribuer les différents domaines. Ils les tirent au sort : à Zeus revient le Ciel, à Poséidon la Mer et à Hadès le monde des Enfers. Pour l'exercice de son pouvoir, Poséidon est entouré d'autres divinités comme Nérée. Sa femme, Amphitrite, partage avec lui l'empire sous-marin.

Poséidon est un dieu chthonien comme Zeus, Hadès, Déméter et bien d'autres. Les dieux chthoniens représentent les forces obscures de la germination et de la mort. Ils ont un lien puissant avec la Terre, Gaia, la mère des Titans. Dieux des profondeurs, ils règnent aux Enfers et font trembler le monde de l'intérieur. Poséidon provoque des séismes en s'unissant à son épouse.

■ Une certaine malchance

Lorsque les hommes s'organisent en cités, chacun des dieux choisit une ou plusieurs villes dans lesquelles il sera plus particulièrement honoré. Or il arrive que plusieurs dieux veulent s'attribuer le même lieu. Cela n'est pas possible et il faut un arbitrage. Poséidon n'est habituellement pas heureux dans ces litiges : ainsi, il perd Corinthe au profit d'Hélios, Égine au profit de Zeus, Naxos, au profit de Dionysos, Delphes au profit d'Apollon et Athènes au profit d'Athéna. On lui reconnaît cependant en propre une île mystérieuse, l'Atlantide.

Sa puissance est grande. De son trident, arme des pêcheurs de thons, il peut non seulement provoquer la tempête, mais aussi ébranler les rochers du rivage et faire jaillir des sources.

Il n'est pas toujours d'accord avec Zeus et participe, avec Héra et Athéna, à la conjuration destinée à enchaîner le roi de l'Olympe. Mais Briarée, le géant aux cents mains, appelé par Thétis, s'interpose et la crainte qu'inspire sa force prodigieuse met fin au complot.

■ La fierté de Poséidon

Poséidon participe à la construction du mur de Troie avec Apollon et Eaque, un mortel. Mais, n'ayant pas reçu son salaire, il suscite un monstre qui ravage la région et, pendant la guerre de Troie, le dieu choisit le camp des Achéens. Cependant, fier de l'édification du mur, il proteste contre la décision prise par ceux-ci de construire une muraille autour de leurs navires, et, fu-

Nérée est parmi les dieux des forces élémentaires du monde. Plus ancien que Poséidon, il a comme lui le pouvoir de se transformer en toutes sortes d'animaux. Amphitrite est une des filles de Nérée et conduit le chœur de ses sœurs.

Prière de Polyphème à Poséidon

« Exauce-moi, Poséidon, qui portes la terre, dieu à la chevelure sombre. Si je suis vraiment ton fils et si tu prétends être mon père, accorde-moi que jamais il ne revienne, cet Ulysse, ce saccageur de villes, le fils de Laërte, qui a sa demeure en Ithaque » (*L'Odyssée*, IX, 538 sqq.).

POSEIDON

Le rancunier

« Les dieux le prenaient en pitié, tous excepté Poséidon, dont l'implacable rancune poursuivait le divin Ulysse jusqu'à son retour au pays » (*L'Odyssée*, I, 20).

rieux, il se promet de la détruire.

Poséidon défend ses protégés : il encourage Ajax, conseille Teucer, sauve Énée au cours de son combat contre Achille. Mais il est terrible pour ceux qu'il n'aime pas et provoque tempête sur tempête contre Ulysse.

Poséidon a de nombreuses amours, mais ses enfants sont le plus souvent des êtres malfaisants et violents : de Thoosa il a Polyphème le Cyclope ; de Méduse, le géant Chrysaor ; d'Amymoné, Nauplios ; d'Iphimédie, le brigand Sciron, Cercyon et les Aloades. Il doit même enterrer certains de ses enfants pour les soustraire au châtiment qu'ils méritent.

Dans le Péloponnèse, Poséidon apparaît sous les traits d'un cheval. N'a-t-il pas pris la forme d'un cheval pour s'unir à Déméter, elle-même transformée en jument ? De cette union sont nés le cheval Arion et une fille dont le nom n'est connu que des initiés.

Neptune est le dieu romain identifié à Poséidon. Une fête annuelle lui était consacrée, le 23 juillet. C'est un dieu de l'humidité et des eaux douces. Son épouse, Salacia, évoque le jaillissement de l'eau. Il avait un temple sur les bords du Tibre.

Le triomphe de **Poséidon** et de son épouse Amphitrite. Le dieu tient dans la main le trident, son emblème. Il est sur un char tiré par quatre chevaux et domine la mer où les hommes pêchent le poisson.

Détail. Mosaïque romaine, IIIᵉ s. apr. J.-C. (trouvée à Constantine, Algérie).

Prajapati
Dieu de l'Inde

L'être primordial
Tout est compris dans Prajapati : il est l'Univers, le Temps et l'Autel du sacrifice.

Prajapati joue le rôle de démiurge qui met de l'ordre dans l'unité non-manifestée. Il est le trente-quatrième dieu à côté des trente-trois autres, les assemblant et faisant leur unité.

■ La création
Au commencement, il n'y a que l'eau. Les eaux accroissent leur ardeur interne et en elles un œuf apparaît. De cet œuf, naît Prajapati, le maître des créatures et de la postérité. Il brise l'œuf. Il se trouve dans la coquille de l'œuf qui flotte çà et là durant une année.

Au cours de cette année, il dit « Bhûr », et la terre apparaît ; il dit « Bhuvar », et l'air apparaît ; il dit « Suvar », et le ciel apparaît. De ces cinq syllabes, il fait les cinq saisons. Prajapati se met debout. Il est né, âgé de mille années. « De même que l'on regarde au loin la rive opposée d'un fleuve, de même il contemple au loin la rive opposée de son âge » (*Catapatha-Brahmana*, XI, 1, 6, 6).

De sa bouche, Prajapati conçoit les dieux, qui, sitôt créés, prennent possession du ciel. De son souffle intérieur, il crée les esprits mauvais, les Asuras, qui, sitôt créés, prennent possession de la terre : ce sont les ténèbres. Il donne l'existence aux hommes, aux mélodies, au soleil. Prajapati crée par « émanation » : cela signifie peut-être sudation ou bien émission séminale.

■ Le sacrifice
Prajapati, en créant, se consume et connaît l'épuisement. « Après que Prajapati eut émis les êtres vivants, ses jointures ont été désarticulées. Or Prajapati représente l'année, et ses articulations sont les deux jonctions du jour et de la nuit, la lune pleine et la nouvelle lune et les commencements des saisons. Il était incapable de se relever avec ses articulations relâchées ; et les dieux le guérirent par le rituel de l'agnihotra, en lui raffermissant les articulations » (*Satapatha-brahmana*, I, 6, 3, 35-36).

Le corps désarticulé de Prajapati est reconstitué par le sacrifice, lequel maintient le dieu vivant, c'est-à-dire le monde unifié et fertile. Le rite est nécessaire au déroulement du temps ; il en est comme la respiration. « Le soleil ne se lèverait pas si le prêtre, à l'aube, n'offrait l'oblation du feu » (*Satapatha-brahmana*, II, 3, 1-5).

La célébration du rite est le pendant de l'acte créateur ; il réunit ce qui a été dispersé, restaure l'unité primitive, donne cohérence et structure au monde. Le sacrifice, constamment répété, permet à Prajapati de « poursuivre son œuvre créatrice » (*Satapatha-brahmana*, X, 1, 5, 1).

Le sacrifice
« Prajapati dit à son fils Indra : Il faut que je sacrifie pour toi, à l'aide de ce sacrifice qui comble les désirs.
— Soit, répondit-il. Le sacrifice accompli, Indra forma ce désir : Puissé-je être le tout ! Et il devint la parole, car la parole est le tout. Voilà pourquoi on dit que la parole est Indra » (*Catapatha-Brahmana*, IX, 18).

Priape
Dieu grec

Le phallocrate impuissant
La légende de Priape illustre combien l'excès engendre l'échec.

Priape, le dernier des dieux, se présente comme un petit homme barbu soulevant des deux mains son tablier chargé de quelques fruits au-dessus d'un phallus en érection de taille démesurée.

D'après certaines traditions, Priape est fils de Zeus et d'Aphrodite. Sa mère surprend tous les dieux par sa beauté, et Zeus la séduit et la possède. Mais Héra, l'épouse jalouse du roi de l'Olympe, a peur que le fruit de cet adultère soit aussi beau que sa mère et aussi puissant que son père ; aussi fait-elle en sorte que l'enfant naisse laid et difforme. A sa vue, Aphrodite, toute honteuse du fils qui lui est né et craignant d'être l'objet de moquerie, l'abandonne dans la montagne. Priape est recueilli et élevé par les bergers.

■ La virilité défaillante

Le sexe immense de Priape en fait toute la légende. On le voit gardien de verger, effrayant de son attribut viril voleurs et surtout voleuses qui pourraient s'approcher, et les menaçant de violences sexuelles — violences surtout verbales : car Priape est un impuissant. Les cultures qu'il est censé surveiller sont maigres, le symbole de fécondité qu'il représente n'a rien d'efficace, et les voleurs n'arrivent pas. Il lui arrive de se désespérer : alors, il supplie les éventuels agresseurs de violer la clôture, afin de se soulager en les châtiant.

Il fait la cour à la nymphe Lotis, mais échoue lamentablement comme toujours. Un jour, il la trouve endormie. Heureux de l'aubaine, il se prépare à lui faire violence, mais un âne qui se trouve là se met à braire et réveille la belle. Priape est obligé de fuir en s'exposant à la risée de tous. C'est un dieu un peu ridicule qui multiplie les échecs.

■ Un malade

On le rapproche de l'âne considéré comme animal lubrique. Priape participe avec lui au cortège de Dionysos. L'un et l'autre y sont ithyphalliques comme s'ils faisaient concurrence d'obscénité. On raconte qu'ils ont fait un concours pour savoir lequel des deux avait le membre le plus long. Ce fut l'âne et Priape, ne pouvant l'admettre, l'aurait tué.

Priape a donné son nom au priapisme, cette maladie incurable où le sexe viril reste toujours érigé douloureusement, sans émission séminale et sans plaisir. Cette maladie n'a rien à voir avec le satyriasis qui n'exclut ni l'éjaculation, ni la jouissance. Le satyriasis est le fait des satyres, êtres mi-hommes, mi-animaux, alors que Priape a tout de l'apparence humaine.

Jusqu'à l'époque romaine, on taille grossièrement dans du bois de figuier des statuettes de Priape, toutes barbouillées de rouge, que l'on place dans les vergers. De symbole de fertilité, il devient peu à peu un épouvantail obscène.

Le gardien Priape
« C'est en vain, pour se conformer à l'usage, qu'Eustochides m'a dressé là, moi, Priape, à garder ses pieds de vigne secs avec ce grand talus tout autour. Que quelqu'un le franchisse... il n'y a rien à voler, sinon, moi, le gardien. » (Lucien, *Anthologie de Planude*, 238).

Prométhée
Héros grec

La révolte contre Zeus
L'ambition d'égaler les dieux, telle est la passion de Prométhée.

Prométhée est fils de Japet, le Titan, et de Clyméné (ou d'Asia). Il est cousin de Zeus et a plusieurs frères, Atlas, Ménoetios et surtout Épiméthée, le plus connu parce qu'il est son exact opposé. En effet, autant Prométhée est intelligent, rusé, prévoyant, autant Épiméthée est naïf, lourd et insouciant.

Prométhée est le symbole de la révolte des hommes contre les dieux. Ingéniosité et fourberie sont entre ses mains des armes puissantes. Il réussit à tromper Zeus lui-même et à apporter à l'humanité (on prétend parfois qu'il en est le créateur) des bienfaits que les dieux lui refusent. Mais ce n'est pas toujours sans contrepartie.

■ Le sacrifice

A Méconé, les dieux et les hommes vivent ensemble et s'assoient à la même table. C'est l'âge d'or. Prométhée apporte un grand bœuf, il le tue et le découpe pour en faire deux parts. L'une est composée de chair recouverte de la peau de la bête : l'aspect en est rebutant, mais tous les bons morceaux y sont ; l'autre consiste dans les os cachés sous une mince couche de graisse blanche : l'apparence en est appétissante, mais rien n'y est mangeable.

Zeus choisit entre les deux parts. Il prend naturellement pour les dieux ce qui semble le plus alléchant, les os. Ainsi, dans les sacrifices, les hommes brûlent les os et les dieux goûtent les fumets, les odeurs et les parfums tandis que les hommes se repaissent de la chair des bêtes mortes ; mais leur faim est toujours renaissante : ils connaissent l'usure des forces, la fatigue, la maladie et la mort.

Zeus accepte mal d'avoir été trompé par la ruse de Prométhée et, pour punir les hommes qui en ont bénéficié, il cache le feu dont ils se servaient pour cuire les viandes, et les oblige à travailler pour faire pousser un grain qui, jusqu'ici, se développait en abondance sans qu'on ait à s'en occuper. L'âge d'or est terminé.

■ Le rapt du feu

Prométhée vient alors une nouvelle fois au secours des humains. Il vole une parcelle de feu à « la roue du soleil » (ou bien encore à la forge d'Héphaïstos). Il la cache dans une tige de fenouil et l'apporte aux hommes. Le feu brille désormais ici-bas dans tous les foyers.

Ce feu a pourtant perdu de sa permanence. Il est précaire, il faut le garder précieusement, le protéger, l'alimenter. Pour tout dire, il est mortel comme le seront les hommes. Mais il fait la différence entre les hommes et les bêtes sauvages ; il rend les premiers quelque peu comparables aux dieux. Le feu fait l'union entre les hommes et les dieux puisqu'il permet d'accomplir le sacrifice.

■ La punition

Le châtiment de ce vol est terrible : Zeus envoie aux hommes ce « beau mal » qu'est Pandore,

---

L'ambition de Prométhée

« Oui, j'ai délivré les hommes de l'obsession de la mort... J'ai installé en eux les aveugles espoirs... Je leur ai fait présent du feu... De lui ils apprendront des arts sans nombre » (Eschyle, *Prométhée enchaîné*, 250).

PROMETHEE

Le supplice de Prométhée

« Quant à Prométhée aux subtils desseins, Zeus le chargea de liens inextricables, entraves douloureuses qu'il enroula à mi-hauteur d'une colonne. Puis il lâcha sur lui un aigle aux ailes éployées : et l'aigle mangeait son foie immortel... » (Hésiode, *Théogonie*, 521-524).

la femme. Épiméthée, toujours crédule, la reçoit comme un merveilleux cadeau, un don du ciel. Mais la femme, soulevant le couvercle d'une jarre, laisse échapper les maux tels que la fatigue, la maladie, la souffrance et la mort, et ceux-ci se répandent à travers le monde.

Quant à Prométhée, il est enchaîné avec des liens d'acier sur une montagne et un aigle ne cesse, tout le jour, de lui dévorer le foie, lequel repousse durant la nuit. Héraclès, passant par là, perce d'une flèche l'aigle, et libère Prométhée. Zeus, fier de l'exploit de son fils adoucit le châtiment : il n'imposera plus à Prométhée que le port d'une bague faite de l'acier de ses chaînes et d'un petit bout de rocher, symbole du châtiment qu'il a mérité.

▪ L'immortalité

Prométhée, toujours malin, entend les cris du centaure Chiron, né immortel, mais blessé d'une flèche par Héraclès et qui, souffrant sans répit, réclame la mort. Il lui propose d'échanger la mort contre l'immortalité et Chiron, n'en pouvant plus, accepte. Ainsi Prométhée devient immortel à sa place.

Prométhée serait, par le don du feu, l'inventeur des hommes. On le voit ici sculptant dans la pierre son propre corps au moyen du bâton dont il s'est servi pour apporter secrètement le feu sur terre.

Piero di Cosimo (1462-1521) : « Histoire de Prométhée », huile sur bois, vers 1515 (détail).

Ptah
Dieu égyptien

La Terre qui se soulève
Par l'action combinée de son esprit, de sa volonté et de son verbe efficace, Ptah est le créateur de la Terre.

Ptah est représenté sous une forme humaine, enfermé dans une gaine comme une momie, la tête couverte d'un bonnet moulant, le menton pourvu de la barbe des dieux et portant le sceptre. Dieu principal de la ville de Memphis, il a pour épouse Sekhmet et son fils est Nefertoum.

Ptah s'est manifesté comme dieu sans l'aide de personne. « Corps qui a modelé son corps, quand le Ciel n'était pas, quand la Terre n'était pas » (papyrus n° 3048 du musée de Berlin).

Ptah est créateur ; il est antérieur au Soleil. Il crée par un acte de son cœur (esprit et volonté) et par la puissance de son verbe, « l'un concevant, l'autre décrétant tout ce que veut le premier » (document de théologie memphite, 22, III). Il est le « père à la fois des hommes et des femmes » (titulatures de Ftah démiurge, 24 c). Il est le maître des artisans, le patron de la métallurgie, de la construction et de la sculpture. Il est par la suite tenu pour un dieu guérisseur, sous la forme d'un nain au crâne plat, et un génie protecteur.

Le créateur
« Tu as noué la Terre, tu as rassemblé ta chair, tu as fait le compte de tes membres et tu t'es trouvé être l'Unique, qui a créé son lieu de séjour, Dieu qui a formé les deux Terres » (papyrus n° 3048 du musée de Berlin).

Purusha
L'être primordial de l'Inde

Le maître de l'immortalité
Le monde passé, le monde présent, le monde à venir, le monde entier est Purusha.

Purusha est considéré comme un homme gigantesque qui recouvre toute la Terre et la dépasse. Il est immortel dans le Ciel qui le compose aux trois quarts, le dernier quart étant l'ensemble des créatures mortelles.

De Purusha naît la création individuelle : les hommes et les éléments de la nature sont les parties de son corps ; sa bouche devient les brahmanes, ses bras deviennent les nobles, ses cuisses deviennent les artisans, son œil devient le Soleil.

L'énergie propre de Purusha, et donc la force de l'ascète et la sève des plantes, le courage du guerrier et la violence des orages, est représentée par sa parèdre (son épouse) Prakriti. Purusha est l'Univers, il pénètre et soutient tous les êtres. Il est unique, immuable et incommensurable. Il est l'origine et la fin. Il est l'être et le non-être.

L'être primordial
« De lui est née l'énergie créatrice, de l'énergie créatrice est né l'homme. Une fois né, il s'est étiré au-delà de la Terre, tant par derrière que par devant » (*Rig Veda*, X, 90, 5).

Pwyll
Héros celte

Le sage
De mille épreuves Pwyll sort toujours vainqueur et conquiert courtoisie et pouvoir.

Pwyll est prince de Dyfed. Il chasse le cerf et, un jour, en prend un déjà terrassé par des chiens. Ces chiens sont ceux de Arawn, roi d'Annwvyn. Par conséquent, le cerf appartient de droit au roi. On reproche à Pwyll sa discourtoisie.

Pour se racheter, Pwyll propose ses services pour abattre Hafgan, l'ennemi permanent d'Arawn. Celui-ci accepte et il est décidé que Arawn et Pwyll échangeront pendant un an leurs rôles, Pwyll allant régner sur Annwvyn et Arawn se chargeant de la principauté de Dyfed.

■ **L'apprentissage de la courtoisie**

Pwyll doit apprendre les bonnes manières qui sont habituelles à la cour d'Annwvyn. Il tue Hafgan d'un seul coup de lance (la condition pour le tuer est qu'il n'y ait qu'un seul coup) et rend le royaume à son légitime possesseur.

Lorsqu'il revient dans son domaine, il trouve ses sujets habitués à un souverain courtois, aimable et généreux, et ils entendent que cela ne change pas. Pwyll devient ce qu'on attend de lui, et les deux souverains maintiennent leur amitié en échangeant de très nombreux présents.

■ **Rhiannon**

Pwyll, lors d'une promenade, voit une belle jeune femme montée sur un cheval blanc. Il hâte le pas pour la rattraper, mais elle se dérobe sans avoir l'air de se presser. Alors Pwyll cesse de la poursuivre et l'appelle. Elle s'approche et révèle qu'elle est Rhiannon, fille de Heveidd Hen et qu'elle a refusé le prétendant prévu pour elle par amour pour Pwyll. Celui-ci l'épouse.

Après un festin, Pwyll promet imprudemment à un solliciteur de lui accorder ce qu'il demandera. Le solliciteur est Gwawl, l'ancien prétendant de Rhiannon. Avant d'être emmenée, Rhiannon lui remet un sac à provisions magique qui lui permet de ridiculiser Gwawl et de lui reprendre son épouse.

Rhiannon met au monde un fils. Mais celui-ci disparaît une nuit sans que l'on sache comment. Les gardiennes de l'enfant font croire à un crime commis par la mère. Celle-ci est punie ; elle doit se tenir assise près de la porte d'entrée du palais, raconter son crime aux gens de passage et les porter sur son dos.

Pendant ce temps, un phénomène semblable se produit chez Teyrnon, un vassal de Pwyll : chaque année, sa jument met bas un poulain dont personne ne retrouve la trace. Teyrnon fait alors le guet, coupe le bras du ravisseur et le poursuit, mais le perd dans l'obscurité. Lorsqu'il revient, il trouve à la porte de son écurie Pryderi, le fils disparu de Rhiannon. La sauvegarde du poulain entraîne le retour de l'enfant. Pryderi est rendu à ses parents légitimes (*Le Mabinogi de Pwyll*).

Le chef d'Annwvyn
« A partir de ce moment, ils s'appliquèrent à consolider leur amitié ; ils s'envoyèrent chevaux, chiens de chasse, faucons, tous les objets précieux que chacun d'eux croyait propres à faire plaisir à l'autre. A la suite de son séjour à Annwvyn, comme il y avait gouverné avec tant de succès et réuni en un les deux royaumes le même jour, la qualification de prince de Dyfed pour Pwyll fut laissée de côté et on ne l'appela plus désormais que Pwyll, chef d'Annwvyn »
(*Les Mabinogion. Contes bardiques gallois*, trad. Joseph Loth, Paris, 1979, p. 7).

Qat
Héros océanien

Le civilisateur
Homme des origines, Qat est l'organisateur de la vie et de la mort.

Qat, ou Ambat, est né d'un rocher qui se creusa en son milieu pour permettre sa venue au monde. Il a onze frères qui se nomment les Tagaro : parmi eux, il y a Tagaro Gilagilala, qui comprend tout et peut instruire les autres, et Tagaro Loloqong, qui ne sait rien et agit comme un fou.

Qat crée les choses à partir d'un monde préexistant. Il s'amuse à réaliser la création, mais, génial, il réussit tout ce qu'il entreprend. Il sculpte les corps des hommes et des femmes dans un arbre ; ensuite, il les cache pendant trois jours ; puis, pendant trois autres jours, il les met à la lumière et, en dansant au son du tambour, il leur donne la vie. Marawa, qui est plus son rival que son ennemi, trouvant intéressante la création de Qat, veut en faire autant. Il se met donc à sculpter des hommes, mais dans un autre bois, et il met les figurines ainsi faites dans la terre. Quand il veut les retirer au bout de six jours, il les trouve complètement décomposées. On se demande si ce n'est pas ainsi que Marawa aurait inventé la mort, mais il existe une autre version de cette invention.

■ L'invention de la mort
Dans ces temps-là, en effet, les hommes ne meurent pas, leur peau seule se renouvelle. Mais cela n'est pas sans poser de problèmes. En effet, les terres ayant toujours les mêmes possesseurs, on y fait toujours les mêmes cultures, il n'y a pas de progrès, les choses ne changent pas.

Qat fait venir un homme du nom de Mate, lui promettant qu'il ne lui sera fait aucun mal. On l'allonge sur une pierre et on place sur lui un porc tué. Ensuite, on organise le repas funéraire. Au bout de cinq jours, Qat soulève ce qui était sur Mate. Il n'y a plus que des os. Mate doit partir, ou vers le monde souterrain, ou vers le monde supérieur. Tagaro Loloqong se met sur cette dernière voie, empêchant le passage, et Mate part donc vers le monde inférieur. C'est l'origine de la mort pour les hommes.

On dit que Qat dut aller jusqu'au pied du ciel pour trouver la nuit. Il échangea celle-ci contre un cochon et elle lui apprit à dormir quand elle était là et à la couper avec une lame d'obsidienne au petit matin pour faire paraître le jour. Autant de choses qu'il enseigna à ses frères.

Qat a une très jolie femme, et ses frères sont jaloux. Ils veulent la prendre et la tuer. Cette légende connaît plusieurs versions : ou bien Qat est toujours sauvé, grâce à son rival et néanmoins ami, Marawa, ou bien il meurt et son épouse se suicide de désespoir, en voyant du sang sur son peigne.

Qat serait parti en pirogue, très loin, sans doute au pays des morts, emportant avec lui tous les espoirs des hommes. Mais on assure qu'il reviendra.

Les morts
Pour les Océaniens en général, l'existence des morts est fonction de la mémoire des vivants. Mais il y a toujours un moment où les morts quittent cette existence quasi parallèle des vivants pour descendre dans les lieux inférieurs, lieux de l'oubli, les Enfers.

Quetzalcoatl
Dieu aztèque

Le Serpent à plumes
Dieu de la Végétation, Quetzalcoatl est donc le dieu de la Terre et de l'Eau.

Monolithe en porphyre rouge-brun représentant le bienfaisant **Quetzalcoatl,** le Serpent à plumes.

Mexique, civilisation aztèque, début XVIᵉ s.

On représente Quetzalcoatl comme un homme barbu, portant un masque d'où sortent deux tuyaux pointés en avant, deux boucles d'oreilles à pendentifs, un pectoral, appelé « joyau du vent », et un chapeau conique. Il est fils du dieu du Soleil et de Coatlicue, l'une des cinq déesses de la Lune. On le considère comme le dieu de la Végétation mais aussi comme le dieu du Vent.

Quetzalcoatl est la force de la vie. Il est allé, avec son jumeau Xolotl, dans le monde souterrain. Il y a trouvé les ossements des morts anciens, il les a rapportés, broyés et arrosés de son sang. Ces restes ont repris vie et donné naissance à l'humanité.

Dieu bienfaisant, il règne à Tula et refuse les sacrifices humains. Législateur et civilisateur, il donne à ses fidèles la culture du maïs, les arts, les

Le calendrier aztèque
Le calendrier aztèque fait se dérouler simultanément deux années différentes :
— l'une, solaire, composée de 18 mois de vingt jours auxquels s'ajoutent cinq jours néfastes appelés *nemontemi* : au total 365 jours. L'année porte le nom de son premier jour et, en raison du décalage des nemontemi, quatre jours seulement peuvent l'inaugurer : *acatl, tecpatl, calli* et *tochtli* ;
— l'autre, divinatoire, composée de 260 jours indiqués par vingt noms auxquels est accolé un nombre de 1 à 13 : 1 *cipactli*, 2 *cipactli*,... 13 *cipactli*, 1 *ehecatl*, 2 *ehecatl*, etc.

Les jours portent donc à la fois les noms de l'année solaire et ceux de l'année divinatoire. C'est seulement au bout de 52 années solaires que l'on trouve les deux mêmes signes désignant le même jour : on appelle cette période le « siècle mexicain » ou *xiuhmolpilli*.

techniques, la sculpture et l'écriture. Il leur apprend à mesurer le temps avec le calendrier et à découvrir le mouvement des étoiles. Il est à l'origine de la civilisation. Les étudiants sont mis sous sa protection.

■ **Le roi de Tula**
Roi de Tula, Quetzalcoatl apporte la paix et la prospérité. Un jour, Tezcatlipoca se présente ; il montre au roi l'ivresse que l'on peut obtenir de la consommation du pulque, utilise un miroir pour lui révéler son visage fripé et cherche à séduire sa fille. Il fait tant et si bien que Quetzalcoatl refuse de sortir de son palais, puis finalement se décide à prendre la route de l'exil. La méchanceté et les maléfices de l'intrus ont fait perdre le pouvoir au roi et la prospérité au pays.

Il se dirige vers l'est. Parvenu au bord de l'océan, il jeûne pendant quatre jours, se pare de ses plus beaux vêtements et fait préparer un bûcher. Puis, il se jette dans le feu. Des oiseaux sortent des flammes et, au milieu d'eux, on voit le cœur du roi monter vers le ciel et se transformer en la planète Vénus. « Les anciens disent qu'il devint l'étoile qui apparaît à l'aube et pour cette raison ils l'appelaient le seigneur de l'aube » (*Annales de Cuauhtitlan*).

Quetzalcoatl est considéré comme l'un des principaux dieux des Aztèques. On lui offre des fleurs, de l'encens et du tabac. Pourtant aucune des douze grandes fêtes annuelles ne lui est consacrée. Il possède un temple arrondi dans l'enceinte sacrée de Mexico et est particulièrement honoré à Cholula où son sanctuaire se trouve placé au sommet de la plus grande pyramide du monde.

« On dit que cette année « ce-acatl », arrivé au bord de l'eau céleste, de l'eau divine, il (Quetzalcoatl) pleura, il revêtit ses ornements de plumes et mit son masque de pierres vertes, il monta sur le bûcher et se consuma » (*Annales de Cuauhtitlan*).

Quirinus
Dieu romain

Le citoyen
Ancien dieu romain, Quirinus est le dernier de la triade suprême composée aussi de Jupiter et de Mars.

Dieu de la colline romaine du Quirinal, Quirinus est probablement par son origine sabine un dieu guerrier, et les Grecs l'assimileront à Arès, le belliqueux. Mais Servius, dans *Scholia in Virgilium*, en fera un Mars de la paix. C'est donc d'abord un dieu de la cité : les citoyens sont les Quirites. Il veille au bien-être matériel de la communauté, à son alimentation et, en même temps, protège la paix : tout le contraire donc d'un dieu de la guerre.

Pour cette raison, sans doute, il a été assimilé à Romulus. Proculus aurait eu une apparition du fondateur de Rome qui lui aurait dit qu'il désirait être honoré sous le nom de Quirinus (Cicéron, *De legibus*, I, 1, 3 ; Virgile, *L'Énéide*, I, 292). Comme les deux autres grands dieux, Jupiter et Mars, il possède un flamine majeur et est invoqué dans les prières solennelles de la cité, et les *salii collini* sont ses prêtres.

Son fils Modius Fabidius fonde une ville qu'il nomme Cures qui signifie lance en sabin.

Mars-Quirinus
« Mars, quand il se déchaîne, s'appelle Gradiuus ; quand il est tranquille, Quirinus » (Servius, *Scholia in Virgilium*, I, 292).

Rama
Héros de l'Inde

L'avatar de Vishnu
Modèle du prince parfait, Rama est la référence essentielle pour un bon gouvernement.

Le roi Dasaratha d'Ayodhya a trois épouses et aucun enfant. Il offre un sacrifice aux dieux pour obtenir une progéniture. Au cours de la cérémonie, un être extraordinaire apparaît et lui tend un bol de bouillie magique que doit consommer son épouse pour donner naissance à un fils.

Ce roi offre la moitié du bol à Kausaalya, sa première épouse ; celle-ci met au monde Rama. Il offre les trois quarts de ce qui reste à Sumitra, sa deuxième épouse ; elle met au monde les jumeaux Laksmana et Satrughna. Enfin, il offre le reliquat à sa troisième épouse, Kaikeyi, qui met au monde Bharata.

Bharata est entièrement dévoué à Rama, et les jumeaux seront au service de l'un et de l'autre. Ces enfants forment une équipe de ksatriya (princes) aux ordres de Rama. Tous sont peu ou prou, selon l'importance de la bouillie qui est à l'origine de leur naissance, des incarnations de Vishnu.

■ Rama et Visvamitra
Ils sont devenus des adolescents quand Visvamitra arrive et demande au roi l'aide de son fils Rama pour le débarrasser des raksasa (démons) qui l'empêchent de terminer son sacrifice. Visvamitra prétend que seul Rama est capable de tuer les raksasa. Rama est autorisé à partir et, au cours du voyage, Visvamitra lui apprend des formules magiques destinées à le rendre invincible.

Pourvu d'armes exceptionnelles, Rama n'a aucune peine à mettre hors d'état de nuire les raksasa qui opprimaient Visvamitra et à tuer Tataka, la mère de l'un d'entre eux.

Rama et son frère Laksmana continuent leur route vers Mithila. Dans cette ville, le roi Janaka possède l'arc de Shiva. Personne ne peut bander cet arc tant il faut de force et Janaka a promis sa fille, Sita, à qui y parviendrait. Grâce aux moyens magiques mis entre ses mains par Visvamitra, Rama n'a aucune peine à tendre l'arc jusqu'à le briser. En conséquence, il reçoit Sita comme épouse et ses frères, auréolés du même prestige, reçoivent aussi des épouses venant de la famille de Janaka.

Sur le chemin du retour, Rama rencontre Parasurama, le destructeur de ksatriya, qui le met au défi de bander un arc. Cette fois-ci, il s'agit de l'arc de Vishnu. Rama le tend sans difficulté et Parasurama se reconnaît vaincu et salue en Rama un avatar de Vishnu lui-même.

■ L'exil
Rama, revenu au pays se prépare à devenir prince héritier. Mais la reine Kaikeyi, la mère de Bharata, voudrait la royauté pour son fils. Elle rappelle à Dasaratha qu'elle lui a sauvé la vie et qu'il lui a promis alors la récompense de son choix. Elle demande que Rama soit exilé et que Bharata soit déclaré prince héritier. Le roi, lié par son

---

Un être parfait
« Dans les malheurs d'autrui, Rama montre une sincère affliction et, dans toutes les fêtes, il se réjouit comme un père au sein de sa famille. Franc dans son langage, habile archer, plein d'égards pour la vieillesse, maître de ses sens, accompagnant ses paroles d'un sourire, s'appuyant de toute son âme sur le devoir, guide fidèle dans le bien, ne se plaisant pas aux récits médisants, discourant avec une éloquence égale à celle de Vacaspati ; avec ses beaux sourcils, ses yeux grands et couleur de cuivre, pareil à Vishnu en personne » (*Ramayana*, II, 2, 40-43).

serment, ne peut qu'accepter. Rama se soumet de bonne grâce et part pour la forêt. Sita, en femme fidèle, le suit. En face de cette situation déchirante, Dasaratha meurt de chagrin et Bharata monte sur le trône. Mais il découvre en même temps les manœuvres de sa mère et refuse de régner. Il va chercher Rama pour le persuader de revenir. Rama refuse, le lien du serment n'étant pas dissous par la mort de celui qui l'a prêté. Bharata se contente donc d'administrer le pays au nom de Rama absent.

■ L'enlèvement de Sita

Rama installe son ermitage à Pancavati et tous les rsi (sages) qui habitent autour recherchent sa protection. Surpanakha, sœur du raksasa Ravana, tombe amoureuse de lui. Elle se présente à lui dans ses plus beaux atours et lui promet toutes sortes de jouissances. Mais Rama est fidèle à Sita comme Sita est fidèle à Rama. Laksmana le libère de ces tentations en coupant nez et oreilles à la démone et Rama extermine les raksasa qui veulent la venger.

Surpanakha n'en reste pas là. Elle s'en va trouver son frère Ravana et lui vante si bien les charmes de Sita que Ravana éprouve le plus violent désir de la posséder. Il va à Pancavati, suscite un cerf tout doré qui attire les yeux de Sita et qui pousse Rama à le poursuivre. Pendant l'absence de celui-ci, Ravana enlève Sita en la tenant par les cheveux.

Il l'emmène à Lanka et cherche chaque jour à la séduire. Il a en effet décidé de ne pas la prendre de force. Mais la vertu de Sita est à toute épreuve et il ne parviendra pas à ses fins.

Rama et Laksmana partent à la recherche de Sita. Ils rencontrent Hanuman, conseiller du roi Sugriva qui a été dépossédé par son frère Valin à la fois de son royaume et de sa femme. Rama et Hanuman scellent un accord et décident de s'aider mutuellement. Hanuman a retrouvé les bijoux que Sita a laissé tomber durant son rapt.

Hanuman est le premier à parvenir à Lanka. Il ne se permet pas de délivrer Sita. Cet honneur revient de droit à Rama. Mais il prévient Ravana de sa fin prochaine. Le combat commence à l'arrivée de Rama et Lanka est détruite de fond en comble. Vibhisana, le frère de Ravana, qui avait pris parti pour Rama, est installé sur le trône. Sita est délivrée.

Rama dit alors à Sita : « Un doute plane sur ta conduite. Une femme qui séjourna dans la maison d'un autre, quel homme d'honneur et de bonne famille se laisserait égarer par la passion au point de la reprendre ? » (*Ramayana*, VI, 115, 17-20), et il l'envoie en exil dans la forêt. Mais on ne cesse de parler de la vertu de sa femme, ses fils chaque jour l'implorent et affirment l'innocence de Sita. « Ni dans ses paroles, ni dans son cœur, ni dans son esprit, ni dans ses regards, la vertueuse et belle épouse ne s'est montrée indigne de tes nobles sentiments » (*Ramayana*, VI, 118, 6). Rama se laisse convaincre et va la chercher. Mais Sita, retrouvant la terre qui l'a fait naître, supplie celle-ci de la reprendre. Alors, la terre s'ouvre et l'engloutit.

Rama ne peut supporter la perte de sa chère épouse. Il décide d'abandonner la royauté, se rend au bord de la Sarayu, fait une dernière prière pour les glorieux héros qui l'ont accompagné par affection (*Ramayana*, VII, 110, 17). Puis il entre dans les eaux avec toute sa suite et est reçu par Brahma qui l'emmène au ciel, où il retrouve toute la gloire de sa nature divine.

Le culte à Rama
« Je ne souhaite, dit Bharata, ni dharma, ni richesse, ni plaisir, ni délivrance ; je ne demande que cette grâce : servir Rama dans toutes mes existences » (Tulsi Das, *Ramacaritamanasa*, II, 264).

Le *Ramayana* est l'un des plus grands poèmes épiques de l'Inde. Constitué au cours des siècles, il raconte les aventures de Rama et est devenu une source littéraire très importante de l'hindouisme.

Rhiannon
Héroïne celte

La grande reine
Souvent confondue avec la déesse Épona, Rhiannon est maîtresse des chevaux et des cavaliers.

Rhiannon est la jolie fille que rencontre Pwyll. Elle monte un cheval blanc et, malgré son allure calme et sereine, les cavaliers ne peuvent la rattraper. Quand Pwyll l'appelle, elle vient, montrant par ce geste, qu'elle décide de lui parler ; elle avoue alors qu'elle a refusé tous ses prétendants par amour pour lui.

■ La punition de Rhiannon

Il l'emmène avec lui et s'apprête à l'épouser. Cependant, au cours des noces, se présente un grand jeune homme brun, à l'air princier : « C'est pour te faire une demande que je suis venu », dit-il à Pwyll, et celui-ci répond : « Quel qu'en soit l'objet, si je puis te le faire tenir, tu l'auras », et le visiteur qui se trouve être Gwawl, l'autre prétendant de Rhiannon, la réclame. Elle est donc obligée de le suivre, mais, en partant, elle laisse à Pwyll un sac à provisions magique.

Un an après, Pwyll va à la cour de Gwawl. Il est déguisé en mendiant et porte le sac magique. Il parvient par ruse à enfermer Gwawl dans le sac jusqu'à ce qu'il promette de laisser libre Rhiannon.

Rhiannon devient la femme de Pwyll et lui donne rapidement un fils. Celui-ci disparaît mystérieusement. Elle est accusée d'infanticide et condamnée à se tenir aux portes du palais, à raconter son histoire à tous les visiteurs et à les porter sur son dos. Quand l'affaire est éclaircie et que l'enfant est retrouvé, tout aussi mystérieusement, sa pénitence prend fin.

■ Rhiannon et Pryderi

Pryderi, son fils, sans doute après la mort de Pwyll, la donne pour épouse à son ami Manawyden. Un jour qu'ils sont réunis, une transformation magique se produit et le palais, le pays tout entier disparaissent. Ils se retrouvent au milieu d'un désert.

Ils font toutes sortes de métiers pour subsister, s'affrontent à « des vilains et des filous » et subissent les pires calamités. Pryderi, attiré par une forteresse magique, en reste prisonnier ainsi que sa mère. Puis tout disparaît à nouveau. Pryderi, Rhiannon et le palais n'existent plus. Pendant ce temps, Manawyden entreprend de faire pousser du grain, mais la paille seule sort de terre.

Ne pouvant supporter cette situation, Manawyden fait le guet et surprend une des souris qui mangent le grain. Il l'emmène prisonnière et s'apprête à la pendre quand le vengeur de Gwawl se présente et lui demande d'épargner la vie de la souris. Devant le refus de Manawyden, le visiteur explique que les souris sont les gens de sa suite et que c'est lui qui a jeté un sort sur le pays.

Avant de rendre la liberté à sa prisonnière, Manawyden exige que la vie soit rendue à la terre et que ses amis soient libérés.

L'amour de Rhiannon pour Pwyll

« Prince, je suis Rhiannon, fille de Heveidd Hen. On veut me donner à quelqu'un malgré moi. Je n'ai voulu d'aucun homme, et cela par amour pour toi, et je ne voudrai jamais de personne, à moins que tu ne me repousses. C'est pour avoir ta réponse à ce sujet que je suis venue. »
(*Les Mabinogion. Contes bardiques gallois*, trad. Joseph Loth, Paris, 1979, p. 11).

Rod
Dieu slave

Le maître des laboureurs
Lié au peuple slave, Rod est la personnification de son identité et de sa vie.

Rod est d'abord le dieu des laboureurs parce que le travail de la terre est essentiel à la survie. Mais ses attributions dépassent très largement cette spécification : Rod est dieu universel, dieu du Ciel, de la Foudre et de la Pluie.

Il est à l'origine dieu créateur du monde et de la vie, il a fait l'homme, constitué la famille et assemblé la nation. On le voit « assis dans les airs » et lançant de petits morceaux (de quoi ?) qui donnent naissance aux enfants : il est responsable de l'accroissement de la nation. Il est très lié au culte des ancêtres.

Rod a une épouse, Rozanica. Mais ce mot étant toujours au pluriel, il s'agit sans doute de plusieurs épouses ; la polygamie était courante chez les peuples slaves.

Rod sera par la suite détrôné par Perun, dont les attributions, plus exclusivement liées à la fertilité et à la fécondité, semblaient mieux répondre aux besoins des gens.

Les cultes des Slaves
« Ils rendent aussi un culte aux fleuves, aux nymphes et à d'autres esprits, et à tous ils font des offrandes » (Procope de Césarée, *Histoire des guerres de l'empereur Justinien*).

Rosmerta
Déesse gallo-romaine

La grande pourvoyeuse
Rosmerta est la prévoyance, la providence, celle qui fournit tout ce qui est nécessaire à la vie.

Femme adulte, debout, drapée dans une longue robe et portant une corne d'abondance et une patère, telle nous est représentée la déesse Rosmerta dans les rares monuments qui nous signalent son culte.

Souvent associée, sous l'occupation romaine, à Mercure, le dieu des Échanges, des Voyages et du Commerce, on la voit parfois porter le caducée comme lui, et elle l'accompagne dans beaucoup de ses représentations.

Rosmerta est invoquée pour obtenir la fertilité, la fécondité et tout ce qui est nécessaire à une vie meilleure. Elle est chargée des distributions de biens et procure le profit matériel, le bien-être et la prospérité.

Rosmerta est parfois qualifiée de reine (inscription découverte récemment à Lezoux, Puy-de-Dôme). Cela signifie, ou qu'elle fut une divinité souveraine, ou qu'elle fut associée au culte de l'empereur.

Le nom celtique de Rosmerta vient de *smert*, qui désigne la provision, et du *ro* initial qui veut dire « grand ». Rosmerta signifie « la grande pourvoyeuse ».

Rudra
Dieu de l'Inde

Le Rouge
Rudra est le terrible, le destructeur. Il disperse ses maléfices au milieu des hommes et des animaux.

Prajapati désire une progéniture. Il s'exerce à l'ascèse la plus sévère, s'échauffe et, de cet échauffement, cinq êtres naissent : ce sont Agni, le Feu ; Vayu, le Vent ; Aditya, le Soleil ; Candramas, la Lune ; et Usas, l'Aurore. Usas se transforme en nymphe et se présente devant ses frères. Ceux-ci, tout excités, répandent de la semence. Prajapati recueille cette semence, et il en naît un être qui a mille yeux, mille pieds : c'est Rudra. Ainsi Rudra est né d'un inceste d'Usas et de ses frères (*Sadvimca-brahmana*, 6, 1, 3, 7-8).

D'autres traditions disent qu'il est né de Manyu, la fureur (*Sadvimca-brahmana*, 9, 1, 1, 6), ou encore qu'à la suite d'un inceste de Prajapati et de sa fille les dieux cherchent à le punir et, pour ce faire, mettent ensemble tout ce que chacun a de plus terrible : cet assemblage produit Rudra, qui perce Prajapati d'une flèche (*Maitrayani-samhita*, 4, 2, 12).

Rudra épouse Rudrani, et ils s'unissent dans une longue étreinte. Les dieux s'inquiètent de l'enfant que cette union peut produire. Ils demandent à Rudra de ne pas procréer. Il accepte et garde désormais une abstinence sexuelle totale. La déesse est furieuse et condamne les dieux à n'avoir aucune progéniture. Seul Agni, qui est absent, sera épargné par cette malédiction (*Mahabharata*, XIII, 84-86).

Rudra habite sur terre. La montagne est son repaire. Il en descend, traverse les forêts et les champs, et va dans les endroits habités. Il vient dans les villages, mais préfère les lieux isolés où les hommes sont saisis d'angoisse dans la perspective de le rencontrer.

▪ Dieu de l'étrangeté
Les cheveux tressés, le ventre noir et le dos rouge, Rudra est habillé de peaux de bêtes et armé d'un arc et de flèches. C'est un chasseur. Il est le maître des bêtes de la forêt. Les « Rudras », Bhava et Carva, courent dans la nature comme des loups sauvages. Rudra n'a pas de rapport avec la vie civilisée. Il est rude et grossier. Les brigands et les voleurs sont ses amis. Il est le patron de tous ceux qui tuent, que ce soit par nécessité ou pour le plaisir.

Il est le grand destructeur. les « Bruyantes, Dévastatrices, Sifflantes, Mangeuses de chair » (*Rig Veda*, 4, 19, 8) sont sous ses ordres. Il sème la maladie et la mort, attaque bêtes et hommes, manie le poison et l'éclair, répand la terreur autour de lui. C'est à lui que les dieux font appel pour l'exécution des basses œuvres.

Rudra est un marginal. Il aime ce qui n'est pas dans la norme, tous ceux qui ne vivent pas comme les autres ou même qui les combattent. Il apprécie les étrangers, les exclus, les réprouvés et ceux qui vivent seuls retirés du monde. C'est une puissance divine, sauvage, indomptée et dangereuse.

Le Tout-Puissant
« Unique en vérité est Rudra ; personne ne lui tient lieu de second ; par ses pouvoirs c'est lui qui a puissance sur tous les mondes. Il se tient face à toutes les créatures ; gardien de tous les êtres, alors qu'il les avait émis, à la fin des temps, il s'irrite contre eux. Les yeux dirigés en tous sens, le visage tourné en tous sens, les bras en tous sens, les pieds en tous sens, lui, le seul dieu générateur, de ses deux bras et de ses ailes, il soude le ciel à la terre » (*Svetasvatara Upanishad*, III, 2-3).

Aussi est-il un dieu craint. On l'implore pour obtenir sa faveur et sa protection. On lui demande son amitié. De dieu destructeur, il devient alors Shiva, le dieu bienfaisant, et on lui offre des sacrifices. Il porte le nom de *Cambhu*, « le Salutaire », ou de *Cankara*, « le Bienfaisant ». « Shiva est ton nom. Tu es un remède, une médecine pour la vache, le cheval et l'homme, le bonheur pour le bélier et la brebis » (*Vajasaneyi-samhita*, 3, 63).

Lorsque le rite fit monter les dieux au ciel, Rudra se trouvait comme toujours à l'écart. Il s'aperçut qu'il était exclu et se mit à poursuivre les autres. Craignant de recevoir des coups, les dieux lui promirent un autre sacrifice. Mais tout avait été offert, il n'y avait plus que de maigres restes. On les lui dédia cependant et c'est pour cela qu'il est appelé *Vâstavya*, le « dieu des restes » (*Sadvimca-brahmana*).

■ Les Rudras

On trouve fréquemment mentionné le nom de Rudra au pluriel. Les Rudras sont ses « fils » ou ses représentants. Ils sont souvent assimilés aux Maruts. Ils sont des milliers. Ils se trouvent partout dans les villes, sur les chemins, dans la mer, dans les rivières. Ils font régner la terreur.

Les Rudras sont en définitive les manifestations de Rudra. Les maladies, les catastrophes, les empoisonnements, les crimes lui sont attribués, et sa multiplication sous le terme de « Rudras » montre simplement son ubiquité.

Rudra-Shiva
Rudra est un dieu védique. Il est au milieu de puissances bienfaisantes telles que Mitra, Varuna, Indra, le destructeur et le colérique. Il joue souvent le rôle d'un démon. Plus tard dans l'hindouisme, il disparaît presque totalement au profit de Shiva, un nouveau venu, qui absorbe ses traits de dévastateur et de subversif, tout en gardant son propre caractère bienveillant. Rudra et Shiva sont un seul et même dieu.

Prière à Rudra avant le sacrifice
« Ô Bhagavan, Rudra, ô toi qui es adoré par tous les mondes, si j'ai obtenu ta faveur, ô souverain dieu des dieux, aide-moi, toi-même, ô maître suprême des dieux, à célébrer mon sacrifice » (*Mahabharata*, VIII, 120-122).

Rudra et Shiva sont deux aspects du même dieu. Ils sont ici tous les deux représentés : Rudra et son épouse sont assis sur le corps de Shiva, lui-même placé sur un bûcher funéraire. Des êtres désincarnés dansent et rampent en regardant le maître.

Esquisse sur papier, École Pahari, fin du XVIIe s.

Sarasvati
Déesse de l'Inde

La parole
Épouse de Brahma, Sarasvati personnifie la parole efficace du Veda et l'énergie féminine du dieu.

L'être de la vérité
« La divine Sarasvati, qui est l'être même de la vérité, et qui est la fille de Brahma, et qu'on appelle aussi Rita, représente ma parole et demeure toujours dans ma langue » (paroles de Krishna, *Mahabharata*, 243).

Sarasvati, déesse de la Poésie et de la Musique. Relief en marbre du temple Vimla Vashi à Dilwära (mont Abu). XIᵉ s.

Sarasvati est une belle jeune femme blanche portant à la main le livre du Veda, un instrument de musique et un chapelet composé des lettres de l'alphabet. Elle est mère des Écritures, des sciences et des arts.

Encore appelée Savitri, Gayatri, Brahmani, Satarupa, elle est née de Brahma. Celui-ci, voulant créer des êtres, se divise en deux parties ; l'une est Sarasvati, l'autre reste Brahma.

■ **Le dieu à cinq têtes**
Brahma, dès qu'il la voit, s'en éprend et veut en faire son épouse. Sarasvati, tout heureuse d'être avec celui qui lui donné la vie et voulant l'honorer, tourne autour de lui en dansant et Brahma, éperdu de désir, la suit du regard de telle sorte qu'une tête lui pousse à droite, une autre à gauche, une devant et une derrière et enfin une cinquième au-dessus (*Matsya-purana*, III, 30-41).

Sarasvati est liée à l'eau ; elle est la déesse du fleuve sacré. Elle est présente dans le lieu le plus saint de l'Inde, au confluent du Gange, la rivière blanche, et du Yamuna, la rivière noire, mais elle n'y est visible que pour les initiés.

Saturne
Dieu romain

Le maître de la culture
Dieu très ancien de l'Italie, Saturne est lié à un âge d'or, synonyme de fêtes et de ripailles.

De Saturne, on ne connaît pas grand-chose. Vient-il des colons grecs, des Étrusques ou des Sabins ? Il est sûr qu'il est solidement implanté à Rome dès l'époque de la république et qu'il y a son temple, près du Forum. On l'a assimilé à Cronos, le père de Jupiter (Zeus) ; il aurait détrôné son père, Ouranos, comme il aurait été détrôné par son fils.

Il est accueilli à Rome par Janus, et son règne correspond à un temps de bonheur et de prospérité exceptionnelle. Il invente la taille de la vigne, apprend aux hommes la culture de la terre et leur donne leurs premières lois. On le représente toujours armé d'une serpe ou d'une faucille.

■ Des fêtes de libération ?
Les saturnales, ou fêtes de Saturne, sont des réjouissances paysannes. Pendant plusieurs jours se succèdent des sacrifices, des banquets, des danses, des manifestations extérieures. Les règles sociales sont bousculées : on échange cadeaux et invitations ; les écoles, les tribunaux, les bureaux sont fermés, et la foule se répand dans la rue en criant : *Io saturnalia ! Bona saturnalia !*

Ces fêtes sont censées abolir les distances entre les hommes. Tout est permis, même aux esclaves. Les hommes libres ne portent plus leur toge et tous, maîtres et esclaves, revêtent le pileus, symbole de l'affranchi et de la liberté. On voit même des maîtres servir leurs esclaves, lesquels ne se gênent pas pour se défouler en paroles ou en actes. Ils ont le droit de boire du vin et en abusent à cette occasion.

Ces fêtes commençaient le 17 décembre et duraient plusieurs jours. César en allongea la durée. Elles marquaient le passage d'une année à l'autre. Parmi les cadeaux offerts, il y

L'horrible **Saturne** dévorant ses enfants pour ne pas perdre son pouvoir.

Francisco Goya Lucientes (1746-1828) : huile sur toile, 1819-1823.

L'âge d'or

« Ces deux places aux murailles renversées, tu les vois : ce sont vestiges et monuments des hommes d'autrefois ; l'auguste Janus a bâti ce lieu fort, Saturne a bâti l'autre ; ici Janiculum, là Saturnia, comme ils s'étaient appelés jadis » (Virgile, *L'Énéide*, VIII, 355-360).

avait des chandelles de cire, les *sigillaria* qui symbolisaient le soleil dont la lumière allait commencer à être chaque jour plus vive. Les saturnales ont donné naissance sans aucun doute aux fêtes et habitudes actuelles entourant Noël et le nouvel an.

Curieusement la planète Saturne, à l'inverse du dieu, représente pour les astrologues le maléfice. Mais la contradiction n'est-elle pas qu'apparence ? Si Saturne symbolise les arrachements, les épreuves de la vie, les sacrifices nécessaires, c'est qu'il est chargé de libérer l'homme des contraintes, contraintes de l'animalité, de la vie instinctive et des passions, contraintes aussi de la vie sociale. Saturne est symbole de liberté.

Cronos

Cronos est fils d'Ouranos (le Ciel) et de Gaia (la Terre), frère des Cyclopes ouraniens et des Hécatonchires. Gaia, étant fatiguée des nombreuses maternités que lui impose son mari, demande à ses enfants de la libérer de ces contraintes. Tous se récusent, sauf le petit dernier, Cronos. Il prend la faucille que lui a donnée sa mère, surprend son père et lui coupe les testicules qu'il jette à la mer ; ensuite, il dépose Ouranos et monte sur le trône.

Il a pour épouse sa sœur Rhéa et est le père d'Hestia, de Déméter, d'Héra, d'Hadès, de Poséidon et de Zeus. Il sera à son tour détrôné par ce dernier.

Sekhmet
Déesse d'Égypte

La Puissante
L'œil de Rê en fureur, Sekhmet est destructrice des ennemis du Soleil.

Sekhmet (son nom signifie précisément « la Puissante ») a son lieu de séjour à Memphis. Elle est la femme du dieu Ptah et la mère de Nefertoum. Son alliance avec le dieu créateur n'en fait pas son équivalent, mais son pouvoir est reconnu et redouté. Ses effigies se sont multipliées (on en a découvert près de quatre cents), montrant l'importance du culte qui lui est consacré tant à Memphis que dans les autres régions de l'Égypte.

Dans le temple de Ptah à Karnak, une statue en diorite grise, haute de 2 m, la représente avec une tête de lionne et un corps de femme. Sekhmet est une déesse terrible et sanguinaire ; elle est responsable des épidémies et messagère de la mort, déesse du carnage et de la guerre. Tous les malheurs sont censés venir d'elle. Elle inspire une grande crainte.

Mais qui sait tuer sait guérir, et un rite particulier, appelé « apaiser Sekhmet », est accompli pour attirer ses faveurs et obtenir d'elle la guérison. Ses prêtres forment une corporation de médecins et de vétérinaires. Elle devient ainsi protectrice du roi et de ses sujets.

La lionne

L'assimilation de Sekhmet à la lionne est allée très loin. Tous les lieux où le lion va boire sont considérés comme des sanctuaires de Sekhmet.

Seth
Dieu égyptien

Le Mal
Seth incarne les idées de fureur, de violence, d'orage, de crime et de malhonnêteté.

Seth (Plutarque l'appelle Typhon) a des affinités avec les animaux abominables que sont le porc, l'âne, l'hippopotame. Il est lui-même représenté comme un être bizarre : queue raide et fourchue, long corps maigre, museau effilé, grandes oreilles toutes droites et yeux globuleux.

Seth est l'incarnation des forces s'opposant à Mât, la déesse de l'ordre, de l'équilibre et de la justice. Il est aussi brutal qu'elle est douce, aussi laid qu'elle est belle, aussi détesté qu'elle est aimée.

■ Seth et Apopis
Certes, le monde a besoin de sa force brutale. Seth « est à la proue du vaisseau de Rê (le Soleil) ». Il combat le démon Apopis qui le menace tous les matins et tous les soirs. Chaque fois, Seth obtient la victoire ; chaque fois, Apopis ressuscite pour recommencer la lutte. De ce conflit permanent naissent l'équilibre des forces et l'harmonie universelle.

Mais l'emploi de la violence revêt beaucoup d'ambiguïté. Les deux ennemis tendent avec le temps à s'identifier l'un à l'autre. Seth devient la personnification des forces hostiles et le symbole de la révolte contre les hommes et contre les dieux.

Seth signifie désordre et violence. On le dit violeur, pédéraste, fratricide. Il prend possession de certains hommes jusqu'à les rendre irresponsables et les possédés de Seth lui ressemblent : ils menacent la société.

Destructeur, il brûle les cultures ou les détruit au moyen de la grêle. Toutes les catastrophes viennent de lui. C'est le dieu ennemi et le dieu des ennemis. On craint sa force, mais on la lui envie, on tente de l'apprivoiser, de le faire changer de camp, et tel ou tel pharaon n'hésitera pas à prendre son nom comme pour nier son hostilité.

■ Seth et Osiris
Seth est le frère d'Osiris et son opposé. L'univers ne fonctionne que par leur action contradictoire. Seth tue son frère qui est ressuscité par Isis ; ensuite il s'oppose à Horus, le fils de son ennemi, est émasculé dans le combat et arrache un œil à son adversaire. La victoire reste indécise, comme l'est la victoire de la lumière contre les ténèbres.

Les Égyptiens sont passés d'une sorte de fascination mêlée de crainte à l'égard de la violence représentée par Seth à un rejet du culte qui lui était rendu : on s'est mis à célébrer son émasculation ; on a détruit ses effigies ou, tranchant ses oreilles et y ajoutant des cornes, on en a fait des représentations d'Amon ; enfin, les villes lui vouant un culte ont été frappées d'interdit.

■ Le Typhon grec
Monstrueux, il peut, de ses mains étendues, toucher l'Orient et l'Occident. Zeus l'écrase en jetant sur lui le mont Etna.

Le dieu de la confusion

« Je suis Seth, l'engendreur de la confusion, Seth qui crée tempête et orage dans toute l'étendue du ciel » (Édouard Naville, *Das aegyptische Totenbuch der XVIII. bis XX. Dynastie*, Berlin, 1886, p. 39).

Shamash
Dieu babylonien

Le Soleil
La lumière de Shamash resplendit dans le ciel, sur la terre et dans les enfers ; il préside à la justice.

Ningal est une déesse adorée à Ur et à Harran.

Sur une tablette retrouvée à Sippar, on voit le dieu Shamash assis, portant une tiare à quadruple rang de cornes, un chignon, une grande barbe et revêtu d'une longue robe. Il tient à la main droite le bâton et le cercle. L'image qui le symbolise est le disque solaire se levant entre deux montagnes ou encore une simple roue à rayons.

■ Dieu de la lumière
Fils du dieu-Lune Sin et de Ningal, Shamash est le frère d'Ishtar, la déesse de l'Amour et de la Guerre. Il a pour épouse Aya, « la jeune femme ». Il donne la lumière à l'univers. Il voyage le jour dans le ciel, voit tout, inspecte tout, découvre tout, révèle les secrets, donne assistance à qui en a besoin, punit qui le mérite et récompense qui en est digne.

Les premières lois écrites connues, le code d'Hammourabi, ont été établies sous son autorité. Dieu de la Justice, il dicte ses volontés au roi de Babylone. Les serments sont faits en son nom. Shamash ne permet pas le mensonge. Deux petits dieux l'aident dans sa tâche : Girru, le dieu-Feu, et Nusku, le dieu-Lumière. Les prières qui lui sont adressées se situent entre la magie et la religion. Toujours présent, il répond à coup sûr à la condition qu'on respecte des rites précis.

Son culte s'est concentré dans les villes de Larsa au sud et de Sippar au centre. Dans ces deux villes, son temple s'appelle l'*Efabbar* (la maison brillante).

Dieu-Soleil aux épaules flamboyantes, Shamash brandit son couteau-scie et monte sur la montagne.

Sceau-cylindre. Serpentine. Époque d'Agadé (v. 2200 av. J.-C.).

Shango
Dieu africain

Le Tonnerre

Chaque tribu africaine a son dieu. Certains le nomment Obatala, d'autres Yansan, d'autres encore Ogun ou Shango. Shango est le dieu du Tonnerre et l'ancêtre des rois d'Oyo.

Shango est un être viril, violent et justicier : il châtie les méchants, les menteurs, les voleurs et les criminels. Son arme favorite est la foudre tenue pour punition du dieu : une maison, un arbre, une forêt qui en sont touchés deviennent interdits, le propriétaire est astreint à de lourdes amendes et doit apaiser la divinité par des sacrifices ; c'est qu'il est coupable.

Les pierres de foudre sont importantes dans le culte du dieu : considérées comme des objets sacrés ou des amulettes, elles sont déposées sur ses autels ; sur elles on verse le sang des animaux sacrifiés pour leur redonner vigueur et efficacité.

Outre les sacrifices, le rituel comporte des danses et des transes au son d'une sorte de hochet fabriqué avec une calebasse allongée. On y agite la double hache, emblème de Shango. On y accomplit également des actes licencieux.

Shango a trois épouses : Oya, qui n'est autre que le fleuve Niger ; Oshun et Oba qui sont deux autres rivières. On dit que Shango est l'ancêtre, le quatrième roi des Yoruba, maître du tonnerre et capable de faire jaillir le feu de son propre corps.

■ La divinisation de Shango

Shango était un roi cruel. On raconte qu'à l'origine ses sujets étaient très divisés : les uns voulaient le chasser, les autres lui gardaient toute leur confiance. Après bien des péripéties, ce furent les premiers qui l'emportèrent ; Shango quitta le pays et alla se pendre à un arbre.

Ses partisans, apprenant sa mort, allèrent à la recherche de son corps. Ils ne le trouvèrent point, mais aperçurent au pied d'un arbre — l'arbre de la pendaison — un trou d'où sortait une chaîne de fer. Ils en conclurent que Shango était devenu un dieu.

A cet emplacement, ils édifièrent un temple et organisèrent un culte avec des prêtres pour le célébrer. Toutefois dieu pour certains, il n'était que le roi défunt pour les autres. Pendant un temps, les uns crièrent : « Le roi s'est pendu ! » ; les autres : « Le roi n'est pas mort ! ». C'était la confusion totale jusqu'à ce que Shango se fît entendre : il envoya un orage terrible, qui détruisit les maisons de ses détracteurs. Alors tous reconnurent que Shango était devenu dieu.

Le culte de Shango, originaire de la région du fleuve Niger, a été introduit au Brésil par les populations noires qui y furent déportées comme esclaves. Il a été quelque peu confondu avec saint Jérôme, mais le parallélisme ne tient probablement qu'à la présence auprès du saint d'un lion qui se trouve être également l'emblème des rois d'Oyo.

L'aide du dieu

« Shango peut nous aider, Shango le mari d'Oya. Nous n'avons qu'à le suivre. Qu'il vienne faire avec nous ce que nous ne pouvons pas faire sans aide, nous ne savons pas comme lui prononcer des imprécations. Nous n'avons qu'à devoir saluer Shango » (P. Verger, *Notes sur le culte des Orisa et Vodun*, Dakar, 1957, p. 317).

Shiva
Dieu de l'Inde

Le favorable
Shiva et Rudra sont sans doute deux facettes de la même divinité. Rudra est destructeur, Shiva bienfaisant.

Shiva est appelé Mahâdeva (« le Grand Dieu »). C'est un dieu souverain, organisateur du monde. Il est dit aussi Bhairava (« l'Effroyable »), Hara (« le Ravisseur »), Kala (« la Mort »).

Représentant les ténèbres, il a les yeux remplis de serpents, une ceinture faite de crânes, et est entouré de revenants et de vampires. On le voit portant en diadème un croissant de lune. Il a quatre bras : le premier tient une gazelle, le deuxième une hache, le troisième fait un geste d'apaisement, le quatrième un geste d'offrande. Shiva possède un troisième œil au milieu du front avec lequel il foudroie tout ce qu'il regarde.

Il danse sur les lieux de crémation au milieu de diables. Il s'accompagne d'un petit tambour. La danse est censée représenter la construction et la destruction périodiques du monde (*Mahabharata*, 13, 17, 50). C'est son aspect Rudra.

Shiva défend ses droits : on raconte qu'en raison de son aspect rebutant il n'a pas été invité au sacrifice de Daksa, père de Sati, sa femme. Furieux, il empêche l'accomplissement des rites tant qu'il n'a pas reçu réparation (*Mahabharata*, 12, 283 sqq.).

Shiva est Yogesvara, « le Prince des ascètes ». On le voit en posture de méditation, couvert de cendres, la tresse s'enroulant sur le crâne. L'ascétisme est lié au renforcement de l'énergie et donc à la maîtrise des forces vitales.

▪ Le mariage de Shiva
Shiva est un individu hirsute, sale, errant. Pourtant Parvati, encore appelée Sati ou Uma, est amoureuse de lui.

De plus, il ne lui donne qu'un enfant de façon normale, Kumara. Ganesha et Skanda sont obtenus par artifice. Il se désintéresse de l'union sexuelle, et cependant il a des maîtresses : sa propre sœur, Manasa, Ganga (*Mahabharata*, 3, 109), et bien d'autres qu'il prend de préférence dans les castes impures.

En face de ce goujat, Parvati est une épouse parfaite, une amoureuse folle qui lui passe tous ses caprices. Elle représente l'énergie du dieu, la puissance qui engendre, maintient et détruit. Parvati est aussi le prototype du dévôt.

▪ Le linga
Shiva est représenté par une pierre verticale de forme cylindrique sortant d'une cuvette presque plate et munie d'un versoir, le tout reposant sur un socle. On y voit habituellement un symbole du phallus émergeant d'un sexe féminin. Ce serait le sexe de Shiva tombé à la suite de la malédiction lancée par les sages de la forêt de Daruka parce que le dieu, déguisé en jeune et bel ascète nu, avait affolé leurs épouses.

Le linga représente surtout la maîtrise du monde : Vishnu et Brahma se le disputent. Pendant que l'un et l'autre échangent leurs arguments, apparaît un

---

Un individu sans honneur

« Par quelle lubie as-tu pu t'enticher de ce garçon sans lignée, sans qualité, sans honneur, sans caste, sans père ni mère connus ? — Il vit de mendicité, couche sur les lieux de crémation ; il danse nu comme les démons et les diables. Il s'adonne à la marijuana et aux hallucinogènes et s'enduit le corps de cendres. C'est un yogi hargneux au chignon natté qui déteste les plaisirs sexuels... — Les femmes raisonnables écouteraient tes conseils. Pour moi je ne suis qu'une folle, amoureuse d'un fou ! » (*Parvatimangal de Tulsi-Das*, 49 sqq.).

linga lumineux dont on ne voit ni la base ni le sommet. Brahma se transforme en oiseau pour aller en chercher le sommet. Vishnu se transforme en sanglier, pour fouiller le sol et en trouver la base. Ils reviennent sans avoir rien trouvé. Alors apparaît Shiva à travers le linga fendu en losange et les deux autres dieux reconnaissent sa suprématie (*Shiva-purana*, 2, 5).

Une autre version dit que Brahma prétend avoir atteint le haut de la colonne ; il se met à insulter Shiva lors de son apparition. Alors celui-ci, furieux, lui coupe une de ses cinq têtes. Mais il se trouve chargé d'un grand péché et il doit faire vœu de douze ans de mendicité.

Le linga est un objet de culte. Durant les cérémonies, il est aspergé d'eau, de lait ou d'huile, liquides qui sont recueillis dans la cuvette. Le linga représente le dieu dans les temples, ses effigies restant à l'extérieur.

■ **La mise à mort de Kama**

Shiva est méprisé par son beau-père, Daksa, ce qui entraîne le suicide de sa femme, Sati. Après ce deuil, il décide de se retirer dans la montagne et de se plonger dans la méditation. Sati, réincarnée, s'installe auprès de lui et adopte la même vie.

Mais le monde a besoin de Shiva ; il est menacé par un terrible démon nommé Taraka, à qui Brahma a accordé l'invulnérabilité et que, seul, un fils de Shiva pourrait anéantir. Kama, le dieu de l'Amour, est appelé au secours. Il s'approche de Shiva, attend soixante millions d'années et envoie sa première flèche.

Shiva, furieux d'être dérangé, de son troisième œil réduit Kama en cendres. Puis il aperçoit Sati et se rend compte de la vie ascétique qu'elle mène. Il est rempli de désirs à son égard. Ils s'unissent et donnent naissance à Kumara, qui met à mort le démon Taraka (*Kumarasambhava*).

■ **Ganapati**

Shiva est toujours amoureux de Sati. Celle-ci, voulant parfois se retirer seule, crée à partir des impuretés de sa peau, un gardien de sa porte, nommé Ganapati (Ganesha). Shiva vient voir son épouse alors qu'elle est dans son bain. Ganapati se déchaîne contre lui. Vishnu se porte au secours de Shiva, il envoie sa maya, l'illusion magique, qui

Shiva Vinadhara Dakshinâmurti, joueur de vina, maître des sciences et des arts, protecteur des forêts et des bêtes sauvages. L'emblème de cette dernière fonction est la biche qu'il porte dans une de ses quatre mains.

Bronze à patine verte. V. XIe s. apr. J.-C.

SHIVA

> **Le dieu unique**
> « La nature originelle est périssable ; l'impérissable, c'est Hara (Shiva) ; le dieu unique gouverne tout : monde destructible et âtman. Pour qui médite sur lui, s'unit à lui et, qui plus est, prend conscience de sa réalité, la magie de l'univers s'arrête enfin » (*Svetasvatara Upanishad*, I, 10).

> **Le protecteur du monde**
> « Lorsqu'on connaît Shiva plus subtil que la subtilité même, qui, du centre de l'indistinct, émet tout le divers, qui, multiforme, embrasse à lui seul tout l'univers, on gagne la paix à jamais. C'est lui le protecteur du monde dans le temps, le souverain de l'univers, caché dans tous les êtres, à qui les voyants de caste brahmanique et les divinités sont assujettis. Lorsqu'on l'a reconnu comme tel, on tranche les liens de la mort » (*Svetasvatara Upanishad*, I, 14).

sème la confusion tout autour. Shiva en profite pour couper la tête de Ganapati.

Sati suscite mille déesses pour harasser les dieux et demander qu'on lui rende Ganapati. Shiva se soumet et demande qu'on lui rapporte la tête du premier qu'on rencontrera. C'est un éléphant et Ganapati porte désormais une tête d'éléphant (*Shiva-purana*).

■ Les hauts faits

On connaît Shiva comme celui qui, pour sauver le monde vivant, avale le poison craché par le serpent Vasuki (*Mahabharata*, 1, 18), celui qui détruit un éléphant dans lequel s'était caché un démon, celui qui sort du linga pour bousculer la mort qui voulait s'emparer de l'un de ses fidèles, celui qui détruit trois forteresses tenues par des démons (*Mahabharata*, 7, 202, 64).

Il défend ses dévôts : ainsi, un jeune vacher utilise le lait de ses vaches pour asperger le linga qu'il a formé avec du sable. Son père arrive, se met en colère et bouscule de son pied le linga. Alors Shiva apparaît et donne à l'enfant le poste de gardien de sa maison.

Il sait reconnaître la valeur de chacun : lors d'une chasse, Shiva et Arjuna tirent la même proie, et naturellement le dieu et le héros revendiquent la propriété de la bête. Des injures, on en vient aux mains et un combat s'ensuit. Le dieu l'emporte, mais, reconnaissant la valeur de son adversaire, il lui abandonne ce qu'il désire.

■ Le taureau

La monture de Shiva est un taureau blanc, Nandin. Shiva lui-même est parfois invoqué comme un taureau, symbole de fécondité. Le taureau est le plus souvent représenté devant le temple, couché et tourné vers le sanctuaire.

■ Le culte

Shiva fait partie avec Brahma et Vishnu de la grande triade des dieux hindous. Mais, pour beaucoup de sectes, il est l'Être suprême, l'Absolu, la seule réalité qui se matérialise dans le monde. Il est celui qui agit, crée, maintient et anéantit le monde. L'ambivalence du dieu créateur et destructeur, symbole de la fécondité et de l'abstinence sexuelle, est à la base de sa personnalité.

Le culte qui lui est adressé consiste surtout à l'apaiser par des fleurs et des libations. Mais les observances sont nombreuses. Il faut par exemple se couvrir le corps de cendres, prononcer des formules magiques, participer à des processions, rire, chanter et danser.

■ Le yoga

Ces rites ont pour but de rendre l'homme insensible à la matière. Le yoga est une de ces pratiques, qui délivre des contraintes du monde en vue d'obtenir la réalisation parfaite de l'être. Shiva est pour beaucoup le yogi par excellence et ses dévôts le prennent pour modèle. Mais le shivaïsme a aussi inspiré des pratiques populaires licencieuses.

> **Le linga**
> Il est d'abord un symbole sexuel. On dit aussi que sa partie supérieure représente Shiva, sa partie médiane Vishnu (sous une forme féminine) et sa partie inférieure (le socle) Brahma. On retrouve ainsi la Trimurti hindoue. Mais c'est surtout le signe de la présence du dieu. C'est pourquoi le temple de Shiva abrite un linga dans son sanctuaire principal, la statue en bronze du dieu dansant étant exposée dans un sanctuaire secondaire.

Sin
Dieu sumérien

La Lune
Coiffé du croissant aux deux pointes relevées comme un esquif, Sin vogue sur les eaux dans les espaces célestes.

Sin s'appelle aussi Souen ou Nanna chez les Sumériens et Nannar chez les Akkadiens. Sin est assis sur un trône, une longue barbe retombant sur sa poitrine ; il tient de la main la hache, le sceptre et le bâton.

Sin est la Lune et le père de Shamash, le Soleil. La lumière de Sin est bienfaisante : elle guide les caravanes ; celle du Soleil est impitoyable : elle brûle et dessèche. Le croissant de lune ressemble à des cornes, et Sin est comparé à un jeune taureau dont la force augmente pendant toute la progression du mois.

Sin a des oracles ; ses prévisions lient les dieux autant que les hommes. L'éclipse est le signe le plus redoutable que donne Sin puisqu'alors il se cache et annonce ainsi des catastrophes.

Le culte de Sin s'étend à partir d'Ur, en Babylonie, et de Harran, en Assyrie. Les plus hautes autorités s'y trouvent mêlées : la fille de Sargon, roi d'Akkad, devient l'épouse du dieu ; une des sœurs des rois de Larsa en est la grande prêtresse et un des frères d'Assurbanipal est grand pontife du temple d'Harran.

Hommage à Sin
« Fier taurillon, aux cornes épaisses, aux proportions parfaites, à la barbe de lapis, plein de virilité et de plénitude [...], père miséricordieux et indulgent, qui tient dans sa main la vie de tout le pays [...] » (St. Langdon, Oxford Editions of Cuneiform Texts, t. IV, p. 6).

Sirènes
Démones grecques

Les enchanteresses
Les chants des sirènes sont irrésistibles ; ils promettent le plaisir et plongent dans la mort.

Les sirènes sont filles de la muse Melpomène et du dieu Achéloos, et compagnes de Perséphone. Lorsque celle-ci fut enlevée par Hadès, elles demandèrent aux dieux de porter des ailes pour pouvoir la rechercher. C'est ainsi qu'elles sont mi-femmes mi-oiseaux (Ovide, *Les Métamorphoses*, V, /12-562). Il y a trois sirènes : Pisinoé, Aglaopé et Thelxiopé, appelées aussi Parthénopé, Leucosia et Ligia. L'une tient la lyre, la deuxième chante et la troisième joue de la flûte. Leur chant est très harmonieux.

Elles habitent une île et enchantent à un tel point les marins de leur voix qu'ils font naufrage ; alors, elles les dévorent. Les Argonautes passèrent par là. Mais le chant d'Orphée l'emporta sur celui des sirènes. Ulysse demanda à ses matelots de se boucher les oreilles avec de la cire. Quant à lui, ne voulant pas manquer une si belle mélodie, il se fit attacher solidement au mât du navire.

Achéloos est fils d'Océan et de Téthys ; il est l'aîné des trois mille dieux fleuves.

Sita
Héroïne de l'Inde

La femme née du sillon
Sita est un avatar de Lakhsmi, comme Rama est un avatar de Vishnu.

La naissance de Sita est exceptionnelle. Elle est sortie d'un sillon sous le soc du roi Janaka alors que celui-ci labourait son champ pour préparer l'aire du sacrifice. Elle est donc née de la terre sanctifiée. Le roi en fit immédiatement sa fille adoptive (*Ramayana*, I, 66, 13).

Sita est devenue avec le temps une très jolie fille qui attire les regards des hommes. Janaka a promis de la donner pour épouse à celui qui parviendrait à tendre l'arc de Shiva qui est en sa possession. Il est persuadé qu'aucun homme ne réussira cet exploit et qu'ainsi il gardera sa fille pour lui seul.

▪ Rama
C'était oublier l'existence de Rama. Celui-ci, mis au défi, y parvient si bien qu'il brise l'arc. Janaka, lié par son serment, est obligé d'abandonner sa fille et de la donner en mariage à Rama. Les deux époux se vouent l'amour le plus total.

Sita est une femme fidèle. Lorsque Rama est déchu de la royauté et qu'il doit partir en exil dans la forêt pour quatorze ans, Sita, qui n'est pas liée par cette obligation, refuse de rester au palais royal : elle suit son mari dans la disgrâce et supporte mieux que lui la vie d'ascète à laquelle il est astreint.

▪ Les malheurs de Sita
Elle lui est fidèle dans les pires circonstances : enlevée par Ravana, séduit par sa beauté, elle ne succombe à aucun moment aux tentatives les plus adroites du ravisseur qui, aspirant à un véritable amour, ne veut pas la forcer. Il échoue, tandis que les deux époux composent l'un pour l'autre par-delà la séparation les plus beaux chants d'amour.

Les retrouvailles ne sont pourtant pas ce que ces chants pouvaient laisser espérer. Sita reste fidèle même quand son époux, persuadé qu'elle n'a pu que succomber lors de son long enlèvement, la punit injustement et la soumet à l'épreuve du feu. Elle lui dit : « Si, malgré les preuves de mon amour durant notre cohabitation, fier prince, je suis encore une inconnue pour toi, c'est que ma perte est irrémédiable » (*Ramayana*, VI, 116, 10). Elle monte sans fléchir sur le bûcher, mais, le feu refusant de la brûler, elle sort victorieuse de la situation. Les amants se retrouvent alors dans une complète euphorie.

Cependant, Rama est de nouveau pris de doutes et il oblige Sita à l'exil dans la forêt. Elle y met au monde ses deux fils jumeaux, Kusa et Lava. La séparation est longue et il faut l'intervention des enfants pour que Rama reconnaisse enfin l'innocence de Sita.

Sita revient ; toutefois sitôt dans le royaume, elle demande à la terre qui l'a fait naître de la reprendre : la terre s'ouvre et l'engloutit définitivement *(Ramayana).*

La vertueuse
« Ni dans ses paroles, ni dans son cœur, ni dans son esprit, ni dans ses regards, ta vertueuse et belle épouse ne s'est montrée indigne de tes nobles sentiments. Elle fut enlevée malgré elle par Ravana, que sa force rendait insolent : séparée de toi, l'infortunée se trouvait seule. Enfermée, gardée dans son gynécée, tu demeurais l'objet de ses pensées, son suprême espoir. » (*Ramayana*, VI, 118, 6).

Skanda
Héros de l'Inde

Le jeune homme
Considéré parfois comme dieu souverain, Skanda est le chef des armées divines.

Skanda est fils de Shiva. Pour l'engendrer, Shiva est resté très longtemps en union avec la déesse. Déjà les dieux ont peur de celui qui, sortant de cette union, ne peut qu'être immensément fort et ils demandent à Shiva de s'abstenir de procréer. Shiva accepte et pratiquera désormais une complète abstinence sexuelle. Mais il est prévenu trop tard et un peu de semence tombe sur terre dans le feu.

Agni, qui est le Feu, dépose en Ganga l'embryon fait de la semence de Shiva. Ganga, ainsi enceinte, ne peut supporter l'ardeur d'Agni et de Shiva qui se trouve en elle et elle abandonne l'embryon sur le mont Méru. Les Pléiades viennent l'allaiter..

Dès sa naissance, les dieux se précipitent pour le voir, effrayés par sa puissance. Ils pensent même le tuer tant il les remplit de crainte. Mais, en sa présence, ils ne peuvent qu'être impressionnés, ils se soumettent et demandent sa protection. Shiva lui-même vient à sa rencontre, il reconnaît son fils, et Skanda se met à ses ordres.

Skanda est un jeune homme, beau, plein d'ardeur et de force. Son frère, Ganesha, est laid, gros et rusé. Ce que le premier obtient par son courage et sa volonté, le second l'obtient au moyen d'astuces. Au premier reviennent la guerre, la libération, les actions violentes ; au second, la paix, la bonne marche des affaires, le gouvernement. Skanda est tout désigné pour commander les armées des dieux.

Skanda a deux épouses : Vali, fille de la montagne et chasseresse, et Devasena, dont le nom signifie « armée des dieux ». Devasena est une jeune fille qu'Indra a rencontrée lors d'une de ses promenades. Elle était aux prises avec un asura, un ennemi des dieux. Il l'a délivrée et elle lui a demandé comme une faveur de lui donner un mari. Indra lui donne Skanda pour époux.

Dès qu'il est en âge de prendre ses fonctions, les dieux informent Skanda qu'ils ont déjà été vaincus dans un combat avec les asuras et que Taraka, le chef des ennemis, fait des ravages dans le monde. Skanda ne se fait pas prier, il part tout de suite au combat et tue Taraka de son arme infaillible, arme magique qui le rend invincible.

■ Le misogyne

Skanda est honoré à travers toute l'Inde. En raison de sa naissance, due tout entière au père, il est très antiféministe. Ses temples sont interdits aux femmes : il ne les aime pas et il les poursuit de sa colère, en les menaçant de fièvre puerpérale jusqu'au sixième jour de leurs couches. Il est aussi ravisseur d'enfants, bien qu'on le prie pour avoir des enfants. Les Pléiades, ses mères adoptives, l'aident dans ce travail de malfaisance. Des rites sont prévus pour les apaiser et détourner leurs malédictions.

Skanda honoré sous le nom de Subrahmanya

« Sa statue est adorée partout dans les pagodes. Il a aussi des pagodes qui lui sont consacrées, à lui seul, et portent son nom... On lui attribue deux femmes, dont l'une s'appelle Déwanéi, l'autre Walliaméi — celle-ci serait de la race des vanniers » (B. Ziegenbalg, *Ausführliche Beschreibung d. malabar. Heydenthums,* 1711, éd. W. Caland, Amsterdam, 1926, p. 45).

Soma
Dieu de l'Inde

La boisson des dieux

Boisson divinisée, Soma est nécessaire à l'immortalité des dieux et aux sacrifices faits par les hommes.

Soma est le dieu-Lune. Il apporte la fraîcheur des nuits et marque le rythme des jours et des mois. Il est surtout le nectar d'immortalité. « Dieu et boisson céleste » : le rapprochement peut surprendre et contredire certaines notions intellectuelles occidentales ; il marque surtout la valeur infinie d'une liqueur, élément essentiel du sacrifice.

■ La boisson du sacrifice

Le soma est une boisson tirée d'une plante (venue du ciel) qui pousse dans les montagnes désertiques. Les rites d'élaboration du soma sont fixés dans le moindre détail. Ils constituent la cérémonie principale de la religion.

La plante à partir de laquelle on fabrique le soma est sans doute un champignon. Le premier stade de préparation consiste en une aspersion des tiges jusqu'à ce qu'elles se gonflent d'eau. Ensuite ont lieu un pressage et un nouveau lavage dans l'eau. Puis on pose les tiges sur des meules et on les frappe avec des pierres. Enfin, on récupère le jus et on le passe à travers un filtre de poils de mouton pour le clarifier.

Tout au long de ce travail, des poètes chantent. La poésie encourage les prêtres, accélère la décantation et rend le soma plus puissant. En retour, le soma donne l'inspiration et la ferveur aux poètes. Soma, rites et paroles sont intimement liés pour l'efficacité du sacrifice.

Le soma est bu soit pur, soit mélangé de lait. Ses effets sont puissants : il agit sur la pensée et sur le corps ; il donne les idées, la vigueur intellectuelle, la force et le courage physique ; il guérit les malades et renforce la puissance sexuelle. C'est un élixir de vie.

Le soma est la boisson des dieux : il leur donne force, splendeur, sécurité et en définitive immortalité. Bu par les dieux et par les hommes, il crée les liens d'amitié entre eux et est le cœur du sacrifice.

L'ivresse engendrée par le soma n'est pas sans rapport avec les effets des hallucinogènes, mais l'objectif est tout autre. Il est l'intime union aux dieux et la communion avec l'univers. Le soma n'est pas une boisson ordinaire, il est le cœur de l'univers.

■ L'origine du soma

Le mythe d'origine du soma mêle des notions apparemment sans rapport. Il donne une explication aux éléments essentiels du sacrifice : la boisson, la parole, la ferveur et l'offrande, ainsi qu'aux différentes étapes de la cérémonie. Il fait intervenir les procédés les plus merveilleux : la boisson, on le sait, est un dieu et les vers des poètes deviennent des oiseaux.

Dans les temps primordiaux, Soma est au ciel et les dieux sur terre. Ils désirent le faire venir au milieu d'eux et, pour ce faire, ils décident de créer deux êtres féminins, Kadru, la Terre, et

« **Le soma** est la semence du cheval étalon à la mâle vigueur » (*Taittiriyasamhita*, VII, 4, 18, 2).

Suparni, la Parole.

Kadru et Suparni sont opposées l'une à l'autre. Elles se mettent à faire une sorte de concours : c'est à celle qui verra le plus loin. Suparni voit un cheval blanc attaché à un poteau. Kadru voit le vent qui agite sa queue. Kadru a gagné, et, selon les règles qu'elles s'étaient elles-mêmes données, elle s'empare de l'âme de sa compagne.

Suparni peut cependant se racheter en allant, pour les dieux, chercher Soma dans le ciel. Suparni charge de cette tâche ses enfants, qui sont les formes métriques du Veda, formes que l'on appelle *jagati, tristubh* et *gayatri*.

Les formes métriques, pour accomplir leur mission, se changent en oiseaux. Les vers ont tous au départ quatre syllabes. La jagati part la première et s'envole. A mi-chemin, elle est fatiguée et ne peut retenir trois de ses syllabes, qui tombent. N'en ayant plus qu'une, elle ne peut aller jusqu'à Soma et revient, ne rapportant que la ferveur ascétique.

La tristubh part à son tour. Elle éprouve les mêmes difficultés, mais, prévenue par l'expérience de sa compagne, elle s'efforce de retenir ses syllabes et n'en perd qu'une. Malheureusement, elle s'est tout de même trop appauvrie, elle ne peut aller jusqu'à Soma et revient en rapportant la *daksina*, c'est-à-dire l'argent donné aux prêtres pour le sacrifice.

La troisième à partir est la gayatri. Plus douée et plus noble, elle parvient jusqu'au ciel en gardant toutes ses syllabes, effraie les gardiens et prend Soma dans ses pattes et son bec. Au retour, elle récupère les syllabes perdues par la jagati et la tristubh. Ainsi, elle prend la forme qu'elle a actuellement : elle est octosyllabique. C'est la forme de versification la plus parfaite, celle qui est utilisée dans les moments les plus importants du rite.

La gayatri a apporté dans sa patte de droite la pressée du matin, dans sa patte de gauche la pressée du midi et dans son bec la pressée du soir. Mais, comme cette dernière a été sucée au cours du voyage, elle n'est pas pure et doit être mélangée à du lait, à du beurre et à des victimes immolées pour être digne du sacrifice.

La gayatri se charge seule de la pressée du matin, et elle s'unit aux deux autres, plus faibles en raison de leurs aventures, pour les pressées du midi et du soir.

▪ Le vol du soma

Les aventures du soma ne sont pourtant pas terminées : redevenu boisson, il est volé par le Gandharva, un démon. Les dieux, sachant que le Gandharva est amoureux fou des femmes, entreprennent donc de le tenter en lui envoyant Suparni transformée en femme âgée d'un an et chargée de récupérer le soma. Celle-ci réussit dans sa mission. Mais le Gandharva n'est pas content ; il vient, lui aussi, et veut récupérer, au moins, Suparni. Or comment ferait-on le sacrifice sans Suparni, la Parole ? On décide qu'elle choisira elle-même son sort. Alors le Gandharva et les dieux entreprennent de la séduire : le Gandharva lut- récite la Parole sacrée du Veda ; les dieux, plus rusés, montrent la lyre. Suparni, la Parole, fait son choix : elle rejoint les dieux et reste définitivement avec eux (*Taittiriya-samhita*, VI, 1, 6, 1, sqq.).

Les dieux et les hommes disposent désormais de la parole et du soma. Les hommes le préparent, les dieux le boivent et, transformé en ambroisie par le rite, il les rend immortels.

La boisson du sacrifice

« Nous avons bu le soma,
Nous sommes devenus immortels.
Arrivés à la lumière,
Nous avons trouvé les dieux [...].
Enflamme-moi comme le feu
Qui naît de la friction.
Illumine-nous, faisons-nous plus fortunés [...],
Boisson qui a pénétré nos âmes,
Immortelle en nous mortels, ce soma [...].
(*Rig Veda*, trad. L. Renou).

Sucellus
Dieu gaulois

Le bon frappeur

Dieu au maillet, Sucellus est riche, puissant, souverain et majestueux ; il est comparé à Jupiter.

Le dieu au maillet
Le nom de Sucellus se décompose en deux : *su*, « bien », et *cellus*, « frapper ». Sucellus est le dieu qui frappe bien, et donc le dieu de la bonne mort.

Barbu, dans la force de l'âge, Sucellus est représenté avec la tunique, le capuchon et les bottes. Il porte une peau de loup sur la tête, tient à la main gauche une longue massue-sceptre et dans la main droite un vase pansu.

Le maillet qu'il tient, comparable à celui du dieu irlandais Dagda, semble être la marque de souveraineté. Le vase pansu montre qu'il est dispensateur de nourritures. C'est un bienfaiteur associé à la nature généreuse.

César en fait un dieu national, le père de la race gauloise (César, *De bello gallico*, VI, 17-18).

L'épouse de Sucellus est Nantosuelta, la déesse-Rivière. Principe de fécondité, elle a à la main une corne d'abondance. On la voit aussi porter une petite maison ronde : cela veut sans doute manifester que la femme est l'âme du foyer.

Sucellus a été souvent assimilé à Sylvain, le dieu des Forêts, lui aussi dispensateur de biens.

Svarog
Dieu slave

Le Feu

Svarog est le dieu de la Lumière céleste qui illumine la Terre et les hommes.

Le dieu unique
« Parmi les différentes divinités à qui ils (les Slaves) attribuent les joies et les peines, ils disent qu'il n'y a qu'un dieu dans le ciel : celui-là commande aux autres. » (Helmold, *Cronica Slavoreum*, 1150).

Svarog est le dieu panslave du Feu : on l'appelle Svarizic comme dieu national des Vélètes (Thietmar de Merseburg, *Chroniques*). Dazbog, son fils, est dieu du Soleil.

Les Slaves croient au dieu unique, mais si terrible et si lointain qu'il est même interdit de prononcer son nom. Svarog est sans doute le dernier avatar de ce *deus otiosus*, rendu plus « présent » par l'insignifiance des dieux intermédiaires.

Il est dispensateur de toutes richesses, législateur, juge et gardien de la monogamie. Son nom signifie « lier ». Dieu du Feu, il a les qualités du forgeron qui lie les métaux par le feu. Il est magicien et devin.

Svarog (ou Svarizic) a été honoré dans de nombreuses villes. Des temples lui étaient dédiés à Rethra, Stettin (Szczecin), Wolin, Wolgast, Gützkow, Kiel, et bien d'autres lieux. On y déposait les étendards des armées après les expéditions et les prêtres y procédaient à des sacrifices d'animaux domestiques, et parfois d'hommes.

Sventovit
Dieu slave

Le seigneur
Sventovit, ou Svantovit, est tenu pour le dieu de la Guerre en raison de sa force et de son ardeur.

La multiplicité des noms de dieux, construits sur le même modèle cache sans doute diverses dimensions d'une même divinité : Sventovit signifie « énergie » ; Iarovit, « fureur » ; Porevit, « puissance » ; Rujevit, « rut ». Mais l'aspect des dieux représentés par ces noms diffère aussi : Porevit a quatre ou cinq visages, Rujevit en a sept et Triglav, le dieu poméranien, en a trois.

La statue de Sventovit à Rügen mesure 8 m ; elle a quatre cous et quatre têtes : deux regardent devant, deux derrière. Mais, lorsqu'on est en face de lui, il semble regarder à droite et à gauche. Il tient dans la main droite une trompe et dans la gauche un arc, les bras reposant le long du corps. Il est revêtu d'une tunique (Saxo Grammaticus, *Gesta Danorum*).

Sventovit est dieu de la Fertilité, de la Fécondité et du Destin. Il possède un cheval qui est gardé dans son temple. On dit qu'il le monte la nuit alors que, le jour, seul son grand prêtre a le privilège de le chevaucher. Ce cheval a le don de divination : on le fait passer entre deux lances fixées au sol et, suivant son attitude, on découvre le sens de l'oracle qu'il veut signifier.

Un dieu multiforme
La religion des Slaves n'a jamais tranché entre le monothéisme et les multiples énergies dont l'univers est composé. Les quatre faces des idoles correspondent plus ou moins aux quatre éléments : l'air, le feu, la terre et l'eau.

Adoration du dieu **Sventovit** qui, de ses quatre visages, protège le monde des quatre côtés fatidiques. La colonne, ici peinte, fut trouvée à Husiatyn, en Galicie polonaise. Elle mesure 2,70 m de haut.

Gravure de Ivan Bilibine, 1934.

Tane
Dieu océanien

L'allumeur du ciel
Démiurge, Tane tient séparés le Ciel et la Terre et permet ainsi au monde d'exister.

Tane est fils de Rangi, le Ciel, et de Papa, la Terre. Le Soleil, fixé sur le Ciel, risque de détruire les enfants de Papa. Tane se couche sur sa mère, puis, levant les pieds qu'il pose sur Rangi, il sépare le Ciel et la Terre et les maintient ainsi à distance.

Lors de cette séparation, certains des enfants de Rangi et de Papa, sont restés accrochés au père ; ils ne doivent pas connaître la mort et vivront toujours. Les hommes sont ceux qui sont restés sur la mère ; eux connaîtront la mort.

Tane est le dieu des forêts : les branches des arbres sont ses jambes ; le tronc, sa tête, et le bois des pirogues et des maisons, sa chair. Tane est ainsi la protection des hommes contre la colère de Rangi séparé de sa femme.

■ Trouver une femme
Tane veut une progéniture et, à cette fin se met à la recherche de l'élément féminin. Il donne naissance aux oiseaux, aux arbres, aux plantes grimpantes et à l'arbre *rata*, aux insectes et aux reptiles.

Puis Tane trouve une femme. Mais il a du mal à engendrer ses enfants, tant il est maladroit. Il prétend d'abord user de la « maison de vie » (?), sans résultat ; puis des yeux de la femme : cela la fait pleurer ; puis de ses narines : cela lui donne du mucus ; puis de sa bouche : cela lui donne de la salive ; de ses oreilles : il n'obtient que de la cire ; de ses aisselles : de la transpiration.

Enfin, il trouve la bonne ouverture et engendre une fille, Hine ahu one, qu'il prend aussitôt pour épouse. Puis il engendre Hine ahua rangi, qu'il prend aussi pour épouse.

Quand cette dernière demande qui est son père, Tane dit que c'est lui ; alors elle s'enfuit, effrayée. Il part à sa recherche, découvre sa cachette et lui demande de revenir, mais elle refuse et devient la déesse de la Mort.

■ L'origine du mal
Le dieu Tangaroa, qui s'est transformé en poisson, est l'ennemi de Tane. Certains des enfants de Tangaroa décident de ne pas suivre celui-ci dans l'océan et s'installent sur la terre ferme. Tane demande aux descendants de Tu-matanenga, son frère, le dieu des hommes féroces, de faire des filets, de combattre avec leurs lances et leurs hameçons, et de tuer les enfants de Tangaroa. C'est depuis lors que les hommes mangent du poisson. Pour se venger, Tangaroa inonde la terre et détruit tout le rivage.

De cette guerre sont nés le malheur et la mort, car Tane et Tangaroa voulaient la destruction l'un de l'autre, et leurs querelles les amenaient à dévorer leurs ennemis.

Souvent, Tane est considéré comme le dieu du Bien, et Tangaroa comme le dieu du Mal.

Tane, l'organisateur du monde
« Que le ciel sacré ne soit pas couvert, le ciel sans nuage, le ciel clair. Sachez le contenu du panier de Tane, apporté là-bas pour orner son père (le ciel), organisé en beauté, tout en haut Canopus, Rigel et Sirius (les étoiles). Le panier a été vidé pour former le poisson du ciel (Voie lactée) étalé au loin en un bel arrangement »
(E. Best, *The Maori*, Wellington, 1924).

Taranis
Dieu gaulois

Le tonnerre
Assimilé à Jupiter, Taranis est le maître tout-puissant de l'univers dont les armes sont la foudre et la pluie.

A la fois terrifiant et sublime, Taranis fait peur avec les roulements du tonnerre et la soudaineté des éclairs. Sans prévenir, il provoque les ravages de la foudre et des inondations, mais, en même temps, il procure la pluie bienfaisante qui alimente le sol et fait pousser les moissons.

On le représente comme un homme dans la force de l'âge, barbu et tenant une grande roue (bassin de Gundestrup, Danemark). Cette roue symbolise sans doute la foudre et les roulements du tonnerre. On le voit aussi à cheval, surmontant un géant à queue de serpent comme pour exprimer sa domination. Mais son assimilation à Jupiter et la victoire de celui-ci sur les Géants est peut-être l'explication de cette iconographie.

Cruel, Taranis exige des sacrifices humains : on enferme les victimes dans des cages de bois auxquelles on met le feu ou bien on lui offre des têtes coupées.

On trouve des traces de son culte en Gaule, ainsi qu'en Allemagne, en Hongrie, en Yougoslavie et en Grande-Bretagne.

Un Dagda gaulois
Taranis serait le maître des éléments, comme le Dagda irlandais. On dit de la foudre qui est son arme qu'elle rend aveugle qui la voit, sourd qui l'entend, et qu'elle tue qui la reçoit.

Taranis, dieu gaulois de la Foudre, lançant, les bras levés, la roue de feu.

Détail d'une des plaques décorant l'intérieur du chaudron de Gundestrup. Argent repoussé (v. 50 av. J.-C.).

Tengri
Dieu mongol

L'être suprême

Tengri, Od ou Odlek est le grand dieu du Ciel, le Temps personnifié.

Dieu éternel, Tengri manifeste sa puissance dans l'ordre qu'il impose. On lui attribue les dispositions de la nature l'organisation et les mouvements des astres, le gouvernement de l'empire mongol. Il est dit grand et miséricordieux. Il manifeste sa colère par l'orage.

Tengri agit de l'intérieur même des êtres ; il procure l'énergie qui leur est nécessaire et l'orientation qui est la meilleure pour eux et pour l'univers. Il est distributeur de la chance et des richesses. On ne lui attribue pas ouvertement la création, mais il assure le maintien et le bon fonctionnement du monde. Il fait délégation de son pouvoir à l'empereur, lequel est chargé de promulguer les décrets dont il est le véritable auteur.

Tengri est exigeant et punit sans pitié ceux qui lui désobéissent. Pour l'homme, la punition est la mort ; pour un peuple, c'est le génocide. Aucune rétribution, ni pour les bonnes actions, ni pour les mauvaises, n'est concevable dans l'au-delà.

Tengri a un animal préféré, le cheval. On dit qu'il monte à cheval et va à travers le monde, réparant ce qui est cassé et favorisant la paix. L'empereur, qui est son grand prêtre, organise dans certaines occasions, avec le peuple, le sacrifice d'un cheval.

■ Des divinités associées

Les divinités inférieures sont également appelées *tengri*. Ce sont ses enfants ou ses envoyés : la terre, la montagne, l'eau, le feu, les arbres sont des tengri très liés à l'être suprême parce qu'ils possèdent une puissance qui est entièrement entre ses mains.

Le soleil et la lune sont sans doute plus indépendants. Vénus est appelée « la virile » ; c'est une combattante qui chasse les autres étoiles à la fin de la nuit. Un culte est donc réservé aux astres : il se compose essentiellement de circumambulations, à l'image du mouvement apparent du ciel.

Certains peuples possèdent aussi une grande déesse sans que l'on dise qu'elle est la parèdre de Tengri ; elle s'appelle Umaï et est la déesse de la Maternité, « la pure mère aux soixante-dix berceaux ». Elle porte d'innombrables tresses d'or, symbole de richesses.

Origine du chaman

« Les tengri de l'Ouest créèrent les hommes qui, dans les premiers temps, vécurent heureusement, ne connurent ni la maladie, ni le chagrin. Mais voici que les hommes s'attirèrent la disgrâce des tengri de l'Est et se mirent à tomber malades et à mourir. Les tengri de l'Ouest s'effrayèrent du sort des hommes et se mirent à délibérer comment leur venir en aide. On décida, pour aider les hommes à lutter contre les mauvais esprits, de leur donner un chaman et on choisit l'aigle pour cela » (Régis Boyer, *Les Religions de l'Europe du Nord*, Paris, 1974, p. 689).

Les chamans

Les chamans font le lien entre le monde inférieur et le monde supérieur. Leurs pratiques, qui mêlent magie, transes et extase, leur permettent d'entrer en communication avec les esprits sans en être dépendants. Leurs extases sont des montées vers le dieu du Ciel pour présenter les offrandes de la communauté, ou des descentes dans les régions souterraines pour chercher l'âme d'un malade ravie par des démons, ou bien accompagner celle d'un mort vers sa dernière demeure.

Tesub
Dieu hourrite

L'orage

Avec Tesub se réalisent la fin du règne des dieux antiques et l'inauguration du règne des dieux nouveaux.

Dieu de l'Orage, Tesub a pour emblème le taureau et la massue. On le voit monté sur un bovidé et chevauchant sur la montagne, hache dans la main droite et foudre dans la main gauche. Ishtar est sa sœur, Hebat son épouse et Sarruma son fils.

Hebat possède toute une cour : y sont présentes, Ishtar, Kubaba de Karkémish, Ishara, déesse de la Médecine, et d'autres déesses du Plaisir érotique, de la Guerre, de la Fertilité et de la Fécondité. Hebat est une reine et Tesub est le type même du souverain.

▪ Les trois dieux terribles

Tesub est fils de Kumarbi ou d'Anu. En effet, au cours du combat entre Kumarbi et Anu pour la souveraineté du Ciel, Kumarbi a avalé la virilité de son père et de cette virilité sont nés trois dieux, Tesub, Aranzah (« le Tigre ») et Tashmishu. Tesub est chargé par les autres jeunes dieux de détrôner Kumarbi : il y parvient et devient ainsi le dieu suprême (*La Royauté aux cieux*).

Après sa déchéance, Kumarbi rumine sa vengeance. Il va faire la guerre à ses fils révoltés. Pour cela, il passe une nuit avec une grosse pierre et engendre un fils, Ullikummi, dont le corps est fait de diorite. Ullikummi grandit, grandit sans cesse. Il occupe peu à peu tout l'espace, écrase ce qui l'entoure, atteint la mer et la hauteur des temples.

▪ La force tranquille

Alors, les jeunes dieux sont affolés. Tesub et Tashmishu « se prennent par la main ». Ils sortent du temple. Ishtar descend du Ciel. Tesub regarde l'épouvantable diorite : « ses bras lui en tombent » ; il se prépare au combat, convoque l'orage, les pluies et les vents ; il fait sortir l'éclair. Le combat a lieu, mais la force tranquille d'Ullikummi a raison des vociférations et des gesticulations du dieu de l'Orage.

Ullikummi grandit toujours ; il fait trembler le Ciel et la Terre ; il oblige Hebat à quitter son temple écrasé et à se réfugier au Ciel ; il menace de destruction l'humanité entière, ce qui pourrait priver les dieux des sacrifices. Les tentatives d'Ishtar pour le séduire et d'Ashtabi pour l'anéantir sont des échecs.

Aussi Tesub retourne-t-il au combat. Éa, l'ami fidèle et le protecteur, a surpris Ullikummi et « lui a coupé les pieds » (c'est-à-dire lui a fait perdre ses bases). Tesub descend vers la mer, en brandissant le tonnerre, il engage un combat incertain, s'accroche courageusement et remporte la victoire.

Le culte de Tesub s'est répandu au début du IIe millénaire dans les pays de langue hourrite. On trouve ses sanctuaires dans l'empire hittite, en Babylonie, à Sumer, depuis la côte syrienne jusqu'en Anatolie.

Il a été assimilé aux autres dieux de l'Orage, entre autres le Baal cananéen et l'Adad assyrien.

Le dieu des rois

« Dieu de l'orage pihassassi, mon seigneur, je n'étais qu'un mortel. Pourtant mon père était le prêtre de la déesse solaire d'Arinna et de tous les dieux. Mon père m'a engendré, mais toi, dieu de l'orage pihassassi, tu m'as enlevé à ma mère et tu m'as élevé. Tu m'as fait prêtre de la déesse solaire d'Arinna et de tous les dieux. Dans le pays hittite, tu m'as fait roi ». Prière de Muwatalli ; citée dans H.C. Puech, *Dictionnaire des religions*, tome I, Paris, 1970.

Teutatès
Dieu gaulois

Le père du peuple
Dieu protecteur de la tribu, Teutatès, ou Toutatis, est un dieu cruel entre tous.

Teutatès est un dieu guerrier ; il est comparé tantôt à Mars, tantôt à Mercure. Peut-être est-ce lui qui est représenté sur un bas-relief du pilier de Mavilly (Côte-d'Or) : il est armé à la romaine, près de lui se dresse un serpent à tête de bélier et se tient debout une déesse guerrière dont le sein gauche est nu.

Son culte est reconnu par des inscriptions latines retrouvées en Grande-Bretagne, en Allemagne et à Rome. Il a souvent été assimilé à Ogmios, le dieu de l'Éloquence, parce qu'Ogmios porte massue, arc et carquois, mais aussi parce que, dans la pensée celtique, le chef de guerre est, avant tout, celui qui sait entraîner ses troupes par la parole et qui écrit l'Histoire où la guerre tient une place prépondérante.

Comme tous les dieux tribaux, il protège les serments : on jure en disant : « Au dieu auquel jure ma tribu ». D'ailleurs, son nom, Teutatès ou Toutatis, signifie « peuple », « tribu », « nation ».

■ Bain de mort ou d'immortalité

Teutatès est un dieu cruel : on sait par les *Scholies bernoises* de Lucain qu'il exigeait des sacrifices humains : les victimes étaient plongées dans une cuve d'eau jusqu'à ce qu'elles soient noyées. Cette scène est représentée aussi sur le bassin de Gundestrup (Danemark). Mais on a pu l'interpréter comme un bain d'immortalité que le dieu de la Guerre donnerait à ses guerriers.

Comment ne pas penser aussi aux trois cuves d'eau froide dans lesquelles le héros est plongé pour le guérir de sa folie meurtrière. Serait-ce alors un bain curatif ?

Les dieux sanglants
« Et parmi ces divinités cruelles, Teutatès est apaisé par le sang funeste, le hideux Ésus l'est par des autels sauvages, et Taranis n'est pas plus doux que la Diane des Scythes » (Lucain, *La Pharsale*, I, 444-446).

Ésus
Ésus apparaît sur un relief du pilier des bateliers de Lutèce (musée de Cluny) : habillé en bûcheron, il est en train d'ébrancher un arbre de la forêt où se cache le taureau aux trois grues. Sur une stèle gallo-romaine de Trèves, il abat un grand arbre au moyen d'une cognée.

Il est surtout connu par les sacrifices sanglants dont on l'honorait. La victime blessée était pendue à un arbre jusqu'à ce qu'elle soit complètement exsangue.

Les dieux gaulois
Teutatès, Taranis et Ésus sont les trois grands dieux cruels de la Gaule. Mais il est d'autres dieux plus pacifiques : Smertrios, par exemple, est un dieu pourvoyeur de richesses — on le vénère comme un protecteur, celui qui tient les ennemis en respect et en impose par sa force, force qui l'a fait assimiler à Hercule ; Cernunnos, le vieillard, est le dieu de l'Abondance ; Bélénus, le brillant est le dieu de la Médecine ; Ogmios est le dieu de l'Éloquence.

Tezcatlipoca
Dieu aztèque

Le miroir fumant
Dieu sorcier et maléfique, Tezcatlipoca donne au Mexique la coutume des sacrifices humains.

Tezcatlipoca est représenté sous forme humaine avec une bande de peinture noire lui traversant le visage et un miroir d'obsidienne lui remplaçant un pied. La légende dit qu'il a été mutilé par le crocodile mythique sur lequel est posée la Terre. On l'appelle aussi Yoalli Éhécatl (« Vent de nuit »), Yaotl (« le Guerrier ») ou Telpochtli (« le Jeune Homme »). Dieu créateur, il règne sur le premier des quatre mondes détruits avant la création du monde actuel. Il a pour forme animale le jaguar.

▪ Dieu omniprésent
Il est le dieu de la Grande Ourse et du Ciel nocturne. On l'honore également comme dieu de la Foudre. Avec son miroir, il voit tout, il connaît les actions et les pensées humaines. Il a le don d'ubiquité, mais reste habituellement invisible. Il est associé à Tlazolteotl, la déesse de la luxure et de l'Amour illicite qui recevait la confession des pécheurs une fois dans leur vie.

Il est le protecteur des jeunes gens et patronne les écoles militaires. Il protège aussi les esclaves et punit sévèrement les maîtres qui les maltraitent. Enfin, il récompense les bons en les faisant riches et heureux et châtie les méchants en les rendant pauvres et malades. C'est lui qui donne le nom de tout nouvel empereur.

Tezcatlipoca est un sorcier maléfique. Il s'attaque au bon Quetzalcoatl, le Serpent à plumes, hostile aux sacrifices humains. Venant dans son royaume, il lui apprend à boire du pulque et ainsi à s'enivrer, puis il lui montre son visage de vieillard dans un miroir et le bon roi en est effrayé. Déguisé en beau jeune homme nu, il tente de séduire sa fille, et sème la dissension dans son royaume. Il en fait tant que Quetzalcoatl ne veut plus régner sur ce pays de misères et abandonne sa principauté de Tula, mettant ainsi un terme à l'âge d'or.

▪ Les sacrifices humains
Alors Tezcatlipoca prend le pouvoir, et institue les sacrifices humains. Au cours de la grande fête célébrée en son honneur, on choisit un beau jeune homme qui est censé représenter le dieu. Il vit pendant un an dans un luxe princier avec quatre des plus belles jeunes filles de la ville. Il est servi et honoré comme un grand personnage.

Puis revient le jour de la fête : alors le jeune homme monte les marches du temple en brisant tout ce qui lui a servi pendant son triomphe. Arrivé au sommet, il s'étend le dos sur une pierre appelée *techcatl*. Quatre hommes le maintiennent, lui tenant bras et jambes, tandis qu'un prêtre, armé d'un couteau en silex, lui ouvre la poitrine et lui arrache le cœur qu'il dépose dans une poterie.

Un dieu d'origine toltèque
Tezcatlipoca est honoré en pays aztèque à partir du Xe siècle. Il est amené par les guerriers toltèques venus du Nord.

Thésée
Héros grec

Le tueur de monstres
Héraclès était un champion parmi les dieux, Thésée est un champion parmi les hommes.

Procruste était un bandit de grand chemin. Il interceptait les voyageurs qui se trouvaient sur son passage, les emmenait chez lui ; là, il les obligeait à se coucher : les petits dans un grand lit, les grands dans un petit lit ; puis il étirait les premiers pour qu'ils prennent la dimension du lit, et coupait les pieds des seconds dans le même dessein.

La mort d'Ariane
« Je vis Phèdre, procris et la belle Ariane, fille du pernicieux Minos, autrefois enlevée de Crète par Thésée qui l'emmena vers la colline de la sainte Athènes ; mais il ne jouit point de son rapt ; dénoncée auparavant par Dionysos, elle périt frappée par Artémis, dans l'île de Dia cernée par les flots »
(*L'Odyssée*, XI, 320-322).

Thésée est le fils d'Égée. Pourtant, son père n'a pas eu d'enfants de ses différentes femmes. Il s'en afflige et va consulter l'oracle de Delphes, qui ne lui donne qu'une indication fort obscure. Au retour, il se rend auprès du roi de Trézène, Pitthée, et lui expose sa situation.

Pitthée, n'aimant pas le voir ainsi désespéré, le fait boire et, alors qu'il est devenu inconscient, met dans son lit sa fille, Aethra. Celle-ci s'unit à Égée et conçoit un enfant qui va être Thésée. Mais on n'est jamais sûr de l'identité du père. Car Aethra, avant de s'unir à Égée, est allée dans une île pour faire un sacrifice à Poséidon et le dieu l'a violée. Thésée est-il le fils d'Égée ou de Poséidon ?

■ **L'enfance**
Thésée est élevé par Pitthée, son grand-père. Égée, dont le pouvoir n'est pas très assuré, ne veut pas l'emmener avec lui à Athènes. Avant de partir, il dissimule sous un rocher son épée et une paire de sandales, disant qu'il ne veut revoir l'enfant que lorsque celui-ci sera capable de déplacer le rocher pour récupérer ces objets.

A seize ans, Aethra le trouve assez vigoureux pour subir l'épreuve voulue par Égée. Elle l'emmène à l'endroit prévu et Thésée déplace sans difficulté le rocher cachant l'épée et les sandales. Il découvre alors son origine et décide de partir pour Athènes.

■ **Les épreuves**
La route d'Athènes est semée d'embûches. Il est vrai qu'Héraclès, esclave chez Omphale, n'est plus là pour effrayer les monstres qui infestent la région. Thésée décide donc d'être l'égal d'Héraclès et de se frayer un chemin au milieu de tous ces dangers.

Il tue le boiteux Périphétès qui assommait les voyageurs à l'aide de sa massue et le géant Sinis qui se servait d'un arbre comme d'un arc pour envoyer ses victimes au loin, telles des flèches. Il transperce d'un coup d'épée, la truie de Crommion qui ravageait le pays et le brigand Sciron qui précipitait les voyageurs à la mer. Il vainc à la lutte Cercyon et l'écrase contre le sol. Il tue enfin Procruste.

Ces victoires ne vont pas sans lui apporter la gloire et, quand il arrive à Athènes, il est accueilli en triomphateur. Médée, la magicienne, qui a saisi dans ses serres le roi Égée, en prend ombrage. Elle pousse Égée, qui ne connaît pas encore l'identité de Thésée, à l'inviter pour un dîner et elle prépare, avec l'accord du faible roi, un poison qui libérerait le palais de cet importun, trop voyant.

Mais, au cours du repas, Thésée tire son épée en vue de découper la viande et Égée, à la vue de cette arme, reconnaît son fils devant tous les citoyens assemblés. Médée est contrainte à l'exil. D'autres traditions prétendent que la reconnaissance de

Thésée par son père s'est faite au cours du sacrifice du taureau de Marathon que Médée lui avait enjoint de chasser.

Par sa reconnaissance, Thésée devient un obstacle aux prétentions de ses cousins, les cinquante fils de Pallas, qui convoitaient la royauté d'Égée. Aussi, n'ayant plus de droit à défendre, ils décident de prendre le pouvoir par la force.

Les Pallantides se divisent en deux troupes ; l'une attaque ouvertement, l'autre se met en embuscade. Mais, parmi eux, se trouve un espion qui dévoile leur plan de bataille à Thésée, lequel attaque alors ceux de la seconde troupe qui ne s'y attendaient pas et les massacre ; les autres s'enfuient, apeurés.

■ **Thésée et le Minotaure**

Depuis l'assassinat d'Androgée et la victoire de Minos sur les Athéniens, Athènes est tenue d'envoyer tous les neuf ans un tribut de sept jeunes gens et de sept jeunes filles afin de servir de pâture au Minotaure. Les murmures s'élèvent dans la cité contre Égée qui n'a rien fait pour la libérer de cette horreur.

Thésée se désigne lui-même comme une des victimes, sachant qu'aura la vie sauve celui qui tuera le monstre. Il est le chef de l'expédition et a reçu, en partant, deux jeux de voiles, les unes blanches annonçant la victoire, les autres noires annonçant la défaite. Le bateau emporte aussi Périboea, une jeune fille à laquelle s'attache Thésée,

Thésée prend le Minotaure par le cou et le tue de son épée, tandis qu'Ariane lui passe le fil qui lui permettra de retrouver le chemin de la sortie du labyrinthe.

Amphore attique, 1re moitié du Ve s. av. J.-C.

THESEE

mais dont Minos tombe amoureux dès qu'il la voit arriver en Crète. Thésée prétend être aussi digne de sa main, lui fils de Poséidon, que Minos, fils de Zeus. Minos, pour montrer sa puissance, prie son père de lancer un éclair. Puis, jetant un anneau dans la mer, il demande à Thésée de le lui rapporter. Thésée plonge immédiatement et rapporte l'anneau. Il épouse alors Périboea ; ce sera la première de ses femmes.

En Crète, Thésée est aperçu par Ariane, l'une des filles de Minos. Celle-ci, séduite par le héros, lui donne une pelote de fil pour lui permettre de retrouver son chemin dans le labyrinthe, n'y mettant qu'une seule condition : qu'il l'épouse. Thésée est enfermé avec ses compagnons dans le labyrinthe, il tue le monstre et, à l'aide du fil d'Ariane, trouve la sortie et a la vie sauve.

■ **Thésée, le maître d'Athènes**

Lors du retour vers Athènes, Thésée, voulant se débarrasser d'Ariane, la laisse endormie à Naxos. Dionysos en serait tombé amoureux et aurait demandé à Thésée de la lui laisser. Mais Thésée oublie de changer les voiles du navire et Égée, apercevant de loin les voiles noires annonciatrices de défaite, se jette à la mer de désespoir. Thésée prend le pouvoir en Attique.

Thésée a laissé le souvenir d'un bon administrateur de la cité : il instaure la démocratie, donne à la ville ses principaux monuments, frappe monnaie et institue les Panathénées, fêtes de l'unité politique de l'Attique, et les jeux Isthmiques, pour célébrer Poséidon.

Bon chef de guerre, il a à défendre la cité contre les Amazones venues récupérer l'une d'entre elles, Antiope, que Thésée gardait, soit qu'il l'ait reçue comme captive, soit qu'il l'ait enlevée, soit qu'il l'ait séduite. Les Amazones faillirent l'emporter, mais finalement elles furent obligées de signer la paix.

Selon certaines traditions, il aurait participé avec Jason à l'expédition des Argonautes.

■ **Thésée et Phèdre**

Thésée aurait aussi épousé Phèdre, la sœur d'Ariane. Mais Phèdre tomba amoureuse d'Hippolyte, un fils que Thésée a eu de l'amazone Antiope — le jeune homme qui n'aime pas les femmes, repousse les avances de sa belle-mère et pour se venger, celle-ci accuse son beau-fils de l'avoir violée. Hippolyte est mis à mort et Phèdre, remplie de remords et de désespoir, se pend.

■ **Perdu par ambition**

Pirithoos et Thésée sont de grands amis. Ils décident ensemble de ne plus épouser que des filles de Zeus. Aussi enlèvent-ils Hélène pour Thésée, puis s'en vont-ils aux Enfers s'emparer de Perséphone pour Pirithoos. Hélène est délivrée par Castor et Pollux, ses frères, qui installent à Athènes un autre roi, et Pirithoos se retrouve prisonnier aux Enfers, ne pouvant se sortir du siège de l'Oubli sur lequel Hadès l'a fait asseoir. Seul Thésée est autorisé à remonter sur terre.

Rentré à Athènes, Thésée trouve la situation bien changée : n'ayant plus de pouvoir, il est contraint à l'exil. On le voit alors se rendant chez Lycomède, son parent, à Scyros. Celui-ci le reçoit aimablement, mais, l'emmenant pour lui montrer une montagne, il le précipite dans un ravin et le tue.

Les restes de Thésée sont recueillis précieusement. Son tombeau est un lieu d'asile pour les esclaves en fuite et pour les misérables maltraités par les riches.

Les louanges de Thésée

« Tu juges habile de chanter les louanges de Thésée et des institutions athéniennes, l'éloge est fort beau » (Sophocle, *Œdipe à Colone*, 1010).

Thétis
Déesse grecque

La femme aux pieds d'argent
Mère d'Achille, mariée à un mortel, Thétis est une déesse malheureuse.

Elle est fille de Nérée, le vieillard de la Mer, et de Doris, la fille d'Océan. Thétis est donc une divinité marine et immortelle, mais une très grande divinité dont la puissance est comparable à celle des Olympiens : elle sauve Zeus lui-même de la déchéance en lui envoyant Briarée, l'être aux cent bras, pour effrayer les conjurés, Héra, Poséidon et Athéna, qui tentaient de l'enchaîner (*L'Iliade*, I, 348 sqq.).

Thétis est si belle qu'elle est convoitée par les plus grands dieux. Pourtant, Zeus et Poséidon se détournent d'elle parce qu'un oracle a prédit que le fils qui naîtrait d'elle serait plus puissant que son père, et Zeus ne veut pas subir ce qu'il a fait subir à son père Cronos. Il faudra donc obliger Thétis à épouser un mortel.

▪ La mésalliance
Le centaure Chiron suggère à son protégé, Pelée, le roi de Phthie, de profiter de cette occasion d'épouser une déesse. Mais Thétis le fuit. Pour échapper à cette mésalliance, elle se transforme successivement en oiseau, en serpent, en lion, en poisson et même en seiche, en eau et en feu. Pelée ne veut pas laisser passer cette chance ; il persévère et réussit peu à peu à la soumettre et à lui faire des enfants.

Immortelle mariée à un mortel, elle emploiera tous les moyens pour rendre ses enfants immortels : tous périront dans l'expérience ; Achille sera le seul à en réchapper, grâce à son père Pelée. Mais Thétis finit par ne plus pouvoir supporter son mari vieillissant. Elle « se retire auprès de son père, l'éternel vieux de la Mer, dans la grotte brillante, où elle est entourée des Néréides, ses sœurs » (*L'Iliade*, XVIII, 35).

▪ La mère d'Achille
Thétis assure la protection de son fils. Elle le cache parmi les filles de Lycomède pour qu'il ne parte pas à la guerre de Troie, elle l'empêche de toucher le premier le rivage troyen, elle lui donne des armes tout spécialement forgées pour lui par Héphaïstos et tente de le dissuader de tuer Hector. Rien n'y fait. Le destin a prévu qu'Achille devait mourir et Achille meurt. La « plus malheureuse des déesses » n'aura pu donner à son fils que la gloire.

Thétis est l'alliée d'Héra parce qu'elle ne peut être en aucun cas une rivale et prétendre à l'amour de Zeus en raison de son destin : elle reçoit Héphaïstos, le fils d'Héra, et lui accorde sa protection ; elle prend, sur l'ordre de la reine des dieux, le pilotage du navire *Argo*, dans la traversée difficile des Symplégades.

Alcman, au VIIe siècle avant J.-C., fait de Thétis une démiurge liée à la métallurgie apportée aux hommes par Héphaïstos, tombé de l'Olympe (*Parthénées*).

Déesse épouse d'un mortel

« Seule entre toutes les autres déesses de la Mer, il m'a soumise à un homme, à l'Éacide Pelée, et j'ai subi, très à contrecœur, la couche d'un mortel. Cet homme épuisé, par la triste vieillesse, gît à présent au fond de son palais. Mais voici que j'ai bien d'autres soucis. Pelée, en effet, m'a donné d'avoir et d'élever un fils supérieur aux héros... »
(*L'Iliade*, XVI, II, 22).

Thor
Dieu nordique

Le dieu au marteau
Doué d'une force inimaginable, Thor est un dieu familier, toujours prêt à jouer des tours.

Thor, ou Donar, est fils d'Odin et de Jord, la Terre sauvage. Dieu d'âge mûr, à la barbe rousse, aux épaules larges, aux muscles noueux, au ventre plat, il est guerrier, ennemi des géants et défenseur des hommes. Il est armé du marteau *Mjöllnir*, qui est semblable au tonnerre et à la particularité de revenir automatiquement entre les mains de celui qui l'envoie, d'une ceinture magique qui double la force de celui qui la porte et de gants de fer. Par la possession de ces armes, il est le garant de la souveraineté des dieux Ases et leur défenseur.

Thor est le dieu aimé des Vikings, car, comme eux, il est libre, assurant habituellement la prospérité de son domaine, même s'il est tenté de temps en temps par des expéditions militaires qui rapportent des butins ; comme eux encore, il aime jouer des tours et est friand de plaisanteries parfois vulgaires.

■ Thor et les géants
Loki ne cesse de lui faire des farces. Un jour, il coupe les cheveux dorés de sa femme, Sif, mais Thor se fâche et « il lui aurait broyé tous les os s'il n'avait fait le serment que les Alfes noirs feraient à Sif une chevelure d'or qui croîtrait tout comme une autre chevelure » (*Skaldskaparmal*, 33).

Les relations de Thor avec les géants sont ambiguës : il les combat, mais trouve malgré tout parmi eux des complices. Ainsi, un autre jour, Loki le convainc de ne pas prendre ses armes pour aller affronter le géant Geirröd. Mais Thor est prévenu par la géante Grid, à qui il a rendu visite, et celle-ci lui prête la ceinture et les gants qui sont en sa possession ainsi qu'un bâton nommé *Gridstav*.

Lorsque Thor arrive chez Geirröd, il est prié de s'asseoir, mais, aussitôt, il sent sa chaise se soulever et il a juste le temps de saisir son bâton pour éviter que sa tête ne cogne la poutre fermière. Puis, il se fait très lourd sur son siège et redescend rapidement, cassant le dos des filles de Geirröd venues assister au combat.

Alors Geirröd prend un bloc de feu incandescent et le jette sur Thor. Mais Thor l'attrape dans ses gants de fer et le renvoie à l'expéditeur : le bloc de feu traverse « le pilier, Geirröd, le mur et s'enfonce profondément dans le sol » (*Skaldskaparmal*, 18).

« Thor ne reste pas longtemps chez lui » (*Gylfaginning*, 47). Déguisé en jeune homme, il arrive le soir chez le géant Hymir, il y passe la nuit sur l'invitation de son hôte et part avec lui le lendemain matin à la pêche en mer. Sur l'eau, ils ne sont pas d'accord : Thor veut aller très loin au large, Hymir ne veut pas s'éloigner ; sans oser le dire, il a peur du serpent de Midgard que Thor veut pêcher. A cette fin, celui-ci a emporté comme appât la tête du plus gros bœuf rencontré. Le serpent est vite pris à

Menaces de Thor à Loki

« Tais-toi, être abject, mon puissant marteau, Mjöllnir, va te réduire au silence ; de la dextre, je t'occirai, moi, le meurtrier de Hrungnir et tous tes os se romperont [...] — J'ai chanté devant les Ases, j'ai chanté devant les fils des Ases ce que l'esprit m'incitait. Mais, devant toi seul, je sortirai, car je sais que tu frapperas »
(*Lokasenna*, 61, 64).

l'hameçon et tire très fort. « Thor revêt sa force d'Ase, s'arc-boute si bien qu'il passe les deux pieds à travers le fond du bateau. »

Hymir change de couleur, et, au moment où Thor saisit son marteau, le géant s'empare du couteau et tranche d'un coup la ligne de Thor. Le serpent sombre dans la mer. Alors Thor se fâche et frappe le géant sur l'oreille (*Hymiskvida*).

■ Thor déguisé en femme

Thor est désordonné. Un jour, son marteau est volé. La souveraineté des Ases est mise en péril. Loki, le rusé, découvre vite qui a fait le larçin. Il rencontre donc Thrym, le voleur, qui lui dit : « J'ai de Thor caché le marteau à huit milles dessous terre ; nul homme ne le recouvrera si l'on ne me remet Freyja pour femme » (*Thrymskvida*, 8).

Freyja est déjà mariée et refuse d'être vendue ainsi comme une prostituée : « Sais-tu que je serais la plus coureuse des femmes ? » (*Thrymskvida*, 13). Alors Heimdallr a cette idée lumineuse : « Attachons sur la tête de Thor le voile de la mariée » (*Thrymskvida*, 15), et qu'il aille ainsi déguisé voir Thrym.

Sitôt dit, sitôt fait. Thor se trouve introduit chez Thrym déguisé en Freyja. Celui-ci s'étonne bien de voir sa promise s'empiffrer à elle seule d'un bœuf, de huit saumons et de trois mesures d'hydromel ; mais Loki explique qu'elle n'a pas mangé huit jours durant. Il a peur de la flamme féroce de ses yeux ; mais Loki explique qu'elle n'a pas dormi huit nuits durant en préparation de leur rencontre.

Vient le moment des cadeaux. On apporte le marteau à la fiancée et Freyja, qui est redevenue Thor, se lève, reprend son allure combattante et abat Thrym, toute sa famille et toute sa suite.

■ Thor et Hrungnir

En l'absence de Thor, Odin a invité le géant Hrungnir à boire. Freyja va le servir quand Thor arrive. Il demande qui a permis à des géants pervers de s'asseoir et de boire dans la halle des Ases. On lui dit que c'est Odin. « Tu te repentiras de cette invitation », dit Thor à Hrungnir, et rendez-vous est pris à Jötunheim pour un duel.

Thor apparaît dans sa fureur d'Ase. Il jette son marteau sur Hrungnir. Celui-ci prend des deux mains sa massue de silex et la jette contre Thor. Le marteau et la massue se rencontrent en vol, la massue éclate. « Un morceau tombe à terre, il en résulte une montagne de silex » (*Skaldskaparmal*, 17). L'autre morceau rebondit sur la tête de Thor, qui en tombe à plat ventre. Le marteau atteint le crâne de Hrungnir et le met en pièces.

Mais Hrungnir est tombé sur Thor de sorte que le cou de celui-ci est pris sous la jambe du géant. Tous les Ases tentent de libérer Thor sans succès. Magni, fils de Thor, arrive et y parvient sans difficulté. Thor reconnaît que son fils « sera sûrement un vaillant homme » (*Skaldskaparmal*, 17).

Au jour du Ragnarök (la fin du monde), Thor mènera son dernier combat contre le serpent de Midgard qui a tellement grandi qu'en mordant sa queue il peut enserrer la terre entière comme dans un anneau monstrueux. Les autres Ases luttent contre les autres monstres, le loup Fenrir, Surt, le chien Garm, et beaucoup encore. La lutte est dure et acharnée ; c'est la dernière de l'histoire du monde. « Thor occit le serpent de Midgard et fait neuf pas, puis il tombe à terre, mort, tué par le venin que le serpent a vomi sur lui. » Alors, « Surt projette du feu sur la terre et consume tous les mondes » (*Gylfaginning*, 50).

Thor travesti

« Alors Thor dit ceci, l'Ase puissant : "Les Ases vont me traiter de couillon (sic) si je laisse attacher sur ma tête le voile de mariée." » — Alors Loki dit ceci, le fils de Laufey : "Tais-toi, Thor, ne profère pas ces paroles ! Sur le champ les géants vont fixer leur demeure à Asgard si tu ne recouvres pas ton marteau." » (*Thrymskvida*, 17-18).

Thot
Dieu égyptien

Le scribe
Secrétaire des dieux, Thot est celui qui détient et maîtrise la parole efficace.

Thot est le dieu à tête d'ibis. Calculateur émérite, il est la Lune dont le parcours complexe dans le ciel relève d'une science des chiffres exceptionnelle. Thot divise le temps, établit le calendrier, préside à l'écriture de l'histoire.

Il authentifie les décisions, légalise le nom du pharaon en l'écrivant sur l'arbre de l'histoire dans le temple d'Héliopolis, étudie les lieux destinés à la construction des temples et en assure l'exécution selon les règles, vérifie l'équilibre de la balance au jour du jugement des morts. Thot est juge.

Il est le scribe par excellence et le patron des scribes humains. L'offrande particulière qui lui est faite est un écritoire et sa ville d'Hermépolis possède la plus belle bibliothèque de l'empire. Il écrit les lois, les comptes, les histoires et le livre de vie. Il est maître de la langue et de la parole.

Thot est démiurge : il connaît les hiéroglyphes, les mots qui créent les choses. On le dit « la langue de Ptah », langue de celui qui amène l'univers à l'existence, ou « le cœur de Rê », la pensée créatrice. Il suscite ce qu'il désire simplement en le désirant.

■ Le magicien
Thot sait les formules magiques. On lui connaît les charmes tels que celui-ci, destiné à obtenir un retour d'affection : « Qu'elle boive, mange, dorme avec un autre, j'ensorcellerai son cœur, j'ensorcellerai son haleine, j'ensorcellerai ses trois trous, mais j'ensorcellerai surtout sa vulve dans laquelle je veux pénétrer, jusqu'à ce qu'elle vienne à moi et que je sache ce qui est dans son cœur, ce qu'elle a fait et ce à quoi elle pense, maintenant, maintenant, tout de suite, tout de suite » (B.N., Paris. Mans. grec, IV, 147-153).

Thot connaît les formules capables de guérir et apporte son assistance à Isis quand elle entreprend la résurrection de son époux, Osiris ; il guérit Horus, encore enfant, qui a été piqué par un scorpion ; il rend la vie à l'œil que Seth a arraché à Horus. On le prie pour les malades.

Thot, le scribe
« Celui qui s'est manifesté comme le cœur, celui qui s'est manifesté comme la langue, sous l'apparence d'Atoum, il est Ptah le très ancien qui attribua la vie à tous les dieux et à leurs génies, par ce cœur de qui le dieu Horus est issu, par cette langue de qui le dieu Thot est issu, en Ptah » (Hermann Junker, *Die Götterlehre von Memphis*, Berlin, 1940).

Hermès trismégiste
Assimilé à Hermès (la pierre de Rosette), Thot a connu un grand succès dans la littérature hermétique sous le nom d'Hermès trismégiste (le trois fois grand). Il y est l'inventeur des arts et des sciences ainsi que l'initiateur de pratiques dont le but est de contraindre la divinité et de donner à l'initié une sorte de toute-puissance en l'assimilant à Dieu : « Toi, tu es moi et moi, je suis toi. » Le *Corpus hermétique*, est considéré comme écrit de sa main. Il rassemble nombre de croyances fort peu homogènes, venues de toutes parts, et traite de magie, d'astrologie et d'alchimie.

Tiamat
Déesse akkadienne

La Mer originelle
Divinité primordiale, Tiamat représente les eaux salées en face d'Apsou, qui représente les eaux douces.

Tiamat est la Mer. Elle en a les côtés capricieux : tantôt calme, tantôt coléreuse. Elle est la nature primordiale et indifférenciée qui possède en elle toute la force et la puissance de ce qui est sauvage. Elle a pour époux Apsou, les eaux douces sur lesquelles repose le monde. De Tiamat et d'Apsou naissent les premiers grands dieux : Lakhmou et Lakhamou, puis Anshar et Kishar, enfin Anou et les autres. Chaque génération l'emporte sur la précédente en entendement et en vigueur.

Mais les jeunes dieux pleins d'énergie font du bruit. Apsou, qui ne peut dormir, se met en colère : « Insupportable m'est leur conduite. De jour, je ne puis reposer ; de nuit, je ne puis dormir. Je veux les anéantir afin de mettre un terme à leurs agissements et que règne le silence » (*Enouma elish*, tablette I, 37-39).

Tiamat patiente. Elle ne veut pas détruire ceux à qui elle a donné vie. Mais les paroles d'Apsou sont rapportées aux jeunes dieux et Éa, l'un d'entre eux, surprend Apsou, « lui ravit son éclat » et le met à mort. Ensuite, il engendre Marduk, le plus capable et le plus sage des dieux.

■ La guerre avec les jeunes dieux

Alors Tiamat, poussée par les dieux anciens, change d'attitude et se fâche : « Faisons des monstres », des serpents monstrueux aux mâchoires impitoyables, des dragons furieux chargés d'éclat surnaturel, des chiens enragés. Elle crée ces bêtes féroces et les rend comme des dieux. Elle élève Kingu, le met à la tête de la troupe, en fait son époux, lui donnant ainsi la dignité suprême, et lui remet la tablette des destins.

Parmi les jeunes dieux, on cherche un champion pour s'opposer à Tiamat. Marduk est investi par l'assemblée des dieux. Il reçoit l'autorité suprême. Armé des quatre vents principaux qui déterminent l'espace et le temps, il monte sur son char et s'avance pour le combat.

Il lance le vent mauvais au moment où Tiamat ouvre la bouche et elle ne peut plus la fermer. Il lui décoche une flèche qui lui perfore le ventre et lui transperce le cœur. Le reste de la troupe de monstres se débande. Kingu est mis au rang des dieux morts.

Marduk prend le cadavre de Tiamat, « le coupe en deux comme un poisson séché » (*Enouma elish*, tablette IV, 137). D'une moitié, il fait la voûte céleste en lui enjoignant de ne pas laisser fuir les eaux. De l'autre, il fait la terre ferme : « Il place la tête et sur elle accumule une montagne ; des sources y sont ouvertes, l'eau vive s'y écoule. Dans ses yeux, il ouvre l'Euphrate et le Tigre, ses narines sont bouchées, il en fait des réserves d'eau. Sur ses seins, il accumule les montagnes lointaines » (*Enouma elish*, tablette V).

La défaite de Tiamat
« Il assura sa prise sur les dieux prisonniers et revient à Tiamat qu'il avait vaincue. Le Seigneur mit alors le pied sur la croupe de Tiamat, de sa harpè (sorte d'épée) inexorable il lui fendit le crâne, il lui trancha les veines, et le vent du Nord chassa le sang dans le lointain. A cette vue, ses pères (les nouveaux dieux) exultèrent de joie et lui remirent cadeaux et contributions » (*Enouma elish*, IV, 127-133).

Tlaloc
Dieu aztèque

La pluie
Dieu des paysans, Tlaloc est « celui qui fait ruisseler les choses » et commande la fertilité.

Le paradis des Tlaloques

« On disait que les dieux Tlaloques avaient envoyé l'âme du noyé au paradis terrestre, et, à cause de cela, on transportait le cadavre sur une litière avec une grande vénération pour l'enterrer dans un des oratoires qu'on appelle *ayauhcalco* ; on ornait la litière avec des roseaux et on jouait de la flûte devant le corps » (B. de Sahagun, *Histoire générale des choses de la Nouvelle Espagne*, Mexico, 1938, t. III, p. 198).

Tlaloc est représenté comme un homme peint en noir. Il a de grands yeux ronds entourés de cercles, qui sont souvent des serpents, et de longs crocs qui le rendent semblable à Chac, le dieu maya de la Pluie. Il porte un chapeau qui ressemble à un éventail. Près de lui figurent un instrument aratoire et une hache qui symbolise l'éclair. On le dit présent aux quatre points cardinaux.

Tlaloc a deux compagnes : Uixtociuatl, la déesse des Eaux salées et de la Mer, et Chalchiutlicue, « Celle qui a une jupe de pierres précieuses », la déesse des Eaux douces. Cette dernière est la beauté et l'ardeur de la jeunesse.

Dieu de la Pluie, Tlaloc est considéré comme l'égal de Uitzilopochtli, le dieu du Soleil, aussi nécessaire que lui pour la fertilité des sols. Ils ont l'un et l'autre leurs sanctuaires au sommet du grand temple de Mexico : celui du Soleil est peint en blanc et rouge, celui de la Pluie en blanc et bleu, et leurs grands prêtres sont à égalité de rang et d'honneur.

Tlaloc habite au sommet des montagnes. Il y est entouré de nombreux petits dieux, les Tlaloques : sous ses ordres, ils distribuent soit la pluie qui fertilise les plantes, soit l'ouragan qui brise les cultures.

■ Le culte

Les prières qui lui sont adressées sont confiantes : on ne change pas les décisions du dieu, on s'y soumet ; mieux, on les accueille comme des bienfaits, quelles qu'elles soient : « Ô mon seigneur, prince sorcier, c'est à toi vraiment qu'appartient le maïs » (Bernardino de Sahagun, *Histoire générale des choses de la Nouvelle Espagne*. Codex de Florence, t. III, p. 208).

L'importance de Tlaloc se mesure au nombre de cérémonies qui lui étaient consacrées tout au long de l'année. Certains jours, ses prêtres se baignaient dans la lagune en poussant des cris semblables à ceux des animaux aquatiques et en agitant des cloches à brouillard. D'autres jours, on fabriquait en pâte d'amarante de petites idoles ; on les tuait symboliquement et on les mangeait. Enfin, d'autres fois encore, on sacrifiait par la noyade des enfants, le bien le plus précieux qu'un peuple attaché à sa descendance puisse posséder.

Dieu ambivalent, Tlaloc était remercié pour ses bienfaits et craint pour ses colères.

Il donne parfois la mort au moyen de la foudre, de la noyade ou de maladies liées à l'eau. Mais ses victimes ne sont pas incinérées comme les autres défunts ; elles sont enterrées, avec un morceau de bois sec, et Tlaloc les reçoit dans son paradis, le Tlalocan, pays de verdure et de fruits, où ils connaissent une éternité bienheureuse — le bois sec qu'ils ont emporté reprenant vie et se couvrant de feuilles et de fleurs.

Tlazolteotl
Déesse aztèque

L'amour charnel
Déesse de la Luxure, Tlazolteotl est aussi Tlaelquarni, c'est-à-dire « la Purificatrice ».

Tlazolteotl est une jeune fille qui porte un masque de caoutchouc et au nez un ornement en forme de croissant de lune. Des fuseaux sont insérés dans sa chevelure, montrant qu'elle est la patronne des fileuses.

Responsable des infidélités conjugales, elle accorde, en même temps, le pardon. Les Aztèques se confessent à Tlazolteotl en la personne d'un prêtre. Mais ce rite est précédé de pénitences multiples. Le billet de confession permet d'authentifier l'acte accompli et de ne pas être comptable des conséquences judiciaires de ses fautes. Dommage qu'on ne puisse l'accomplir qu'une seule fois dans la vie !

Tlazolteotl est la patronne des bains de vapeur, le *Temazcalli*, et déesse du renouveau. A ce titre lui est offert tous les ans un jeune homme : il est tué et écorché ; puis la statue de la déesse est recouverte de sa peau.

Le péché de chair
Les amours extraconjugales étaient censées répandre autour de ceux qui s'y livraient une puanteur, un sortilège particulier, appelé *tlazolmiquiztli*, que l'on peut traduire par « la mort produite par l'amour ».

Triglav
Dieu slave

Le clairvoyant
Dieu slave à trois têtes, Triglav exerce les trois fonctions, sacerdotale, guerrière et nourricière.

Triglav a trois têtes d'argent et un bandeau en or qui lui couvre les yeux et la bouche. La signification de ce bandeau serait sa volonté de ne pas tenir compte des fautes des hommes. Quant aux trois têtes, elles indiquent sans doute que Triglav voit tout. Ce polycéphalisme des dieux se retrouve dans beaucoup de régions slaves.

Son temple à Stettin (Szczecin) possède sa statue en or et de merveilleuses sculptures représentant la création. Hommes et animaux sont peints avec art. Le dixième de toutes les prises de guerre est déposé dans le sanctuaire : aussi y trouve-t-on un vrai trésor. Triglav est honoré aussi sous la forme d'un chêne sacré situé au-dessus d'une source.

Triglav est devin. L'une des méthodes de divination consiste à observer l'attitude d'un cheval noir dans une situation précise : ainsi, il doit enjamber des lances posées au sol ; le fait qu'il y parvienne sans en toucher une est un bon présage. Ses prêtres sont tenus en grande estime.

Le dieu bienfaiteur
« Je suis ton dieu [...]. Les fruits des champs et des arbres, la fécondité du bétail, et tout ce qui est utile aux hommes sont en mon pouvoir » (Herbord, *La Vie d'Otto*, 1158, t. III, p. 4).

Tristan et Yseult
Héros celtes

L'amour invincible
Tristan et Yseult sont unis dans un amour indestructible, quoique coupable et illégitime.

Tristan est fils du roi de Léonois et de Blanchefleur, sœur du roi Marc. Son père meurt peu avant sa naissance et sa mère en le mettant au monde. Il est élevé par Gorvenal qui lui apprend à manier la lance et l'épée, à secourir les faibles et à détester la félonie. Il passe peu à peu maître dans le jeu de la harpe et l'art du veneur.

Yseult est fille du roi d'Irlande. Elle est blonde, jeune et belle. La Cornouaille, où règne le roi Marc, oncle de Tristan, est liée par un traité à l'Irlande. En vertu de ce traité, la Cornouaille doit livrer trois cents jeunes gens et trois cents jeunes filles à l'Irlande. Le roi d'Irlande accepte cependant que cette obligation ne soit pas remplie si un champion bat en combat singulier le géant Morholt, son beau-frère.

▪ La blessure
Tristan accepte le défi et vainc Morholt, mais il est blessé : un épieu empoisonné l'a atteint. Déclaré inguérissable, il est abandonné sur une barque pour attendre la mort.

La barque aborde aux rivages d'Irlande et Tristan, qui ne se fait pas reconnaître, est amené au palais et guéri par un enchantement de la reine magicienne. Il avoue son identité à Yseult, qu'il rencontre ici pour la première fois. Celle-ci lui voue alors une haine féroce en raison du meurtre de son oncle Morholt. Peu après, il retourne chez le roi Marc en Cornouaille.

▪ Le philtre d'amour
Marc décide d'épouser Yseult aux boucles d'or et envoie Tristan la chercher dans le pays d'Irlande. Le contrat est vite conclu et la reine laisse partir sa fille, mais la magicienne confie à la servante Brangien, qui accompagne la jeune fille, un philtre d'amour qu'elle doit donner à boire aux époux le soir des noces. Brangien cache dans le bateau le hanap contenant le philtre.

Au cours du retour, alors que le soleil donne toute sa chaleur, Tristan et Yseult, réunis sur le pont éprouvent le besoin de boire. Ils découvrent le hanap et se désaltèrent ensemble à son contenu. « Ce n'était pas du vin, c'était la passion, c'était l'âpre joie et l'angoisse sans fin, et la mort. Yseult but à longs traits, puis le tendit à Tristan qui le vida » (*Tristan et Yseult*, chap. 4). Le malheur est fait : désormais, un amour indissoluble les lie l'un à l'autre.

Ils arrivent en Cornouaille et les noces sont célébrées. Mais, le soir venu, Brangien, pour réparer sa faute, prend la place d'Yseult dans le lit de Marc, tandis que la reine va retrouver Tristan. La félonie des amants n'est pas tout de suite connue de Marc, qui trouve en Tristan un chevalier fidèle et en Yseult une reine qui honore sa cour.

Les choses ne pouvaient durer ainsi. Des barons jalousent la position prééminente de Tristan. Ils viennent voir Marc et lui disent : « Sache donc que

---

Le philtre d'amour
« Prends garde, ma fille, que seuls les amants puissent goûter ce breuvage. Car telle est sa vertu : ceux qui en boivent ensemble s'aimeront de tous leurs sens et de toute leur pensée, à toujours, dans la vie et dans la mort. »
(*Tristan et Yseult*, chap. 4).

Tristan aime la reine : c'est la vérité prouvée et déjà l'on en dit maintes paroles » (*Tristan et Yseult,* chap. 6).

■ La séparation

Le roi, voulant avoir des preuves, épie Tristan et épie la reine. Mais Brangien s'en aperçoit et prévient les amants. Alors, ne pouvant chasser le soupçon, Marc demande à Tristan de quitter le château. Celui-ci, toujours amoureux, ne peut partir bien loin. Il s'installe dans la maison d'un bourgeois et « languit, torturé par la fièvre, plus blessé que naguère, au jour où l'épieu de Morholt avait empoisonné son corps » (*Tristan et Yseult,* chap. 6).

Les ruses des amants sont inépuisables ; ils réussissent à se rejoindre, malgré la surveillance des félons, dans le verger derrière le château. Dénoncés de nouveau par le méchant nain Frocin, ils sont condamnés l'un et l'autre à être brûlés vifs. Mais encore une fois la chance leur sourit. Tristan réussit à s'échapper et vient chercher Yseult au moment où on l'emmène au bûcher. Ils s'enfuient tous les deux.

Tristan et Yseult se retrouvent dans la forêt, où ils mènent une vie misérable. « Ils errent et rarement osent revenir le soir au gîte de la veille. Ils ne mangent que la chair des fauves et regrettent le goût du sel », mais « ils s'aiment et ne souffrent pas » (*Tristan et Yseult,* chap. 9).

Le roi les recherche et les découvre un soir : ils sont endormis l'un près de l'autre. Il tire son épée, mais remarque « que leurs bouches ne se touchent pas et qu'une épée nue sépare leurs corps » (*Tristan et Yseult,* chap. 9). Alors, pris de pitié, il met sa propre épée à la place de celle de Tristan, remet un anneau au doigt d'Yseult et s'en va plein de tristesse.

Les amants, touchés par tant de générosité, s'en reviennent à la cour. Marc consent à reprendre Yseult, mais non à garder Tristan. Celui-ci part en exil vers la Bretagne, où il essaie d'oublier Yseult aux boucles d'or dans les bras d'Yseult aux blanches mains, la fille du duc Hoël, qu'il épouse.

■ La mort

L'amour fait fi des séparations. Tristan ne peut s'unir à Yseult aux blanches mains et reste fidèle à son premier amour. Au cours d'un combat, il est blessé d'un coup de lance empoisonnée. Les médecins viennent en nombre, mais nul ne sait guérir du venin et l'état de Tristan ne fait qu'empirer. Il sent que sa vie se perd, il comprend qu'il va mourir.

Alors, se redressant, il dit à son fidèle compagnon Kaherdin : « Je voudrais revoir une dernière fois Yseult la blonde », et Kaherdin décide de partir chercher la bien-aimée. Il est convenu que, s'il réussit à la ramener, il hissera la voile blanche et, s'il échoue, la voile noire. Pour le malheur des amants, Yseult aux blanches mains, l'épouse délaissée, a entendu la conversation. Au premier vent, Kaherdin prend la mer.

Yseult la blonde est mise au courant de l'état de santé de son amant ; elle n'hésite pas à venir lui apporter le réconfort de sa présence. Tristan, chaque jour, demande que l'on épie la mer et, quand Yseult aux blanches mains annonce l'arrivée de la nef de Kaherdin, elle ment et dit que la voile est noire. « Je ne puis, dit Tristan, retenir ma vie », et il rend l'âme. Quand Yseult la blonde arrive, elle apprend le malheur, monte au palais, s'allonge auprès de Tristan, corps contre corps, bouche contre bouche, et rend aussi l'âme.

Tristan appelle Yseult
« Dites-lui que, seule, elle peut me porter réconfort ; dites-lui que, si elle ne vient pas, je meurs ; dites-lui qu'il lui souvienne de nos plaisirs passés, et des grandes peines, et des grandes tristesses, et des joies, et des douleurs de notre amour loyal et tendre ; qu'il lui souvienne du breuvage que nous bûmes ensemble sur la mer ; ah ! c'est notre mort que nous avons bue. Qu'il lui souvienne du serment que je lui fis de n'aimer jamais qu'elle : j'ai tenu cette promesse. » (*Tristan et Yseult,* chap. 19).

Yseult pendant la tempête au cours de l'ultime traversée : « [...] Tristan, si je vous avais parlé une fois encore, je me soucierais peu de mourir après. Ami, si je ne viens pas jusqu'à vous, c'est que Dieu ne le veut pas, et c'est ma pire douleur. » (*Tristan et Yseult,* chap. 19).

Tyr
Dieu nordique

Le plus hardi
Tyr est le garant du droit et de la justice.

La précaution de Fenrir
« Je ne suis pas enclin à me laisser passer ce cordonnet. Mais [...] que l'un d'entre vous mette sa main dans ma gueule en gage de ce que tout se passera sans trahison » (*Gylfaginning*, 24).

Tyr est courageux, à l'occasion téméraire. Prêt à tous les combats, il en respecte les règles et décide le plus souvent de la victoire. On l'invoque au départ à la guerre.

Il est aussi juriste. Il préside au *thing*, c'est-à-dire à l'assemblée où se règlent les litiges et où se fixent les règles des combats.

Tyr est manchot. Les Ases ont élevé sans crainte Fenrir, cet horrible loup, fils de Loki et de la sorcière Angerboda. Mais Fenrir avait de plus en plus de force. Aussi les Ases ont-ils fait fabriquer par les nains une chaîne, lisse et douce comme un ruban de soie, mais forte et solide. Ils ont demandé par jeu à Fenrir de se laisser enchaîner, disant qu'il n'aurait pas de mal à rompre ce mince fil.

Fenrir a accepté, mais, méfiant, a demandé qu'un Ase mette sa main dans sa gueule. Tyr a consenti à le faire. Le fil était solide, et Tyr en a perdu la main.

Uitzilopochtli
Dieu aztèque

Le soleil au zénith
Dieu de la Guerre et protecteur de la cité, Uitzilopochtli est le soleil écrasant du midi.

Le « guerrier mort au combat »
Le nom Uitzilopochtli vient de *uitzilin*, « oiseau-mouche », et de *opochtli*, « de gauche », ce qui veut dire « guerrier mort au combat », parce que les aztèques croyaient que le guerrier se transformait à la mort en colibri et que la gauche (?) était la direction du sud, séjour des morts.

Uitzilopochtli est représenté couronné de plumes, le visage noir et brandissant le *xiuhcoatl*, le serpent de turquoise ou de feu.

Coatlicue, vieille déesse de la Terre, « celle qui a une jupe de serpents », est la mère de Coyolxauhqui, les Ténèbres nocturnes, et des quatre cents méridionaux, divinités stellaires. Elle trouve sur son chemin une boule de plumes qu'elle met dans son corsage. Peu après, elle s'aperçoit qu'elle est enceinte. Ses enfants lui reprochent cette grossesse tardive et méditent de la tuer. Mais Uitzilopochtli sort tout armé du ventre de sa mère et massacre ses frères et sœurs comme le soleil chasse les étoiles.

Uitzilopochtli est devenu l'autorité suprême. Devin, il parle aux prêtres la nuit. Cruel, il arrache le cœur de ceux qui lui désobéissent. En son honneur sont organisées de grandes fêtes avec combats simulés, processions au pas de course, banquets et sacrifices. Au cours de ces cérémonies, les prêtres psalmodient : « grâce à moi, le soleil s'est levé ».

Ulysse
Héros grec

Le rusé
Une extrême habileté dans le savoir-faire et dans le savoir-dire permet à Ulysse de triompher dans une errance extraordinaire.

Ulysse est fils d'Anticlée et de Laërte, roi d'Ithaque. On dit que, comme Achille, il est, dans sa jeunesse, l'élève du Centaure Chiron. Pendant une chasse au cours de sa jeunesse, il est blessé au genou ; il gardera toute sa vie la cicatrice de cette blessure.

Devenu adulte, il reçoit le trône d'Ithaque et tente d'épouser Hélène. Mais le nombre des prétendants est considérable et Ulysse finit par épouser Pénélope, la cousine d'Hélène et la fille d'Icarios. Cependant, désireux de venir en aide au père d'Hélène, il lui inspire l'idée d'exiger des prétendants un serment en vertu duquel, quel que soit l'élu, chacun d'eux sera son défenseur. Ce serment sera à l'origine de la guerre de Troie.

Télémaque, son fils, est encore enfant lorsque débute cette guerre. Ulysse hésite à y partir. Il va jusqu'à simuler la folie pour éviter cette épreuve. Mais la ruse ayant été découverte par Palamède, il y met alors toute son ardeur et, à son tour, « piège » Achille caché parmi les filles de Lycomède ; il sera l'un des plus vaillants combattants.

▪ La guerre de Troie
Ulysse est parmi les chefs de l'armée des Achéens. Estimant que l'intelligence est la qualité première du guerrier, il s'oppose souvent à Achille pour qui c'est le courage. L'habileté d'Ulysse servira autant la cause des Grecs que la bravoure d'Achille.

Ulysse est le diplomate : il se rend en ambassade auprès d'Achille en conflit avec Agamemnon, conclut l'armistice avec les Troyens, fait accepter le combat singulier entre Ménélas et Pâris et convainc les Grecs de rester à Troie malgré leurs déboires. Il ne recule pas non plus devant les ruses de guerre : ainsi, il s'infiltre dans le camp troyen pour voler la statue de Pallas, il trouve l'idée du cheval de Troie, il pousse Hélène à la trahison.

Bon guerrier, Ulysse multiplie les actes de courage : au risque de sa vie, il protège la retraite de son compagnon Diomède, commande le détachement enfermé dans le cheval de bois et est le premier à en sortir. Enfin, ses victimes sont nombreuses dans le camp ennemi.

▪ L'odyssée
Lors du retour de l'armée vers la Grèce, Ulysse est séparé de ses compagnons par une tempête. Alors commence pour lui une longue errance à travers la Méditerranée. Il aborde d'abord en Thrace, mais, repoussé, il massacre tous les habitants de la région, n'épargnant que le prêtre d'Apollon, Maron, qui le remercie en lui offrant douze jarres d'un vin excellent, vin qui lui servira plus tard.

Il atteint le pays des Lotophages qui le reçoivent très amicalement et lui offrent les fruits de leur terre, les lotos. Ces fruits sont si bons que les compagnons d'Ulysse ne veulent plus repartir

---

Télémaque
Télémaque, unique fils d'Ulysse et de Pénélope était né avant la guerre de Troie. Lorsqu'Ulysse simule la folie et laboure un champ les yeux hagards, quelqu'un met l'enfant Télémaque devant la charrue. Ulysse s'arrête, montrant ainsi qu'il n'est pas fou.

et qu'il doit les y forcer.

Parvenu sur les terres des Cyclopes, Ulysse est prudent. Avant de pénétrer dans leur caverne, il prend soin d'emporter avec lui des jarres de vin. Lorsque Polyphème, le maître des lieux, arrive et promet de dévorer tous les intrus, Ulysse lui offre du vin en signe d'amitié et, pour ce fait, Polyphème lui dit qu'il sera mangé le dernier. Mais, quand son hôte lui demande son nom, Ulysse dit s'appeler « personne ». Le Cyclope est bientôt pris de boisson et ne sait plus bien ce qu'il fait ; alors, Ulysse en profite pour enfoncer un épieu dans son œil unique et prend la fuite. Les autres Cyclopes venus au secours de leur compère éclatent de rire en apprenant qu'il a été attaqué par « personne ».

Après cette aventure, Ulysse aborde l'île d'Éole, le maître des vents, qui lui offre en signe d'hospitalité une outre contenant tous les vents, sauf la brise favorable. Mais, pendant le sommeil d'Ulysse, ses compagnons ouvrent l'outre et les vents s'en échappent. Éole refuse de renouveler son don, arguant que les dieux ne veulent manifestement pas le retour d'Ulysse chez lui.

Le passage au pays des Lestrigons réduit la flottille à un seul bateau, le roi Antiphatès ayant dévoré le reste des équipages. Chez la magicienne Circé, les hommes sont transformés en animaux. Hermès vient alors au secours d'Ulysse : il lui donne une plante magique appelée *moly* ; mélangée à la boisson offerte par la magicienne, cette plante empêche le maléfice de se produire. Circé, vaincue, devient conciliante et douce.

Circé l'envoie consulter le devin Tirésias. Celui-ci lui apprend qu'il reviendra seul au pays dans un bateau étranger et qu'il aura à faire face aux prétendants, venus demander la main de Pénélope, sa femme. Il quitte Circé, se protège des sirènes tentatrices en se faisant attacher au mât du navire, affronte le passage des Roches errantes et parvient à l'île de Thrinacie où paissent des troupeaux de bœufs appartenant au Soleil. Les marins affamés en tuent plusieurs. Mais le Soleil se plaint à Zeus, qui envoie une tempête terrible. Seul Ulysse, qui n'a pas mangé des bœufs, en réchappe.

■ Le retour à Ithaque

Ulysse accoste dans l'île de Calypso, qui tombe amoureuse de son hôte. Le séjour forcée chez la déesse dure dix ans. Hermès donne enfin l'ordre à Calypso de relâcher Ulysse, et c'est sur une épave qu'il atteint l'île des Phéaciens. Il est reçu amicalement par le roi Alcinoos, à qui il raconte ses aventures et qui le ramène sur une côte retirée près d'Ithaque.

Pendant vingt ans, Pénélope aura attendu Ulysse. En butte aux sollicitations de nombreux prétendants, elle les a fait patienter en disant qu'elle choisirait son nouvel époux quand elle aurait fini de tisser le linceul de Laërte, le père d'Ulysse, retiré à la campagne en attendant la mort. Mais elle gagne du temps en défaisant la nuit ce qu'elle a fait le jour. Quand elle se décide à mettre un terme à son hésitation, elle annonce qu'elle choisira celui qui saura le mieux se servir de l'arc d'Ulysse. Or celui-ci est arrivé au palais, déguisé en mendiant. Risée de tous les présomptueux qui aspirent à la main de la reine, il obtient cependant de participer au concours. Il en sort évidemment vainqueur et est reconnu grâce à sa cicatrice au genou ; il ne lui reste plus qu'à massacrer la foule des prétendants.

Ulysse à Pénélope lors de son retour

« Femme, tous deux nous avons eu pleine mesure d'épreuves ; ici, tu attendais mon retour dans l'angoisse et les larmes, et moi, Zeus et les autres dieux me retenaient cruellement loin de la terre natale, que j'aspirais à revoir. Maintenant que tous les deux nous nous sommes retrouvés dans ce lit cher à nos cœurs, il te faudra veiller sur les biens que j'ai dans cette demeure. » (*L'Odyssée*, XXIII, 242-250).

Vahagn
Dieu arménien

Le guerrier
Vahagn est Visapaklal, tueur de dragons, comme Indra Vrtrahan en Inde et Vrthragna en Iran.

Né de l'eau et du feu, Vahagn a pour épouse la déesse-étoile Astlik. Il correspond à la fonction du guerrier dans l'idéologie tripartite des Indo-Européens. Il est « briseur d'obstacle et dieu de la victoire » comme le dieu Indra du Véda et de l'Avesta iranien. La fonction souveraine est tenue par Aramazd, et la déesse de la Fertilité et de la Vie est Anahit.

Il y a une certaine correspondance entre la mythologie arménienne et la mythologie mazdéenne : Anahita étant devenue Anahit et Ahura Mazda étant devenu Aramazd, « le plus grand et le meilleur des dieux, créateur du ciel et de la terre ».

■ La Voie lactée
Vahagn est le plus connu par le mythe. Il est le créateur de la Voie lactée ; durant une nuit d'hiver, il était à la recherche de paille pour son cheval ; il en vola et s'enfuit précipitamment dans le ciel ; des brins de paille s'éparpillèrent sur son passage, signalant à tous le chemin parcouru. Ces brins de paille sont restés ; ils forment ce qu'on appelle la Voie lactée.

On connaît bien peu de chose sur le culte de Vahagn. Il ne nous reste que dix lignes d'un poème mythologique racontant la naissance du dieu. Un temple consacré à Aramazd se trouve dans la ville d'Ani, sur les bords de l'Arpa, en Turquie.

Anahit
Anahit est considérée soit comme la fille, soit comme l'épouse d'Aramazd. On l'appelle *Oskrhat*, c'est-à-dire « Sculptée dans l'or ». Sa statue est faite de ce métal précieux. Déesse de la Vie et de la Fertilité, elle est également guérisseuse. C'est pour les Arméniens, la souveraine, « gloire de notre race et dispensatrice de vie, que tous les rois vénèrent, même le roi de Grèce. Elle est la mère de toute chasteté, la bienfaitrice du genre humain » (cité *in* Agat'Angelos, *Patmut'iwn*, Venise, 1930, IV).

Au cours de la fête du printemps, des jeunes filles vont dans la montagne cueillir des fleurs de jacinthe et puiser de l'eau à sept sources différentes. On en fait, le soir, une liqueur de bonheur sans doute un philtre de santé ou une boisson d'immortalité comparable au soma.

De grandes cérémonies sont organisées en l'honneur d'Anahit. Les prêtres lui sacrifient quantité de vaches blanches. Les jeunes filles de la haute société sont tenues, avant leur mariage, de se prostituer pendant un certain temps dans le temple d'Anahit (Strabon, XI, 14-16). Cette pratique en fait la déesse de l'Amour et la rapproche d'Ishtar, d'Astarté et d'Aphrodite.

La naissance de Vahagn
« Le ciel et la terre étaient en travail d'enfantement ; la mer couleur de pourpre était, elle aussi, en travail ; le travail s'était emparé dans la mer du petit roseau rouge ; par la tige du roseau, une fumée s'en allait ; et de la flamme, un jeune homme s'élançait ; il avait des cheveux de feu ; et ses petits yeux étaient des soleils » (Mythe ancien rapporté par Moïse de Khorène, *Patmut'iwn Hayoc'*, Venise, 1955).

Valkyries
Déesses nordiques

Les anges des combats
Compagnes et messagères d'Odin, les Valkyries choisissent ceux qui doivent mourir.

Au service du dieu de la Guerre, les Valkyries sont des jeunes filles, blondes aux yeux bleus et à la longue chevelure. Elles parcourent les champs de bataille, au milieu des éclairs et du tonnerre. Elles sont cuirassées et armées de la longue lance et du bouclier, casque d'or sur la tête. On dit qu'elles sont des créatures-oiseaux.

On en dénombre une quarantaine dans l'ensemble de la littérature nordique. Certaines sont combattantes, comme Gunn (« Bataille »), Hild (« Combat »), Hrist (« Secoueuse d'armes »), Baudihillie (« Règle bataille »), Hladgunnr (« Bataille au lacet »). D'autres sont plutôt magiciennes, comme Göndul (« Habile au maniement de la baguette magique »), Göll (« Hurlement terrifiant »), Herfjoturr (« Qui paralyse par les liens magiques ») et Mist (« Torpeur »). Elles sont souveraines et déesses de fécondité.

■ **La mort glorieuse**

Les Valkyries sont expertes en fait d'honneur. Elles savent comment mener un combat, comment se couvrir de gloire, comment obtenir la victoire. Elles décident du camp qui l'emportera. Leur nom est significatif : *Kjora*, qui a donné « kyries », signifie « le choix » et *Val* signifie « la mort » : elles choisissent, au nom d'Odin, les braves qui tomberont.

Sont-elles des vierges tout au service du dieu ou des amantes qui prennent dans la mêlée leurs compagnons de plaisir ? Toujours est-il qu'elles distribuent la mort, non comme une punition, mais comme une récompense. Elles sont plus ou moins confondues avec les Nornes, déesses du destin : l'une d'elles, Skuld, se trouve être aussi la troisième Norne.

Elles emmènent les combattants tués dans la gloire et les conduisent dans le *Valhöll*, séjour des bienheureux, réservé aux héros d'élite. Ils y deviennent des *einherjar* et passent leur temps en batailles sans blessure ni mort, en ripailles et en beuveries. Les Valkyries sont devenues leurs servantes : elles leur présentent des mets faits de la chair de sanglier Saehrimnir et versent l'hydromel dans leurs coupes.

Les servantes d'Odin
« Elle vit les Valkyries venues de loin, prêtes à chevaucher jusqu'à la demeure des dieux. Skuld tenait le bouclier, les autres étaient Skögul, Gunn, Hild, Göndul et Geirskökul ; voici énumérées les femmes du Seigneur des Armées, prêtes à chevaucher par la plaine, les Valkyries » (*Völuspa*, IV, 30).

Le Valhöll
Les Nordiques distinguent deux sortes de morts : les uns périssent de mort naturelle et se retrouvent dans le sombre empire de la déesse des Enfers, Hel ; les seconds, choisis par les Valkyries, meurent au combat. Après leur mort, ils sont conduits dans le Valhöll, demeure d'Odin, le palais aux six cent quarante portes et dont les poutres sont faites de lances et les tuiles de boucliers. Ils y attendent la bataille de la fin du monde, le Ragnarök, à laquelle ils participeront aux côtés des dieux.

Varuna
Dieu de l'Inde

L'ordre du monde
Souverain et magicien, Varuna règne sur le monde, sur les dieux et sur les hommes.

L'un des plus grands dieux védiques, Varuna est associé à Mitra pour la souveraineté du monde. Il en est la rigidité, la force qui s'impose, alors que Mitra en est la bienveillance, l'aspect favorable aux hommes. On représente Varuna une corde à la main : il est celui qui lie, le maître des nœuds. Son animal préféré est la tortue, qui implique stabilité et assises solides.

Varuna a donné ses limites à la terre et au ciel, placé l'air au-dessus des arbres, façonné le sommet des montagnes, donné « le lait aux vaches, l'intelligence aux cœurs, le feu dans les eaux, le soleil au ciel et mit le soma sur la montagne » (*Rig Veda*, V, 85, 1-2). Il donne la pluie et fait en sorte que l'eau s'écoule dans les rivières. Il est responsable de la fertilité et de la fécondité.

■ Ses pouvoirs

Varuna est le gardien du *rta*. Le *rta* est l'organisation du monde, avec ses règles et le déroulement régulier de ses manifestations. Le *rta* c'est une forme universelle qui s'impose à tous et à toutes choses. Il est la vérité, la réalité profonde en dehors de laquelle rien n'existe.

Le *rta*, c'est aussi l'ensemble des rites du sacrifice ; Varuna en surveille le déroulement scrupuleux. Dans le sacrifice, les autres dieux prennent ce qui est conforme, Vanura prend ce qui ne l'est pas et il assure la sanction des manquements au rite. Il détient donc la souveraineté spirituelle comme Indra détient la souveraineté temporelle.

Varuna réside au milieu du ciel. Sa couleur est le noir : on lui offre du grain d'orge noir ou un animal noir. Son domaine est la nuit et les eaux. Les étoiles sont ses mille yeux, il regarde en permanence les activités des hommes. Il est justicier et voit les fautes plus que les bonnes actions. Il punit tout écart à l'ordre du monde et tout dérèglement moral ou rituel.

Varuna est maître de la *maya*. La *maya* est le pouvoir de faire des choses merveilleuses, des miracles. Elle est une puissance créatrice qui dépasse les mots humains. Son action est parfois imprévue : elle suscite la panique dans l'armée ou provoque la folie chez les pécheurs. La *maya* est souvent l'illusion, le changement apparent sans véritable réalité, mais un changement qui trompe, qui induit en erreur, qui fait souffrir. Varuna est thaumaturge et sorcier.

■ Le Bien et le Mal

Coléreux, violent et méchant, il provoque les tremblements de terre et envoie les maladies. Il produit le Mal et le distribue à travers le monde. Il est terrible, on en a peur. Nul ne peut espérer le faire fléchir.

Mais s'il donne le Mal, il peut aussi en délivrer. Il possède tous les remèdes et tous les bienfaits. Il donne la paix et la prospérité, il accorde le pardon et la santé.

La substance de l'être

« Le logis aux multiples chambres de notre être, contenu en Varuna, doit être ordonné par Mitra dans la juste harmonie de son utilité et de son équipement [...]. Mitra est l'harmoniseur, le constructeur, la lumière qui constitue, le dieu qui effectue cette juste unité dont Varuna est la substance et la périphérie qui infiniment s'élargit. » (Shri Aurobindo, *Hymns of the Atris. Arya*, décembre, 1916).

Vesta
Déesse romaine

Le foyer
Le sanctuaire de Vesta est le centre vital de la Ville, le feu qui ne s'éteint jamais.

Déesse archaïque de Rome, Vesta est surtout connue par le culte qui lui est rendu. Son temple est sur le Forum. A la différence des autres, il a une forme arrondie comme les huttes des anciens habitants de la région. Il n'est desservi que par des vierges, choisies dès l'enfance parmi les plus parfaites de la Ville et mises sous l'autorité du grand pontife. Elles reçoivent beaucoup d'honneurs. Mais si elles manquent à leur devoir de chasteté, elles sont emmurées vivantes à la porte Colline.

L'*Aedes Vestae* est le cœur de la Ville : on y conserve le palladium, objet mystérieux lié à la conservation de la Ville, le sceptre du roi Priam, un phallus et les pénates de la cité. Il est comme le foyer familial des Romains, la cité étant considérée comme la demeure de tous (Cicéron, *De legibus*, II, 29).

Le feu y est entretenu toute l'année et il est ranimé solennellement au cours des *Vestalia*, le 1er mars : on ne doit l'obtenir que par frottement de deux morceaux de bois. Ce jour-là, l'âne, animal sacré de Vesta, est à l'honneur.

Adresse à Vesta pour Auguste, jeune
« Dieux de notre passé, Romulus, toi Vesta, reine du Tibre étrusque et du mont Palatin, souffrez du moins, souffrez que ce jeune héros soutienne un siècle qui s'effondre » (Virgile, *Les Géorgiques*, I, 498-502)

Viracocha
Dieu inca

Créateur et civilisateur
Dieu suprême, Viracocha est principe de chaleur et de génération.

Viracocha a créé les premiers hommes. Mais, déçu par eux, il en transforme certains en statues de pierre et détruit les autres par le feu.

Viracocha crée de nouveau l'humanité, mais il accompagne cette création de celle du soleil et de la lune. Les nouveaux hommes vivent ainsi dans la lumière. Il se met alors à parcourir la terre, il y modèle les montagnes et les plaines, trace les rivières, apprend aux habitants la culture, l'élevage et tout ce qu'il faut pour subvenir à leurs besoins et vivre dans la civilisation.

Après avoir ainsi accompli sa mission, Viracocha se dirige vers la mer et disparaît à l'horizon. On attend toujours son retour. Il a son immense statue d'or dans le temple de Cuzco. Il est le protecteur particulier de l'empereur inca.

Le retour de Viracocha
Lors de la conquête espagnole, les Incas, attendant le retour de leur dieu, appelèrent les conquistadores les Viracocha.

Vishnu
Dieu de l'Inde

Le bienveillant
Un des grands dieux de l'Inde, Vishnu donne la stabilité au monde.

Vishnu apparaît lors de la lutte entre *devas* et *asuras*. Les uns et les autres veulent s'assurer la domination du monde. Les asuras lancent un défi à leurs rivaux : ils accepteront de leur laisser ce que l'un des devas pourra mesurer en trois pas. Vishnu, qui alors n'est qu'un nain, se propose comme champion de ses congénères et, en trois pas, il parcourt l'univers entier, terre, ciel et espace intermédiaire (*Satapatha-brahmana*).

Ces trois pas de Vishnu marquent l'omniprésence du dieu, sa vocation à étendre indéfiniment son influence à travers le monde. Il est identifié au *Brahman*, la totalité de ce qui existe. Vishnu est le dieu de l'Espace, Shiva est le dieu du Temps.

Vishnu rayonne comme le soleil dont les bienfaits viennent du dieu. Il est à l'origine de la fertilité de la nature et de la fécondité des hommes.

Vishnu est devenu une divinité suprême. L'iconographie le représente endormi, entre deux créations, sur le serpent Sesa aux mille têtes. Son sommeil n'est pas inactivité, c'est un sommeil mystique : il médite sur le monde à venir et le prépare dans son esprit. Quand il se réveille, un lotus sort de son nombril ; il porte Brahma qui est chargé de réaliser la nouvelle création (*Mahabharata*, III, 272).

La suite de Vishnu est composée de Garuda, l'aigle qui lui sert de monture, et d'Hanuman, le roi des singes. Certains objets lui sont associés : ce sont le disque, la conque, la massue, le lotus, parfois l'épée et l'arc.

Vishnu est parfois confondu avec Prajapati. L'un et l'autre sont assimilés au sacrifice ou à l'espace du sacrifice, l'un et l'autre sont au centre du monde, l'un et l'autre sont à la source de l'activité du monde, l'un et l'autre ont une action bienveillante à l'égard des hommes.

Lakhsmi est l'épouse de Vishnu et le modèle de toutes les épouses. Elle est la déesse bienfaisante par excellence, l'énergie efficace du dieu, sa force en action. Bhumi, la Terre, est sa seconde épouse.

Sous le nom de Narayana, Vishnu apparaît comme un être rayonnant que trois personnages, Ekata, Dvita et Trita, contemplent après s'être prêtés à une dure ascèse. Ils sont aveuglés par l'éclat du dieu et n'entendent d'abord que les prières d'« hommes blancs » qui font leurs dévotions. Une voix enfin se fait entendre, la voix de Vishnu : elle dit que seule une *bhakti* (dévotion) exclusive envers Dieu amène l'homme à contempler l'Être suprême ; l'étude du Veda, la non-violence et le sacrifice, tout est vain, sauf cette bhakti (*Mahabharata*, XII, 236).

Vishnu est partout, il pénètre tout, il est le sauveur. Alors que Shiva est le maître, Vishnu est l'ami qui se met aux côtés des hommes. Il est le protecteur, et pourtant l'immutabilité et l'inactivité qui font partie de son être ne lui permettent pas

---

Asuras et devas
Le terme *asura* indique l'Esprit suprême. Le terme *deva* désigne des êtres célestes d'essence lumineuse. Mais, progressivement, le deva monopolise le sens de dieu, et les asuras deviennent des antidieux.

Le protecteur
« Pour la protection des bons et la destruction des méchants, et pour le rétablissement du dharma, je viens à l'existence à des époques successives » (*Bhagavad-Gita*, IV, 8).

VISHNU

Les avatars

« Il y a des gens qui disent qu'il y a dix avatars, d'autres qu'il y en a vingt-quatre ; d'autres [qu'ils] sont innombrables. Partout où il y a une manifestation spéciale de la puissance de Dieu, il y a avatar. Voilà ce que je crois » (Ramakrishna, *L'enseignement de Ramakrishna,* Paris, 1980, p. 1047).

L'avatar de la tortue

« "Secoure-nous, ô toi qui es puissant ; relève la montagne." A ces mots, Vishnu-Hrsikesa, prenant la forme d'une tortue, plaça la montagne sur son dos et se coucha dans l'eau, lui, Hari. Puis l'âme des mondes, Kesava, saisissant de sa main le sommet du mont, lui, le suprême Purusha [...] baratta la mer de lait » (*Ramayana,* I, 14, 29-31).

d'intervenir directement dans les événements. Il le fait donc à travers de très nombreux *avatars,* ou réincarnations.

A chaque fois que le monde a besoin de lui, il apparaît sous la forme d'un héros qui, non seulement le représente, mais s'identifie à lui ou, dans des avatars secondaires, est pénétré de la force efficiente du dieu. L'avatar montre Vishnu comme le restaurateur de l'ordre, et est la manifestation de l'unité du dieu dans la multiplicité de la création.

■ Les avatars

Sous la forme d'un poisson, Vishnu sauve du déluge, l'ancêtre des hommes, Manu, puis il va jusqu'au fond des océans rechercher l'Écriture sainte, le Veda, que le démon Hayagriva a dérobée à Brahma et qu'il y a déposée lors d'une grande crue (*Satapatha-brahmana,* I, 8, 1).

Sous la forme d'une tortue, il vient au secours des devas et des asuras. Ceux-ci avaient entrepris de baratter la mer de lait pour obtenir l'*amrta,* l'assurance d'immortalité. A cette fin, ils utilisaient comme batteur le mont Mandara, mais ce batteur s'enfonçait dangereusement. Vishnu, transformé en tortue, servit de base solide et stable au mont Mandara (*Ramayana,* I).

Sous la forme d'un sanglier, il sauve la Terre alourdie par la présence de très nombreux démons. Vishnu plonge au fond des océans, pour prendre, dans ses défenses, la Terre qui s'y était enfoncée sous l'action du démon Hiranyaksa. Il lui redonne la place qu'elle n'aurait jamais dû quitter (*Satapatha-brahmana,* XIV, 1, 2, 11).

Sous la forme d'un hommelion, nommé Narasimha, il délivre le monde de Hiranyaçipu, frère d'Hiranyaksa, qui menace les dieux. Hiranyaçipu a reçu de Brahma le privilège de ne pouvoir être tué ni de jour, ni de nuit, ni par un homme, ni par un animal, ni à l'intérieur, ni à l'extérieur du palais. Vishnu intervient, en sortant d'un pilier du palais, au crépuscule, sous la forme d'un être mi-homme, mi-bête, et au moment où Hiranyakaçipu arrive pour sacrifier son fils Prahlada, fidèle de Vishnu.

Le cinquième avatar concerne le nain qui, en trois pas, parcourt l'univers (voir plus haut). Le sixième est Parasurama, qui extirpe du monde les ksatriyas. Le septième est Rama, qui met un terme aux méfaits des Ravanas. Le huitième est Krishna, qui abat le cruel Kamsa. Le neuvième est Bouddha, qui est venu pour interdire les sacrifices sanglants. Et enfin le dixième sera Kalkin, qui viendra à la fin du présent âge, sur un cheval blanc, pour punir les méchants et récompenser les bons.

Telle est la liste communément admise des avatars de Vishnu. Mais, en réalité, leur nombre est incalculable (*Bhagavata-purana*) et on ne les connaît pas tous.

Pour créer, stabiliser, mener, détruire et libérer le monde, Vishnu doit se scinder. Manifestations moins complètes que les avatars de la divinité, les *vyuhas* en sont néanmoins des émanations. Elles sont le frère, le fils et le petit-fils de Krishna, et sont appelés Samkarsana, Pradyumna et Aniruddha.

Vasudeva-Krishna possède les six qualités majeures de la divinité, c'est-à-dire le savoir, la force, la puissance, l'efficience, le rayonnement et la vigueur. Les vyuhas n'en possèdent que deux : à Samkarsana appartiennent le savoir et la force ; à Pradyumna, la puissance et la vigueur ; enfin à Aniruddha, l'efficience et le rayonnement.

VISHNU

Vishnu, principe premier de la vie, assis dans un grand lotus blanc.
Il a tous ses attributs : avec dans ses mains, la conque, le disque, la massue
et une fleur de lotus ; longue guirlande autour du cou.
Un nimbe ovale (une auréole de rais d'or) l'encadre : c'est la forme
de l'Hiranyagarbha, la matrice d'or, qui est aussi l'Œuf cosmique primordial.
« La gloire de Vishnu ».
Gouache, École Pahari, début XIXe s.

Visvamitra
Héros de l'Inde

L'ascète
Ksatriya (guerrier), Visvamitra veut se faire brahmane par une ascèse de plus en plus stricte.

Brahmane et ksatriya
Le brahmane est le prêtre détenteur du pouvoir religieux. Le ksatriya est le guerrier détenteur du pouvoir civil. Sur le plan spirituel, le ksatriya est soumis au brahmane ; sur le plan civil, le brahmane dépend du ksatriya.

Visvamitra comprend qu'il ne pourra égaler le brahmane Vasistha que s'il devient lui-même brahmane. Il se retire donc dans la forêt et se met à pratiquer l'austérité. Au bout de mille ans, Brahma lui donne le titre de *rsi* royal. Mais, voulant créer un nouveau ciel, il épuise les mérites accumulés.

Il reprend ses austérités pendant mille ans. Brahma le fait rsi. Mais il tombe amoureux de la nymphe Menaka et vit dix ans avec elle. Le fruit de son ascèse est alors détruit irrémédiablement.

Visvamitra s'entête. Il se met entre les cinq feux en été et dans l'eau en hiver. Brahma le fait *maharsi* (super-rsi). Mais les dieux lui envoient la nymphe Rambha, et Visvamitra, flairant le piège, se met en colère et perd le bénéfice de ses efforts.

Alors Visvamitra ne mange, ni ne respire pendant des centaines d'années. Il ne se laisse pas tenter et il devient enfin brahmane et l'égal de Vasistha (*Ramayana*, I).

Wak
Dieu éthiopien

Le créateur
Pour les Galla d'Éthiopie, Wak est le dieu suprême qui réside là-haut, dans les nuages.

Prière
« [...] Fais que je passe en paix cette journée ! [...] fais que, sur le chemin que je suivrai aujourd'hui, je marche droit » (prière des tribus éthiopiennes rapportée dans L.V. Thomas et H. Luneau, *Les Religions d'Afrique noire*, Paris, 1969, p. 56).

Wak maintient la voûte des cieux à distance de la terre et la couvre d'étoiles. Il est le bienfaiteur et ne saurait punir.

Quand la terre était plate, Wak demanda à l'homme de faire son cercueil et l'homme le fit et s'y enferma. Wak enfonça le cercueil en terre. Pendant sept ans, Wak fit pleuvoir une pluie de feu et les montagnes se formèrent.

Puis Wak piétina l'endroit où était le cercueil et l'homme en sortit vivant. Il dit n'avoir dormi qu'un bref instant. C'est pourquoi l'homme est en état de veille la plus grande partie de la journée.

L'homme était fatigué de vivre seul. Wak prit de son sang. Après quatre jours, le sang était devenu une fille que l'homme épousa. Il eut trente enfants. Mais, honteux d'avoir fait autant d'enfants, il en cacha quinze ; Wak en fit des animaux et des démons.

Xipe Totec
Dieu aztèque

Notre seigneur l'écorché
Xipe Totec est le dieu du renouveau printanier et de la pluie nocturne bienfaisante.

L'une des plus grandes fêtes mexicaines était consacrée au dieu Xipe Totec. Elle marquait en effet le retour des floraisons du printemps, retour que l'on attribue au dieu.

Les cérémonies commençaient par des sacrifices humains. Les victimes étaient percées de flèches afin que leur sang inondent le sol comme une pluie fertilisante. Puis on leur arrachait le cœur et enfin on les écorchait. Certains malades de la peau, pour retrouver la santé, faisaient le vœu de porter la dépouille des suppliciés pendant vingt jours.

Un simulacre de combat suivait. Il opposait des guerriers confirmés à de jeunes élèves des écoles militaires qui avaient endossé, eux aussi, la peau encore chaude des sacrifiés. Ces jeunes élèves étaient des volontaires, désireux de faire acte de dévotion ou de se purifier de quelque faute publique.

Xipe Totec, peut-être en raison de ces dépouilles de couleur jaune portées par les pénitents, était le dieu des orfèvres.

Les sacrifices humains
Autre culture, autre mentalité : les conquistadores furent horrifiés du sang répandu dans les temples aztèques pour l'« alimentation » des dieux ; les Aztèques furent épouvantés devant les supplices imposés par l'Inquisition.

Xipe Totec au regard impossible observe les cruelles cérémonies qui sont organisées en son honneur et marquent le retour du printemps.

Plaque céramique polychrome. Civilisation aztèque-postclassique récent.

Xiuhtecuhtli
Dieu aztèque

Le feu
Xiuhtecuhtli, ou Otontecuhtli, ou Huehueteotl, est le vieux dieu, le seigneur de turquoise.

> **L'action sur les contraires**
> Xiuhtecuhtli, le plus ancien des dieux, a le pouvoir d'agir sur les contraires : il est la lumière dans les ténèbres, la chaleur dans le froid, le principe mâle dans les éléments féminins, la vie dans la mort.

Vieillard barbu, Xiuhtecuhtli porte sur la tête un brasero dans lequel on brûle de l'encens. Il est le dieu du foyer. On dit qu'il a les couleurs de la flamme, rouge, jaune et bleue.

Xiuhtecuhtli est honoré au cours de la fête « de la ligature de l'année ». Le « siècle » aztèque est de cinquante-deux ans. Au passage d'un siècle à l'autre, les dieux peuvent rompre leur contrat et le peuple est rempli de frayeur à la perspective de la fin du monde. Mais naît le feu nouveau. Les prêtres recueillent le feu précieux et chacun l'emporte dans sa demeure.

Le dieu du Feu est aussi le dieu du Soleil et des Volcans. Les danseurs évoquent les revenants, en s'enduisant le corps de suie et de charbon de bois, produits du feu.

Xiuhtecuhtli est associé au piment, symbole de la force vitale. Son arbre est le pin dont on fait les torches.

Yama
Le premier mortel de l'Inde

Le roi des morts
Yama est le premier homme. Il est fils de Vivasvant, le Soleil, et est appelé Ymir en Europe du Nord et Yima ou Manu en Iran.

> **La fête des Lampes** est une des fêtes les plus chères au cœur des Indiens. Elle dure six jours, chaque jour étant dédié à une divinité particulière et correspond à une légende précise.

Yama a une sœur, Yami. Il s'est uni à elle pour créer l'humanité. En Inde, le cinquième jour de la fête des Lampes, les sœurs invitent leurs frères, elles les reçoivent à déjeuner, leur préparent un bon bain, les vénèrent. Ainsi est commémorée l'union du premier couple humain (*Rig Veda*, X, 10).

Yama, le premier homme, se trouve être également le premier à connaître la mort. Il est donc le chef des morts. C'est lui-même, ou l'un de ses serviteurs, qui vient chercher ceux qui ont consommé leur temps de vie.

Rien ne doit le distraire de cette tâche. Pourtant, on le voit un jour absorbé dans l'accomplissement de rites sacrificiels et il ne fait plus mourir aucun homme, si bien que l'espèce humaine s'accroît d'une façon démesurée. Les hommes font concurrence aux dieux. Il faut attendre la fin du sacrifice pour que la situation redevienne normale (*Mahabharata*, I, 1, 196).

Yu le Grand
Héros chinois

L'ingénieur
Démiurge, Yu arpente le monde d'ouest en est, du nord au sud, pour l'aménager.

Fils de Chouen empereur de Chine, Yu est un homme maigre qui, infirme, sautille sur un pied. Il a ainsi inventé le pas de Yu, dansé par les sorciers. Il a creusé la montagne, et permis l'écoulement des eaux d'une inondation catastrophique, tâche que Kouen avant lui n'avait pas réussi à accomplir. Il y travailla treize ans sans rentrer chez lui.

Devenu dieu, Yu parcourt le monde pour l'aménager. Il le stabilise par cinq montagnes sacrées, aux quatre points cardinaux et au centre, puis il convoque les divinités des Grands Monts et des Grandes Rivières.

L'épouse de Yu est la fille de T'ou-chan, la montagne de terre. Un jour, elle voit son mari transformé en ours. Elle en est pétrifiée et, comme elle est enceinte, Yu doit la fendre de son sabre pour donner naissance à son fils. Certains disent qu'il est lui-même né de la pierre. Yu est le premier empereur de la dynastie Xia.

Yu serait l'auteur mythique du *Chan-hai-King*, premier livre de géographie de la Chine.

> **L'organisateur du monde**
> « Le grand Yu dit : "Dans les six régions, entre les quatre mers, éclairées par le soleil et la lune, [...] ordonnées par le cours des saisons, [...] les êtres vivent dans un ordre que le Sage peut pénétrer" » (Lie-tseu, 5).

Zanahary
Dieu suprême des Malgaches

Le dieu « double »
Il est Zanahary, « Dieu créateur », « Celui qui modèle les pieds et les mains ». Il est Railanitra, « Père du Ciel ».

C'est un dieu effrayant. Sa parole est foudre et tonnerre. Mais négligent, il se laisse tromper par son double, le Zanahary d'en bas.

- **La création**

Car, au commencement il y avait deux Zanahary, celui d'en haut, Andriamanitra, et celui d'en bas. Le Zanahary d'en bas s'amusa à faire des figurines d'argile qui représentaient des hommes, des femmes et des animaux. Mais il ne pouvait leur donner la vie. Le Zanahary d'en haut lui demanda quelques-unes de ces statuettes en échange de la lumière du soleil. Le Zanahary d'en bas lui proposa alors des poissons ; l'autre voulait des femmes. Ils se mirent d'accord et le Zanahary d'en haut donna la vie, mais celui d'en bas refusa de se séparer des femmes. Ils devinrent ennemis. Ainsi furent séparés les mondes d'en haut et d'en bas.

> **L'origine de la polygamie**
> Zanahary remit entre les mains des hommes des statuettes de terre, et leur dit : « Remuez-les, elles prendront vie et seront vos compagnes. » Ceux qui en remuèrent plusieurs furent polygames.

Zeus / Jupiter
Dieu grec et romain

Le roi de l'Olympe
Dieu parmi d'autres dieux, Zeus en arrive à conquérir le pouvoir absolu.

Marpessa était fille d'Évenos et de Démonicé. Fiancée à Idas, elle fut enlevée par Apollon.

Hébé, fille de Zeus et d'Héra, personnifie la jeunesse. Elle joue dans l'Olympe le rôle de servante de Zeus.

Illithye, fille de Zeus et d'Héra, sert la jalousie de sa mère face aux incartades de son père.

Alcmène fut séduite par Zeus qui avait pris l'apparence d'Amphitryon, son mari.

Égine était fille du dieu-fleuve Asopos. Zeus l'enleva et Asopos parcourut toute la Grèce pour la retrouver. Zeus foudroya Asopos.

Zeus est représenté comme un homme mûr, portant une grande barbe et tenant à la main le sceptre, insigne de son autorité ou brandissant la foudre, son arme favorite. Il est souvent accompagné d'un aigle.

Il est fils de Cronos et de Rhéa. Un oracle ayant averti Cronos qu'un de ses enfants le détrônerait, il dévore chacun d'eux dès sa naissance. Rhéa décide alors de mettre au monde le sixième secrètement, au cours de la nuit, et, au lieu du bébé, présente à Cronos une pierre enveloppée de langes. Celui-ci est trompé, et Zeus est sauvé.

■ La conquête du pouvoir

L'enfant est confié aux nymphes, aux Curètes et à la chèvre Amalthée. Lorsque Amalthée sera morte, Zeus se servira de sa peau comme d'une armure. Il entreprend de s'emparer du pouvoir. Métis lui confie une drogue qui, absorbée par Cronos, doit lui faire régurgiter ses enfants. Il libère les Cyclopes et les Hécatonchires, géants doués de cent bras et de cinquante têtes, enfermés par Cronos dans le Tartare ; ceux-ci lui donnent le tonnerre et la foudre. Il se trouve ainsi à la tête d'une véritable armée.

La guerre contre Cronos dure dix ans. Zeus remporte la victoire et les dieux se partagent le pouvoir par tirage au sort : à Zeus revient le ciel ; à Poséidon, la mer ; et à Hadès, le monde souterrain, les enfers.

Mais leur suprématie est tout de suite contestée par les Géants, êtres d'une force invincible qui ont le privilège de ne pouvoir être tués que par l'action conjuguée d'un dieu et d'un homme. Zeus s'adjoint l'aide d'Héraclès, qui n'est encore qu'un mortel, et vient à bout de ses ennemis.

Il lui faut maintenant faire face aux complots intérieurs. Héra, Athéna et Poséidon en ont vite assez de la domination du roi de l'Olympe. Ils décident d'enchaîner Zeus, mais Thétis, restée fidèle, prévient le géant Briarée qui, en montrant sa force, met les conjurés en fuite.

■ Le Maître

Zeus est devenu le plus grand des dieux de l'Olympe et le maître incontesté. Dieu de la Lumière, il est à la source de toutes les manifestations célestes : il provoque la pluie et la sécheresse, le beau et le mauvais temps ; il commande aux tempêtes et à l'orage.

Zeus est aussi le garant de l'ordre parmi les dieux et parmi les hommes. Il arbitre les conflits : entre Apollon et Héraclès pour la propriété du trépied de Delphes ; entre Apollon et Idas pour la possession de Marpessa ; entre Pallas et Athéna lors de leur combat ; entre Athéna et Poséidon pour la domination de l'Attique ; entre Aphrodite et Perséphone pour l'amour d'Adonis. Ses décisions sont justes et équilibrées, il ne fait pas de faveurs.

ZEUS

■ Ses amours et sa descendance

Zeus a de nombreuses épouses. Métis est la première, mais, comme Gaia a prédit que la fille qui leur naîtra mettra au monde un fils appelé à prendre son pouvoir, Zeus dévore la mère avant qu'elle n'accouche. L'enfant, Athéna, sortira tout armée du crâne de son père (Hésiode, *Théogonie*, 924).

Thémis est sa deuxième épouse. Par elle, il devient le père des Saisons, de Eiréné (la Paix), d'Eumonia (la Discipline), de Diké (la Justice) et des Moires (le Destin).

De Dioné, Zeus a Aphrodite ; d'Eurynomé, les Grâces ; de Mnémosyne, les Muses ; de Léto, Apollon et Artémis ; de Déméter, Perséphone. Puis Zeus épouse sa propre sœur, Héra. Avec elle il partage le pouvoir, et les enfants qui leur naissent sont Hébé, Illithye et Arès.

Mais Zeus a aussi des aventures avec des mortelles. Alcmène, Danaé, Égine, Plouto, Io, Callisto, et bien d'autres, mettent au monde des enfants de lui. Pour les séduire, il se transforme en pluie d'or, en taureau, en cygne, ou met en œuvre quelque autre stratagème qui cache sa majesté proprement insoutenable pour une mortelle. De nombreux demi-dieux ou héros naissent de ces amours et il n'est guère de grandes familles grecques qui ne se glorifient d'une ascendance aussi élevée.

Libertinage ou volonté d'intervenir dans les affaires des hommes, ces amours passagères mettent en fureur l'épouse légitime, Héra, qui poursuit les maîtresses de son mari et les enfants qu'il a eus d'elles. Les chamailleries entre les conjoints sont courantes. Zeus se fâche souvent contre elle. Il ira jusqu'à suspendre la déesse à l'Olympe, une enclume attachée à chaque pied.

■ Le culte

Le culte de Zeus Polieus est célébré au cours des Dipolies. La cérémonie principale porte le nom de Bouphonies. Des bœufs sont laissés en liberté : dès que l'un d'eux s'approche de l'orge ou du blé placé près de l'autel, un prêtre se précipite pour l'abattre à l'aide d'une hache. Puis l'animal est écorché, mangé et empaillé ; le mannequin est attelé à une charrue. La hache est accusée du meurtre, condamnée et jetée à la mer.

Du roi de l'Olympe, les philosophes stoïciens ont fait le symbole du dieu unique. Ainsi Cléanthe (232 av. J.C) : « Tu es si bien le suprême seigneur de l'Univers que rien sur la terre ne se produit sans toi, rien dans le ciel éthéré, rien dans le mer. » (*Hymne à Zeus*).

Jupiter
Jupiter est le grand dieu du Panthéon romain. Il est assimilé à Zeus, comme dieu suprême. On l'appelle *Optimus Maximus*, « Le Très Bon et le Très Grand ». Romulus serait à l'origine de son culte : au cours de la bataille qui oppose Romains et Sabins, Romulus, montrant ses armes au ciel, promet d'élever un temple à Jupiter à l'endroit même où il se trouve, si la progression de l'ennemi est arrêtée. Les Romains ont la victoire : le temple de Jupiter Stator (qui arrête) se dresse au pied du Capitole.
Devenu le maître suprême de la cité, Jupiter reçoit les hommages du consul quand il prend son exercice et les empereurs lui vouent un culte particulier. Auguste prétendait le voir en songe.

Io était une jeune fille d'Argos. Aimée de Zeus et jalousée par Héra, elle fut transformée par son amant en une génisse d'une merveilleuse beauté, et Héra exigea qu'on la lui offrît.

Callisto était une nymphe, prêtresse d'Artémis. Zeus prit la forme d'Artémis pour la séduire. La déesse, ayant découvert sa faute, la transforma en ourse.

Jupiter, protecteur de Rome
« Jupiter, c'est sur la foi de ces auspices que j'ai jeté ici sur le Palatin les premiers fondements de Rome. [...] O toi, père des dieux et des hommes, écarte au moins d'ici les ennemis ! [...] En ce lieu, je te promets de t'élever un temple, ô Jupiter Stator, pour rappeler à la postérité que ton aide tutélaire a sauvé Rome » (Tite-Live, *Histoire romaine*, I, 12, 1-9).

Êtres intermédiaires et fantastiques

Beaucoup d'êtres intermédiaires comme les anges, les démons, les monstres, les géants, etc. interviennent souvent dans les mythologies. Ils sont situés entre les dieux et les hommes par leur nature, leurs modes d'action, leurs qualités ou défauts et leurs pouvoirs.

D'autres, sans être complètement absents, ne jouent pas de rôle très actif, mais occupent une place non négligeable dans l'imaginaire des peuples.

Les êtres intermédiaires

Les **djinns** de l'islam ont été créés à partir du feu par Allah ; ce sont des êtres invisibles, doués d'intelligence. Ils habitent le désert, les ruines, les cimetières. Ce sont les vrais propriétaires du sol. Ils vivent, comme les hommes, en tribus, se marient et font des enfants, contractent des alliances et se déclarent la guerre.

Pourtant, point d'égalité avec les hommes. Ils ne sont pas limités par un corps, ont le don de se déplacer très rapidement et même d'être partout, d'« écouter aux portes du ciel » (Coran, XV, 18). Ils errent la nuit à la faveur de l'obscurité et prennent tantôt les apparences de monstres laids, tantôt celles, plus sympathiques, d'animaux familiers comme le cheval ou le chien. Mais leur attachement à la terre leur fait préférer la forme des animaux rampants.

Leurs relations avec les hommes sont étroites. Ils sont capables d'amitié et savent être reconnaissants envers ceux qui leur font du bien. On leur attribue les faits inexplicables, et ils donnent l'inspiration aux poètes, le talent aux musiciens et le discernement aux devins. On trouve chez eux croyants et incroyants, car le prophète a été envoyé aussi pour eux.

Les **nats** de Birmanie ou les **neq** du Pakistan sont divisés en trente-sept variétés, strictement hiérarchisés, mais cette hiérarchie est différente selon les régions et les légendes. La plupart d'entre eux ont une origine inconnue, mais l'opinion commune fait des Nats d'anciens êtres humains morts injustement de façon violente : ainsi, certains sont des hommes dont on a fait les gardiens d'un lieu en les enterrant vivants sur place. Ils sont invisibles, mais peuvent apparaître sous forme humaine ou animale. Ils sont bons ou mauvais et on leur adresse un culte pour obtenir leur aide ou se protéger de leurs méfaits.

Les **trolls** font partie du mythe scandinave. Ce sont des esprits malins, nains ou géants coiffés de sapins. Ils habitent les montagnes ou les forêts et se tiennent habituellement sous terre. Ils incarnent les forces mystérieuses de la nature.

Les êtres fantastiques

Il existe aussi une infinité d'êtres fantastiques dont les aventures sont racontées dans les légendes et dont la présence est supposée dans certains lieux et dans certaines circonstances. Petits ou grands, bienfaisants ou malfaisants, parfois l'un et l'autre alternativement, ils hantent le territoire des hommes et leur inspirent terreur ou attendrissement. Dresser leur liste complète est impossible, leur habitat étant souvent très localisé. Certains genres sont pourtant plus généraux et demeurent dans de nombreuses régions.

Les **fantômes** sont les manifestations des morts dans la vie des vivants. Les apparences qu'ils prennent peuvent être très diverses, depuis la forme précise du mort, avec son visage et sa voix, jusqu'à l'ombre recouverte d'un drap blanc. Les phénomènes qu'ils provoquent sont légions : maisons hantées, esprits frappeurs, larves animées, bruits sans cause ou jets de pierres. Certaines personnes, appelées médiums, assurent pouvoir communiquer avec eux, les faire apparaître et interpréter leurs messages.

D'après Allan Kardec (1804-1869), qui a étudié très précisément ce phénomène, le fantôme serait le *périsprit*, enveloppe fluidique qui fait le lien durant la vie entre le corps et l'âme. A la mort, l'âme se dégagerait lentement de la matière et, pendant cette période de changement, le périsprit pourrait apparaître et même déplacer des objets.

Le spiritisme — ainsi appelle-t-on la théorie d'Allan Kardec — se développe beaucoup au cours du XIXe siècle. De grandes réunions sont organisées, des tentatives ont lieu pour communiquer avec les fantômes, des tables tournent ou s'agitent, des révélations sont faites, des messages transmis. Des personnalités, comme Victor Hugo, Conan Doyle et le savant Charles Henry, s'adonnent à ces pratiques.

Les **fées** sont le plus souvent de jeunes et jolies femmes, toutes brillantes de lumière, portant une abondante chevelure, vêtues d'une robe longue et tenant à la main la baguette magique, instrument de leur pouvoir. Les Dames blanches de l'Hurepoix sont dites si légères qu'elles marchent facilement sur les eaux et sur les roseaux qui ne plient pas sous leurs pas.

La pierre aux Fées, la roche aux Fées, le pont des Fées, et autres noms semblables, indiquent le passage des fées. Elles sont sensibles et ombrageuses. Elles savent rendre service aux hommes, leur font parfois de grands bienfaits, mais y mettent le plus souvent une condition, et, si celle-ci n'est pas respectée, elles disparaissent.

Parmi beaucoup d'autres fées, signalons les Margot-la-Fée de Bretagne, qui détiennent un pouvoir surnaturel et ont apporté les dolmens pour cacher l'entrée de leurs demeures, et les Martes ou Martines qui vivent dans les rochers du Berry et du Bourbonnais : grandes femmes brunes, pourvues de seins énormes, elles courent après les passants pour se faire têter.

Les **follets** ou les **lutins** sont considérés comme de petits êtres, mais ils peuvent se grandir, prendre l'aspect d'un animal ou d'une brise. Bienfaisants, ils aident au ménage, lavent la vaisselle et cirent les meubles. Malveillants, ils guettent le passant pour le jeter dans le fossé ou éparpillent le grain au moment de la moisson. Ils portent de nombreux noms suivant les régions : les ceulai, chandelottes, culards, fallots, flambes, lanternottes suivent les voyageurs particulièrement pendant les nuits qui précèdent Noël ; ils sont gobelins en Normandie, dracs en Aquitaine, servans en Dauphiné, fadets dans le Berry, korrigans en Bretagne, drays dans le Forez, pacolets dans le Morvan, fades dans la Beauce, fouletô en Bourgogne et foulots dans la Nièvre.

Les **loups-garous** sont des hommes, un peu sorciers, qui la nuit se transforment en loups, mènent une vie errante, franchissent haies, fossés et étangs, n'ont peur ni des bâtons, ni des couteaux, ni des coups de feu, et dévorent le premier individu qu'ils rencontrent. Ils sont, pendant la journée, des gens tout à fait ordinaires.

On devient loup-garou par un pacte contracté avec le diable, par naissance (notamment naissance hors mariage) ou encore à la suite d'un crime non confessé. On connaît les loups-garous depuis des temps fort anciens : Virgile et saint Augustin en ont parlé, et, chez les Slaves, se célébrait jadis le culte du loup, signe de la crainte qu'inspiraient ces bêtes.

Les **succubes** sont des démons femelles qui, la nuit, viennent s'unir à certains hommes, tandis que les **incubes**, démons masculins, violent les femmes. On dit que les Incubes se servent de la semence que l'homme perd durant son sommeil pour fertiliser leurs victimes.

Les **vampires** sont des morts qui sortent de leurs tombes pour attaquer les vivants dont ils boivent le sang ou mangent la chair. On reconnaît les dépouilles des vampires au fait qu'ils sont bien conservés et qu'ils ont les lèvres rouges. Pour se protéger d'eux, on leur plante un pieu dans le crâne ou dans le cœur.

Le mythe de l'immortalité en Chine ancienne

L'idéal en Chine ancienne est de vivre très longtemps et même de ne pas mourir. De nombreuses méthodes sont utilisées à cette fin : les unes sont spirituelles et relèvent surtout de l'ascèse, les autres sont physiques. On y trouve des techniques de méditation, des exercices de respiration ou de gymnastique, des principes d'hygiène et même des drogues dont l'effet magique est réputé infaillible.

Le « pays des gens qui ne meurent pas » est décrit dans le *Chan hai king*, ouvrage de géographie des IVᵉ-IIIᵉ siècles avant J.-C., attribué à Tsou yen. On y trouve un arbre d'immortalité et une source de longue vie. Les Immortels, ou Sien-jen, qui y vivent ont une tête allongée et sont couverts de duvet. Leurs bras sont transformés en ailes et ils se déplacent au milieu des nuages. Ils sont brillants et chevauchent des dragons.

Il y a trois sortes d'immortels : ceux qui montent au ciel en plein jour dans une ascension pleine de lumière ; ceux qui restent sur terre, séjournent dans la montagne, sans trace de vieillissement, et disposent de procédés magiques extraordinaires ; enfin ceux qui vivent toutes les apparences de la mort et de l'ensevelissement, mais qui, en réalité, vont retrouver, avec leur corps, les autres immortels.

Les Jiu zhong ba xian

Les huit immortels ivres, ou *Jiu zhong ba xian*, sont entrés dans la légende.

Li tie kuai apprit l'art de devenir immortel de la déesse Xi wang mu, la reine-mère de l'Occident. Il remit son corps à son disciple, lui demandant de le brûler s'il n'était pas revenu dans les sept jours. Mais, durant cette attente, le disciple eut un deuil dans sa famille et dut s'éloigner ; il incinéra donc le corps avant le délai fixé. Quand Li tie kuai revint, il ne trouva qu'un tas de cendres en place de son corps et se contenta de celui d'un mendiant.

Zhong li quan était maréchal d'empire. Un jour, pendant sa méditation, un mur de sa maison s'écroula. Dans la ruine se trouva une boîte de jade contenant des instructions pour devenir immortel. Il se conforma aux indications et une grue l'emporta au pays de l'immortalité.

Lan cai he était une chanteuse des rues. Elle avait un pied chaussé et un pied nu. Un jour, elle fut trouvé ivre dans une auberge et disparut dans un nuage, laissant sur place ses vêtements et sa flûte.

Zhong guo était un ermite des monts du Shan. Pressé de venir à la cour de l'empereur, il mourut subitement devant la porte du temple de la femme jalouse. Son corps entrait en putréfaction quand il réapparut vivant et bien portant. Il montait une mule blanche qu'il pouvait, arrivé à destination, replier comme une feuille de papier et mettre dans un sac. Lorsqu'il en avait de nouveau besoin, il l'aspergeait d'eau et l'animal était prêt à partir.

He xian gu était une femme qui vécut dans les monts de Nacre. Un esprit lui demanda dans un rêve de réduire en poudre une grosse pierre et d'acquérir ainsi l'immortalité. Elle le fit et s'aperçut peu à peu qu'elle n'avait plus besoin de manger.

Lü dong bin rencontra un dragon qui lui donna une épée magique lui permettant de se cacher dans les airs. Venu dans la capitale, Chang an, il apprit l'alchimie et les secrets de fabrication de l'élixir de vie. Il est le patron des lettrés et porte alors le nom de Patriarche Lü.

Han xiang zi était le neveu du grand homme d'État, Han yu. Il surpassa rapidement son maître et, emporté dans les branches des pêchers surnaturels, il en tomba et devint immortel durant la chute.

Cao guo jiu se retira dans la montagne pour vivre en ermite. Comme les sept immortels précédents occupaient sept des huit grottes des sphères supérieures, pour occuper la huitième ils choisirent Cao guo jiu parce que son attitude avait été exemplaire.

Les Panthéons

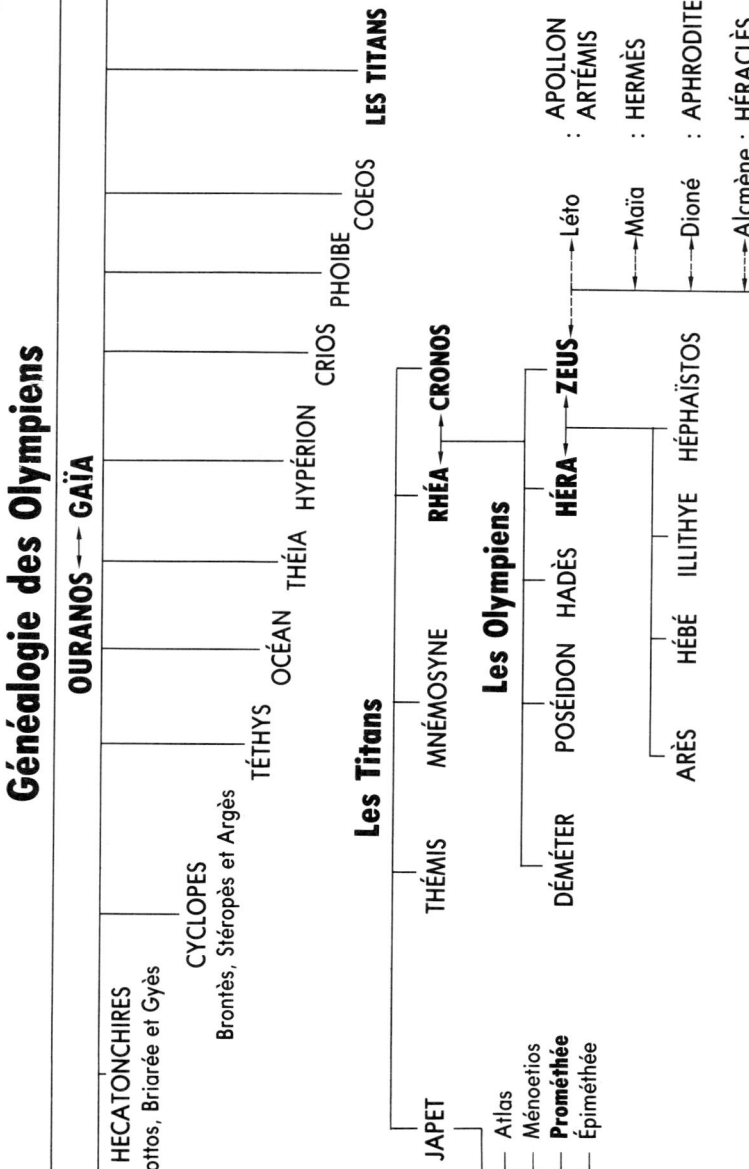

Les dieux du Moyen-Orient

Nom	Parèdre	Fonction	Lieu de culte
Ahura Mazda		Dieu suprême	Hérat (Iran)
An			Uruk
Anahita		la fertilité	Hérat (Iran)
Angra Mainyu		les ténèbres	Hérat (Iran)
Anu	Antum	le père des dieux	Sumer
Aramazd	Anahit	la création	Urartu (Arménie)
Astarté		la guerre, l'amour	Tyr
Baal	Anat	l'orage	Ugarit
Dumuzi	Innana	la végétation	Uruk
Éa		la sagesse	Akkad
Enki	Ningursag	la sagesse	Éridou
Enlil	Ninlil	le père des dieux	Nippur
Erra			
Hadad		l'orage	Assour
Innana	Dumuzi	la guerre, l'amour	Uruk
Ishtar	Tammuz	la guerre, l'amour	Assour
Kumarbi		la guerre	Hourri
Marduk	Zarpanitou		Babylone
Mithra		la souveraineté	Hérat (Iran)
Môt		la guerre, la stérilité	Ugarit
Nergal	Éreshkigal	les enfers	Babylone
Ninourta	Gula	la guerre, l'artisanat	Sumer
Shamash	Aya	le soleil	Babylone
			Assour
Sin		la lune	Babylone
			Assour
Tammuz	Ishtar	la végétation	Akkad
Tesub	Hebat	l'orage	Hourri
Tiamat	Apsou	la mer	Akkad
Vahagn	Astlik	la guerre	Urartu (Arménie)

Les dieux d'Égypte

Nom (Parèdre)	Fonction	Symbole	Lieu de culte
Amon-Rê (Mout)	le dieu universel	le bélier	Thèbes
Anubis	le dieu des funérailles	le chacal	Cynopolis
Apis	la fécondité	le taureau	Memphis
Aton	le dieu unique	le disque solaire	Tell el-Amarna
Geb (Nout)	la terre	anthropomorphe	Héliopolis
Hathor (Horus)	la joie et l'amour	la vache	Dendera
Horus (Hathor)	la dynastie	le faucon	le Delta
Isis (Osiris)	la magie	anthropomorphe	le Delta
Khnoum	la création	le bélier	
Khonsou	le fils d'Amon	le faucon	Thèbes
Maât	l'équilibre	la plume d'autruche	
Nephtys (Seth)	la stérilité	anthropomorphe	le Delta
Nout (Geb)	le ciel	la voûte céleste	Héliopolis
Osiris (Isis)	la végétation	anthropomorphe	le Delta
Ptah (Sekhmet)	la création	anthropomorphe	Memphis
Sekhmet (Ptah)	la puissance	la lionne	Memphis
Seth (Nephthys)	le mal	un animal composite	le Delta
Thot	le scribe	l'ibis	Hermopolis

L'Ogdoade hermopolitaine

Les huit couples de forces élémentaires
personnification du chaos primitif.

NOUN ←——→ NAUNET
l'eau primitive

HEH ←——→ HEHET
l'infinité spatiale

KEK ←——→ KEKET
les ténèbres

AMON ←——→ AMAUNET
ce qui est caché

L'Ennéade héliopolitaine

Les divinités complémentaires, éléments des forces de la nature qui donnent naissance aux deux couples Isis-Osiris et Seth-Nephtys.

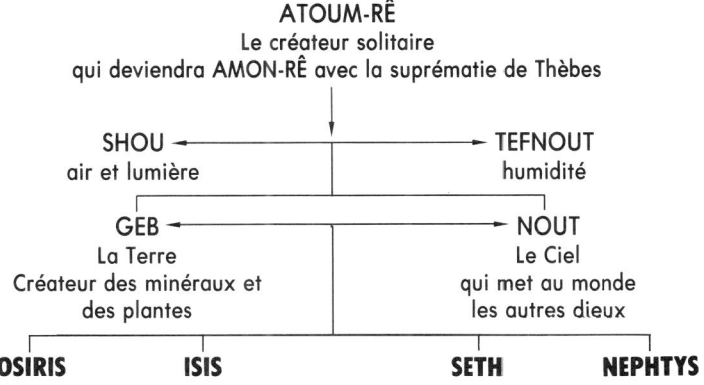

L'Ennéade tout entière est une manifestation du démiurge.

Les dieux de l'Inde

Le Panthéon védique
Les anciens dieux de l'Inde

Les souverains :
MITRA, garant du contrat
VARUNA, l'organisateur du monde

Les combattants :
INDRA, l'exubérance de la vie
RUDRA, le destructeur

Les dieux de la fécondité :
ADITI, la mère des dieux
AGNI, le feu
PRAJAPATI, l'être primordial
PURUSHA, le maître de l'immortalité
SARASVATI, le fleuve sacré
SOMA, la boisson des immortels
VISHNU, le maître de l'espace
YAMA, le premier homme

La Trimurti hindoue
Les trois grands dieux de l'hindouisme

SHIVA-RUDRA, bienfaisant et destructeur :
son épouse : DURGA
ses fils :
GANESHA
SKANDA
sa suite :
KAMA et sa femme RATI

VISHNU, l'omniprésent
son épouse : LAKHSMI
ses avatars :
MATSYA, le poisson
KURMA, la tortue
VARAHA, le sanglier
NARASIMHA, l'homme-lion
VAMANA, le nain
PARASURAMA
RAMA et sa femme SITA, avatar de LAKHSMI
KRISHNA et sa femme RUKMINI, avatar de LAKHSMI
BOUDDHA
KALKIN
sa suite : INDRA
HANUMAN

BRAHMA, le créateur
son épouse SARASVATI

Les dieux nordiques

Nom	Parèdre	Fonction	Symbole
Balder		la beauté et bonté	
Bragi	Idunn	la poésie	
Freyja	Odhr	l'amour et la volupté	le chat
Freyr	Gerd	la fécondité	le verrat
Frigg	Odin	la fécondité	
Heimdallr		le premier-né	
Idunn	Bragi	la jouvence éternelle	les pommes d'or
Loki	Sigyn	le mal	
Njordr	Skadhi	la fertilité	
Nornes		le destin	
Odhr	Freyja	la fureur sacrée	
Odin	Jord Frigg Rind	le savoir magique et l'habilité technique	le corbeau le loup
Thor	Sif	la guerre et le tonnerre	le bouc
Tyr		la guerre et la justice	
Valkyries		les anges du combat	

Bibliographie

I. OUVRAGES GÉNÉRAUX

Yves Bonnefoy, dir., *Dictionnaire des Mythologies et des Religions des sociétés traditionnelles et du Monde antique,* 2 volumes, Flammarion, 1981.
Paul Poupard, dir., *Dictionnaire des religions,* Presses Universitaires de France, 1984.
André Akoun, dir., *Mythes et croyances du monde entier,* 5 volumes, Lidis-Brepols, 1985.
Henri-Charles Puech, dir., *Histoire des religions,* 3 volumes, La Pléiade, 1970.
Mircea Eliade, *Histoire des croyances et des idées religieuses,* 3 volumes, Payot, 1976.

II. SUR LES DIFFÉRENTES MYTHOLOGIES

Pierre Grimal, *Dictionnaire de la mythologie grecque et romaine,* Presses Universitaires de France, 1951.
Pierre Devambez et *alii, Dictionnaire de la civilisation grecque,* Hazan, 1966.
Georges Posener et *alii, Dictionnaire de la civilisation égyptienne,* Hazan.
Régis Boyer et Eveline Lot-Falck, *Les Religions de l'Europe du Nord,* Fayard/Denoël, 1974.
René Labat, dir., *Les religions du Proche-Orient,* Fayard/Denoël, 1970.
L.V. Thomas, dir., *Les religions d'Afrique Noire,* Fayard/Denoël, 1974.
Jan Gonda, *Les religions de l'Inde,* 3 volumes, Payot, 1979.
J. Vandier, *La religion égyptienne,* Presses Universitaires de France, 1949.
Collectif : *La Naissance du monde,* collection *Sources orientales,* Le Seuil, 1959.
Collectif : *Le Jugement des morts,* collection *Sources orientales,* Le Seuil, 1961.

La **chouette,** emblème d'Athéna, symbolise, par ses yeux grands ouverts, l'intelligence et les connaissances auxquelles ce livre a voulu convier.

Tétradrachme en argent vers 470 av. J.-C.

Index

Dans cet index des noms de dieux, de héros, de créatures fantastiques apparaissent en gras les numéros des pages correspondant au titre d'un article, en italique les numéros des pages correspondant au titre d'un court insert.

A

Abdéros, 112
Abraham, 22
Acaste, 72
Achéloos, 195
Achille, **28**, 37, 55, 56, 63, 72, 85, 102, 105, 106, 107, 113, 170, 211, 221
Acrisios, 166, 167
Actéon, 59, 60
Açvins, 118
Adad, 100, 205, (voir Hadad)
Adam, 79
Adama, 97
Adamu, 97
Adapa, **29**, 48, 87
Adibouddha, 38
Aditi, **30**, 244
Aditya, 30, 184
Admète, 54
Adonis, **31**, 49, 234
Aello, 102
Aeson, 122
Aethra, 71, 208
Agamemnon, 28, 63, 89, 221
Agar, 44
Agavé, 82
Agditis, 75
Agénor, 147
Aglaopé, 195
Agni, **33**, 83, 184, 197, 244
Agrios, 72
Ah Hoya, 73
Ah-Puch, 120
Ahriman, 46
Ah-Tzenul, 73
Ahura Mazda, 18, **34**, 46, 223, 241
Aiétès, 122
Aife, 74
Ajax, 170
Alalu, 129
Alcathoos, 85
Alceste, 54
Alcide, 108
Alcinoos, 222
Alcmène, 108, 109, 234, 235, 240
Alecto, 89

Alfes, 212
Aloades, 24, 57, 59, 170
Aloée, 57
Alséides, 149
Althaia, 57
Alû, 79
Amalthée, 234
Amargein, 74
Amaterasu, **35, 36**
Amaunet, 243
Amazones, **37**, 210
Ambat, 177
Ameretat, 34
Amesha Spenta, 34
Amida, 38
Aminias, 142
Amitabha, 21, **38**
Amitayus, 21, 38
Amma, 14, **39**
Ammon, 41
Amon, 40, 41, 65, 189, 243
Amon-Rê, 14, **40, 41,** 242, 243
Amphion, 111, 147
Amphitrite, 169
Amphitryon, 108, 234
Amynomé, 170
An, 48, 241
Anahit, 223, 241
Anahita, 34, **41,** 223, 241
Ananga, 124
Anat, 66, 241
Ancêtres, **42, 43,** 125, 140, 164, 183
Anchios, 72
Anchise, 49, 85
Andriamanitra, 233
Androgée, 138, 209
Andromaque, 85
Andromède, 167
Angerboda, 220
Anges, 42, 43, **44, 45,** 78, 96, 131, 224, 236
Angra Mainyu, 34, **46,** 241
Anios, 54
Aniruddha, 228
Anjani, 101

Anna Perenna, **46**
Anou, 14, 87, 99, 215, (voir Anu)
Anouma, 101
Anshar, 48, 215
Antée, 110
Anteros, 49
Anticlée, 221
Antigone, 24, **47,** 153
Antiopè, 37, 210
Antum, 241
Anu, 29, **48,** 116, 129, 136, 144, 145, 205, (voir Anou)
Anubis, **48**, 160, 242
Anum, 48
Anunnaki, 88, 119
Anzu, 80, 87, 88, 119, 146
Aphrodite, 23, 31, **49, 50, 51,** 57, 59, 64, 85, 90, 102, 103, 104, 106, 112, 163, 172, 223, 234, 235, 240
Apis, **52,** 242
Apkallu, *29*
Apollon, 28, **53, 54, 55, 56,** 59, 64, 85, 90, 102, 103, 104, 106, 112, 163, 172, 223, 234, 235, 240
Apopis, 189
Apsou, 14, 16, 87, 136, 215, 241, (voir Apsu)
Apsu, 48
Arada Kalama, 68
Aramazd, 223, 241
Aranzah, 129, 205
Arawn, 176
Archanges, 44
Aréion, 76
Arès, 11, 37, 49, 55, **57, 58,** 63, 72, 90, 106, 107, 110, 112, 122, 165, 179, 235, 240
Argès, 240
Argonautes, 54, 55, 64, 71, 102, 122, 155, 195, 210
Argos, 107, 112

Ariane, 49, 82, 208, 210
Arion, 170
Arista, 126
Aristée, 54, 155
Arjuna, 127, 128, 194
Armaiti, 34
Asinoé, 31
Arthur, **61, 74**
Artus, 61
Artémis, 23, 31, 37, 50, 53, 55, **59, 60,** 62, 71, 72, 76, 107, 109, 147, 149, 208, 235, 240
Aryaman, 30
Ascagne, 85
Ascalaphos, 57
Asclépios, 54, 56, **62,** 72, 99
Ases, *67*, 132, 133, 148, 150, 151, 212, 213, 220
Asha, 34
Ashtabi, 205
Ashtart, 119
Asia, 173
Asmodée, 78
Asopos, 234
Astarté, 50, *119*, 223, 241
Astlik, 223, 141
Astynomé, 57
Astyoché, 57, 147
Astérion, 137
Astycratia, 147
Asura, 33, 171, 197, 227
Asvatthaman, 127, 128
Atalante, 50, 57, 72
Atar, 33
Atargatis, 50
Athamas, 81
Athena, 50, 54, 57, 62, **63, 64,** 76, 81, 99, 106, 109, 110, 112, 122, 140, 163, 166, 167, 169, 211, 234, 235
Athirat, 66
Atlantes, 37
Atlas, 173, 240

247

Aton, **65,** 242
Atoum, 14, 16, 214
Atoum-Rê, 243
Atrahasis, 87, 88
Atrée, 165
Atropos, 140
Attis, 75
Augias, 109, 110
Auguste, 226
Autolycos, 112
Avalokitesvara, 38
Aya, 190, 241

B

Baal, **66,** 100, 205, 241
Bacchantes, 81, 82
Bacchus, **81, 82,** (voir Dionysos)
Badimo, 43, 140
Baka, 126
Balarama, 126
Balder, **67,** 132, 245
Baldr, 67
Balios, 102
Balor, 134
Battos, 111
Baudihillie, 224
Béelzéboul, 78
Beffnie, 96
Bel, 66
Bélénus, 206
Bellérophon, 24, 64, 167
Belos, 66
Bhaga, 30
Bhairava, 192
Bharata, 127, 180, 181
Bhava, 184
Bhisma, 127
Bhumi, 227
Bhuta, 84
Blanchefleur, 218
Blaï, 74
Bodhisattva, 38
Bona Dea, 92
Boréades, 102
Borée, 102
Bouddha, 22, 30, 38, **68, 69,** 228, 244
Bouphagos, 59
Boutès, 49
Bragi, 132, 245
Brahma, 18, 21, **70,** 95, 101, 124, 181, 186, 192, 193, 194, 227, 228, 230, 244
Brahmane, 164, 230
Brahmani, 186
Brangien, 218, 219
Bres, 134

Briarée, 169, 211, 234, 240
Brigit, 23
Brigitte, 23
Brihaspati, 70
Briséis, 28
Brokk, 133
Brontès, 240
Buddhi, 95
Burr, 150

C

Cadmos, 81
Cakyamuni, 68
Calaïs, 102
Callisto, 59, 235
Calliope, 142, 155
Calydon, 57
Calypso, 63, 112, 222
Camasenè, 121
Cambara, 117
Cambhu, 185
Camèse, 121
Camisè, 121
Candramas, 184
Cankara, 185
Cao guo Jiu, 238
Carva, 184
Cassiopée, 167
Castor, **71,** 104, 118, 210, (voir Pollux et Dioscures)
Cathbad, 74
Celæno, 102
Centaures, **72,** 118, 141, 174, 221
Céphale, 112
Céphée, 167
Céphise, 149
Cerbère, 20, 110
Cercyon, 170, 208
Cérès, **76, 77,** (voir Déméter)
Cernunnos, **73,** 206
Ceulai, 237
Chaak, 120
Chac, **73,** 216
Chalciopé, 110
Chalchiutlicue, 216
Chaman, 204
Chandelottes, 237
Charon, 20, 154, 156
Chérubins, 44
Chimère, 167
Chioné, 112
Chiron, 28, 62, 72, 122, 174, 211, 221
Chouen, 233
Chousor, 15
Chromion, 59
Chrysaor, 99, 167, 170

Chrysé, 57
Cinyras, 49
Circé, 92, 222
Ciçupala, 127
Cléodoxa, 147
Clio, 142
Clotho, 140
Clyméné, 168, 173
Clytemnestre, 63, 71, 89, 104, 105
Clytios, 106
Coatlicue, 178, 220
Cocalos, 138
Coeos, 53, 90, 240
Comoetho, 59
Conchobar, 74
Coré, 76
Coronis, 54, 62
Corybantes, 54, 75
Coyolxauhqui, 220
Créon (de Corinthe), 123
Créon (de Thèbes), 47
Crésus, 143
Créuse, 123
Crios, 240
Cronos, 15, 49, 72, 76, 81, 90, 96, 100, 107, 114, 140, 149, 169, 187, *188,* 211, 234, 240
Cu Chulainn, *74*
Culards, 237
Cumail, 93
Cupidon, **90, 91,** (voir Éros)
Curètes, 234
Cybèle, **75,** 82
Cyclopes, 54, 55, 59, 100, 106, 170, 188, 222, 234, 240
Cycnos, 57
Cyniras, 50
Cyparissos, 54
Cyrène, 54
Cyrus, 143

D

Daedalion, 112
Daénâ, 21
Dagda, 23, *134,* 200, 203
Daksa, 30, 124, 192, 193
Damasichthon, 147
Dames blanches, 237
Damkina, 136
Damysos, 28
Dana, 134
Danaos, 64
Danaé, 112, 166,

167, 235
Daniel, 45
Daphné, 53
Dasaratha, 180, 181
David, 61
Dazbog, 200
Dechtine, 74
Dédale, 138, 168
Deimos, 49, 57
Déjanire, 72, 110
Delbaeth, 134
Démeter, 31, **76, 77,** 100, 165, 169, 170, 235, 240
Démons, 42, 45, **78, 79, 80,** 84, 97, 100, 116, 124, 140, 144, 145, 146, 185, 192, 194, 199, 204, 228, 230, 236
Démonicé, 234
Démophon, 76
Deucalion, 18, 111
Déva, 30, 227
Devaki, 126
Devasena, 197
Devi, 84
Déwanéi, 197
Dharani, 30
Dharmakara, 38
Dharni, 30
Dhatar, 70
Dhyanibouddhas, 38
Diancecht, 134
Diane, 23, **59, 60,** 206, (voir Artémis)
Dictys, 166, 167
Didon, 46, 85
Dikè, 235
Diomède (de Thrace), 50, 57, 109
Diomède (compagnon d'Ulysse), 54, 57, 63, 85, 221
Dionysos, 49, 75, **81, 82,** 90, 107, 111, 149, 156, 160, 161, 169, 172, 208, 210
Dionè, 49, 235, 240
Dioscures, **71,** 102, 118, 143, (voir Castor et Pollux)
Dipaka, 124
Dises ou Disirs, 148
Djinns, 45, 80, 236
Dominations, 44, 45
Donar, 212
Doris, 211
Doros, 54
Dracs, 237
Dragons, **83,** 110, 122, 131, 135, 136, 141, 215

Drays, 237
Dryops, 161
Dumuzi, 116, 119, 241
Durga, **84**, 244
Dvita, 227

E

Ea, 29, 48, *87*, 88, 136, 205, 215, 241 (voir Enki)
Éaque, 169
Écho, 76, 142, 161
Égine, 234, 235
Égée, 208, 209, 210
Eiréné, 235
Ekata, 227
Ekséri, 17
El, 14, 66
Élatos, 62, 72
Électre, 102
Élie, 168
Elivagor, 14
Élohim, 14
Emer, 74
Encélade, 63
Énée, 46, 49, 51, **85, 92,** 170
Enki, 29, 48, **86, 87,** 116, 241, (voir Ea)
Enkidu, 98
Enlil, 43, 87, **88,** 116, 136, 144, 145, 146, 241
Ényo, 57
Éole, 222
Éos, 49
Éphialtès, 57, 59
Épiméthée, 163, 173, 174, 240
Épona, **89,** 182
Érato, 142
Érèbe, 15
Érechthée, 64
Ereskigal, 87 (voir Ereshkigal)
Ereshkigal, 22, 116, 144, 241 (voir Ereskigal)
Erginos, 108
Éri, 134
Érigonè, 82
Ériképaios, 90
Érinyes, **89,** 102, 105, 140
Éris, 50, 57
Éros, 11, 49, 50, 53, 54, 57, **90, 91**
Erra, 136, 144, 145, 241
Érytos, 112
Esculape, **62**, (voir Asclépios)
Ésus, 206
Étéocle, 47
Éther, 15
Éthodaea, 147
Euménides, 89
Eumonia, 235
Eupinytos, 147
Eurysthée, 108, 109, 110
Europe, 137
Euryalè, 99
Euryanassa, 165
Eurydice (amante d'Orphée), 155, 156
Eurydice (femme de Créon), 47
Eurynomé, 106, 235
Eurytion, 72
Eurytos, 72, 82, 110
Euterpe, 142
Évandre, 85
Ève, 78
Évenos, 234

F

Fades, 237
Fadets, 237
Fafnir, *141*
Fallots, 237
Fand, 74
Fantômes, 43, 236, 237
Farbauti, 132
Fauna, 92
Faunus, **92**
Faust, 78
Fées, 237
Fenrir, 132, 213, 220
Fergus, 74
Fiana, 93
Findchœm, 74
Finn Mac Cumail, **93**
Fjalar, 151
Flambes, 237
Flora, 51
Follets, 237
Forgall, 74
Fouletô, 237
Foulots, 237
Freyja, 67, **93,** 94, 96, 132, 133, 148, 213, 245
Freyr, 67, 93, *94,* 148, 245
Frigg, 67, 150, 245
Frocin, 219
Furies, 89

G

Gabriel, 44, 45
Gadhi, 164
Gaïa, 15, 49, 53, 90, 169, 188, 240
Galaad, 61
Galar, 151
Galla, 116
Gallû, 80
Ganapati, 95, 193, 194, (voir Ganesha)
Gandharva, 199
Ganesha, 84, **95,** :24, 192, 193, 197, 244, (voir Ganapati et Ganpati)
Ganga, 192, 197
Ganpati, 95, (voir Ganesha)
Gardien de la porte, 124
Garm, 213
Garuda, 227
Gauas, 31
Gautama, 69
Gauvain, 74
Gayatri, 186
Gayatri (forme métrique), 199
Géants, 82, **96,** 98, 106, 110, 112, :32, 133, 203, 208, 212, 218, 234, 236
Geb, 16, 40, :20, 158, 242, 243
Gefjun, 93
Gefn, 93
Geirröd, 212
Geirskökul, 224
Génies, **97**
Georges, 24
Gerd, 94, 245
Géryon, 110, 141
Geshtinanna, 116
Gilgamesh, 22, 48, **98, 99,** 119
Ginnugapap, 14
Girru, 190
Gishzida, 29
Glaucos, 62
Gloutons, 96
Gobelins, 237
Goinfres, 96
Goins, 96
Golaffres, 96
Göll, 224
Göndul, 224
Gorgones, 62, 63, **99,** 141, 166, 167
Gorvenal, 218
Gouïne, 96
Graal, 61
Grâces, 235
Gradivus, 179
Grées, 166

Grid, 212
Gritsa, 124
Gucumatz, 18
Guenièvre, 61
Gula, 241
Gunn, 224
Gunnlöd, 151
Gwawl, 176, 180
Gyès, 240

H

Hadad, **100,** 241
Haddou, 100
Hadès, 76, 82, **100,** 110, 111, 112, 166, 167, 169, 188, 195, 210, 234, 240
Haemon, 47
Hafgan, 176
Halia, 169
Hanuman, **101,** 181, 227, 244
Han xiang zi, 238
Han yu, 238
Hara, 192, 194
Hari, 228
Harmonie, 37, 81
Haroéris, 114
Harpinna, 57
Harpagos, 102
Harpocrate, 114
Harpyes, **102**
Hathor, **103,** 114, 242
Haurvatat, 34
Hayagriva, 228
Hebat, 205, 241
Hébé, 107, 110, 234, 235, 240
Hécatonchires, 188, 234, 240
Hector, 28, 85, 111, 211
Hécube, 50
Heh, 243
Hehet, 243
Heimdallr, 67, **103,** 132, 213, 245
Hel, 67, 132, 224
Hélène (de Troie), 49, 50, 63, 71, **104, 105,** 143, 210, 221
Hélène (compagne de Faust), 79
Hélènos, 85
Hélios, 168, 169
Hépat, 129
Héphaïstos, 49, 59, 63, 64, 82, 90, **106,** 107, 163, 173, 211, 240

Héra, 50, 53, 54, 57, 59, 72, 81, 82, 106, **107,** 108, 110, 112, 114, 167, 169, 172, 211, 234, 235, 240
Héraclès, 24, 37, 57, 63, 72, 96, 100, **108, 109, 110,** 111, 112, 149, 154, 174, 208, 234, 240
Hercule, 24, 92, **108, 109,** 110, 113, 206
Herfjoturr, 224
Hermès, 49, 54, 81, 90, 99, **111, 112,** 149, 161, 163, 166, 167, 214, 222, 240
Hermione, 104
Héros, **113**
Hestia, **114,** 188
Heveidd Hen, 176, 182
He xian gu, 238
Hilaera, 71
Hild, 214
Hine ahu one, 202
Hine ahua rangi, 202
Hippocrate, 62
Hippodamie, 49, 165
Hippolyte, (amazone), 110
Hippolyte (fils de Thésée), 60, 62, 210
Hippolytos, 112
Hiranyagarbha, 70
Hiranyakaçipu, 228
Hiranyaksa, 228
Hladgunur, 224
Hlorridi, 96
Hodhr, 67
Hoël, 219
Hoenir, 132
Hopop Caan, 73
Horus, 37, 103, **114,** 120, 160, 189, 214, 242
Houang-ti, 80, **115**
Hreidmar, 141
Hrist, 224
Hrsikesa, 228
Hrungnir, 212, 213
Huangdi, **115,** (voir Houang-ti)
Huehueteotl, 231
Huginn, 150
Hunab Ku, 120
Huwawa, 98
Hyacinthe, 54
Hydre, 141
Hylaos, 72
Hylas, 149

Hymir, 212, 213
Hypérion, 240

I

Ialménos, 57
Iambé, 76
Iarovit, 201
Iblis, 78, 79
Icare, *168*
Icarios, 82́, 221
Idas, 54, 71, 234
Idunn, 132, 133, 245
Igigi, 88, 119
Illithye, 234, 235, 240
Imaana, 16
Inanna, 86, 87, **116,** 119, 241
Incubes, 237
Indra, 21, 70, 84, 101, **117, 118,** 126, 164, 171, 185, 197, 223, 225, 244
Ino, 81
Io (dieu de Polynésie), 16
Io (princesse d'Argos), 107, 112, 235
Iolaos, 110
Iolé, 110
Iphigénie, 63, 89, 105
Iphimédie, 57, 170
Iris, 102
Irnini, 119
Irshirra, 129
Isanaki, 35 (voir Izanaki)
Isanami, 35 (voir Izanami)
Ischys, 62
Ishara, 205
Ishtar, 41, 48, 50, 98, **119,** 129, 190, 205, 223, 241
Isis, 37, 48, 114, **120,** 143, 158, 160, 189, 214, 242, 243
Iskoki, 97
Ismène, 47
Isménos, 147
Itzamma, **120**
Ixion, 72
Izanaki, 15 (voir Isanaki)
Izanami, 15 (voir Isanaki)
'Izrâ'il, 45

J

Jamadagmi, 164
Janaka, 180, 196

Janus, **121,** 187, 188
Japet, 173, 240
Jason, 71, 72, 83, 122, 123, 200
Jean-Baptiste, 45
Jérémiel, 45
Jérôme, 191
Jiu zhong ba xian, 238
Jocaste, 47, 152, 153
Jord, 150, 212, 245
Joseph, 24
Joseph d'Arimathie, 61
Junon, 23, **107,** 130, (voir Héra)
Jupiter, 23, 73, 92, 97, 121, 130, 142, 168, 179, 187, 203, **234, 235,** (voir Zeus)
Juturne, 130

K

Kabigat, 19
Kabunian, 18
Kaçyapa, 70
Kadru, 198, 199
Kaherdin, 219
Kaikeyi, 180
Kala, 192
Kali, 84
Kaliya, 126
Kalkin, 228, 244
Kama, **124,** 127, 193, 244
Kami, 35, **125**
Kamsa, 127, 228
Kannushi, *125*
Karkémish, 205
Kartavirya, 164
Kashyapa, 69
Kauravas, 127
Kausaalya, 180
Kek, 243
Keket, 243
Kesava, 228
Kesin, 126
Keto, 99
Khépri, 14, 16
Khnoum, 242
Khnoum-Rê, 16
Khonsou, 40, 242
Khun K'an, 19
Kingou, 136 (voir Kingu)
Kingu, 215 (voir Kingou)
Kishar, 48, 215
Koang-tch'eng, 115
Konakamuni, 69
Korrigans, 237

Koshar-wa-Hasis, 66
Kothar, 66
Kouei, 80
Kouen, 19, 233
Krakucchanda, 69
Krishna, 80, **126, 127, 128,** 228, 244
Krsna, 126
Ksatriya, 164, 180, 228, 230
Kshathra, 34
Kubaba, 205
Kukulkan, 120
Kulitta, 119
Kumara, 124, 192, 193
Kumarbi, **129,** 205, 241
Kur, 146
Kurma, 244
Kusa, 196
Kvasir, 133, 151

L

Lachésis, 140
Ladon, 110
Laerte, 169, 221, 222
Laïos, 152, 153
Lakhamou, 16, 215, (voir Lakhamu)
Lakhamu, 48
Lakhmou, 16, 215, (voir Lakhmu)
Lakhmu, 48 (voir Lakhmou)
Lakhsmi, **130,** 196, 227, 244
Laksmana, 180, 181
Lama, 97
Lamastu, 80
Lan cai he, 238
Lancelot du Lac, 61
Lanternottes, 237
Laocodos, 54
Laomédon, 54
Lara, 130
Lares, *130*
Latinus, 92
Laufey, 132, 213
Lava, 196
Lavinia, 116
Lendebair, 93
Léda, 71, 104
Leto, 53, 59, 107, 147, 235, 240
Leucosia, 195
Leviathan, 83, **131,** 141
Licorne, 141
Ligia, 195
Lilith, 78
Linos, 54, 108

Liriopè, 142
Li tie kuai, 238
Llud, 135
Loki, 67, 96, **132, 133,** 212, 213, 220, 245
Loth, 24
Lotis, 172
Loups garous, 237
Lucifer, 78
Lû dong bin, 238
Lug, 74
Lugaid, 74
Lugh, **134**
Lutins, 237
Lycaon (fils d'Arès), 57
Lycaon (roi d'Arcadie), 161
Lycomède, 28, 210, 211, 221
Lycurgue (l'orateur), 62
Lycurgue (roi de Thrace), 82
Lyncée, 71

M

Ma, 14
Maât, **135,** 189, 242
Macha, 74
Magni, 213
Mah, 146
Mahâdeva, 192
Mahadevi, 84
Mahisa, 84
Maia, 111, 240
Maitreya, 38, 69
Mami, 146
Manama, 16
Manasa, 192
Manawyden, 182
Mangala, 14
Manjusri, 38
Manu, 18, 228, 232
Manyu, 184
Mara (démon), 30, 68
Mara (l'amour), 124
Marawa, 177
Marduk, 14, 87, **136,** 145, 215, 241
Margot-la-fée, 237
Marguerite, 79
Marici, 70
Marie, 45
Maron, 221
Marpessa, 54, 234
Mars, 46, **57, 58,** 97, 179, 206, (voir Arès)
Marsyas, 54
Martes et Martines, 237
Maruti, 101
Maruts, 117, 185
Mataricvan, 33
Mate, 177
Matsya, 244
Maya, 95, 193
Mâyâ, 84, 128
Mayi, 124
Medbh, 74
Médée, 49, 83, 122, 123, 208, 209
Méduse, 99, 166, 167, 170
Mégara, 108, 109
Mégère, 89
Melampos, 59
Méléagre, 57, 71
Méliades, 149
Melpomène, 142, 195
Menaka, 230
Ménélas, 63, 104, 105, 107, 221
Ménestée, 71
Ménoetios, 173, 240
Méphistophélès, 78, 79
Mercure, **111, 112,** 130, 183, 206, (voir Hermès)
Merlin, 61, 78
Métis, 90
Mêtis, 63, 234, 235
Michel, 44, 45
Mimir, 150, 151
Minerve, 23, 46, **63, 64,** (voir Athéna)
Minos, 49, 62, **137, 138,** 208, 209, 210
Minotaure, 138, 141, 209
Mist, 224
Mithra, 34, **139,** 241
Mitra, 30, 118, 139, 185, 225, 244
Mnémosynè, 142, 235, 240
Mnésimachè, 72
Modimo, **140**
Modius Fabidius, 179
Modred, 61
Moires, **140,** 235
Monstres, **141,** 166, 167, 208, 213, 215, 236
Morgane, 61
Morholt, 218, 219
Môt, 66, 241
Moummou, 16, 136
Mout, 40, 242
Munkar, 45
Munninn, 150
Muses, 54, **142,** 235
Muwatalli, 205
Mylitta, 50
Myrina, 37
Myrrha, 31
Myrtilos, 165

N

Nabou, 136
Nahar, 66
Nakir, 45
Namtar, 80
Namuci, 118
Nana, 75
Nanda, 126
Nandin, 124, 194
Nanna (femme de Balder), 67
Nanna (Sin), 195
Nannar, 195
Nantosuelta, 200
Narasimha, 228, 244
Narayana, 227
Narcisse, **142**
Nats, 236
Naunet, 243
Nauplios, 170
Nausicaa, 63
Naïades, 149
Nechta Scène, 74
Nefertoum, 175, 188
Némésis, 11, 104, 142, **143**
Néoptolème, 55
Néphélé, 111
Nephtys, 48, **143,** 158, 160, 242, 243
Neptune, **169, 170,** (voir Poséidon)
Neq, 236
Nérée, 169, 211
Néréïdes, 149, 211
Nergal, 22, 87, **144, 145,** 241
Nerthus, 148
Nessos, 72, 110
Nicothoé, 102
Ninatta, 119
Ningal, 190
Ningursag, 86, 241
Ninkarak, 29
Ninlil, 241
Ninmah, 86
Ninourta, 88, **146,** 241
Ninsou, 98
Niobé, 24, 55, 59, **147**
Njordr, 67, 93, 94, **148,** 245
Noé, 18
Nornes, **148,** 224, 245
Noun, 14, 15, 40, 243
Nout, 16, 40, 120, 158, 160, 242, 243
Nuada, 134
Numicius, 46
Nudimmud, 87
Nusku, 190
Nymphes, 92, 99, 111, 130, 142, **149,** 155, 161, 166, 172, 184, 230, 234
Nzambi, 16

O

Oba, 191
Obatala, 191
Océan, 107, 195, 211, 240
Océanides, 149
Oceanos, 90
Ocypété, 102
Od, 204
Odhinn, 150, (voir Odin)
Odhr, 93, 94, 245
Odin, 67, 93, 96, 148, **150, 151,** 213, 224, 245
Odlek, 204
Œagre, 155
Œdipe, 24, 47, 89, **152, 153**
Oenomaos, 57, 165
Ogma, 154
Ogmios, **154**
Ogni, 33
Ogo, 39
Ogun, 191
Ogygia, 147
Ohrmazd, 34
O-mi-to-fo, 38
Omphale, 110, 112, 208
Opis, 59
Oreste, 63, 105
Origène, 45
Orion, 49, 59
Ormazd, 34
Orphée, 54, **155, 156,** 195
Oréades, 149
Oshihomimi, 36
Oshun, 191
Osiris, 40, 48, 114, 120, 143, **158, 159,** 160, 189, 214, 242, 243
Oskrhat, 223
Ossian, 93

Otontecuhtli, 232
Otos, 57, 59
Otrée, 85
Oube no Oshi, 125
Ouranos, 15, 49, 53, 89, 90, 96, 187, 188, 240
Oxylos, 57
Oya, 191

P

Pacolets, 237
Pæon, 100
P'an-kou, 17
Palamède, 221
Pallas (le géant), 63, 234
Pallas (père des Pallantides), 209
Pan, 59, 76, 92, 112, 149, **161, 162**
Pandaréos, 102
Pandava, 127, 128
Pandemos, 49
Pandore, 64, **163,** 173
Papa, 202
Parasurama, **164,** 180, 228, 244
Pâris, 28, 49, 50, 63, 104, 107, 221
Parjanyah, 168
Parques, **140,** (voir Moires)
Parthénopé, 195
Parvati, 84, 95, 124, 192
Pasiphaé, 49, 62, 137, 138
Patrocle, 28
Pazuzu, 80
Pégase, 64, 99, *167*
Pelée, 28, 72, 211
Pélias, 71, 122, 123
Pélopia, 147
Pélops, 165
Pénée, 53
Pénélope, 112, 221, 222
Penia, 90
Penthée, 82
Penthésilée, 37
Périboea (amante d'Arès), 57
Périboea (amante de Thésée), 137, 209
Périclyménos, 110
Périphétès, 205
Persée, 99, 111, **166, 167**
Perséphone, 31, 71, 76, 100, 111, 155, 156, 165, 195, 210, 234, 235
Perun, **168,** 183
Phaédimos, 147
Phaéthon, 24, 49, **168**
Phanès, 90
Phaon, 49
Philyra, 72
Phinée, 102
Phlégyas, 57
Phlogéos, 102
Phobos, 49, 57
Phœbus, 49, 53, 55, 62, (voir Apollon)
Phœbé, 71, 240
Pholos, 72
Phorkys, 99
Phrixos, 122
Phthie (amante d'Apollon), 54
Phthie (fille de Niobé), 147
Phèdre, 49, 62, 137, 208, 210
Philoctète, 110
Pilate, 61
Pimiko, 125
Pipru, 117
Pirithoos, 72, 210
Pisinoé, 195
Pitthée, 208
Pléiades, 197
Plouto, 235
Pluton, **100,** (voir Hadès)
Plysthène, 165
P'o, 80
Polhymnie, 142
Pollux, **71,** 104, 118, 210, (voir Castor et Dioscures)
Polybos, 152, 153
Polydectès, 166, 167
Polynice, 47
Polyphontès, 152
Polyphème, 141, 169, 222
Polypoetès, 54
Polyxo, 105
Porevit, 201
Poros, 90
Poseïdon, 49, 54, 57, 64, 85, 99, 100, 110, 122, 137, 138, 165, 167, **169, 170,** 188, 208, 210, 211, 234, 240
Pradyumma, 228
Prahlada, 228
Prajapati, 17, 70, 83, **170,** 184, 227, 244
Prakriti, 175
Priam, 37, 50, 104, 111, 226
Priape, 49, 50, 57, 149, **172**
Principautés, 44, 45
Procruste, 208
Prométhée, 18, 71, 72, 110, 163, **173, 174,** 240
Protogencia, 57
Protogonos, 90
Pryderi, 176, 182
Psychè, 90, 91
Ptah, 14, 15, 16, 52, **175,** 188, 214, 242
Puissances, 44, 45
Pu Lang S'oeung, 19
Purusha, 70, **175,** 228, 244
Putana, 126
Pwyll, **176,** 182
Pygmées, 110
Pyréné, 57
Pythagore, 142
Pythie, 110
Python, 53, 55, 59, 141

Q

Qat, **177**
Quentilis, 42
Quetzalcoatl, **178, 179,** 207
Quirinus, **179**
Qumoqums, 17

R

Radha, 127, 130
Rafnagud, 150
Ragavrinta, 124
Raguel, 45
Rahula, 68
Railanitra, 233
Raksava, 80, 180, 181
Rama, 80, 101, 130, 164, **180, 181,** 196, 228, 244
Rambha, 230
Rangi, 202
Raphaël, 44, 45
Rati, 124
Ravana, 80, 101, 181, 196, 228
Rcika, 164
Rê, 14, 16, 40, 42, 103, 114, 120, 135, 158, 160, 188, 189, 214, **182**
Rhoecos, 72
Rhoeo, 54
Rhéa, 76, 81, 107, 114, 169, 188, 234, 240
Rigr, 103
Rind, 150, 245
Rita, 186
Robert le diable, 78
Rod, **183**
Romulus, 58, 85, 121, 179, 226, 235
Rosmerta, **183**
Rozanica, 183
Rsi, 33, 128, 164, 181, 230
Rudra, **184, 185,** 192, 244
Rudrani, 184
Rugévit, 201
Rukmini-Lakshmi, 127

S

Salacia, 170
Salomon, 61
Samkarsana, 228
Samson, 24
Sarakièl, 45
Sarasvati, 41, 70, 118, **186,** 244
Sarpédon, 137
Sarruma, 205
Satan, 78, 79, 83
Satarupa, 186
Sati, 124, 192, 193
Satrughna, 180
Saturne, 121, **187, 188**
Satyavati, 164
Satyres, 81, 92, 149, 172
Savitri, 70, 84, 186
Scathach, 74
Sciron, 170, 208
Scylla, 137, 138
Sekhmet, 175, **188,** 242
Sémélé, 81, 82, 107
Sencha, 74
Séraphins, 44
Sesei, 227
Servants, 237
Seth, 48, 114, 120, 143, 158, **189,** 214, 242, 243
Shamash, **190,** 195, 241
Shango, **191**
Shapash, 66
Regin, 141
Renuka, 164
Rhadamante, 137
Rhiannon, 89, 176,

Shayâtin, 79
Shikhin, 69
Shiva, 70, 84, 95, 118, 124, 180, 185, **192, 193, 194,** 196, 197, 227, 244
Shou, 16, 103, 243
Shri, 130
Shutu, 29
Sibylle, 85
Sibitti, 144
Siddharta Gautama, 38, 68
Siddhi, 95
Siduri, 99
Sien-jen, 238
Sif, 133, 212, 245
Sigurd, 141
Sigyn, 133, 245
Silènes, 72, 81
Sin, 119, 190, **195,** 241
Sinis, 208
Sipylos, 147
Sirènes, 24, 49, 141, 155, **195,** 222
Sisyphe, 21
Sita, 101, 180, 181, **196**
Skadhi, 148, 245
Skadi, 132, 133
Skanda, 84, 95, 192, **197,** 244
Skirnir, 94
Sköğul, 224
Skuld, 148, 224
Smertrios, 206
Smyrna, 31
Soma, 21, **198, 199,** 223, 244
Souen, 195
Spenta Mainyu (ou Manyu), 34, 46
Sphynx, 141, 152
Stéropès, 240
Sthéno, 99
Sualtaim, 74
Subrahmanya, 197
Sucellus, **200**
Succubes, 237
Sugriva, 181
Sumitra, 180
Suparni, 199
Surpanakha, 181
Surt, 213
Susanoo, 35, 36
Suttung, 151
Svarog, **200**
Svantovit, **201,** (voir Sventovit)
Svarizic, 200
Sventovit, **201**
Sylvain, 162, 200

T

Ta'aroa, 16
Tagaro, 177
Tagaro Gilagilala, 177
Tagaro Loloqong, 177
Tammuz, 119, 241
Tamuz, 29
Tane, **202**
Tangaroa, 202
Tannhaüser, 78
Ta no kami, 125
Tantale, 21, 147, 165
Tantale (fils de Niobé), 147
Taraka, 84, 124, 193, 197
Taranis, **203,** 206
Tarquin le superbe, 71
Tartarus, 59
Tashmishu, 129, 205
Tataka, 180
Tch'e-yeou, 80
Tefnout, 16, 243
Telchines, 169
Télémaque, 221
Telpochtli, 207
Tengri, **204**
Tengu, 80
Tepeu, 18
Terpsichore, 142
Tesub, 100, 129, **205,** 241
Tethys, 90, 106, 107, 195, 240
Teucer, 170
Teutaros, 108
Teutates, **206**
Teyrnon, 176
Tezcatlipoca, 179, **207**
Thalie, 54, 142
Thammuz, 31 (voir Adonis)
Thaumas, 102
Théia, 240
Théias, 31
Thelxiopé, 195
Thémis, 53, 140, 235, 240
Thên, 19
Thésée, 37, 60, 62, 71, 82, 138, **208, 209, 210**
Thespios, 108
Thétis, 28, 56, 82, 105, 169, **211,** 234
Thjazi, 132, 133
Thökk, 67
Thoosa, 170

Thor, 67, 96, 132, 133, 168, **212, 213,** 245
Thot, 103, 114, 160, **214,** 242
Thrym, 96, 213
Thyeste, 165
Tiamat, 16, 48, 136, **215,** 241
Tiber, 121
Tirawa, 14
Tirésias, 107, 142, 153, 222
Tisiphonè, 89
Titans, 81, 100, 141, 147, 169, 173, 240
Tityos, 21, 55, 59
Tlaelquarni, 217
Tlaloc, 22, 73, **216**
Tlaloques, 216
Tlazolteotl, 207, **217**
T'ou-chan, 233
Toutatis, 206
Tricksters, *113*
Triglav, 201, **217**
Trinavarta, 80 (voir Trnavarta)
Triptolème, 76
Tristan, **218, 219**
Tristubh, 199
Trita Aptia, 117
Trita, 227
Trnavarta, 126, (voir Trinavarta)
Trôlls, 236
Trônes, 44
Tsuki-yomi, 35
Tu-matanenga, 202
Tunggal, 14
Turnus, 85
Tvastar, 117
Tydée, 57, 63
Tyndare, 71, 104
Typhon (monstre), 107, 112
Typhon (Seth), 158, 189
Tyr, 67, **220,** 245

U

Uathach, 74
Ubangiji, 97
Udraka, 68
Udug, 97
Ugnis, 33
Uitzilopochtli, 216, **220**
Uixtociuatl, 216
Ullikummi, 129, 205
Ulysse, 24, 28, 63, 104, 111, 112, 113, 169, 170, 195, **221, 222**
Uma, 84, 192
Umaï, 204
Ummânu, 29
Upelluri, 29, 205
Uranie (Aphrodite), 49
Uranie (muse), 54, 142
Urdr, 148
Uriel, 45
Usas, 184
Uter Pendragon, 61
Utnapishtim, 18, 98, 99
Uzumé, 35

V

Vahagn, 118, **223,** 241
Vairochana, 38
Vala, 117
Valfadir, 150
Valin, 181
Valkyries, 148, 150, **224,** 245
Valli, 197
Vamana, 244
Vampires, 141, 192, 237
Vanabrudh, 93
Vanadis, 93
Vanes, *67,* 148, 150
Varaha, 244
Varcin, 117
Varuna, 30, 34, 101, 118, 139, 185, **225,** 244
Vasistha, 230
Vastavaya, 185
Vasudeva, 126, 228
Vasuki, 194
Vayu, 34, 101, 184
Ve, 150
Vénus, 23, **49, 50, 51,** 92, 204 (voir Aphrodite)
Verdandi, 148
Verethraghna, 34
Vertus, 44, 45
Vesta, **226**
Vetala, 84
Vibhisana, 181
Viçvakarman, 70
Vicvarupa, 117
Vighnesvara, 95
Vili, 150
Vipashyin, 69
Viracocha, **226**
Visapaklal, 223

253

Vishnu, 19, 21, 70, 84, 118, 127, 128, 130, 164, 180, 192, 193, 194, 196, **227, 228, 229,** 244
Vishvabhu, 69
Visvamitra, 180, **230**
Vivasvant, 232
Vohu Manah, 34
Vrthragna, 223
Vrtra, 117
Vrtrahan, 223
Vulcain, **106,** (voir Héphaîstos)
Vyuhas, 228

W

Wak, **230**
Wele, 14
Walliaméi, 197
Woden, 150
Wotan, 150

X

Xanthos, 102
Xipe Totec, **231**
Xiuhtecuhtli, **232**
Xi wang mu, 238
Xolotl, 178

Y

Yadava, 128
Yahweh, 11, 14, 16, 18, 19, 119
Yam, 66
Yama, 20, **232,** 244
Yama no kami, 125
Yami, 232
Yansan, 191
Yaotl, 207
Yashodara, 68
Yasigi, 39
Yasoda, 126
Yazatas, 34
Yeban, 39
Ygerne, 61
Yggdrasil, 148
Yima, 18, 232
Ymir, 16, 17, 150, 151, 232
Yoalli Ehecatl, 207
Yogesvara, 192
Yogini, 84
Yseult la blonde, **218, 219**
Yseult aux blanches mains, 219
Yu, 19, **233**
Yurugu, 39

Z

Zacharie, 45
Zanahary, **233**
Zarathoustra, 34, 41
Zarpanitou, 136, 241
Zéphyr, 49, 102
Zétès, 102
Zeus, 18, 23, 31, 49, 50, 53, 54, 56, 57, 59, 62, 63, 64, 71, 72, 75, 81, 85, 90, 91, 96, 100, 102, 104, 105, 106, 107, 108, 109, 111, 112, 114, 137, 138, 140, 142, 143, 147, 149, 161, 163, 166, 167, 168, 169, 172, 173, 174, 187, 188, 210, 211, 222, 223, **234, 235,** 240
Zhong guo, 238
Zhong li quan, 238
Ziusudra, 18
Zombis, *43*

Crédits photographiques

p. 32   Rijksmuseum - Amsterdam
         Ph. © du musée - Photeb.
p. 34   Ph. © by coursety of the Oriental Institute of the University of Chicago - Photeb.
p. 36   Ph. © Shogakukan - Artephot.
p. 51   Antiken - Sammlung. Staatliche Museen zu Berlin (DDR)
         Ph. © du musée - Arch. Photeb.
p. 52   Musée du Louvre, Paris
         Ph. © G. Dagli Orti.
p. 56   Musée archéologique national, Naples
         Ph. © L. Von Matt.
p. 60   British Museum, Londres
         Ph. © du musée - Arch. Photeb.
p. 65   Musée Égyptien, Le Caire
         Ph. © G. Dagli Orti.
p. 69   Musée de Sarnath
         Ph. © J.L. Nou.
p. 77   Bibliothèque nationale, Paris
         Ph. © Bibl. Nat. — Photeb.
p. 79   Musée de l'Homme, Paris
         Ph. © Collection du musée - Photeb.
p. 79   Chandigarth Museum, Chandigarth
         Ph. © J.L. Nou.
p. 83   Ph. © für Kunst und Geschichte, Berlin.
p. 84   Mebrangarth Fort Museum, Jodhpur
         Ph. © J.L. Nou - Photeb.
p. 87   British Museum, Londres
         Ph. © du musée - Arch. Photeb.
p. 91   Bibliothèque nationale, Paris
         Ph. © Bibl. Nat. - Photeb.
p. 92   Musée archéologique national, Naples
         Ph. © Alinari - Viollet - Arch. Photeb.
p. 94   National Historical Museum, Stockholm
         Ph. © A.T.A. Photeb.
p. 95   Bibliothèque nationale, Paris
         Ph. © Bibl. Nat. - Arch. Photeb.
p. 101   Collection particulière, Jaïpur
         Ph. © J.L. Nou.
p. 102   Antiken-Sammlung, Staatliche Museen zu Berlin (DDR)
         Ph. © du musée - Photeb.
p. 106   Henry Lillie Fund, Museum of Fine Arts, Boston
         Ph. © du musée - Arch. Photeb.
p. 110   Musée du Vatican, Rome
         Ph. © Anderson-Viollet - Arch. Photeb.
p. 112   Musée national, Tarente
         Ph. © L. von Matt.
p. 118   Chandigarth Museum, Chandigarth
         Ph. © J.L. Nou - Photeb.
p. 121   Musée Borely, Marseille
         Ph. © du musée - Photeb.
p. 123   Bibliothèque nationale, Paris
         Ph. © Bibl. Nat. - Photeb.
p. 127   Musée gouvernemental, Udaïpur
         Ph. © J.L. Nou.
p. 127   National Museum, New Delhi.
         Ph. © J.L. Nou - Photeb.
p. 127   Lake Palace Hotel, Udaïpur
         Ph. © J.C. Fauchon-Ana.
p. 137   Ph. © G. Dagli Orti.
p. 147   Ashmolean Museum, Oxford
         Ph. © du musée - Photeb.
p. 149   Musée archéologique national, Paestum
         Ph. © L. von Matt.
p. 154   Bibliothèque nationale, Paris
         Ph. © Bibl Nat. - Photeb.
p. 157   Musée Gustave-Moreau, Paris
         Ph. H. Josse © Arch. Photeb.
p. 157   Bibliothèque nationale, Paris
         Ph. © Bibl. Nat. - Arch. Photeb.
p. 157   Musée archéologique municipal, Laon
         Ph. © Lauros-Giraudon - Photeb.
p. 159   Ph. © G. Dagli Orti.
p. 159   Musée Égyptien, Le Caire
         Ph. © G. Dagli Orti.
p. 162   Cabinet des dessins, Musée du Louvre, Paris
         Ph. © Musées nationaux - Photeb.
p. 167   Musée régional, Palerme
         Ph. © Anderson - Giraudon - Arch. Photeb.
p. 170   Musée du Louvre, Paris
         Ph. © Lauros-Giraudon - Photeb.
p. 174   Musée des Beaux-Arts, Strasbourg
         Ph. © du musée - Photeb.
p. 178   Musée de l'Homme, Paris
         Ph. © du musée - Photeb.
p. 185   Research Department, Gouvernement du Cachemire, Srinagar
         Ph. © J.L. Nou-Photeb.
p. 186   Ph. © J.C. Fauchon-Ana.
p. 187   Musée du Prado, Madrid
         Ph. Oronoz © Arch. Photeb.
p. 190   Musée du Louvre, Paris
         Ph. © Musées nationaux - Photeb.
p. 193   Musée Guimet, Paris
         Ph. L. Joubert © Arch. Photeb.

CRÉDITS PHOTOGRAPHIQUES

p. 201 Collection particulière
Ph. © Giraudon-Photeb - D.R.

p. 203 Nationalmuseet, Copenhague
Ph. Lennart Larsen © du musée - Photeb.

p. 209 Musée Grégorien Étrusque, Cité du Vatican
Ph. © Anderson-Viollet - Arch. Photeb.

p. 229 Bharat Kala Bhavan, Bénarès
Ph. © J.L. Nou-Photeb.

p. 231 Musée national d'anthropologie, Mexico
Ph. © G. Dagli Orti.

p. 246 Cabinet des médailles, Bibliothèque nationale, Paris
Ph. © Bibl. Nat. - Archives Photeb.